What Jesus Demand from the World

존 파이퍼

불가능한 순종을 가능하게 하는 하나님의 사랑

예수님의 지상명령

생명의말씀사

WHAT JESUS DEMANDS FROM THE WORLD
by John Piper

Copyright © 2006 by Desiring God Foundation
Published by Crossway Books
a division of Good News Publishers
Wheaton, Illinois 60187, U.S.A.
All rights reserved.

Used and translated by the permission of Crossway Books
through the arrangement of KCBS Literary Agency, Seoul, Korea.

Korean Translation Copyright © 2007 by Word of Life Press, Seoul, Korea

본 저작물의 한국어판 저작권은 KCBS Literary Agency를 통하여
Crossway Books와 독점 계약한 생명의말씀사에 있습니다. 신저작권법에
의하여 한국 내에서 보호 받는 저작물이므로 무단 전재와 무단 복제를 금합니다.

불가능한 순종을 가능하게 하는 하나님의 사랑
예수님의 지상명령

ⓒ 생명의말씀사 2007, 2008

2007년 6월 10일 1판 1쇄 발행
2007년 6월 11일   2쇄 발행
2008년 7월 25일 2판 1쇄 발행
2019년 2월 28일   7쇄 발행

펴낸이 | 김재권
펴낸곳 | 생명의말씀사

등록 | 1962. 1. 10. No.300-1962-1
주소 | 서울시 종로구 경희궁1길 5-9(110-062)
전화 | 02)738-6555(본사) · 02)3159-7979(영업)
팩스 | 02)739-3824(본사) · 080-022-8585(영업)

기획편집 | 박미현, 이은숙
디자인 | 김혜진, 디자인채이
인쇄 | 예원프린팅
제본 | 정문바인텍

ISBN 978-89-04-15768-6 (03230)

저작권자의 허락없이 이 책의 일부 또는 전체를
무단 복제, 전재, 발췌하면 저작권법에 의해 처벌을 받습니다.

"불가능한 순종을 가능하게 하는 하나님의 사랑"

예수님의 지상명령

"하늘과 땅의 모든 권세를 내게 주셨으니"(마 28:18)

예수

감사의 글
What JESUS DEMANDS from the WORLD

·사람들이 "이 책을 쓰는 데 얼마나 걸렸습니까?" 하고 물을 때면 "60년 걸렸습니다"라고 답한다. 물론 실제로 60년에 걸쳐 이 책을 쓰지는 않았다. 그러나 이 대답에는 한 가지 진리가 담겨 있다. 한 데 모여 이 책을 만들어 낸 은혜의 물줄기가 처음부터 지금까지 내 삶에 흘러들고 있다는 것이다. 이 책은 내가 1950년대 사우스캐롤라이나 그린빌에 있는 서밋 드라이브 초등학교Summit Drive Grade School에서부터 1970년대 머니치 대학 University of Munich을 거쳐 25년간 베들레헴 교회에서 말씀 사역을 하면서 경험했던 모든 것의 결실이다. 내게 삶과 글쓰기는 하나다.

알게 모르게 내 삶에 흘러든 셀 수 없는 은혜의 물줄기에 대해 나를 창조하셨고 부르셨으며, 세상의 정부와 우주의 별들을 다스리시듯 내 모든 날을 다스리시는 예수님께 감사한다. 그분이 자신이 우리의 유일한 구원자이시며, 세상의 유일한 주권자이심을 나타내고, 자신이 이런 분으로서 소중히 여김을 받고 순종을 받게 하는 데 이 책을 사용하시길 기도한다.

독자들에게   What JESUS DEMANDS from the WORLD

독자들이 읽으면서 문제를 더 깊이 이해하도록 이 책을 구성했다. 따라서 이 책에는 기초와 전개와 절정이 있다. 그러나 대부분의 장은 따로 읽어도 될 만큼 독립적이다. 그러므로 어디부터 읽어도 좋다. 여가 시간이 별로 없는 사람이라도 매일 앉은 자리에서 한 장 정도는 가볍게 읽을 수 있도록 각 장을 비교적 짧게 쓰기 위해 노력했다.

무엇보다도, 기도하면서 이 책을 읽기 바란다. 설령 기도에 익숙하지 않더라도, 언제 범했을지 모를 실수로부터 당신을 지키고 진리를 확증해 달라고 하나님께 구하라. 중요한 것은 하나님이 성령으로 기록된 그분의 말씀을 통해 우리의 삶에 나타내시는 결과다. 기도가 중요한 것도 이 때문이다. 기도할 때, 하나님께 이런 방법으로 변화시켜 달라고 구하라.

마지막으로, 당신이 이 책을 읽을 때 살아 계신 예수님이 그분이 말씀하신 목적을 이루시길 바란다. "내가 이것을 너희에게 이름은 내 기쁨이 너희 안에 있어 너희 기쁨을 충만하게 하려 함이라"(요 15:11).

목차

서문 : 순종의 기쁨은 명령에서 나온다

불가능한 마지막 명령 ■ 10
하나님을 영화롭게 하는 가르침과 순종 ■ 12
예수님은 '감히' 온 세상에 명령하시는가? ■ 18
최종 명령의 권세와 친밀감 ■ 21

1 : 마음 명령 – 기쁨을 맛보라

Demand 1   거듭나라 ■ 26
Demand 2   회개하라 ■ 30
Demand 3   내게로 오라 ■ 35
Demand 4   나를 믿으라 ■ 40
Demand 5   나를 사랑하라 ■ 46

Demand 6	내 말을 들으라	52
Demand 7	내 안에 거하라	60
Demand 8	자기 십자가를 지고 나를 따르라	68
Demand 9	하나님을 사랑하라	77
Demand 10	기뻐하고 뛰놀라	87
Demand 11	하나님을 두려워하라	97
Demand 12	하나님을 예배하라	105
Demand 13	낙심하지 말고 항상 기도하라	112
Demand 14	매일의 필요를 염려하지 말라	123
Demand 15	사람을 두려워하지 말라	131
Demand 16	교만과 싸워 자신을 낮추라	136
Demand 17	어린아이와 같이 자신을 낮추라	142
Demand 18	화내지 말라	151
Demand 19	먼저 자신의 들보를 빼고 용서하라	160

2 What JESUS DEMANDS from the WORLD
: 행동 명령 – 기쁨을 드러내라

Demand 20	예수님을 믿어 의롭다 함을 받아라	170
Demand 21	하늘에 계신 내 아버지의 뜻을 행하라	177
Demand 22	좁은 문으로 들어가 승리하라	185
Demand 23	좁은 문으로 들어가 깨어 있으라	194
Demand 24	좁은 문으로 들어가 하나님 나라 안에 거하라	202
Demand 25	바리새인처럼 외식하지 말라	213
Demand 26	너희 안을 깨끗이 하라	219
Demand 27	정결한 마음을 품으라	229
Demand 28	원수를 진리로 인도하라	238
Demand 29	원수를 위하여 기도하라	249
Demand 30	원수에게 선을 행하며 구하는 자에게 주라	261
Demand 31	하나님의 자녀임을 보여 주라	275
Demand 32	네 이웃을 사랑하라	284
Demand 33	네 자신같이 사랑하라	292
Demand 34	예수님이 사랑하신 것같이 서로 사랑하라	300
Demand 35	희생적으로 후하게 주라	307

Demand 36	보화를 하늘에 쌓아 두라	▪ 313
Demand 37	하나님 나라를 위해 베풀라	▪ 322
Demand 38	진리를 소중히 여기고 맹세하지 말라	▪ 333
Demand 39	맹세하지 말고 "예"나 "아니오"만 하라	▪ 340
Demand 40	성경적으로 사랑하라	▪ 346
Demand 41	하나님이 짝 지어 주신 것을 사람이 나누지 못할지니라	▪ 353
Demand 42	죽을 때까지 은혜로 함께 살라	▪ 363
Demand 43	하나님의 것은 하나님께 바치라	▪ 370
Demand 44	가이사의 것은 가이사에게 바치라	▪ 377
Demand 45	예수님의 교회가 되게 하라	▪ 386
Demand 46	제자들에게 세례를 주고 주의 만찬을 먹어라	▪ 394
Demand 47	너희 빛을 세상에 비추라	▪ 402
Demand 48	너희 착한 행실로 하나님께 영광을 돌리게 하라	▪ 409
Demand 49	모든 민족을 제자로 삼으라	▪ 416
Demand 50	세상 끝까지, 때가 찰 때까지 증거하라	▪ 424

부록 : 성경학자들에게(그리고 자신이 뭘 하고 있는지 궁금한 사람들에게) ▪ 432
각주 ▪ 438

서문 What JESUS DEMANDS from the WORLD

: 순종의 기쁨은 명령에서 나온다

예수님께 순종함으로써 하나님께 영광을 돌리고자 하는 마음으로 이 책을 썼다. 이 목적을 이루기 위해, 예수님의 마지막 명령에 순종하려고 노력하고 있다. "그러므로 너희는 가서 모든 민족을 제자로 삼아 …… 내가 너희에게 분부한 모든 것을 가르쳐 지키게 하라"(마 28:19-20). 예수님의 마지막 명령은 그분의 모든 계명을 가르치라는 것이었다.

불가능한 마지막 명령

실제로, 마지막 명령은 이보다 더 세밀했다. 예수님은 "나의 모든 계명을 가르치라"고 말씀하지 않으셨다. "나의 모든 계명을 가르쳐 지키게 하라"고 말씀하셨다. 앵무새에게도 예수님의 모든 계명을 가르칠 수는 있다. 그러나 앵무새에게 그 모든 계명을 지키게 할 수는 없다. 앵무새는 회개하지 않을 것이며, 예수님을 예배하지 않을 것이며, 하늘에 보화를 쌓지 않을 것이며, 원수를 사랑하지 않을 것이며, 하나님 나라를 전파하려고 이리 떼 가운데 양처럼 나가지도 않을 것이다.

사람들도 마찬가지다. 예수님의 모든 명령을 가르치는 것은 쉽다. 그러나 사람들이라 하더라도 예수님이 명령하신 모든 것을 지키게 하는 것은 불가능하다. 예수님도 '불가능'이라는 단어를 사용하신 일이 있다. 한 부자가 재물을 버리고 그분을 따르겠다는 결단을 내리지 못했을 때, 예수님은 이렇게 말씀하셨다. "낙타가 바늘귀로 나가는 것이 부자가 하나님의 나라에 들어가는 것보다 쉬우니라 …… 사람으로는 할 수 없으되impossible 하나님으로는 그렇지 아니하니 하나님으로서는 다 하실 수 있느니라"(막 10:25-27).

그러므로 예수님의 마지막 명령에 순종하는-예를 들면, 부자에게 "자기의 모든 소유를 버리라"는 명령을 가르쳐 지키게 하려는(눅 14:33)-사람은 불가능한 일을 시도하는 것이다. 그러나 예수님은 가능하다고 말씀하셨다. "하나님으로서는 다 하실 수 있느니라." 그러므로 이 책을 쓸 때 가장 큰 과제는 불가능한 순종을 가능하게 하는 하나님의 방법을 찾아내는 것이었다.

예수님은 불가능한 목표라도 가르침을 통해 이룰 수 있다고 말씀하셨다. "제자로 삼아 …… 내가 너희에게 분부한 모든 것을 가르쳐 지키게 하라." 물론, 예수님의 대속의 죽음과(막 10:45) 성령의 역사와(요 14:26) 기도 등도 있다(막 6:13). 그러나 예수님은 최종적으로 가르침에 초점을 맞추셨다. 예수님이 명령하신 모든 것을 가르치는 일을 통해 하나님은 불가능을 가능케 하기로 하셨다는 뜻이다. 이 책으로 이것을 증명할 수 있기를 바란다. 하나님은 이러한 가르침을 통해 순종이 불가능한 예수님의 명령에 우리가 순종하게 하실 것이다. 이 모두는 하나님의 영광을 위해서다.

하나님을 영화롭게 하는 가르침과 순종

내가 하나님의 영광을 강조하는 것은 예수님이 하나님의 영광을 강조하셨기 때문이다. 예수님은 이렇게 말씀하셨다. "이같이 너희 빛이 사람 앞에 비치게 하여 그들로 너희 착한 행실을 보고 하늘에 계신 너희 아버지께 영광을 돌리게 하라"(마 5:16).

예수님의 모든 계명의 궁극적인 목적은 우리가 선을 행함으로써 그 계명을 지키는 게 아니라, 하나님이 영광을 받으시는 것이다. 다시 말해 순종하는 우리의 삶 속에서 하나님이 세상의 가장 아름다운 실체로 드러나는 것이다. 이것이 예수님의 궁극적인 목적이며[1] 나의 궁극적인 목적이다.

이것은 이어지는 질문에 답하는 데 도움이 된다. 하나님은 이러한 불가능한 순종을 가능하게 하려고 예수님의 계명을 어떤 방법으로 가르치길 원하시는가? 순종의 궁극적인 목적이 하나님의 영광이라면, 하나님이 사용하실 가르침은 하나님의 영광에 중점을 두는 가르침일 것이다. 그러므로 나는 이 책을 통해 하나님의 지극히 귀한 아름다움을 중점적으로 나타내고자 한다.

하나님의 아름다움에 적절히 초점을 맞추려면 어떻게 해야 하는가? 계명의 의미와 동기를 예수님의 존재person 및 그분이 하신 일work과 연결해서 다뤄야 한다(여기서 존재란 하나의 인격체 자체와 그의 모든 것을 의미한다고 보면 될 것이다-역주). 예수님의 존재와 일은 하나님이 세상에서 자신을 영화롭게 하시는 가장 중요한 수단이다.

하나님의 영광은 예수님을 통해 가장 많이 드러난다. 예수님은 "나를 본 자는 아버지를 보았거늘"이라고 말씀하셨다(요 14:9). 그러므로 예수님의 존재는 하나님의 영광이 현실로 드러나 보이신 것과 같다. 예수님을 제대로 보는 것은 무한히 귀한 하나님의 아름다움을 보는 것이다. 예수님은 기도 중에 이렇게도 말씀하셨다. "아버지께서 내게 하라고 주신 일을 내가 이루어 아버지를 이 세상에서 영화롭게 하였사오니"(요 17:4).

그분이 하신 일은 하나님의 영광을 온 세상에 나타내 보이신 것이다. 그분이 이루신 일과 그 방법을 통해 하나님의 위엄과 위대함을 볼 수 있다. 그러므로 나의 목적은 예수님의 계명이 갖는 의미와 동기를 그분의 존재 및 일과 연결 지어 탐구하는 것이다.

또한 예수님은 명령하신다. 그분의 존재가 갖는 가치와 그분이 행하신 일을 통해 이루어진 결과를 증거하는 삶을 살라는 것이다. 예수님은 그분의 계명을, 그분의 정체who he is 및 하신 일what he has done과 분리시켜 생각하길 원치 않으신다.

그러므로 예수께서 우리에게 하신 최고의 명령은, 모든 민족에게 그분이 명하신 모든 것을 가르쳐 지키게 하라는 것이다. 이 명령은 그분의 궁극적인 목적과도 연결된다. 우리가 예수님의 명령에 순종할 때, 세상은 그분의 영광스러운 일의 열매와 그분의 영광스러운 존재의 가치를 볼 수 있다. 세상이 비로소 하나님의 영광을 보게 되는 것이다. 이것이 예수님이 오신 이유이며 그분의 사명이 예수님이 오실 때까지 그분의 명령을 행해야 하는 이유이다.

예수님의 존재와 그분의 일

예수님은 유대인들이 오랫동안 기다려 온 메시야로서 하나님의 보내심을 받아 세상에 오셨다. 예수님이 제자들에게 자신을 누구라고 생각하느냐고 물으셨을 때, 베드로는 "주는 그리스도메시야시요 살아 계신 하나님의 아들이시니이다"라고 대답했다. 예수님은 대답을 들으시고 이렇게 말씀하셨다. "바요나 시몬아, 네가 복이 있도다. 이를 네게 알게 한 이는 혈육이 아니요 하늘에 계신 내 아버지시니라"(마 16:16-17).

예수님이 재판을 받으실 때, 죄목은 신성모독이었고 결국은 가이사에 대한 반역이었다. 그분은 자신이 메시야이며, 이스라엘의 왕이요, 하나님의 아들이라고 주장하셨기 때문이다. 유대 대제사장이 그분에게 물었다. "네가 찬송 받을 이의 아들 그리스도냐?" 그러자 예수님은 이렇게 대답하셨다. "내가 그니라. 인자가 권능자의 우편에 앉은 것과 하늘 구름을 타고 오는 것을 너희가 보리라"(막 14:61-62).

예수님은 왜 인자(人子)라는 칭호를 즐겨 쓰셨는가?

예수님은 자신이 메시야요, 하나님의 아들임을 인정하셨다. 그렇다고 하더라도 그분이 자신을 가리킬 때 가장 즐겨 쓰시는 칭호는 '인자' Son of Man 였다. 분명 이 칭호는 예수님이 완전히 인간이심을 의미하는 것이다. 그러나 다니엘 선지자가 이 칭호를 사용했기 때문에, 이것은 우주적 권세에 대한 매우 고차원적 주장일 가능성이 높다.

> "내가 또 밤 환상 중에 보니 인자 같은 이가 하늘 구름을 타고 와서 옛적부터 항상 계신 이에게 나아가 그 앞으로 인도되매, 그에게 권세와 영광과 나라를 주고 모든 백성과 나라들과 다른 언어를 말하는 모든 자들이 그를 섬기게 하였으니, 그의 권세는 소멸되지 아니하는 영원한 권세요, 그의 나라는 멸망하지 아니할 것이니라"(단 7:13-14).

예수님이 자신을 가리켜 말씀하실 때 인자라는 칭호를 즐겨 쓰신 이유는, 당시 메시야와 하나님의 아들이라는 칭호가 대중적이며 정치적인 인상을 띠었기 때문이다. 그러므로 이 두 칭호는 예수님의 메시야직이 갖는 본성에 대해 잘못된 인상을 줄 수 있었다. 이 두 칭호를 사용할 경우, 예수님이 메시야가 로마를 정복하고 이스라엘을 해방시키며 지상 왕국을 건설할 것이라는 당시의 메시야 개념에 맞는다는 인상을 주기 쉬웠던 것이다. 그러나 예수님은 자신을 진정한 메시야로, 우주적 권세를 가진 신적인 하나님의 아들로까지 제시함으로써 이러한 정치적 물살을 헤쳐 나가셔야 했다. 뿐만 아니라 당시 대중들이 일반적으로 생각하던 것처럼 메시야는 고통을 당하지 않을 것이며 즉시 왕노릇할 것이라는 개념 또한 거부하셔야 했다.

이러한 점에서 가장 적합한 칭호가 바로 '인자'였다. 왜냐하면 인자라는 칭호는 들을 귀가 있는 자들에게는 고차원적 주장을 들려주지만, 표면적으로는 정치 권력을 분명하게 명령하는 게 아니기 때문이었다. 그러므로 예수님은 인자라는 칭호를 즐겨 쓰심으로써 오랫동안 기다려 온 하나님의 메시야 왕국이 그분의 사역 가운데 도래했다고 주장하실 수 있었다.[2]

하나님 나라가 역사 속에 임했다

유대인들은 메시야가 와서 하나님 나라를 세울 날을 고대했다. 하나님 나라가 선다는 것은 메시야가 보좌에 앉음으로써 이스라엘의 원수들이 패배하고, 죄가 제거되며, 질병이 치유되고, 죽은 자가 살아나며, 의와 기쁨과 평안이 땅에 충만해진다는 뜻이었다. 예수님은 이 땅에 오셔서 이렇게 말씀하셨다. "때가 찼고 하나님의 나라가 가까이 왔으니 회개하고 복음을 믿으라"(막 1:15).

예수님의 말씀은 그분의 사역이 자유를 주고 구원하는 하나님의 통치가 도래했다는 뜻이다. "내가 만일 하나님의 손을 힘입어 귀신을 쫓아낸다면 하나님의 나라가 이미 너희에게 임하였느니라 …… 하나님의 나라는 너희 안에 있느니라"(눅 11:20, 17:21).

그러나 한 가지 신비한 것이 있다. 예수님은 이것을 '하나님 나라의 비밀'이라고 부르셨다(막 4:11). 이 신비는 하나님 나라가 최종적으로 완전하게 나타나기에 앞서 역사 속에 임했다는 것이다. 이 땅에서 성취되었으나 아직 완성된 것은 아니었다.³ 하나님 나라는 두 단계로 임할 것이다. 첫째 단계에서는 메시야가 와서 고난을 당할 것이며, 둘째 단계에서는 메시야가 영광 가운데 올 것이다(눅 24:46; 막 14:62).

예수님은 섬기고, 죄 때문에 죽으시고 다시 사시기 위해 오셨다

예수님이 초림 때 이 땅에서 하신 주된 일은 죄용서를 위해 고난당하시고 죽으시는 것이었다. 그분은 이렇게 말씀하셨다. "인자가 온 것은 섬김을 받으려 함이 아니라 도리어 섬기려 하고 자기 목숨을 많은 사람의 대속물로 주려 함이니라"(막 10:45). 예수님은 제자들과 최후의 만찬을 나누실 때 잔을 들고 이렇게 말씀하셨다. "이것은 죄 사함을 얻게 하려고 많은 사람을 위하여 흘리는 바 나의 피 곧 언약의 피니라"(마 26:28).

죽는 것이 예수님의 유일한 사명은 아니었으나 매우 중대한 사명이었던 것은 분명하다. 예수님은 자신의 피를 흘리심으로써 새 언약의 약속을 사셨다. 새 언약이란 하나님 나라에 들어가는 자는 누구든지 죄를 용서 받을 것이며, 법이 그 마음에 기록될 것이며, 하나님을 개인적으로 알게 되리라는 하나님의 약속이었다(렘 31:31-34). 이 언약의 축복은 우리가 예수님의 계명에 순종할 수 있도록 많은 도움을 준다. 또한 이러한 언약의 축복 덕분에, 예수님이 죽으심으로 그분이 우리에게 명령하시는 불가능한 순종이

가능해진다.

그러나 예수님의 사명은 이게 전부가 아니다. 감옥에 있던 세례 요한은 예수님이 정말로 유대인들이 기다리는 메시야라는 확신이 없었다. 그래서 그분에게 사람을 보내 이렇게 물었다. "오실 그이가 당신이오니이까 우리가 다른 이를 기다리오리이까?"

그러자 예수님은 이렇게 답하셨다. "너희가 가서 듣고 보는 것을 요한에게 알리되 맹인이 보며 못 걷는 사람이 걸으며 나병환자가 깨끗함을 받으며 못 듣는 자가 들으며 죽은 자가 살아나며 가난한 자에게 복음이 전파된다 하라. 누구든지 나로 말미암아 실족하지 아니하는 자는 복이 있도다"(마 11:3-6).

바꾸어 말하면 다음과 같다. "나의 모든 치유와 가르침이 내가 메시야임을 증거한다. 그러나 내가 지상 통치라는 정치적 기대를 충족시키지 않는다고 실망하지 말라. 내가 오실 그 사람이다. 그러나 나의 핵심 사명은 초림에서 고난 받는 것, 곧 많은 사람을 위해 내 생명을 대속물로 주는 것이다."

예수님은 자신의 사명을 완수하셨다. 무덤에서 사흘을 계신 후, 죽은 자 가운데서 다시 살아나셨다. 이것이 하나님의 계획으로, 죽음에 대해 최고 권세를 행사하는 행위였다. "이 나의 생명을 내게서 빼앗는 자가 있는 것이 아니라 내가 스스로 버리노라. 나는 버릴 권세도 있고 다시 얻을 권세도 있으니 이 계명은 내 아버지에게서 받았노라"(요 10:18).

예수님은 부활하신 후 제자들에게 여러 번 나타나셨으며, 그들에게 자신이 육체적으로 살아 있다는 증거도 보여 주셨다(눅 24:39-43). 자신이 하나님의 약속을 어떻게 성취했는지 제자들이 보다 잘 이해할 수 있도록 성경을 들어 설명하셨다(눅 24:32, 45). 그런 다음, 제자들에게 그분의 증인이 되라는 사명을 맡기셨으며, 약속하신 성령을 기다리라고 명하신 후 승천하셨다(눅 24:46-51).

순종은 예수님의 열매이며, 그분의 영광을 드러내는 것이다

예수님은 자신이 누구이며 무엇을 했느냐를 토대로 사람들에게 명령하셨다. 그러므로 예수님의 명령을 그분의 존재 및 일과 분리할 수 없다. 예수님이 명령하시는 순종은 그분이 하신 구속 사역의 열매이며, 그분의 개인적인 영광(그분의 존재에서 나오는 영광 – 역주)을 드러내는 것이다. 예수님이 오신 것은 그분 나라의 열매를 맺음으로써 그분의 은혜로운 통치를 영화롭게 할 백성을 세우기 위해서였다(마 21:43).

예수님이 "인자가 온 것은 잃어버린 자를 찾아 구원하려 함이니라"라고 하신 말씀에는(눅 19:10), 자기 소유의 절반을 가난한 자들에게 줄 만큼 완전히 달라진 삭개오의 이야기가 담겨 있다(눅 19:8). 이처럼 인자가 온 것은 사람들을 자살 행위와도 같은 소유에 대한 사랑에서, 그리고 그 외 모든 우상에서 구원하여 예수님의 무한한 가치를 드러내는 불가능한 순종으로 인도하기 위해서였다. 그러므로 나는 이 책에서 예수님의 계명에 담긴 의미와 동기, 그분이 하신 일의 위대성, 그분의 존재가 나타내는 영광을 하나로 잇기 위해 노력했다.

예수님은 '감히' 온 세상에 명령하시는가?

예수님의 명령이 갖는 의미와 동기를 신약의 복음서에 나타난 그분의 존재와 일을 통해 살펴보았다. 복음서에 나타난 예수님을 좀 더 이해하는 게 나의 목적이므로 복음서 이외의 부분은 인용하지 않았다. 복음서에 기록된 예수님의 말씀이라는 렌즈만 집중적으로 사용해 그분을 살펴보았다. 그렇게 함으로써 신약성경의 통일성에 대한 확신을 주고자 했다. 왜냐하면 신약의 다른 저자들도 이러한 방법으로 가르쳤고, 결과 또한 동일하게 얻었기 때문이다.

책 제목에 쓰인 명령이라는 단어가 많은 현대인들의 귀에 거슬린다는 것은 나도 안다. 이 단어는 거칠고, 호되고, 엄하고, 완고하고, 가혹하고, 짜증스러운 느낌으로 다가온다. 그런데도 이 단어를 선택한 것은 무엇인가를 명령하시는 예수님의 모습이 우리에게 불쾌하게 느껴지는 몇 가지 숨은 이유를 드러내기 위해서다. 예수님의 명령을 바르게 이해하고 그분에게서 가장 큰 기쁨을 찾으려 한다면 그분의 명령이 가혹하게 느껴지는 게 아니라 도리어 달콤하게 느껴질 거라고 확신한다.

예수님이 사실은 거슬리게 또는 호되게 말씀하신 적이 별로 없다는 인상을 주는 것은 오히려 천박하고 피상적인 왜곡일 것이다. 예수님은 자신의 대적인 서기관들과 바리새인들에게만 거슬리거나 호된 말씀을 하신 게 아니다. 마태복음 23장에서 예수님은 그들을 가리켜 "지옥의 자식"(15절), "어리석은 맹인들"(17절), "눈 먼 인도자"(16, 24절), "외식外飾하는 자"(27절), "회칠한 무덤"(27절), "독사의 새끼들"이라고 말씀하셨다(33절). 그런가 하면 그분의 제자들에게도 거슬리는 말씀을 하셨다. 예를 들면, "너희가 악한 자라도 좋은 것으로 자식에게 줄 줄 알거든"이라고 말씀하셨고(마 7:11), 베드로에게 "사탄아 내 뒤로 물러가라 네가 하나님의 일을 생각하지 아니하고 도리어 사람의 일을 생각하는도다"라고 말씀하셨다. 베드로에게 요한의 운명에 대해 언급하실 때는 "네게 무슨 상관이냐 너는 나를 따르라"고 말씀하셨다(요 21:22).

요한은 요한복음 6장에서, 예수님이 거침없고 충격적인 가르침을 주셨을 때 "내 살을 먹고 내 피를 마시는 자는 영생을 가졌고", 54절 "제자 중 여럿이 듣고 말하되 이 말씀은 어렵도다 누가 들을 수 있느냐 한대 …… 그때부터 그의 제자

중에서 많은 사람이 떠나가고 다시 그와 함께 다니지 아니하더라"고 말한다(60, 66절). 거슬리게 또는 호되게 말씀하시는 방식이 이런 결과를 낳은 것이었다.

나의 목적은 '명령'이라는 단어가 내포하는 거친 의미를 치장하거나 예수님의 '어려운' 말씀을 부드럽게 하는 게 아니다. 거친 예수님이 부드러운 예수님으로 감미롭게 느껴질 수 있도록 우리의 마음과 이해를 바꾸고 싶다.

또 한 가지 생각하게 만드는 또 하나의 단어는 '세상' world, 지상이다. 사람들은 다음 몇 가지 이의를 제기한다.

예수님은 이 모든 명령을 세상에게 하셨는가 아니면 그분의 제자들에게만 하셨는가? 이것은 세상을 위한 윤리인가 아니면 예수님의 제자들만을 위한 윤리인가? 대답은 이렇다. 예수님이 그분의 제자들에게만 하신 명령은 세상에게 하신 명령이기도 하다. 왜냐하면 그분은 세상 모든 사람들에게 그분의 제자가 되라고 명령하시기 때문이다. 이것이 바로 예수님의 마지막 명령의 핵심이다.

> "그러므로 너희는 가서 모든 민족을 제자로 삼아 아버지와 아들과 성령의 이름으로 세례를 베풀고 내가 너희에게 분부한 모든 것을 가르쳐 지키게 하라"
> (마 28:19-20).

예수님은 감히 '모든 민족' – 지구상의 모든 종족 – 에 대한 권리를 주장하신다.[4] 예외란 없다. 예수님은 어느 한 부족의 신이 아니다. 우주의 모든 권세가 그분의 것이며, 따라서 모든 만물이 그분께 복종해야 한다.

최종 명령의 권세와 친밀감

예수님은 "하늘과 땅의 모든 권세를 내게 주셨으니"라고 말씀하신다(마 28:18). 다른 한편으로, "볼지어다, 내가 세상 끝날까지 너희와 항상 함께 있으리라"고 말씀하신다(마 28:20). 전자에서 예수님은 "내가 명령하는 것은 내게 그럴 권리가 있기 때문이다. 우주의 모든 권세가 내 것이다"라고 말씀하신다. 후자에서 예수님은 "내가 명령하는 것은 내가 너희를 도울 것이기 때문이다. 내가 영원히 너희와 함께하리라"고 말씀하신다.

나는 독자들이 보다 짧은 장후과 보다 부드러운 예수님의 명령에서 머물지 않고 보다 어려운 명령으로 나아가는 데 도움이 되도록 각 장을 배치하면서 책의 틀을 짜려고 노력했다.[5] 단순히 문체나 기술적인 것을 의미하는 게 아니다. 여기에는 신학적 의미도 내포되어 있다.

1-19장 가운데 대부분은 그 어떤 외적인 행동도 명령하지 않는다. 이 부분은 본질적으로 마음과 가슴에서 일어나는 일에 관한 것이다. 이 부분을 앞에 둔 것은 예수님이 명령하시는 순종이 안에서 예수님의 가치를 맛보는 곳에서 밖으로 예수님의 가치가 드러나는 곳으로 이동하기 때문이다.

이 가운데 1-7장은 '거듭나라', '회개하라', '내게로 오라', '나를 믿으라', '나를 사랑하라', '내 말을 들으라', '내 안에 거하라'이다. 이러한 명령들이 무엇을 의미하는지 정확히 알 때, 예수님의 절대적 권세가 거룩한 기쁨의 보물 상자로 바뀔 것이다.

우주에서 가장 영광스러운 분께서 나의 모든 빚을 갚으신(마 20:28) 뒤에 내게 그분과 함께 살며 그분의 기쁨에 참여하라고 명령하셨다(마 25:21). 이보다 더 멋진 명령은 없을 것이다. 이런 명령에 나는 어거스틴과 같이 대답한다.

"주께서 원하시는 대로 명하소서. 그러나 주께서 명하시는 것을 주소서."[6]

모든 권세를 가지고 나아가라. 그러나 검은 안 된다

예수님은 그분의 백성에게 칼을 들고 제자를 삼으라고 말씀하지 않으신다. 그분의 나라는 무력으로 임하는 게 아니라 진리와 사랑과 희생과 하나님의 능력으로 임한다. "내 나라는 이 세상에 속한 것이 아니니라. 만일 내 나라가 이 세상에 속한 것이었더라면 내 종들이 싸워……"(요 18:36).

예수님의 제자들은 그분의 나라를 확장하기 위해 사람들을 죽이지는 않는다. 오히려 자신들이 죽는다. "누구든지 나를 따라오려거든 자기를 부인하고 자기 십자가를 지고 나를 따를 것이니라"(막 8:34). "너희 중의 몇을 죽이게 하겠고"(눅 21:16). 사람들이 예수님의 제자들을 죽일 뿐 아니라 자신들의 종교의 이름으로 죽일 것이다. 예수님은 이렇게 말씀하신다. "때가 이르면 무릇 너희를 죽이는 자가 생각하기를 이것이 하나님을 섬기는 일이라 하리라"(요 16:2).

예수님은 하늘과 땅의 모든 권세를 가지셨지만 지금은 자신의 힘을 제어하신다. 예수님은 자기 백성이 당하는 고통을 막기 위해 자신의 권세를 늘 사용하실 수도 있지만 그렇게 하지 않고, 이따금 사용하신다. 또한 예수님은 마지막까지 우리와 함께하시지만 우리가 모든 해를 다 면하게 하지는 않으신다. 예수님은 우리에게 그분이 걸었던 길을 걸으라고 명령하신다. "사람들이 나를 박해하였은즉 너희도 박해할 것이요"(요 15:20). "집 주인을 바알세불이라 하였거든 하물며 그 집 사람들이랴"(마 10:25).

예수님의 우주적 권세가 낳은 사명은 테러가 아니라 가르침이다. 예수님의 목적은 우리가 그분의 모든 계명에 순종함으로써 하나님을 영화롭게 하는 것이다. 비록 이를 위해 엄청난 대가를 치러야 할 때라도 그 기쁨은 말로 표현할 수 없다. 왜냐하면 예수님의 일은 실패할 수 없기 때문이다. "나로 말미암아 너희를 욕하고 박해하고 거짓으로 너희를 거슬러 모든 악한 말을 할 때에는 너희에게 복이 있나니 기뻐하고 즐거워하라. 하늘에서 너희의 상이 큼이라"(마 5:11-12).

희생을 요구하는 사명이지만 동시에 기쁨이 넘치는 사명이다.

이 책이 "모든 민족을 제자로 삼아 …… 내가 너희에게 분부한 모든 것을 가르쳐 지키게 하라"는 전 세계에 대한, 전 세계를 향한 사명에 기여하길 바란다. 그리고 예수님이 "나를 보내신 이가 참되시매 내가 그에게 들은 그것을 세상에 말하노라"고 하셨듯이(요 8:26) 나도 이 삶에 충실하길 바란다.

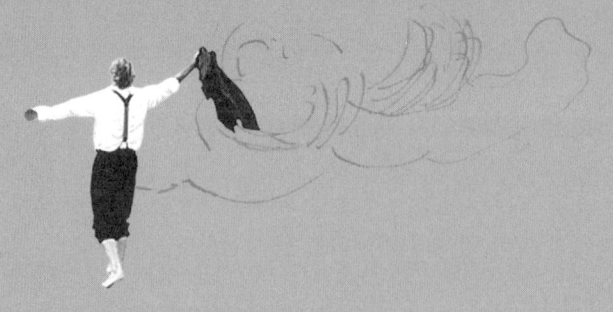

내가 나의 법을 그들의 속에 두며 그 마음에 기록하여 나는 그들의 하나님이 되고 그들은 내 백성이 될 것이라(렘 31:33)

What JESUS DEMANDS from the WORLD

1

가슴나라 | 회개하라 | 내게로 오라 | 나를 믿으라 | 나를 사랑하라 | 말을 들으라 | 내 앞에 거하라 | 자기 십자가를 지고 나를 따르라 | 하나님을 사랑하라 | 기뻐하고 뛰놀라 | 하나님을 두려워하라 | 하나님을 예배하라 | 낙심하지 말고 항상 기도하라 | 매일의 필요를 위해 구하지 말라 | 사람을 두려워하지 말라 | 교만과 싸워 자신을 낮추라 | 어린아이와 같이 자신을 낮추라 | 화내지 말라 | 먼저 자신의 들보를 빼고 운시하라

마음 명령 – 기쁨을 맛보라

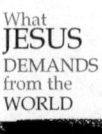

Demand.1

거듭나라

| 예수께서 대답하시되 …… 거듭나야 하겠다(요 3:5, 7).

| 예수께서 대답하여 이르시되 진실로 진실로 네게 이르노니 사람이 거듭나지 아니하면 하나님의 나라를 볼 수 없느니라(요 3:3).

요한복음 3장에서, 예수님은 한 사람에게 말씀하고 계신다. "바리새인 중에 니고데모라 하는 사람이 있으니 유대인의 지도자라"(요 3:1). 바리새인은 유대 성경 전문가였다. 예수님이 "거듭나야 하겠다"는 말씀을 이해하지 못해 당혹스러워하는 니고데모를 보고 놀라신 것도 이 때문이다. 니고데모는 이렇게 묻는다. "사람이 늙으면 어떻게 날 수 있사옵나이까 두 번째 모태에 들어갔다가 날 수 있사옵나이까?"(요 3:4).

예수님은 이렇게 대답하신다. "너는 이스라엘의 선생으로서 이러한 것들을 알지 못하느냐?"(요 3:10).

내가 너희에게 새 영을 주리라

유대 성경 전문가라면 "거듭나야 하겠다"는 예수님의 명령을 이해하지 못해 당혹스러워해서는 안 된다. 유대 성경에는 예수님과 니고데모가 공유하는 단서가 너무나 많기 때문이다. 하나님은 그분의 백성이 거듭나게 하실 날을 약속하셨다. 하나님이 주신 가장 분명한 약속 가운데 하나가 에스겔서에 나온다. 예수님은 "사람이 물과 성령으로 나지 아니하면 하나님의 나라에 들어갈 수 없느니라"고 말씀하시면서(요 3:5), 에스겔서를 인용하셨다. '거듭난다'는 것은 물과 성령으로 나는 것이다.

> "맑은 물을 너희에게 뿌려서 너희로 정결하게 하되, 곧 너희 모든 더러운 것에서와 모든 우상 숭배에서 너희를 정결하게 할 것이며, 또 새 영을 너희 속에 두고 새 마음을 너희에게 주되 너희 육신에서 굳은 마음을 제거하고 부드러운 마음을 줄 것이며, 또 내 영을 너희 속에 두어 너희로 내 율례를 행하게 하리니 너희가 내 규례를 지켜 행할지라"(겔 36:25-27).

하나님은 자신의 성령을 보내심으로써 죄를 씻고 인간의 영을 새롭게 하겠다고 약속하신다. 예수님은 니고데모 정도라면 거듭나야 한다는 그분의 명령을 새 영과 하나님의 영이라는 선물에 대한 에스겔서의 약속과 연결시키셨다. 그러나 니고데모는 이렇게 하지 못한다. 그래서 예수님은 이러한 새 영을 줄 때 하나님의 영이 하시는 역할을 말씀하시면서 좀 더 자세히 설명하신다. "육으로 난 것은 육이요 영으로 난 것은 영이니"(요 3:6).

죽은 자는 볼 수 없다

육肉은 타고난 것으로, 일반적인 인성人性을 말한다. 이 땅에 태어난 우리는 육에 불과할 뿐 영적으로는 죽은 상태로 태어난다. 처음부터 하나님을 사랑하는 마음을 가진, 영적으로 살아 있는 존재로 태어나는 게 아니기 때문이다.

예수님이 집으로 돌아가 장례를 치르려는 제자 후보생에게 "죽은 자들로 자기의 죽은 자들을 장사하게 하라"고 말씀하셨을 때 암시하신 게 바로 이것이다(눅 9:60). 바꾸어 말하자면, 어떤 사람들은 영적으로 죽었으며 따라서 육체적으로 죽은 자들을 장사지낼 수 있다. 탕자의 비유에서 아버지가 "이 내 아들은 죽었다가 다시 살아났으며"라고 말할 때(눅 15:24) 예수님이 암시하신 것도 바로 이것이다. "사람이 거듭나지 아니하면 하나님의 나라를 볼 수 없는" 것도 바로 이 때문이다(요 3:3). 죽은 자들은 볼 수 없다. 죽은 자들은 하나님 나라를 바랄 수 없다. 그들은 하나님 나라를 마치 신화처럼 여기고, 어리석고 따분하게 보기 때문에 "하나님의 나라에 들어갈 수 없다"(요 3:5).

예수님은 모든 인간을 두 부류로 나누신다. 단 한 번 태어났을 뿐인 사람들, 즉 '육으로 나고, 영적으로는 죽은' 사람들이 있고, 하나님의 영으로 '거듭난' 사람들, 즉 하나님에 대해 살아 있고 하나님 나라를 참되며 가장 바랄 만한 것으로 보는 사람들이 있다.

바람은 임의로 분다

예수님은 요한복음 3장 8절에서 이렇게 말씀하신다. "바람이 임의로 불매 네가 그 소리는 들어도 어디서 와서 어디로 가는지 알지 못하나니 성령으로 난 사람도 다 그러하니라." 바꾸어 말하자면, "니고데모야, 네게는 새로운 영적 생명, 곧 두 번째 출생이 필요하다"는 말씀이시다.

예수님은 니고데모에게 하신 것과 똑같이 우리에게도 명령하신다. 그분은 세상 모든 사람들에게 말씀하신다. 한 사람도 예외일 수 없다. 생명에 관한 한 모든 인종에게 공평하다. 피부색이나 인종, 문화나 신분이 어떻든 간에 모두들 죽는다. 그러나 우리는 스스로 다시 태어날 수는 없다. 그 일은 오직 성령께서 하신다. 성령은 자유하시며 우리가 이해할 수 없는 방법으로 역사하신다. 성령이 역사하기 위해서는 거듭나야 하는데, 거듭남은 하나님의 선물이다.

    자신을 바라보지 말고 하나님을 바라보라. 오직 하나님만이 당신을 위해 하실 수 있는 것을 하나님께 구하라. 당신에게 필요한 것은 좀 더 도덕적인 삶이 아니다. 새 생명이 있어야 한다. 새 생명은 온 세상이 필요로 하는 것으로, 근본적이며 초자연적이다. 나아가 우리가 어떻게 한다고 해서 얻을 수 있는 것이 아니다. 더욱이 죽은 자들은 스스로에게 새 생명을 줄 수 없다. 그러므로 반드시 거듭나야 한다. "혈통으로나 육정으로나 사람의 뜻으로 나지 아니하고 오직 하나님께로부터 나야" 한다(요 1:13).

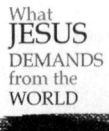

Demand. 2

회개하라

| 이때부터 예수께서 비로소 전파하여 이르시되, 회개하라 천국이 가까이 왔느니라 하시더라 (마 4:17).

| 내가 의인을 부르러 온 것이 아니요 죄인을 불러 회개시키러 왔노라(눅 5:32).

| 심판 때에 니느웨 사람들이 일어나 이 세대 사람을 정죄하리니 이는 그들이 요나의 전도를 듣고 회개하였음이거니와 요나보다 더 큰 이가 여기 있으며(마 12:41).

| 너희도 만일 회개하지 아니하면 다 이와 같이 망하리라(눅 13:3, 5).

예수님이 공생애를 시작하시면서 가장 먼저 하신 명령은 '회개하라'는 것이었다. 예수님은 들으려는 모든 자에게 동일하게 명령하셨다. 하나님과 인간에 대한 철저한 내적 변화를 명령하는 것이었다.

회개란 무엇인가?

회개란 단순히 죄를 슬퍼하거나 행동을 고쳐 나가는 것뿐만 아니라 마음이 내적으로 변화하는 것이다. 첫째, '회개하다' repent라고 번역하는 헬라어(μετανοέω, 메타노에오)에 이런 의미가 담겨 있다. 이 단어는 메타μετα와 노에오νοέω 두 부분으로 나뉜다. 노에오νοέω는 마음과 생각, 지각과 기질, 그리고 목적을 가리킨다. 메타μετα는 움직임이나 변화를 의미하는 접두어다. 그러므로 이 접두어를 사용하는 방식을 참고해서 생각하면[1], 회개의 기본적 의미는 마음의 지각과 기질, 목적의 변화를 경험하는 것이라고 추론할 수 있다.

회개의 의미에 대해 이야기한 성경 말씀도 있다. 누가복음 3장 18절에 회개와 새로운 행동 간의 관계를 다음과 같이 기록했다. "회개에 합당한in keeping with 열매를 맺으라." 그런 후에 이러한 열매의 예를 제시한다. "옷 두 벌 있는 자는 옷 없는 자에게 나눠 줄 것이요 먹을 것이 있는 자도 그렇게 할 것이니라"(눅 3:11). 이처럼 회개란 내면에서 일어나며, 이러한 변화는 곧 새로운 행동이라는 열매를 맺는다. 회개는 새로운 행동이 아니라 새로운 행동의 열매를 맺는 내적 변화인 것이다. 예수님은 우리가 이러한 내적 변화를 경험하길 명령하신다.

죄는 하나님에 대한 공격이다

왜 그런 명령을 하시는 걸까? 우리가 죄인이기 때문이다. "내가 의인을 부르러 온 것이 아니요 죄인을 불러 회개시키러 왔노라"(눅 5:32). 예수님은 죄를 어떤 시각으로 보셨는가? 탕자의 비유를 보자. "둘째아들이 재물을 다 모아 가지고 먼 나라에 가 거기서 허랑방탕하여 그 재산을 낭비하더니 …… 창녀들과 함께 삼켜 버린"(눅 15:13, 30).

탕자는 회개하면서 이렇게 말한다. "아버지, 내가 하늘과 아버지께 죄를 지었사오니 지금부터는 아버지의 아들이라 일컬음을 감당하지 못하겠나이다"(눅 15:21). 그러므로 분별없이 살고, 창녀들에게 삶을 허비하는 것은 단순히 인간적으로만 해로운 게 아니다. 하늘에 대한, 다시 말해 하나님에 대한 공격이다. 이것이 죄의 본성이며, 죄는 곧 하나님을 향해 공격하는 것이다. 예수님이 제자들에게 가르치신 기도에도 같은 내용이 있다. "우리의 죄sins를 용서하여 주십시오. 우리에게 빚진indebted 모든 사람을 우리가 용서합니다"(눅 11:4, 표준새번역).

하나님이 용서하시는 죄를 사람들이 우리에게 짓는 죄에 비유하였으며, 달리 빚이라 말씀하셨다. 죄는 하나님을 욕되게 한다. 따라서 우리는 하나님을 하찮게 여기는 행동이나 태도로 실추시킨 그분의 신적인 명예를 회복해야 한다. 이것이 예수님의 죄관罪觀이며, 나중에 예수님이 이 빚을 직접 청산하셨다(막 10:45). 그러나 예수님은 우리가 빚 청산이라는 선물을 누리려면 반드시 회개해야 한다고 말씀하신다.

회개란 하나님을 참되고 아름다우며, 모든 찬양과 순종을 받기에 합당하신 분으로 볼 수 있도록 마음의 변화를 경험한다는 뜻이다. 이러한 마음의 변화가 일어나야 예수님도 동일한 시각으로 볼 수 있다. 예수님께서 말씀하셨다. "하나님이 너희 아버지였으면 너희가 나를 사랑하였으리니 이는 내가 하나님께로부터 나와서 왔음이라"(요 8:42). 새로운 마음으로 하나님을 본다는 것은 새로운 마음으로 예수님을 본다는 뜻이다.

모두가 회개해야 한다

모두가 회개해야 한다. 단 한 사람도 예외는 없다. 예수님은 한 무리의 사람들이 두 가지 비극적인 소식을 가져왔을 때 이것을 분명히 하셨다. 갈릴리 사람들이 빌라도의 학살에 희생되었고, 실로암 망대가 무너져 열여덟 명이나 죽었다(눅 13:1-4). 예수님은 이 사건을 활용해, 소식을 전해 준 사람들에게까지 경고하셨다. "너희도 만일 회개하지 아니하면 다 이와 같이 망하리라"(눅 13:5). 어떤 사람은 회개가 필요하고, 어떤 사람은 그렇지 않다는 것은 전혀 잘못된 생각이다. 모두가 거듭나야 하듯이(요 3:7), 모두가 회개해야 한다. 모두 죄인이기 때문이다.

예수님이 "내가 의인을 부르러 온 것이 아니요 죄인을 불러 회개시키러 왔노라"고 말씀하셨을 때(눅 5:32), 이 말씀은 어떤 사람들은 회개할 필요가 없을 만큼 선하다는 뜻이 아니었다. 그분의 말씀은 어떤 사람들은 자신들이 회개할 필요가 없다고 생각하지만(눅 18:9) 어떤 사람들은 이미 회개하고 하나님과 바른 관계를 회복했다는 뜻이었다. 예를 들면, 젊은 부자 관원은 "자기를 옳게 보이려고" 자신을 정당화하려고 한 반면에(눅 10:29) "세리는……다만 가슴을 치며 이르되 하나님이여 불쌍히 여기소서 나는 죄인이로소이다"고 했는데, "이 사람이 세리가 의롭다 하심을 받고 그의 집으로 내려갔느니라"(눅 18:13-14) 누가복음 18:9-15에 대해 좀 더 자세히 알고 싶다면 '명령 20'을 보라.

심판이 가까웠다

예수님은 "너희도 만일 회개하지 아니하면 다 이와 같이 망하리라"고 말씀하셨다. '망한다'는 게 무슨 뜻인가? 회개하지 않는 자들에게 하나님의 최종 심판이 임하리라는 것이다. "심판 때에 니느웨 사람들이 일어나 이 세대 사람을 정죄하리니 이는 그들이 요나의 전도를 듣고 회개하였음이거니와 요나보다 더 큰 이가 여기 있으며"(마 12:41). 하나님의 아들이신 예수님이 다가올 심판을 경고하고 계시며, 아울러 우리가 회개하면 심판을 받지 않으리라고 말씀하신다. 우리가 회개하지 않으면, 예수님이 우리에게 주시는 메시지는 하나뿐이다. "화 있을진저"(마 11:21).

회개하라는 명령이 예수님이 하나님 나라에 관해 전하신 핵심 메시지 가운데 하나인 것도 바로 이 때문이다. 예수님은 오랫동안 기다렸던 하나님 나라가 그분의 사역 가운데 있다고 말씀하셨다. "때가 찼고 하나님의 나라가 가까이 왔으니 회개하고 복음을 믿으라"(막 1:15). 우리를 위한 좋은 소식 '복음' 은 죄인들을 구원하려고 하나님의 통치가 예수 그리스도에게서, 그 나라가 그분의 재림을 통해 심판 가운데 임하기에 앞서 도래했다는 것이다. 그러므로 회개하라는 명령은 두 가지에 기초한다. 첫째는 용서를 제안하셨다는 것이며, 둘째는 이 제안을 거부하는 사람들은 언젠가 하나님의 심판을 받고 망하리라는 은혜로운 경고다.

예루살렘에서부터 모든 민족에게로

예수님이 죽은 자 가운데서 다시 살아나신 후 제자들에게 확실히 하신 게 있다. 온 세상을 향해 지속적으로 회개를 명령하라고 말씀하셨다. "이같이 그리스도가 고난을 받고 제 삼일에 죽은 자 가운데서 살아날 것과 또 그의 이름으로 죄 사함을 받게 하는 회개가 예루살렘에서 시작하여 모든 족속에게 전파될 것이 기록되었으니"(눅 24:46-47).

'회개하라' 는 예수님의 명령은 모든 민족을 향한 것이다. 누구든, 어디에 살든 이 명령에서 자유롭지 못하다. 모든 영혼을 향한 것이다. 내면 깊은 곳에서 변화를 받아라. 하나님을 욕되게 하고 그리스도를 무시하는 모든 인식과 기질과 목적을 하나님을 소중히 여기고 그리스도를 높이는 인식과 기질과 목적으로 바꾸라.

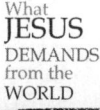

내게로 오라

| 수고하고 무거운 짐 진 자들아 다 내게로 오라 내가 너희를 쉬게 하리라(마 11:28).

| 예수께서 서서 외쳐 이르시되 누구든지 목마르거든 내게로 와서 마시라(요 7:37).

| 예수께서 이르시되 나는 생명의 떡이니 내게 오는 자는 결코 주리지 아니할 터이요(요 6:35).

| 너희가 영생을 얻기 위하여 내게 오기를 원하지 아니하는도다(요 5:40).

| 이 말씀을 하시고 큰소리로 나사로야 나오라 부르시니, 죽은 자가 수족을 베로 동인 채로 나오는데(요 11:43-44).

한 사람이 새롭게 태어나고 회개를 경험하면 예수님을 삶의 중심에 모시며, 그분에게 최고의 가치를 둔다. 새로 태어나고 회개하기 전에는 건강, 가족, 직장, 친구, 스포츠, 음악, 음식, 섹스 등 다른 것들이 더 중요해 보이고 더 끌렸다. 그러나 하나님이 새로운 출생과 회개라는 철저한 변화를 일으키실 때, 예수님은 우리의 가장 귀한 보화가 되신다.

그분의 멍에는 쉽고, 그분의 짐은 가볍다

예수님이 세상에 오신 목적은 새로운 종교나 새로운 법을 주는 게 아니었다. 우리에게 영원한 즐거움을 주시며, 그분을 기뻐하는 영원한 기쁨을 가로막는 모든 장애물을 제거하기 위해 죽음을 포함해 자신이 하셔야 할 모든 일을 하러 오셨다. "내가 이것을 너희에게 이름은 내 기쁨이 너희 안에 있어 너희 기쁨을 충만하게 하려 함이라"(요 15:11). '내게로 오라'는 예수님의 명령은, 우리 스스로 그분의 최고 가치를 가장 완전하게 맛보고, 또한 그것을 퍼트리는 삶을 경험하라는 것이다.

예수님은, 유대교는 물론 세상 종교에서 자신들이 믿는 신의 사랑을 받으려고 무거운 짐을 지고 힘들어하는 사람들을 보셨다. 예수님이 오신 것은 하나님을 달래야 하는 무거운 짐을 다른 것으로 대체하기 위해서가 아니었다. 짐은 자신이 지고 우리에게 쉼을 명령하기 위해서였다.

"수고하고 무거운 짐 진 자들아 다 내게로 오라. 내가 너희를 쉬게 하리라. 나는 마음이 온유하고 겸손하니 나의 멍에를 메고 내게 배우라. 그리하면 너희 마음이 쉼을 얻으리니, 이는 내 멍에는 쉽고 내 짐은 가벼움이라"(마 11:28-30).

실수하지 말라. 우리가 예수님께 나올 때 하나의 멍에와 하나의 짐이 있지만 그 멍에는 쉽고 그 짐은 가볍다.

짐이 있지만 그것은 예수님이 아니다

그러나 그 멍에와 짐은 우리가 생각하는 방식대로 쉽거나 또는 가볍지 않다. "생명으로 인도하는 문은 좁고 길이 협착하여 찾는 자가 적음이라"(마 7:14). 그 길이 힘든 것은 예수님이 엄격한 감독이기 때문이 아니다. 그 길이 힘든 것은 세상이 예수님을 그 무엇보다 더 기뻐하기 힘든 곳이기 때문이다. 다른 것들을 더 기뻐하려는 우리의 성향, 곧 자멸을 초래할 그 성향을 제거해야 한다(마 5:29-30).

우리 자신의 죄만이 아니다. 많은 사람들이 자신들이 사랑하는 것을 사랑하지 않는다고 화를 낸다. 그래서 예수님은 이렇게 경고하셨다. "심지어 부모와 형제와 친척과 벗이 너희를 넘겨주어 너희 중의 몇을 죽이게 하겠고, 또 너희가 내 이름으로 말미암아 모든 사람에게 미움을 받을 것이나"(눅 21:16-17).

그러나 예수님은 짐이 아니다. 우리가 그분에게 나아가면, 그분은 우리 짐을 가볍게 하시고, 영혼을 만족시키시며, 생명을 주신다. "예수께서 서서 외쳐 이르시되 누구든지 목마르거든 내게로 와서 마시라"(요 7:37). 예수님께 온다는 것은 마시러 온다는 뜻이다. 그리고 예수님과 교제하는 가운데 마시는 물은 우리에게 영원한 생명을 준다. "내가 주는 물을 마시는 자는 영원히 목마르지 아니하리니 내가 주는 물은 그 속에서 영생하도록 솟아나는 샘물이 되리라"(요 4:14). 예수님께 오라는 명령은 생명의 샘으로 나와 마시라는 말씀인 것이다.

또한 예수님은 생명을 유지하는 떡에 관한 약속을 하셨다. "나는 생명의 떡이니 내게 오는 자는 결코 주리지 아니할 터이요"(요 6:35). 예수님 자신이 하늘의 떡이다. 영생의 근원이며 본질이다. 그분은 '멸망에서 구원으로'라는 약속을 가지고 우리를 자신에게로 이끄실 것이다(요 3:16). 그러므로 예수님의 '내게로 오라'는 명령은, 어느 아버지가 불타는 창가에 서 있는 자식에게 "내게로 뛰어내려!" 하고 애절하게 외치는 것과 같다. 또는 여러 날을 사막에서 헤맨 후 탈진해서 거의 죽어 가는 이를 발견한 구조대가 "이거 마시세요!" 하고 외치는 것도 좋은 비유가 될 것이다.

"너희가 영생을 얻기 위하여 내게 오기를 원하지 아니하는도다"

하지만 슬프게도 죄로 물들고 영적으로 눈먼 사람들이 예수님께 오지 않는다는 것이다. 예수님은 그분의 백성을 보며 슬퍼하셨다.

"예루살렘아, 예루살렘아, 선지자들을 죽이고 네게 파송된 자들을 돌로 치는 자여, 암탉이 그 새끼를 날개 아래에 모음 같이 내가 네 자녀를 모으려 한 일이 몇 번이더냐. 그러나 너희가 원하지 아니하였도다"(마 23:37).

"너희가 성경에서 영생을 얻는 줄 생각하고 성경을 연구하거니와 이 성경이 곧 내게 대하여 증언하는 것이니라. 그러나 너희가 영생을 얻기 위하여 내게 오기를 원하지 아니하는도다"(요 5:39-40).

왜 사람들이 예수님께 오지 않는가? 그건 사람들이 "오기를 원하지 아니하기" 때문이다. 어떤 사람들은 이것을 가리켜 '자유 의지'가 선택한 결과라고 말한다. 그렇다면 예수님은 어떻게 말씀하실까? 아마도 '죄의 종이 된 의지가 선택한 결과'라고 부르실 것이다. "진실로 진실로 너희에게 이르노니 죄를 범하는 자마다 죄의 종이라"(요 8:34).

예수님은 사람들이 그분에게 오지 않는 까닭은 사람들은 자신들이 다른 그 무엇보다 더 좋아하는 것의 종이기 때문이라고 말씀하실 것이다. "빛이 세상에 왔으되 사람들이 자기 행위가 악하므로 빛보다 어둠을 더 사랑한 것이니라. 악을 행하는 자마다 빛을 미워하여 빛으로 오지 아니하나니 이는 그 행위가 드러날까 함이요"(요 3:19-20).

그렇다면 우리 모두는 죄의 종이며 영적으로 죽었는데 '명령 1'을 보라 예수님께 온 사람은 어떻게 된 것인가? 하나님이 그분의 크신 자비로 우리의 저항을 꺾고 우리를 이끄셨기에 가능했던 것이다. "나를 보내신 아버지께서 이끌지 아니하시면 아무도 내게 올 수 없으니"(요 6:65).

하나님은 새로운 출생과 회개라는 선물을 주신다. 나아가 이러한 선물이 예수님의 진리와 아름다움을 보지 못하는 영적으로 어두워진 우리의 눈을 열어 준다. 이런 일이 있을 때, 우리를 자멸에 빠뜨리는 모든 장애물이 제거된다. 우리는 자유다. 마침내 종의 신분에서 해방되었다.

"나사로야 나오라!"

예수님이 세상에 오신 것은 세상 모든 곳에서 그분의 양떼를 모으기 위해서다(요 11:52). 예수님은 세상 모든 이들을 위해 목숨을 버리시고, 우리를 향해 '내게로 오라'고 명령하신다. 예수님은 오지 않는 자들을 보며 우시지만, 자신의 계획을 포기하지 않으실 것이다. 그리고 마침내 자신을 위해 한 백성을 모으실 것이다.

그분은 절대적 주권을 갖고 말씀하신다. "또 이 우리에 들지 아니한 다른 양들이 내게 있어 내가 인도하여야 할 터이니, 그들도 내 음성을 듣고 한 무리가 되어 한 목자에게 있으리라"(요 10:16). 그분은 이들을 반드시 인도하신다. 이들은 그분의 음성을 들을 것이며, 이들은 그분에게 올 것이다.

"내게로 오라"는 예수님의 음성이 들릴 때, 예수님을 저항할 수 없는 참되고 아름다운 분으로 보는 눈을 달라고 하나님께 기도하라. 이 명령을 죽은 나사로가 들었던 것처럼 그렇게 듣게 해 달라고 기도하라. "큰소리로 나사로야 나오라 부르시니 죽은 자가 수족을 베로 동인 채로 나오는데"(요 11:43-44). 당신이 예수님께 이렇게 나올 때, 당신은 그분의 주권적인 은혜 때문에 쉼 없이 그분을 찬양하고 그분께 감사하게 될 것이다.

What JESUS DEMANDS from the WORLD

Demand. 4

나를 믿으라

ㅣ 너희는 마음에 근심하지 말라 하나님을 믿으니 또 나를 믿으라(요 14:1).

ㅣ 내가 아버지 안에 거하고 아버지께서 내 안에 계심을 믿으라. 그렇지 못하겠거든 행하는 그 일로 말미암아 나를 믿으라(요 14:11).

ㅣ 너희에게 아직 빛이 있을 동안에 빛을 믿으라. 그리하면 빛의 아들이 되리라(요 12:36).

ㅣ (예수께서) 도마에게 이르시되 네 손가락을 이리 내밀어 내 손을 보고 네 손을 내밀어 내 옆구리에 넣어 보라. 그리하여 믿음 없는 자가 되지 말고 믿는 자가 되라(요 20:27).

예수님은 왜 자신을 믿으라고 명령하시는가? 예수님을 믿는다는 것은 무엇을 의미하는가? 예수님이 우리에게 자신을 믿으라고 명령하시는 이유는, 모든 인간이 절망적인 상황에 처해 있으며 예수님만이 우리를 그 상황에서 구하실 수 있기 때문이다. 예수님이 우리에게 자신을 믿으라고 명령하시는 것은, 우리는 스스로를 구해 낼 수 없으며 그러므로 온전히 그분의 도움만을 구해야 하기 때문이다.

오직 예수님만이 우리를 모든 위험에서 구원하실 수 있다. 예수님이 우리에게 자신을 믿으라고 명령하시는 것은, 바로 우리 자신을 위해서다. 이것은 마치 화재가 나서 금방이라도 무너질 것 같은 건물에 갇혀 의식을 잃어 가는 당신을 발견한 소방관이 방화포放火布로 당신을 덮고 당신을 붙잡은 후 이렇게 말하는 것과 같다. "제가 당신을 옮기는 동안 꼼짝 말고 저를 붙들고 계세요. 절대로 움직이면 안 됩니다. 저를 도우려고 하지 않으셔도 됩니다. 제가 당신을 구해 드리겠습니다. 저한테 맡기세요. 저를 믿으세요."

그럼에도 불구하고 대부분의 사람들은 자신들이 소방관이신 예수님께 구조를 받아야 한다고 느끼지 않는다.

우리는 너무도 절망적인 상황에 처해 있다

그렇다면 예수님만이 우리를 구해 내실 수 있는 절망적인 상황은 어떤 것인가? 예수님이 하신 말씀 가운데 '멸망', '심판', '하나님의 진노'라는 말에 주목하라.

"하나님이 세상을 이처럼 사랑하사 독생자를 주셨으니, 이는 그를 믿는 자마다 멸망하지 않고 영생을 얻게 하려 하심이라. 하나님이 그 아들을 세상에 보내신 것은 세상을 심판하려 하심이 아니요 그로 말미암아 세상이 구원을 받게 하려 하심이라. 그를 믿는 자는 심판을 받지 아니하는 것이요, 믿지 아니하는 자는 하나님의 독생자의 이름을 믿지 아니하므로 벌써 심판을 받은 것이니라....아들을 믿는 자에게는 영생이 있고 아들에게 순종하지 아니하는 자는 영생을 보지 못하고 도리어 하나님의 진노가 그 위에 머물러 있느니라"(요 3:16-18, 36).

우리는 하나님의 진노 아래 있다. 바로 우리의 죄 때문이다'명령 2'를 보라.
하나님은 공의로우시다. 따라서 하나님이 그분의 가치를 떨어뜨리고 그분을 하찮게 여기는 인간의 태도와 행동에 진노하시는 것은 당연하다. 그런데 우리 모두가 그와 같이 행동했다. 지금도 그렇게 하고 있다.

하나님은, 예수님을 우리 대신 죽도록 보내셨다

그러나 놀랍게도 하나님은, 이러한 심판의 강도를 더하기 위해서가 아니라, 우리를 구해 내기 위해 그분의 아들 예수를 세상에 보내셨다.

예수님은 그 심판을 예수님 스스로 받으신 연후에 우리 대신 죽으셨다. 하지만 우리에게는 고행의 영웅적인 행동이 아니라 오직 그분을 믿기만 하면 된다고 명령하신다. 그것이 바로 우리를 구해 내시는 방법이다. 예수님은 말씀하셨다. "나는 선한 목자라 선한 목자는 양들을 위하여 목숨을 버리거니와"(요 10:11).

이처럼 예수님의 죽음에는 목적이 있었다. 그분은 우리를 대신해 자진해서 죽으셨다. 예수님은 자신을 이사야 53장에 기록된 놀라운 예언의 성취자로 보셨다(참조. 눅 22:37; 사 53:12). 이사야는 예수님이 오시기 7백 년 전에, 여호와의 종이 와서 자신의 백성을 위해 죽으리라고 예언했다.

> "그는 실로 우리의 질고를 지고 우리의 슬픔을 당하였거늘, 우리는 생각하기를 그는 징벌을 받아 하나님께 맞으며 고난을 당한다 하였노라. 그가 찔림은 우리의 허물 때문이요, 그가 상함은 우리의 죄악 때문이라. 그가 징계를 받으므로 우리는 평화를 누리고, 그가 채찍에 맞으므로 우리는 나음을 받았도다. 우리는 다 양 같아서 그릇 행하여 각기 제 길로 갔거늘, 여호와께서는 우리 모두의 죄악을 그에게 담당시키셨도다"(사 53:4-6).

예수님이 우리에게 자신을 믿으라고 명령하시는 것은, 하나님의 진노에서 벗어나기 위해 우리 스스로 할 수 있는 게 아무것도 없기 때문이다. 예수님이 우리의 대리자가 되셨다. 하나님은 우리가 심판 받아 마땅한 죄를 예수님에게 지우셨다. 하나님의 사랑이 놀라운 맞교환을 계획하신 것이다. 예수님에게 마땅한 영생을 우리가 누릴 수 있도록 하셨고, 예수님은 우리에게 마땅한 죽음을 대신 당하셨다. 그렇다면 이 생명을 어떻게 누릴 수 있을까? 예수님을 믿으면 된다. "진실로 진실로 너희에게 이르노니 믿는 자는 영생을 가졌나니"(요 6:46; 참조. 눅 8:12).

예수님을 믿는다는 게 무슨 뜻인가?

첫째, 특정한 역사적 사건들을 사실로 믿는다는 뜻이다. 예수님의 제자 도마가 예수님이 죽은 자 가운데서 육체적으로 부활하셨다는 것을 의심했을 때, 예수님은 그에게 나타나 이렇게 말씀하셨다. "네 손가락을 이리 내밀어 내 손을 보고 네 손을 내밀어 내 옆구리에 넣어 보라. 그리하여 믿음 없는 자가 되지 말고 믿는 자가 되라"(요 20:27). 믿음은 어두운 곳에서 뛰어내리는 무모한 짓이 아니다. 믿음에는 기초와 내용이 있다. 믿음의 기초는 역사에서 실제로 일어난 일이다.

그러나 예수님을 믿는다는 것은 예수님에 관한 사실을 아는 것보다 많은 것을 의미한다. 이것은 그분을 살아 계신 분으로 믿는다는 뜻이다. 실제로 그분은 살아 계시기 때문이다. "하나님을 믿으니 또 나를 믿으라"(요 14:1; 참조. 마 18:6). 예수님을 믿는 것은 단순히 예수님에 관한 사실만 믿는 게 아니다. 우리가 전 존재적으로 그분을 신뢰하고 의심없이 의뢰한다는 것을 의미한다.

하나님이 예수 안에서 우리에게 주시는 모든 것에 만족하라

예수님은 우리에게 자신을 단순히 믿어야 할 구원자로만 주신 것이 아니라, 마셔야 할 생수로도 주셨다. 자신을 우리에게 목자로(마 26:31), 신랑으로(마 9:15), 보화로(마 13:44), 왕으로(요 18:46) 주신 것은 말할 것도 없다.

예수님을 생명의 물로 '믿는다'는 게 무슨 뜻인가? 예수님은 이렇게 말씀하셨다. "누구든지 목마르거든 내게로 와서 마시라"(요 7:37). "내가 주는 물을 마시는 자는 영원히 목마르지 아니하리니 내가 주는 물은 그 속에서 영생하도록 솟아나는 샘물이 되리라"(요 4:14).

예수님은 다른 곳에서 물을 마시는 것과 그분을 믿고 그분에게 오는 것을 연결하셨다. "나는 생명의 떡이니 내게 오는 자는 결코 주리지 아니할 터이요 나를 믿는 자는 영원히 목마르지 아니하리라"(요 6:35). 예수님을 믿는 것과 영생하도록 솟아나는 물을 마시는 것은 같은 것이다.

예수님이 자신을 생명의 물로 우리에게 주실 때 그분을 믿는다는 것은 단지 이 물이 생명을 준다는 것을 믿는 데 그친다는 뜻이 아니다. 물을 마시면 물은 우리에게 생명을 준다. 예수님을 믿으면 예수님은 우리에게 생명을 주신다. 그러므로 예수님을 물로 믿는다는 것은 그 물을 마신다는 뜻이다. 예수님을, 그리고 그분을 통해 우리에게 오며 생명을 주는 하나님의 모든 은혜를 '받아들인다' receiving는 뜻이다. "너희를 영접하는 receives 자는 나를 영접하는 것이요 나를 영접하는 자는 나를 보내신 이를 영접하는 것이니라"(마 10:40; 참조. 요 13:20).

예수님을 믿는 것은, 예수님을 영혼의 갈증을 풀어 주는 생명의 물로 알고 마신다는 의미도 담겨 있다. 다시 말해, 하나님이 예수님 안에서 우리에게 주시는 모든 것을 맛보고 만족한다는 뜻이다.

예수님은 단순한 소방관이 아니다

앞에서 들었던 소방관 예화는 어딘가 부족하다. 물론 이 예화가 말하는 부분은 모두 옳다. 예수님은 구조대원이다. 우리는 꼼짝 말고 그분을 붙들어야 하며, 움직이지 말아야 하고, 그분이 하나님의 진노의 불길에서 안전하게 구해 내도록 우리를 맡겨야 한다.

그러나 자신이 존경하지 않는 소방관이라도 신뢰할 수 있다. 그 소방관은 쉬는 날에는 간음을 하거나 술에 취할 수도 있다. 또한 그는 자신의 모든 것을 걸고 자신을 믿으라거나, 자신을 받아들이라거나, 자신의 생명을 맛보라고 명령하지 않는다. 그러나 예수님은 이렇게 하신다. 예수님이 오신 것은 우리를 심판에서 구해 낼 뿐 아니라, 우리로 하여금 영생을 누리게 하기 위해서다. 즉 하나님이 그분 안에서 우리에게 주시는 모든 것을 경험한다는 뜻이다. "영생은 곧 유일하신 참 하나님과 그가 보내신 자 예수 그리스도를 아는 것이니이다"(요 17:3).

그분은 우리에게 무엇이 필요한지 우리보다 더 잘 아신다. 우리는 하나님의 진노에서 구조되어야 하며, 하나님과 영혼을 만족시키는 관계를 형성해야 한다. 바로 그 일을 위해 예수님이 오셨고, 우리가 해야 할 일은 단 하나뿐이다. 예수님을 믿는 것이다. 그러므로 그분은 세상을 향해 명령하신다. "나를 믿으라."

What JESUS DEMANDS from the WORLD

Demand . 5

나를 사랑하라

| 아버지나 어머니를 나보다 더 사랑하는 자는 내게 합당하지 아니하고 아들이나 딸을 나보다 더 사랑하는 자도 내게 합당하지 아니하며(마 10:37).

| 예수께서 이르시되 하나님이 너희 아버지였으면 너희가 나를 사랑하였으리니 이는 내가 하나님께로부터 나와서 왔음이라(요 8:42).

대학 다닐 때, 다음과 같이 주장하는 책을 읽었던 기억이 있다. 사랑은 느낌일 수 없다. 왜냐하면 사랑은 명령인데, 느낌은 명령의 대상이 아니기 때문이다. 다시 말해, 사랑은 감정이나 애정이 개입되지 않는 단순한 의지의 행위이거나 몸짓이어야 한다는 것이다. 그러나 이 주장의 문제점은 전제가 틀렸다는 것이다. 예수님은 느낌을 명령하신다. 그분은 감정이 이러해야 하고 저러해서는 안 된다고 명령하신다.[1]

특정한 환경에서 기뻐하며(마 5:12), 마땅히 두려워할 자를 두려워하며(눅 12:5), 그분을 부끄러워하지 말며(눅 9:26), 마음으로 용서하라(마 18:35)고 명령하신다. 그 외에도 감정과 관련해 많은 명령을 하신다. 느낌 또한 마찬가지다. 그 느낌이 우리가 가져야 할 것이라면, 예수님은 느낌을 명령하실 수 있다. 내가 너무 타락해서 마땅히 가져야 할 감정을 갖지 못한다고 해서 나의 의무가 바뀌는 것은 아니다. 예수님이 명령하신다면 감정을 가져야 한다. 내게 감정을 생산할 수 있는 도덕적 능력이 없다고 해서 책임을 면할 수도 없다. 예수님의 명령대로 감정을 가지지 않는 것은 나의 타락을 드러낼 뿐이다. 예수님이 명령하시는 감정은, 새로운 마음을, 예수님이 주러 오신 마음을 간절히 바라게 만든다 '명령 1'을 보라.

예수님에 대한 사랑

그분을 사랑하라는 예수님의 명령은, 그분의 속성에 대한 깊은 감탄, 그분과 교제하는 즐거움, 그분과 함께 있고 싶은 마음, 그분의 친족에 대한 애정과 같은 깊은 느낌 그 이상을 포함할 수 있다. 예수님은 우리가 부모나 자녀보다 그분을 더 사랑해야 한다고 말씀하셨다. "아버지나 어머니를 나보다 더 사랑하는 자는 내게 합당하지 아니하고 아들이나 딸을 나보다 더 사랑하는 자도 내게 합당하지 아니하며"(마 10:37).

우리를 이러한 관계에 매는 사랑은 단순히 의지로만 되는 것이 아니다. 깊은 애정이 있어야 한다. 예수님은 그분을 향한 우리의 사랑이 이보다 나아야 한다고 말씀하신다.

예수께서 우리의 사랑이 선행 그 이상이기를 명령하신다는 또 다른 증거가 요한복음 14장 15절에 있다. "너희가 나를 사랑하면 나의 계명을 지키리라." 때로 사람들은 이 말씀을 이렇게도 말한다. '예수님의 계명을 지키는 것이 그분을 사랑하는 것이다.' 이 구절이 말하는 것은 그런 의미가 아니다. 예수님의 계명을 지키는 것은 그분을 향한 우리의 사랑에서 비롯된다는 뜻이다. 이 구절은 행위와 사랑을 분리하는 게 아니라 구별한다. 첫째, 우리는 그분을 사랑한다. 그 다음으로 그분을 사랑하기 때문에 그분이 말씀하시는 것을 한다. 사랑은 계명 준수와 동의어가 아니다. 전자는 후자의 뿌리다. 그러므로 예수님이 명령하시는 사랑은 매우 깊고 강한 것이다. 그 사랑은 가장 긴밀한 가족 간의 애정 관계와 같지만, 그보다 더 크며 더 많은 것을 포함한다.

새로운 본성으로 예수님을 사랑하라

그렇게 예수님을 사랑하기 위해서는 새로운 본성, 즉 새로운 마음을 가져야 한다. 그렇지 않고서야 어떻게 한 번도 본 적이 없는 분을 아들 딸보다 더 사랑할 수 있겠는가? 타락한 인간의 본성으로는 이렇게 사랑하기란 불가능하다. 예수님은 그분을 사랑하지 않는 자들에게 말씀하실 때 이것을 분명히 하셨다. "하나님이 너희 아버지였으면 너희가 나를 사랑하였으리니"(요 8:42). 바꾸어 말하자면 이렇다. "너희가 나를 사랑하지 않는 것은 너희가 하나님의 가족이 아니기 때문이다. 너희에게는 가족의 본성이 없다. 가족의 정신, 가족의 마음, 가족을 더 좋아하고 가족에게로 기우는 그런 경향이 없다. 하나님은 너희 아버지가 아니다."

예수님은 우리와 같은 죄인들이 그분의 마음과 길을 가진, 하나님의 비신적인non-divine 자녀가 될 수 있도록 하나님의 하나뿐이며 신적인 아들로 오셨다(마 11:27). "영접하는 자 곧 그 이름을 믿는 자들에게는 하나님의 자녀가 되는 권세를 주셨으니"(요 1:12). 예수님이 "오직 너희는 원수를 사랑하고 …… 그리하면 …… 지극히 높으신 이의 아들이 되리니"라고 말씀하실 수 있었던 것도 이 때문이다(눅 6:35). 새로운 출생과 명령 1 믿음을 통해 명령 4, 예수님은 하나님의 자녀의 권세와 성향을 우리에게 주신다. 이러한 성향의 중심에는 하나님의 아들이신 예수님을 향한 사랑이 있다.

적게 용서 받은 자는 적게 사랑한다

어떻게 가장 가까운 친구와 친척보다 예수님을 더 사랑할 수 있을까? 그 신비한 방법을 우리는 이미 알고 있다. 우리를 향한 예수님의 사랑의 영광을 봄으로써 새로이 태어났고 회개하였으며, 이로써 하나님의 자녀의 새로운 본성을 선물 받았다.

엄격한 바리새인이 예수님을 식사에 초대했다. 이들이 식사를 하고 있을 때, 한 창녀가 들어와 예수님의 발에 향유를 붓고 자신의 머리털로 그 발을 닦았다. 바리새인은 예수님이 이런 행동을 허락하신 데 화가 났다. 그러자 예수님이 바리새인에게 물으셨다. 채권자가 두 명의 채무자에게 빚을 탕감해 주었는데, 한 사람에게는 5백만 원을 탕감해 주고 다른 사람에게는 5만 원을 탕감해 줬다면 어느 쪽이 그를 더 사랑하겠느냐? 바리새인은 "내 생각에는 많이 탕감함을 받은 자니이다"라고 대답했다.

예수님도 그의 대답에 동의하시면서 이렇게 말씀하셨다. "이 여자를 보느냐, 내가 네 집에 들어올 때 너는 내게 발 씻을 물도 주지 아니하였으되 이 여자는 눈물로 내 발을 적시고 그 머리털로 닦았으며, 너는 내게 입 맞추지 아니하였으되 그는 내가 들어올 때로부터 내 발에 입 맞추기를 그치지 아니하였으며, 너는 내 머리에 감람유도 붓지 아니하였으되 그는 향유를 내 발에 부었느니라. 이러므로 내가 네게 말하노니 그의 많은 죄가 사하여졌도다. 이는 그의 사랑함이 많음이라. 사함을 받은 일이 적은 자는 적게 사랑하느니라"(눅 7:36-48).

이 이야기에는 예수님을 향한 큰 사랑이 어떻게 생겨날 수 있는지 담겨 있다. 예수님이 우리를 어떻게 먼저 사랑하셨는지를 보고 그분의 아름다움을 깨닫는 눈을 가질 때, 비로소 그분을 향한 큰 사랑이 생기는 것이다. 우리가 그분을 먼저 사랑한 게 아니다. 그분이 우리를 먼저 사랑하셨다(요 15:16). 예수님을 향한 사랑이 깨어나는 것은 우리의 마음이 죄 때문에 상하고 판단하는 바리새인과는 달리, 그 사랑을 깨우는 예수님의 용서하는 사랑의 달콤함을 맛볼 때다.

그분을 사랑하라는 명령보다 더 큰 사랑은 없다

이 사랑은 우리로 하여금 예수님의 다른 계명들에 순종하게 할 것이며(요 14:15), 그분이 맡기신 사명을 다하려는 마음을 갖게 할 것이며(요 21:15-22), 예수님이 높임과 찬송을 받길 간절히 원하는 마음을 갖게 할 것이다(요 14:28; 5:23). 여기에 대해서는 조금의 의심도 있을 수 없다. 그러나 이 모든 열매 밑에는 진심에서 우러나는 예수님을 향한 근본적인 사랑이 있다. 다시 말해, 그분의 속성에 대한 감탄, 그분과의 교제가 주는 지속적인 즐거움, 그분과 항상 함께 있고 싶은 마음, 그분의 친족에 대한 따뜻한 애정, 우리가 그분을 사랑하기 전에 우리를 먼저 사랑하신 데 대한 깊은 감사와 같은 강한 느낌들이 있다.

이러한 감정들과 열매는 예수님이 우리가 그분에게 '합당하다'worthy고 하실 때 의미하신 것이다. "아버지나 어머니를 나보다 더 사랑하는 자는 내게 합당하지 아니하고"(마 10:37). 이러한 감정들과 열매를 갖고 예수님을 사랑할 때, 우리는 예수님에게 '합당해진다.' 이는 "일꾼이 그 삯을 받는 것이 마땅하니라"라는 구절에서처럼(눅 10:7) 우리가 예수님의 상대로서 자격이 있다는 뜻이 아니다. 예수님이 이런 사랑을 받으실 자격이 있다는 뜻이다. 그리고 우리가 예수님에게 합당하다는 것은 그분이 자신의 가치에 합당한 감정과 행동을 우리 안에 불러일으키셨다는 뜻이다. 이러한 우리의 감정과 행동은 그분의 가치에 합당하다 누가복음 3장 8절에 나오는 "회개에 합당한 열매를 맺고"라는 구절의 '합당한'이라는 단어의 쓰임과 비교해 보라.

예수님이 세상을 향해 그분을 사랑하라고 명령하시는 것은, 그분이 사랑받기에 무한히 합당하시기 때문이다. 그리고 예수님을 사랑하면, 그분의 영광과 임재와 보살핌을 누리게 된다. 그러므로 예수께서 '나를 사랑하라'고 명령하신 궁극적인 이유는, 그분의 사랑이 우리에게 흘러넘치게 하시려는 것이다.

What
JESUS
DEMANDS
from the
WORLD

Demand . 6

내 말을 들으라

| 무리를 다시 불러 이르시되 너희는 다 내 말을 듣고 깨달으라(막 7:14).

| 이 말씀을 하시고 외치시되 들을 귀 있는 자는 들을지어다(눅 8:8).

| 너희가 어떻게 들을까 스스로 삼가라(눅 8:18).

| 마르다라 이름하는 한 여자가 자기 집으로 영접하더라. 그에게 마리아라 하는 동생이 있어 주의 발치에 앉아 그의 말씀을 듣더니, 마르다는 준비하는 일이 많아 마음이 분주한지라. 예수께 나아가 이르되, 주여 내 동생이 나 혼자 일하게 두는 것을 생각하지 아니하시나이까 그를 명하사 나를 도와주라 하소서. 주께서 대답하여 이르시되, 마르다야 마르다야, 네가 많은 일로 염려하고 근심하나 몇 가지만 하든지 혹은 한 가지만이라도 족하니라. 마리아는 이 좋은 편을 택하였으니 빼앗기지 아니하리라 하시니라(눅 10:38-42).

예수님의 모든 삶과 일은, 우리가 왜 그분의 말씀을 들어야 하는지를 보여 주는 훌륭한 논증이다. 복음서는 한 장 한 장마다 우리가 왜 텔레비전을 끄고 예수님께 귀를 기울여야 하는지 이유를 밝히고 있다. 그 가운데 몇 가지 이유를 살펴보겠다. 그런데 아이러니하게도 이것은 그토록 많은 사람들이 그분의 말씀에 귀를 기울이지 않는 이유이기도 하다.

이 사람처럼 말하는 사람이 없었다

대적들이 예수님을 제거하려 할 만큼 그분의 사역은 놀랍고 위협적이었다. 그래서 바리새인들은 "그를 잡으려고 아랫사람들을 보냈다"(요 7:32). 그러나 실망스럽게도 아랫사람들은 빈손으로 돌아왔다. 예수님에게 훌륭한 보디가드가 있었기 때문이 아니다. 그분의 가르침이 참으로 놀라웠기 때문이다.

"아랫사람들이 대제사장들과 바리새인들에게로 오니 그들이 묻되 어찌하여 잡아오지 아니하였느냐? 아랫사람들이 대답하되, 그 사람이 말하는 것처럼 말한 사람은 이때까지 없었나이다 하니"(요 7:45-46).

그들은 예수님의 말씀을 듣고 나자 그분을 체포할 수가 없었다.

예수님은 하나님의 말씀을 하신다

예수님이 산상설교를 끝내셨을 때 "무리들이 그의 가르치심에 놀라니, 이는 그 가르치시는 것이 권위 있는 자와 같고 그들의 서기관들과 같지 아니함일러라"(마 7:28-29). 이러한 권위는 개인적 특성이나 가르치는 방법에서 나온 게 아니었다. 예수님은 그분의 말씀이 권위와 능력이 있는 것은 하나님의 말씀이기 때문이라고 하신다.

"내가 내 자의로 말한 것이 아니요 나를 보내신 아버지께서 내가 말할 것과 이를 것을 친히 명령하여 주셨으니"(요 12:49).

"그러므로 내가 이르는 것은 내 아버지께서 내게 말씀하신 그대로니라"(요 12:50; 참조. 8:28).

"너희가 듣는 말은 내 말이 아니요 나를 보내신 아버지의 말씀이니라"(요 14:24).

예수님의 말씀이 권위가 있는 것은 그분이 말씀하실 때 하나님이 말씀하시기 때문이다. 예수님은 성부 하나님에게서 받은 말씀을 성자 하나님으로서 하신다.

예수님의 말씀은 초자연적 세력까지도 잠재우신다

예수님의 말씀은 초자연적 세력을 이기는 힘이 있다. 예수님은 귀신 들린 사람을 만나셨을 때 그를 꾸짖으시면서 "잠잠하고 그 사람에게서 나오라"고 명하셨다(막 1:25). 뒤이어 그 사람이 경련을 일으키자 귀신이 몸 밖으로 빠져나왔다. 그러자 무리가 놀라며 말했다. "이는 어찜이냐? 권위 있는 새 교훈이로다. 더러운 귀신들에게 명한즉 순종하는도다"(막 1:27).

예수님의 말씀은 또한 나병환자를 고쳤고(마 8:3), 귀먹은 사람을 고쳤으며(막 7:34-35), 눈먼 사람도 고쳤다(마 9:28-30). 가장 놀라운 것은 예수님이 말씀 한마디로 죽은 자를 세 번이나 살리셨다는 것이다. "소녀야 일어나라"(막 5:41-42). "청년아 내가 네게 말하노니 일어나라"(눅 7:14-15). "나사로야 나오라"(요 11:43-44).

예수님께는 영원한 생명의 말씀이 있다

예수님의 말씀은 육체적 생명을 유지시키고, 회복시킨다. 그러나 이보다 더 중요한 사실은 영원한 생명에 이르기 위해서는 예수님의 말씀을 반드시 알아야 한다는 것이다. 죽은 자들 가운데서 다시 살아나는 것은 멋진 일이다. 반면 나중에 지옥에 떨어져 멸망할 뿐이라면 이보다 더 끔찍한 일은 없을 것이다. 우리를 영생으로 인도하는 것은 바로 예수님의 말씀이다. 이것이 예수님의 말씀이 우리에게 가장 귀한 이유이다.

언젠가 예수님이 어려운 가르침을 끝내셨을 때, "그의 제자 중에서 많은 사람이 떠나가고 다시 그와 함께 다니지 아니하더라." 그래서 예수님은 열두 사도에게 물으셨다. "너희도 가려느냐?" 그때 베드로가 대답했다. "주여, 영생의 말씀이 주께 있사오니 우리가 누구에게로 가오리이까?"(요 6:66-68). 이것은 카리스마 넘치는 스승에 대한 단순한 열정이 아니었다. 예수님은 베드로의 판단이 옳음을 확인해 주셨다. "살리는 것은 영이니 육은 무익하니라. 내가 너희에게 이른 말은 영이요 생명이라"(요 6:63).

베드로의 판단에 동의하신 것이다. 예수님은 영생의 말씀을 하신다. 영생을 원하는 사람은 누구라도 예수님의 말씀을 들어야 한다.

예수님의 말씀은 믿음을 깨운다

그렇다면 예수님의 말씀이 어떻게 영생을 주는가?

"내 아버지의 뜻은 아들을 보고 믿는 자마다 영생을 얻는 이것이니"(요 6:40). 예수님의 말씀이 영생으로 인도하는 이유는 그분의 말씀이 이러한 믿음을 깨우기 때문이다. 예수님을 믿는 믿음은 요술봉을 흔든다고 생기는 게 아니다. 하나님이 예수님을 통해 주시는 말씀을 들을 때 생긴다.

예수님이 하신 가장 중요한 비유 가운데 하나는 씨 뿌리는 비유다. 농부가 네 종류의 밭에 씨를 뿌린다. 씨는 곧 말씀을 가리킨다. 어떤 씨는 길가에 뿌려져 밟혔고 새들에게 먹혔다. 예수님은 이것을 이렇게 설명하신다. "길가에 있다는 것은 말씀을 들은 자니 이에 마귀가 가서 그들이 믿어 구원을 얻지 못하게 하려고 말씀을 그 마음에서 빼앗는 것이요"(눅 8:12). 이 말씀은 예수님이 그분의 말씀을 믿고 구원 얻는 열쇠로 보신다는 것을 보여 준다. 말씀을 빼앗기면 예수님을 믿는 믿음은 없을 것이다. 예수님을 믿는 믿음이 없으면 구원도, 영생도 없을 것이다. 예수님의 말씀을 듣는 것이 가장 먼저이며, 예수님을 믿는 믿음이 그 다음이며, 영생이 그 다음이다. "내 말을 듣고 또 나 보내신 이를 믿는 자는 영생을 얻었고"(요 5:24).

예수님의 말씀이 그분을 믿는 믿음을 깨우는 것은 그분의 말씀은 그분이 정말 누구이며, 우리에게 영생을 주려고 무엇을 하셨는지 보여 주기 때문이다. 우리는 예수님의 말씀을 통해 그분의 영광을 보며, 그분이 하신 일이 조금도 부족하지 않은 것을 본다. 하지만 어떤 사람들은 그분의 말씀을 듣지만 참되고 거부할 수 없는 말씀으로 듣지 못하기도 한다. 이들은 그분이 말씀하시는 대상을 보지만 그것을 아름답고 확신을 주는 것으로 보지 못한다. 그러므로 예수님은 이렇게 말씀하셨다.

"내가 그들에게 비유로 말하는 것은 그들이 보아도 보지 못하며 들어도 듣지 못하며 깨닫지 못함이니라"(마 13:13).

왜 사람들은 듣지 않고, 믿지 않는가?

왜 그토록 많은 사람들이 예수님의 말씀을 듣지 않는가? 예수님은 가장 격한 대적들에게 말씀하셨다. "내 말이 너희 안에 있을 곳이 없으므로 나를 죽이려 하는도다"(요 8:37).

"내 말이 너희 안에 있을 곳이 없으므로"라는 말씀은 충격적이다. 이들의 마음은 이상하게 빚어져 있어서 예수님의 말씀이 이들의 마음에 맞지 않을 것이다. 아마도 예수님의 말씀이 우리가 그 말씀을 들을 수 있게 하기 전에 그분의 말씀을 들으려는 준비 자세와 같은 게 있음을 암시하는 것으로 보인다. 이것이 바로 예수님이 가르치시는 것이다.

예수님이 마지막에 재판을 받으실 때, 빌라도는 예수님이 스스로 유대인의 왕이라고 주장했음을 자백하라며 압박했다. 그때 예수님은 이렇게 대답하셨다. "내가 이를 위하여 태어났으며 이를 위하여 세상에 왔나니 곧 진리에 대하여 증언하려 함이로라"(요 18:37).

예수님은 진리를 전하러 오셨다. 그분의 말씀이 진리다. 빌라도는 비웃으며 물었다. "진리가 무엇이냐?" 그가 이렇게 물은 것은 빌라도 안에 예수님의 말씀이 '있을 곳이 없었'기 때문이다. 그러나 이러한 빌라도의 물음에도 예수님은 전혀 놀라지 않으셨다. 그뿐 아니라 이것은 빌라도가 하나님의 계획을 방해했다는 뜻도 아니다. 예수님은 빌라도에 관한 최종적이며 결정적인 말씀을 하셨다. "무릇 진리에 속한 자는 내 음성을 듣느니라"(요 18:37).

어떤 사람들의 마음에는 예수님의 음성을 담을 자리가 없다. 그런가 하면 다른 이들은 '진리에 속해' 있어 예수님의 말씀을 듣는다. 이들에게는 그분의 말씀을 담을 자리가 있기 때문이다. 그렇다면 우리는 어떠한가? 예수님의 음성을 들으려는 자세를 갖추고 있는가?

"하나님께 속한 자는 하나님의 말씀을 듣나니"

예수님은 두 종류의 청중을 서로 다르게 묘사하신다. 듣지 않는 자들은 '하나님께 속하지' 않은 사람들이며, 듣는 자들은 그분의 '양'이다. "너희가 듣지 아니함은 하나님께 속하지 아니하였음이로다"(요 8:47). 듣지 않는 자들에게는 예수님의 말씀이 "있을 곳이 없으며," 이들은 "진리에 속한" 자들이 아니며, 또한 "하나님께 속한" 자들이 아니다. 경각심을 가지고 우리 스스로를 돌아보자. 타락한 죄인의 자격으로는 예수님의 입에서 나오는 진리를 들을 수 없다.

우리는 매우 이기적이다. 우리가 범하는 잘못을 보면 금세 알 수 있다. 예수님이 말씀하실 때, 하나님께서 우리에게 들을 귀와 볼 눈을 주시지 않으면 우리 안에는 예수님의 말씀이 있을 자리가 없을 것이다. 예수님도 이렇게 말씀하셨다.

"천지의 주재이신 아버지여 이것을 지혜롭고 슬기 있는 자들에게는 숨기시고 어린아이들에게는 나타내심을 감사하나이다. 옳소이다. 이렇게 된 것이 아버지의 뜻이니이다. 내 아버지께서 모든 것을 내게 주셨으니, 아버지 외에는 아들이 누구인지 아는 자가 없고, 아들과 또 아들의 소원대로 계시를 받는 자 외에는 아버지가 누구인지 아는 자가 없나이다"(눅 10:21-22).

그리고 제자들을 향해 말씀하셨다. "너희가 보는 것을 보는 눈은 복이 있도다!"(눅 10:23). 참으로 복이 있도다! 보게 하시는 것은 하나님의 일이다. 하나님만이 우리에게 볼 눈과 들을 귀를 주실 수 있다. 예수님이 그분의 말씀을 듣지 않는 자들은 "하나님께 속하지" 않았다고 말씀하신 것도 이 때문이다(요 8:47). 하나님이 우리의 마음에 진리를 위한 자리를 마련하시는 것, 이것이야말로 우리에게 절실히 필요한 복이다.

"내 양은 내 음성을 들으며"

예수님은 마음에 진리를 위한 자리가 있는 사람들을 가리켜 그분의 양이라고 부르신다. "내 양은 내 음성을 들으며 나는 그들을 알며 그들은 나를 따르느니라"(요 10:27). 그러므로 그분의 음성을 듣는 우리는 곧 그분의 양이다. 우리 마음에는 그분의 말씀을 위한 자리와 진리가 빚어낸 자리가 있고, 우리는 언제나 그분의 말씀을 기쁘게 받아들인다.

그러므로 예수님을 대신해 당신에게 촉구한다. 예수님의 말씀을 들으라. 마리아처럼 그분의 발치에 앉으라(눅 10:39, 42). 그분의 아버지께서 변화산에서 하신 명령에 등을 돌리지 말라. "이는 내 사랑하는 아들이요 내 기뻐하는 자니 너희는 그의 말을 들으라"(마 17:5). "천지는 없어지겠으나 내 말은 없어지지 아니하리라"는 말씀의 자비로운 매력을 놓치지 말라(막

13:31). "내가 이것을 너희에게 이름은 내 기쁨이 너희 안에 있어 너희 기쁨을 충만하게 하려 함이라"고 말씀하시는 분을 거부함으로써 자신을 미워하지 말라(요 15:11; 참조. 17:13). 예수님의 말씀을 들으라.

What JESUS DEMANDS from the WORLD

Demand. 7

내 안에 거하라

- 내 안에 거하라. 나도 너희 안에 거하리라. 가지가 포도나무에 붙어 있지 아니하면 스스로 열매를 맺을 수 없음 같이, 너희도 내 안에 있지 아니하면 그러하리라(요 15:4).

- 아버지께서 나를 사랑하신 것 같이 나도 너희를 사랑하였으니 나의 사랑 안에 거하라(요 15:9).

- 그러므로 예수께서 자기를 믿은 유대인들에게 이르시되, 너희가 내 말에 거하면 참으로 내 제자가 되고, 진리를 알지니 진리가 너희를 자유롭게 하리라(요 8:31-32).

예수님의 명령은 평생 계속된다. 그분은 회개하거나 오거나 믿거나 사랑하거나 들으려는 단 한 번의 결심을 명령하시는 게 아니다. 이 모든 것은 계속되어야 한다. 회개의 변화도, 예수님께 거듭거듭 오는 것도 계속되어야 한다. 그분을 시간마다 믿고, 그분의 말씀을 날마다 영적 생명의 근원으로 들어야 한다. 예수님은 삶에서 마음을 매일 집중하라고 명령하신다.

예수님과 지속적으로 교류하지 않는다면 그 교류는 거짓이다. "너희가 내 말에 거하면 참으로 내 제자가 되고"라는 예수님의 말씀이(요 8:31) 의미하는 바는, 그분의 말씀에 거하지 않으면 그분의 참 제자가 아니라는 뜻이다. 참 제자의 반대는 거짓 제자다. 예수님께 지속적으로 헌신하지 않은 채 과거의 경험만 들먹이는 자는 거짓 제자인 것이다.

평생 예수님을 만나는 것

예수님이 지속적 헌신의 필요성을 가르치시면서 "내 안에 거하라"고 명령하신다. '거하다' abide라는 단어는 특별한 종교적 의미가 없다. 신약의 언어에서 이 단어는 '머물다' stay, '계속하다' continue, 때로는 '살다' dwell라는 뜻으로 사용되는 평범한 단어다. 예수님의 말씀은 이런 뜻이었다. "내 안에 머물러라. 내 안에 계속 있어라. 항상 나를 네 거처로 삼아라." 바로 평생 예수님을 만나는 것이다.

예수님은 포도나무와 가지의 비유를 하시면서 이러한 명령을 하신다. 예수님은 자신을 포도나무에, 우리를 가지에 비유하신다.

> "내 안에 거하라. 나도 너희 안에 거하리라. 가지가 포도나무에 붙어 있지 아니하면 스스로 열매를 맺을 수 없음 같이, 너희도 내 안에 있지 아니하면 그러하리라. 나는 포도나무요 너희는 가지라. 그가 내 안에, 내가 그 안에 거하면 사람이 열매를 많이 맺나니, 나를 떠나서는 너희가 아무것도 할 수 없음이라"
> (요 15:4-5).

비유의 핵심은 열매를 맺는 능력, 즉 그리스도를 닮은 사랑으로 열매 맺는 삶을 사는 능력은(요 15:12) 우리가 예수님에게 생생하게 붙어 있을 때 그분에게서 나온다는 것이다. 그러면 우리는 포도나무에 붙어 있는 가지와 같아서 생명을 주고 열매를 맺게 하는 모든 수액이 우리에게로 흘러들 수 있다. 예수님은 열매 맺는 삶을 살기 위해서는 자신의 능력이 필요하다는 것을 분명히 하신다. 그분은 "나를 떠나서는 너희가 아무것도 할 수 없음이라"고 말씀하신다. 예수님 안에 거한다는 것은 생명을 주며, 능력을 주며, 열매를 맺는 가지에, 즉 예수님에게 생생하게 붙어 있다는 뜻이다.

예수님은 모든 선한 일의 원인이다

예수님은 자신이 모든 선한 일의 원인이 되어야 한다고 명령하신다. "나를 떠나서는 너희가 아무것도 할 수 없음이라." 아무것도 할 수 없다! 그분이 없으면 죄 가운데 빠져 허우적거리며 더 이상 열매를 맺지 못하고 망할 수밖에 없다. 그러나 이것은 그분이 이루겠다고 약속하신 게 아니다. 그분의 말씀은 이런 뜻이다. "내가 없으면, 너희는 참으로 선한 것을, 하나님을 공경하고 그리스도를 높이며 자신을 낮추고 다른 사람들에게 영원히 유익한 것을 전혀 할 수 없다."

예수님 안에 거한다는 것은, 우리 삶에서 그분이 명령하시는 것을 홀로 이루시는 분에게 언제든지 생생하게 붙어 있다는 뜻이다.

내 안에 거하면 열매를 맺으리라

'생생하게 연결되어 있다'는 게 무슨 뜻인가? 어떻게 이렇게 할 수 있을까? 이 질문에 답할 때 명심해야 할 것이 있다. 예수님 안에 거하는 것과 열매를 맺거나 그분의 계명을 지키는 것은 서로 같지 않다는 것이다. 열매를 맺고, 계명을 지키는 것은 그분 안에 거함으로써 오는 결과다. 그분 안에 거함으로써 비로소 열매를 맺을 수 있는 것이다.

"너희도 내 계명을 지키면 내 사랑 안에 거하리라"(요 15:10). 이 말씀은 그분의 계명을 지키는 것이 그분의 사랑 안에 거하는 것이다라는 뜻이 아니다. 이렇게 말하는 것은 열매는 포도나무에 붙어 있는 것이다라고 말하는 것과 같을 것이다. 열매가 포도나무에 직접 붙어 있는 것이 아니라, 우리가 포도나무에 붙어 있음으로 열매를 얻는 것이다.

예수님이 의미하신 것은, 우리가 계명을 지키지 않으면, 즉 우리가 사랑의 열매를 맺지 않으면(요 15:12), 우리는 더 이상 그분 안에 거하는 게 아니라는 것이다. 진리는 분명하다. "그가 내 안에, 내가 그 안에 거하면 사람이 열매를 많이 맺나니."

그러므로 "어떻게 예수님 안에 거할 수 있을까?"라는 질문에 대한 해답은 "열매를 맺음으로써"도 아니며, "계명을 지킴으로써"도 아니다. 이렇게 대답했다면 전체적인 핵심을 놓친 것이다. 핵심은 어떻게 열매를 맺는지 알아내는 것이다. "예수님 안에 거함으로써"가 정답이다. 그러므로 우리는 이렇게 묻는다. 우리가 어떻게 예수님 안에 거할 수 있는가? 예수님 안에 거한다는 게 실제 경험에서 의미하는 게 무엇인가?

예수님은 이 질문에 대한 해답을 암시하는 비슷한 두 어구를 사용하신다. 예수님은 그분의 사랑 안에 거하는 것에 대해 말씀하신다. 그리고 그분의 말씀 안에 거하는 것에 관해 말씀하신다. 예수님 안에 거한다는 것은, 그분의 진리의 말씀과 그분의 확실한 사랑을 지속적으로 신뢰한다는 뜻이다.

예수 안에 거한다는 것은 그분의 사랑을 신뢰한다는 뜻이다

예수님의 사랑 안에 거하지 않는다는 것은, 예수님이 우리를 사랑하신다는 것을 더 이상 믿지 않는다는 뜻일 것이다. 핍박이나 질병, 절망 등을 겪으면 예수님이 더 이상 우리를 사랑하지 않으신다고 결론짓곤 한다. 이런 생각을 하는 것은 예수님의 사랑 안에 거하지 않기 때문인 것이다. 예수님의 사랑 안에 거한다는 것은, 그분이 우리를 사랑하신다는 것을 순간순간 끊임없이 믿는다는 뜻이다.

예수님의 주권하에서 우리 삶에 일어나는 모든 일은(마 8:8) 우리를 향한 그분의 사랑의 한 부분이다. 그 일이 즐거운 것이라면, 그분은 이렇게 말씀하신다. "나의 아버지께서 공중의 새와 들의 백합화를 이렇게 돌보시는데, 너희는 이것들보다 훨씬 더 귀하지 않느냐!"(참조. 마 6:26-30). 그 일이 고통스러운 것일 때는 이렇게 말씀하신다. "두려워 말라. 일어날 수 있는 최악의 일은 죽음이지만 내가 죽음을 이겼노라. 내가 끝까지 너와 함께하리라. 의인이 부활할 때 네게 상이 있으리라"(참조. 마 10:28, 28:20; 요 11:25-26; 눅 14:14).

예수님 안에 거한다는 것은 이것이 진리이며, 나아가 당신에게도 진리라는 것을 믿는다는 뜻이다. 우리는 순간순간 진리를 먹고 산다. 수액이 가지로 흐르듯이 진리가 우리에게로 흐른다. 우리는 날마다 진리를 받고, 진리로부터 생명을 얻는다.

예수 안에 거한다는 것은 그분의 말씀을 믿는다는 뜻이다

"내 말에 거하라"는(요 8:31) 말씀도 마찬가지다. 이는 단순히 "내 계명을 지키라"는 뜻이 아니다. "계속해서 내 말을 믿으라. 내가 나 자신과 나의 아버지와 내 일에 관해 너희에게 계시한 것을 계속해서 믿으라." 요한복음 8장 31-32절 말씀은 이러한 해석이 옳다는 것을 확인해 준다. "예수께서 자기를 믿은 유대인들에게 이르시되 너희가 내 말에 거하면 참으로 내 제자가 되고, 진리를 알지니 진리가 너희를 자유롭게 하리라."

예수님의 말씀에 거하면 우리는 자유하게 된다. 무엇으로부터의 자유인가? 죄로부터의 자유다. "죄를 범하는 자마다 죄의 종이라"는 요한복음 8

장 34절 말씀이 보여 주듯이, 예수님이 여기서 염두에 두고 계신 것은 종의 신분이다. 그러므로 죄로부터의 자유는 말씀에 거하는 데서 나타나는 열매다. "너희가 내 말에 거하면 …… 진리가 너희를 자유롭게 하리라." 죄를 짓지 않는 것과 말씀에 거하는 것은 본질적으로 다르다. 전자는 후자의 열매다. 그러므로 예수님의 계명을 지킨다는 것—죄로부터의 해방을 묘사하는 또 다른 방법—과 그분의 말씀에 거한다는 것은 같은 뜻이 아니다. 전자는 후자의 열매인 것이다.

예수님 안에, 즉 그분의 사랑과 말씀에 거한다는 것은 그분이 어느 순간에나 진정으로 우리를 사랑하고 계심을 믿는 것이며, 그분이 자신에 대해, 우리를 위한 자신의 일에 대해, 자신과 함께할 우리의 미래에 대해 계시하신 모든 것을 참이라고 믿는 것이다.

이렇게 해서 다시 예수님을 믿는 믿음에 관한 장명령 1에서 보았던 것으로 되돌아왔다. 예수님을 우리의 생수生水로 믿는다는 것은 그 물을 마신다는 뜻이다. 그 물을 맛보고 그 물에 만족한다는 뜻이다. 포도나무 줄기에서 가지로 흘러드는 수액의 경우도 마찬가지다. 우리는 이것을 받고, 이것을 마시고, 이것을 맛보고, 이것으로 영혼을 만족시킨다. 이처럼 예수님 안에서 날마다 새로운 만족을 얻는 것이 열매를 맺는 비결이다.[1] 예수님 안에 거한다는 것은 바로 이런 뜻이다.

언제나 예수님 안에 거하라

예수님 안에 거하며, 그분에게 붙어 있고, 그분을 마시며, 그분 안에서 쉬는 것이 쉬워 보인다. 그러나 사실 우리는 생명을 주는 수액을 다른 나무에서 찾고 싶은 유혹을 자주 받는다. 게다가 마귀는 우리를 포도나무에서 떼어 내려고 호시탐탐 기회를 엿본다. 그래서 예수님은 "다만 악에서 구하옵소서"라고 날마다 하나님께 기도해야 한다고 하셨다(마 6:13). 그러므로 예수님이 우리를 홀로 버려 두지 않으심을 순간순간 자신에게 상기시켜야 한다. 예수님은 우리에게 그분 안에 거하라고 명령하신다. 우리는 그분 안에 거해야 하며, 그러지 않는다면 죄를 짓는 것이다. 또한 우리 주님은 우리가 그분 안에 거하도록 친히 우리를 지키신다. 예수님이 가르쳐 주신 그분 안에 거하는 세 가지 방법이다. 예수님은 그 누구도 그분의 양을 그분의 손에서 빼앗지 못한다고 말씀하셨다.

"내 양은 내 음성을 들으며, 나는 그들을 알며, 그들은 나를 따르느니라. 내가 그들에게 영생을 주노니 영원히 멸망하지 아니할 것이요. 또 그들을 내 손에서 빼앗을 자가 없느니라. 그들을 주신 내 아버지는 만물보다 크시매 아무도 아버지 손에서 빼앗을 수 없느니라"(요 10:27-29).

그 후에 예수님은 아버지께 기도하셨다. 하나님이 우리로 하여금 그분의 이름에 예수님 안에 계속 거하도록 해 달라는 것이었다.
"거룩하신 아버지여 내게 주신 아버지의 이름으로 그들을 보전하사 …… 내가 그들과 함께 있을 때에 내게 주신 아버지의 이름으로 그들을 보전하고 지키었나이다. 그 중의 하나도 멸망하지 않고 다만 멸망의 자식뿐이오니 이는 성경을 응하게 함이니이다"(요 17:11-12).
말씀처럼 우리가 포도나무에 붙어 있을 수 있는 것은 하나님께서 사랑으로 역사하시는 덕분이다.
그 다음에 예수님은 자신이 제자들을 위해 어떻게 기도하시며, 또한 그들이 떨어져 나가지 않도록 어떻게 지키시는지 직접 설명하셨다. 예수님은 자신이 죽기 전날 밤에 시몬 베드로가 자신을 세 번 부인하리라고 말씀하셨다. 그리고 주권적인 권세로 하신 그 말씀은 우리 모두에게 힘이 되어 준다. "시몬아, 시몬아, 보라 사탄이 너희를 밀 까부르듯 하려고 명령하였으나, 그러나 내가 너를 위하여 네 믿음이 떨어지지 않기를 기도하였노니, 너는 돌이킨 후에 네 형제를 굳게 하라"(눅 22:31-32).

예수님은 시몬이 믿음을 잃지 않도록 기도하셨다. 그리고 정말로 시몬이 믿음을 잃지 않으리라는 것을 알고 계셨다. 예수님은 "만약 네가 돌이키면"이라고 말씀하시지 않고 "네가 돌이켰을 때"NIV 직역라고 말씀하셨다. 예수님의 기도에 대한 하나님의 응답은 주권적이며 분명했다. 얼마 뒤 시몬은 믿음이 흔들렸으며, 예수님을 부인함으로써 죄를 지었다. 그러나 믿음을 완전히 잃지는 않았다. 그는 포도나무에서 잘리지 않았다. 예수님이 그를 위해 기도하신 덕분이다. 예수님은 오늘 우리를 위해서도 이렇게 기도하실 것이다.[2]

예수님 안에 거하기 위한 싸움을 게을리 해서는 안 된다. 그러나 싸움의 결과는 분명하다. 싸움의 결과는 우리에게 달려 있지 않기 때문이다. 예수님이 승리하신다. 그 누구도 우리를 그분의 손에서 빼앗을 수 없다. 예수님과 그분의 아버지는 만유보다 크시다. 그러므로 예수님은 우리에게 그분 안에 거하라고 명령하신다. 이것은 그분을, 우리가 계속 믿도록 도우시는 그분을 계속 믿으라는 것이다.

What
JESUS
DEMANDS
from the
WORLD

Demand. 8

자기 십자가를 지고 나를 따르라

| 누구든지 나를 따라오려거든 자기를 부인하고 자기 십자가를 지고 나를 따를 것이니라. 누구든지 제 목숨을 구원하고자 하면 잃을 것이요, 누구든지 나를 위하여 제 목숨을 잃으면 찾으리라(마 16:24-25).

| 나를 따라오라. 내가 너희로 사람을 낚는 어부가 되게 하리라(막 1:17).

| 나는 세상의 빛이니 나를 따르는 자는 어둠에 다니지 아니하고 생명의 빛을 얻으리라(요 8:12).

| 죽은 자들이 그들의 죽은 자들을 장사하게 하고 너는 나를 따르라(마 8:22).

| 네가 온전하고자 할진대 가서 네 소유를 팔아 가난한 자들에게 주라 그리하면 하늘에서 보화가 네게 있으리라 그리고 와서 나를 따르라(마 19:21).

예수님은 완전히 인간이셨고 완전히 하나님이셨다(요 1:1, 14). 그분은 인간의 차림새를 한 하나님이 아니었다. 그분은 살과 피를 가진 진짜 인간이셨고, 목수의 아들이셨다(막 6:3). 그러므로 예수께서 어부들이나 세리들에게 "나를 따라오너라" 하고 말씀하실 때, 이들의 순종은 발로 땅을 밟고 예

수님의 뒤를 따르며 그분의 순회 전도팀 일원이 되는 구체적이며 육체적인 행동이었다.

내가 떠나가는 것이 너희에게 유익이라

예수님은 자신이 영원히 이 땅에 남아 제자들을 직접 이끌지 않으리라는 것을 아셨다.

"지금 내가 나를 보내신 이에게로 가는데 …… 그러나 내가 너희에게 실상을 말하노니, 내가 떠나가는 것이 너희에게 유익이라. 내가 떠나가지 아니하면 보혜사가 너희에게로 오시지 아니할 것이요, 가면 내가 그를 너희에게로 보내리니"(요 16:5, 7).

예수님은 자신이 시작하신 운동이 자신이 하늘에 계신 아버지께 돌아간 후에도 계속되리라는 것을 알고 계셨다. 그러므로 그분을 따르라는 예수님의 명령은 그분이 이 땅에 육체로 계실 때는 물론 어느 때라도 적용된다. 예수님은 지상 사역을 끝내실 때 이것을 분명히 하셨다. 그분은 죽은 자 가운데서 다시 살아나셨으며, 이제 곧 아버지께로 올라가셔야 했다. 예수님은 베드로에게 자신이 떠나신 후 언젠가 그가 순교할 것이라고 말씀하셨다. 베드로는 자신만 순교할지 궁금했다. 그래서 예수님께 자신의 동료 사도인 요한은 어떻게 되겠느냐고 물었다. 예수님이 대답하셨다. "내가 올 때까지 그를 머물게 하고자 할지라도 네게 무슨 상관이냐? 너는 나를 따르라!"(요 21:22).

이 대답이 '예수님을 따르는 것'에 관해 무엇을 암시하는 걸까? 바로 제자들이 예수님을 따르는 일이 그분이 떠나신 후에도 일어난다는 것이다. 예수님이 다시 오실 때까지, 그분은 자신의 제자들이 이 땅에서 자신을 '따르리라'고 기대하신다. 그러므로 예수님을 따른다는 것은 팔레스타인에서 직접 그분의 뒤를 따르는 것만 말하는 것 아니다. 예수님은 모든 시대, 모든 나라의 모든 사람들에게 그분을 따르라고 명령하신다.

예수님을 따른다는 것은 그분의 일에 동참한다는 뜻이다

"나를 따라오라. 내가 너희로 사람을 낚는 어부가 되게 하리라"(막 1:17). 어부인 베드로와 안드레에게 하신 말씀이다. 이처럼 예수님은 자신을 따르는 모든 사람들이 삶에 쉽게 적용할 수 있도록 적절한 이미지를 사용해 말씀하셨다. 예수님을 따르라는 명령은, 그분이 하도록 보내심을 받은 일에 동참해야 한다는 뜻이다. 예수님은 그 일이 무엇인지 거듭 말씀하신다.

"인자가 온 것은 …… 자기 목숨을 많은 사람의 대속물로 주려 함이니라"(막 10:45).

"인자가 온 것은 잃어버린 자를 찾아 구원하려 함이니라"(눅 19:10).

"내가 의인을 부르러 온 것이 아니요 죄인을 불러 회개시키러 왔노라"(눅 5:32).

"내가 온 것은 양으로 생명을 얻게 하고 더 풍성히 얻게 하려는 것이라" (요 10:10).

"무슨 말을 하리요? 아버지여 나를 구원하여 이때를 면하게 하여 주옵소서. 그러나 내가 이를 위하여 이때에 왔나이다. 아버지여, 아버지의 이름을 영광스럽게 하옵소서"(요 12:27-28).

요컨대 예수님이 오신 것은, "그 민족이스라엘을 위하시고 또 그 민족만 위할 뿐 아니라 흩어진 하나님의 자녀를 모아 하나가 되게 하기 위하여 죽으시기" 위해서다(요 11:51-52). 그분이 오신 것은 사람들을 그들의 죄에서 구원하고 그들에게 영원한 생명과 그분의 것과 같은 새로운 사랑의 윤리를 주기 위해 죽음으로써 한 민족을 모으기 위해서다. 그분 아버지의 영광을 위해 그분에게 충성하는 한 백성을 모으기 위해서다(요 13:34-35).

예수님은 우리에게 그분을 따르라고 명령하실 때, 우리가 모으는 일에서 그분과 함께해야 한다는 뜻이다. "나와 함께 모으지 아니하는 자는 헤치는 자니라"(눅 11:23). 중립적인 제자란 없다. 흩거나 모으거나 둘 가운데 하나다. 예수님을 따른다는 것은 그분이 하러 오신 일, 즉 그분의 아버지의 영광을 위해 그분에게 충성하는 백성을 모으는 일을 계속한다는 뜻이다.

예수님을 따라 고난에 동참하다

예수님을 따른다는 것은 그분의 고난에 동참한다는 뜻이다. 예수님이 우리에게 그분을 따르라고 명령하실 때, 그분은 바로 이 부분을 강조하신다. 예수님은 자신이 십자가를 향해 가고 있음을 아시며, 우리에게도 이렇게 하라고 명령하신다. 예수님은 자신이 예루살렘에 올라가 죽임을 당하도록 자신의 모든 삶과 사역을 계획하신다. "오늘과 내일과 모레는 내가 갈 길을 가야 하리니 선지자가 예루살렘 밖에서는 죽는 법이 없느니라"(눅 13:33).

그래서 그분은 "예루살렘을 향하여 올라가기로 굳게 결심하셨다"(눅 9:51). 그리고 그분은 예루살렘에서 무슨 일이 있을지 정확히 알고 계셨다. 아버지께서 그분을 세상에 보내실 때 이 모든 것을 이미 계획하셨다. "보라 우리가 예루살렘에 올라가노니, 인자가 대제사장들과 서기관들에게 넘겨지매, 그들이 죽이기로 결의하고 이방인들에게 넘겨주겠고, 그들은 능욕하며 침 뱉으며 채찍질하고 죽일 것이나 그는 삼 일 만에 살아나리라"(막 10:33-34).

그분의 삶은 이렇게 계획되어 있었다. 그리고 예수님은 자신을 따르는 자들도 그와 같은 고통을 받으리라는 걸 알고 계셨다. "사람들이 나를 박해하였은즉 너희도 박해할 것이요"(요 15:20).

그러므로 그분이 하시는 명령의 핵심은, 우리가 고난 가운데 그분을 따라야 한다는 것이었다. "누구든지 나를 따라오려거든 자기를 부인하고 자기 십자가를 지고 나를 따를 것이니라"(마 16:24).

예수님은 자기를 부인하는 것과 십자가를 지는 것을 강조하셨다.

예수님을 위해 기쁨으로 고난당한다는 것은

예수님을 위해 기쁨으로 고난당한다는 것은, 삶에서 그분이 가장 소중하다는 뜻이다. 예수님은 우리가 이생에서 편하게 살거나 번영을 누리게 하시려고 죽으신 것이 아니다. 우리가 그분을 높이는 영원한 기쁨을 누리지 못하도록 막는 모든 장애물을 제거하기 위해서였다.

나아가 자신을 따르라고 명령하시는 것은, 예수님을 위해 기쁘게 고난당하는 삶은(마 5:12) 이 땅에서 받는 그 어떤 상급보다 더 귀하기 때문이다(마 13:44, 6:19-20). 만약에 현재 당신의 삶을 편하게 해 주신다는 이유로 예수님을 따르는 것이라면, 세상의 눈에는 마치 당신도 자신들이 사랑하는 것을 사랑할 뿐이며 예수님은 우연히 그것을 당신에게 주실 뿐인 것처럼 보일 것이다. 그러나 당신이 예수님과 함께 고난당하는 이유가 그분이 당신에게 가장 소중한 보화이기 때문이라면, 당신의 마음이 자신들의 마음과는 다른 보화를 보고 있음을 분명히 깨달을 것이다. 예수님이 우리에게 자기를 부인하고 자기 십자가를 지고 그분을 따르라고 명령하시는 것도 이 때문이다.

고난은 잠시뿐 예수님 안에서 누리는 기쁨은 영원하다

예수님은 우리에게 영원히 고난당하라고 명령하시는 게 아니다. 그분의 궁극적인 목적은 우리를 영원한 고통에서 구해 내시는 것이다.

"자기의 생명을 사랑하는 자는 잃어버릴 것이요, 이 세상에서 자기의 생명을 미워하는 자는 영생하도록 보전하리라"(요 12:25).

"누구든지 나와 복음을 위하여 자기 목숨을 잃으면 구원하리라"(막 8:35).

예수님을 따라 고난 받는 것은 잠시이고, 그분 안에서 누리는 기쁨은 영원하다. 베드로가 "우리가 모든 것을 버리고 주를 따랐사온대"라고 했을 때 예수님은 이렇게 대답하셨다.

"내 이름을 위하여 집이나 형제나 자매나 부모나 자식이나 전토를 버린 자마다 여러 배를 받고 또 영생을 상속하리라"(마 19:27, 29).

"의인들의 부활 시에 네가 갚음을 받겠음이라"(눅 14:14).

"하늘에서 너희의 상이 큼이라"(마 5:12).

예수님을 따르는 데 있어 궁극적으로 희생이란 없다. 천국에 이르기 전, 죽음을 지나 부활로 이어지는 거친 길을 가는 동안에도 기쁨이 넘친다. 빛 가운데서 그분과 동행하는 것은 예수님 없이 어둠 속을 걷는 것과 반대다. 이러한 동행의 기쁨은 그 무엇과도 비교할 수 없다. 예수님은 말씀하셨다. "나는 세상의 빛이니 나를 따르는 자는 어둠에 다니지 아니하고 생명의 빛을 얻으리라"(요 8:12). 예수님을 따르면 정말로 고통과 죽음에 이르게 된다. 그러나 이 길은 생명과 진리로 빛난다. 예수님은 "내가 세상 끝날까지 너희와 항상 함께 있으리라"고 약속하셨다(마 28:20). 예수님이 계신 곳에는 기쁨이 있다. 지금은 비록 슬픔 속에 기쁨이 있다 하더라도 마침내는 기쁨만 넘쳐날 것이다.

"내가 이것을 너희에게 이름은 내 기쁨이 너희 안에 있어 너희 기쁨을 충만하게 하려 함이라"(요 15:11).

인간관계에 연연해서는 안 된다

예수님을 따른다는 이유로 간혹 사람들과 단절되고 모든 소유며 일터도 잃을 수 있다. 예수님은 그분을 따를 때 사람들과의 관계에서 치러야 할 희생을 두고 매우 충격적으로 말씀하신다.

"죽은 자들이 그들의 죽은 자들을 장사하게 하고 너는 나를 따르라"(마 8:22).

"무릇 내게 오는 자가 자기 부모와 처자와 형제와 자매와 더욱이 자기 목숨까지 미워하지 아니하면 능히 내 제자가 되지 못하고"(눅 14:26).

예수님을 따르다 보면 때로는 세상 사람들이 보기에 마치 세상을 미워하는 것처럼 보일 때도 있다. 하지만 예수님을 따르는 일은 그 모든 걸 감수할 만큼 중요하다. 그래서 선교사들은 어린 자녀들을 위험하기 그지없는 사역지로 데려가고, 어쩌면 살아서는 다시 볼 수 없을지 모를 늙은 부모를 남겨 두고 떠나는 고통스러운 선택을 한다. 어떤 사람들은 그런 모습을 보고 어쩜 그렇게 모질 수 있느냐고들 비난한다. 그러나 예수님의 눈은 열방을 향하며, 사랑이 이들을 위해 명령하는 것에 고정되어 있다.

모든 소유의 끈을 놓으라

예수님을 따른다면 모든 소유의 끈을 놓아야 한다. 자신의 소유를 너무나 사랑하는 부자 청년이 있었다. 예수님은 그의 우상 숭배를 꿰뚫어보시면서 명령하셨다. "네가 온전하고자 할진대 가서 네 소유를 팔아 가난한 자들에게 주라. 그리하면 하늘에서 보화가 네게 있으리라. 그리고 와서 나를 따르라"(마 19:21). 예수님을 따르는 데 장애가 되는 게 있다면 반드시 제거해야 한다.

"너희 중의 누구든지 자기의 모든 소유를 버리지 아니하면 능히 내 제자가 되지 못하리라"(눅 14:33). 이 말씀은 부자 청년뿐 아니라 우리 모두에게 해당된다. 소유를 포기한다는 것이 꼭 모든 것을 파는 것만 의미하는 것은 아니다. 예수님은 자기 재산의 절반을 가난한 자들에게 나눠 준 삭개오를 칭찬하셨다(눅 19:8-9).

모든 것을 포기한다는 것은, 우리의 모든 소유를 예수님이 자신을 기쁘시게 하려는 목적을 위해 마음대로 사용하실 수 있다는 뜻이다. 따라서 사랑하라는 그분의 명령에 우리가 철저히 순종하는 데 결코 방해가 되어서는 안 된다는 뜻이다.

일터에 얽매여서는 안 된다

예수님을 따를 때는 일터에 얽매여서도 안 된다. 예수님이 열두 제자에게 자신을 따르라고 하셨을 때, 그들에게는 모두 직업이 있었다. 그들이 제자가 되는 과정은 참으로 놀랍다. "예수께서 지나가시다가 알패오의 아들 레위가 세관에 앉아 있는 것을 보시고 그에게 이르시되 나를 따르라 하시니 일어나 따르니라"(막 2:14). 이뿐이었다. 아무리 생각해도 그건 그렇게 간단한 일이 아니다. 그러나 예수님의 말씀에 따라 아주 자연스럽게 그렇게 이루어졌다.

당신에게도 이런 일이 일어날 수 있다. 그렇다고 모두 다 직장을 버리고 예수님을 따르라는 말은 아니다. 한 사람이 고향을 떠나 예수님을 따르길 원했을 때, 예수님은 말씀하셨다. "집으로 돌아가 주께서 네게 어떻게 큰 일을 행하사 너를 불쌍히 여기신 것을 네 가족에게 알리라"(막 5:19).

우리들 대부분은 자신이 있는 곳에 그대로 남아 자신의 현재 위치와 관계가 명령하는 사랑을 실천하면서 모든 일에서 예수님을 따라야 한다.[1] 그러나 모두가 이렇게 해야 하는 것은 아니다. 다만 어떤 사람들, 어쩌면 당신에게 예수님을 따른다는 것은 자기 일터를 떠나는 위험을 감수한다는 뜻일 수 있다. 친숙한 것을 버리고 그분을 따르길 두려워 말라.

예수님을 따르는 데는 희생이 따르지만 그만한 가치가 있다

예수님은 일종의 유인 상술을 동원해 당신을 속여 그분을 따르게 만들려 하지 않으신다. 그분은 값을 솔직하게 제시하신다. 사실, 그분은 당신에게 비용을 계산해 보라고 촉구하신다.

"너희 중의 누가 망대를 세우고자 할진대 자기의 가진 것이 준공하기까지에 족할는지 먼저 앉아 그 비용을 계산하지 아니하겠느냐? …… 또 어떤 임금이 다른 임금과 싸우러 갈 때에 먼저 앉아 일만 명으로써 저 이만 명을 거느리고 오는 자를 대적할 수 있을까 헤아리지 아니하겠느냐?"(눅 14:28, 31).

예수님을 따르라는 명령은 분명하고 솔직해야 한다.

"세상에서는 너희가 환난을 당하나 담대하라. 내가 세상을 이기었노라"(요 16:33).

예수님을 따르는 것은 큰 희생을 명령하지만, 그만한 가치가 있다.

What JESUS DEMANDS from the WORLD

Demand 9

하나님을 사랑하라

│ 예수께서 대답하시되 첫째는 이것이니, 이스라엘아 들으라. 주 곧 우리 하나님은 유일한 주시라. 네 마음을 다하고, 목숨을 다하고, 뜻을 다하고, 힘을 다하여 주 너의 하나님을 사랑하라 하신 것이요(막 12:29-30).

│ 화 있을진저, 너희 바리새인이여, 너희가 박하와 운향과 모든 채소의 십일조는 드리되 공의와 하나님께 대한 사랑은 버리는도다. 그러나 이것도 행하고 저것도 버리지 말아야 할지니라(눅 11:42).

│ 다만 하나님을 사랑하는 것이 너희 속에 없음을 알았노라. 나는 내 아버지의 이름으로 왔으매 너희가 영접하지 아니하나 만일 다른 사람이 자기 이름으로 오면 영접하리라(요 5:42-43).

예수님이 오신 것은 사람과 하나님, 사람과 사람의 관계를 창조 때의 본래 모습으로 회복하기 위해서였다. 예수님이 사람과 하나님 간의 관계를 회복해야 한다고 말씀하시는 가장 중요한 이유는, 우리가 마음을 다하고, 목숨을 다하고, 뜻을 다하고, 힘을 다하여 하나님을 사랑하도록 창조되었기 때문이다. 예수님은 하나님을 사랑한다는 것은 그분이 진정 누구인가 때문에, 하나님의 모든 말씀에서 하나님이 어떤 분인지 나타나기 때문에 그분을 사랑한다는 뜻이라고 생각하신다.

하나님을 알고, 그분을 사랑하라

하나님은 창조자다. 인간을 창조하셨고(마 19:4) 온 우주를 창조하셨다(마 13:19). 자신이 지으신 모든 것을 유지하시며, 새와 백합화의 가장 작은 부분까지도 다스리신다. "너희 아버지께서 허락하지 아니하시면 그 하나도 땅에 떨어지지 아니하리라"(마 10:29; 참조. 6:30). 그분은 지혜의 하나님이며(눅 14:49), 의의 하나님이며(마 6:33), 능력의 하나님이며(마 22:29), 진노의 하나님이며(요 3:36), 긍휼의 하나님이며(눅 15:20), 사랑의 하나님이다(요 3:16). 그분은 단순히 하나의 세력이 아니라 인격체이며, 그분의 자녀인 우리를 사랑하시는 아버지이다(요 1:12, 16:27).

예수님은 우리에게 명령하신다. "이런 하나님을 사랑하라. 그분이 진정 누구신지 알고, 너의 모든 것을 다해 그분을 사랑하라."

하나님을 사랑하려면 그분을 알아야 한다. 근거 없는 사랑은 하나님을 높이지 못한다. 하지만 사실, 근거 없는 사랑이란 없다. 하나님에 대해 아무것도 알지 못한다면, 우리 마음속 사랑을 일깨울 수 없다. 또한 사랑이 하나님을 아는 데서 비롯되지 않았다면, 이것은 하나님을 향한 사랑이 아니다. 우리 마음에 모호한 끌림이 있거나, 우리 영혼에 초점을 잃은 감사가 있을 수는 있다. 그러나 하나님을 아는 데서 비롯되지 않는다면 그것은 하나님을 향한 사랑이 아니다.

예수님은 하나님을 향한 우리의 사랑을 재는 시금석이다

예수님이 세상에 오신 것은 우리가 하나님을 진정으로 사랑할 수 있도록 하나님을 우리에게 알리기 위해서다. 예수님은 제자들에게 말씀하셨다.

"너희가 나를 알았더라면 내 아버지도 알았으리로다. 이제부터는 너희가 그를 알았고 또 보았느니라. 빌립이 이르되 주여 아버지를 우리에게 보여 주옵소서, 그리하면 족하겠나이다. 예수께서 이르시되, 빌립아 내가 이렇게 오래 너희와 함께 있으되 네가 나를 알지 못하느냐? 나를 본 자는 아버지를 보았거늘 어찌하여 아버지를 보이라 하느냐?"(요 14:7-9)

예수님은 하나님을 참으로 깊이 계시하신다. 따라서 예수님을 영접했느냐가 하나님을 사랑하고 아버지로 모시는가를 판단하는 기준이 된다. "하나님이 너희 아버지였으면 너희가 나를 사랑하였으리니"(요 8:42). 예수님이 없다면 하나님 또한 계실 수 없다. 예수님은 그분 자신을 우리가 하나님을 알고 사랑하느냐를 판단하는 척도로 삼으셨다.

"다만 하나님을 사랑하는 것이 너희 속에 없음을 알았노라. 나는 내 아버지의 이름으로 왔으매 너희가 영접하지 아니하나 만일 다른 사람이 자기 이름으로 오면 영접하리라. 너희가 서로 영광을 취하고 유일하신 하나님께로부터 오는 영광은 구하지 아니하니 어찌 나를 믿을 수 있느냐?"(요 5:42-44).

예수님은 하나님을 매우 완전하게 나타내고 높이시기 때문에 예수님을 부인한다는 것은 곧 하나님을 부인한다는 뜻이다. 예수님은 대적들이 자신을 영접하지 않기 때문에 "하나님을 사랑하는 것이 너희저희 속에 없음을" 알고 계셨다. "나를 저버리는 자는 나 보내신 이를 저버리는 것이라"(눅 10:16). 이들이 하나님을 사랑한다면 예수님을 사랑할 것이다. 예수님은 하나님을 다른 어떤 계시보다 분명하고 완전하게 알리신다. 그러므로 하나님을 사랑하면서 예수님을 거부하는 일은 있을 수 없다.

"내가 아버지의 이름을 그들에게 알게 하였고"

하나님을 사랑하려면 예수님 말씀대로 하나님을 알아야 한다. 예수님이 오시기 전, 하나님은 그분의 말씀을 통해 자신을 계시하심으로써 사랑을 깨우셨다. 그분의 말씀은 항상 그리스도를 향한다. 그래서 예수님은 이렇게 말씀하셨다. "너희가 성경에서 영생을 얻는 줄 생각하고 성경을 연구하거니와 이 성경이 곧 내게 대하여 증언하는 것이니라"(요 5:39).

그러나 이제 예수님이 오셨기 때문에, 하나님을 향한 사랑을 깨우는 것은 예수님 자신의 계시다. "아버지 외에는 아들을 아는 자가 없고 아들과 또 아들의 소원대로 계시를 받는 자 외에는 아버지를 아는 자가 없느니라"(마 11:27).

이것이 예수님이 제자들을 위해 하신 일이다. 그분은 하나님을 알리셨다. 요한복음 17장에 기록된 기도에서, 예수님은 "내가 아버지의 이름을 그들에게 알게 하였고 또 알게 하리니"라고 말씀하신다(26절). "네 하나님 여호와께서 네 마음과 네 자손의 마음에 할례를 베푸사 너로 마음을 다하며 뜻을 다하여 네 하나님 여호와를 사랑하게 하사 너로 생명을 얻게 하실 것이며"(신 30:6).

사람들은 무척 오랫동안 모세 율법에 기록된 이 예언이 성취되길 기다렸고 마침내 성취되었다. 예수님이 예언의 성취인 것이다. 그러므로 우리는 우리가 하나님을 거부할 수 없을 만큼 아름다운 분으로 볼 수 있도록 우리의 마음을 바꾸시는 예수님의 계시 없이는 하나님을 사랑할 수는 없다.

하나님은 거부할 수 없을 만큼 아름다우시다

'거부할 수 없을 만큼 아름다운' 이라는 표현을 사용하는 것은 두 가지를 강조하기 위해서다.

첫째, 하나님을 사랑한다는 것은 단순한 결정이 아니다. 하나님은 물론 고전음악이나 서부컨트리음악은 사랑하겠다고 마음먹는다고 해서 될 일이 아니다. 우선 그 음악에 강하게 끌려야 한다. 만약 전에는 이런 음악을 좋아하지 않았다면, 내면에서 무엇인가 변화되어야 가능하다. 그래야만 그 음악에 강하게 끌릴 수 있다.

하나님과의 관계도 마찬가지다. 단순히 그분을 사랑하기로 결정한다고 해서 될 일이 아니다. 내면에서 무엇인가 바뀌어야 그분에게 강하게 끌리게 된다. 그분의 영광, 그분의 아름다움 때문에, 그분을 높이고 기뻐하지 않을 수 없게 되는 것이다.

둘째, '거부할 수 없을 만큼 아름다운'이라는 표현에서 강조하는 것은, 하나님을 향한 사랑은 본질적으로 행동이 아니라 애정, 즉 행위가 아니라 기쁨이라는 것이다. 하나님의 영광이 우리의 가장 큰 기쁨이 된다. 하나님을 알며, 그분을 보며, 그분과 함께하며, 그분을 닮는 것을 그 무엇보다 좋아하기 시작한다. 하나님을 향한 사랑이 가장 본질적으로 행동이 아니라 애정에 대한 경험이라고 믿는 데는 몇 가지 중요한 이유가 있다.

먼저 하나님을 사랑하고, 이웃을 사랑하라

첫째, 예수님은 첫째 계명과 둘째 계명을 구분하셨다. "네 마음을 다하고 목숨을 다하고 뜻을 다하여 주 너의 하나님을 사랑하라 하셨으니, 이것이 크고 첫째 되는 계명이요, 둘째도 그와 같으니 네 이웃을 네 자신같이 사랑하라 하셨으니"(마 22:37-39).

이웃을 사랑하는 것이 하나님을 사랑하는 것이라고 정의할 수는 없다. 둘은 다르다. 하나님을 사랑하는 것이 첫째요, 이웃을 사랑하는 것은 둘째다. 첫째는 우선이며, 그 어떤 것에도 종속되지 않는다. 그러나 둘째는 이

차적이며, 먼저 하나님을 사랑해야 이웃에게로 사랑이 넘쳐흐를 수 있다. 두 가지 사랑은 분리될 수 없다. 하나님을 향한 참 사랑은 언제나 사람을 향한 사랑을 낳기 때문이다.

하나님을 사랑하는 것은 우리가 이웃을 대하는 방식과는 달라야 한다. 하나님을 사랑하는 것은 그분을 강력하게 높이고 기뻐하는 것이다.

"마음은 내게서 멀도다"

둘째, 예수님은 제자들의 자유를 비판하는 바리새인들을 향해 말씀하셨다.

"이사야가 너희 외식하는 자에 대하여 잘 예언하였도다. 기록하였으되, 이 백성이 입술로는 나를 공경하되 마음은 내게서 멀도다 사람의 계명으로 교훈을 삼아 가르치니 나를 헛되이 경배하는도다 하였느니라"(막 7:6-7).

예수님은 그분을 향한 종교적 행위라 하더라도 외적인 행위는 예배의 본질이 아니라고 말씀하신다. 외적 행위는 사랑의 본질이 아니다. 마음에서 일어나는 것이 본질이다. 외적 행위는 자유롭게 하나님을 높이고 기뻐하는 마음에서 흘러나올 때, 다시 말해 하나님을 향한 사랑에서 흘러나올 때 하나님을 기쁘게 할 수 있다.

'미워하기'와 '가볍게 여기기'

셋째, 예수님은 이렇게 말씀하셨다. "한 사람이 두 주인을 섬기지 못할 것이니, 혹 이를 미워하고 저를 사랑하거나, 혹 이를 중히 여기고 저를 경히 여김이라. 너희가 하나님과 재물을 겸하여 섬기지 못하느니라"(마 6:24).

하나님을 사랑하기의 반대는 '미워하기'와 '가볍게 여기기'이다. 이것들은 강한 감정을 내포하는 단어다. 이것들은 긍정적인 대칭어도 강한 감정을 내포한다는 것을 암시한다. 그러므로 하나님 사랑하기는 단순히 외적 행위가 아니라 강력한 내적 감정이다. 그러나 어떤 사람은 이 구절의 핵심 단어는 '섬기다'이며, 따라서 이 구절은 하나님을 사랑한다는 것은 하나님을 섬긴다는 것임을 암시한다고 말할 것이다. 그러나 이것은 이 구절에 담긴 뜻이 아니다. 이 구절은 우리가 하나님과 재물이라는 두 주인을 섬길 수 없는 것은 이러한 두 가지 섬김의 행위 뒤에는 증오 대 사랑, 헌신 대 가벼이 여김이라는 완전히 상반된 감정이 있기 때문이라고 말한다. 예수님은 하나님 사랑하기와 하나님 섬기기를 동일시하지 않으신다. 하나님 섬기기는 하나님 사랑하기에서 비롯된다.

음란한 세대는 표적을 구한다

넷째, 예수님을 사랑하지 않는 바리새인들이(요 5:42) 예수님에게 "선생님이여 우리에게 표적 보여 주시기를 원하나이다"라고 했을 때, 예수님은 사랑의 하나님의 본성을 나타내는 대답을 하셨다. "악하고 음란한 세대가 표적을 구하나 선지자 요나의 표적밖에는 보일 표적이 없느니라"(마 12:39). 왜 이들을 가리켜 표적을 구하는 '음란한' 세대라고 하시는가? 하나님은 이스라엘의 남편이셨고(겔 16:8) 예수님은 부정한 아내를 되찾기 위해 오신 하나님이셨기 때문이다. 그분이 자신을 '신랑'에 비유한 것도 이 때문이다(마 25:1 이하).

왜 아내지도자들로 대표되는 이스라엘가 남편예수님 앞에 서서 그분이 자신의 남편이라는 표적을 명령하는가? 예수님은 이것이 순진하고 무지해서가 아니라, 음란한 마음 때문이라고 말씀하신다. 바꾸어 말하자면, 이스라엘은 자신의 남편이 아닌 다른 구애자들을 사랑한다. 사람들의 칭찬과(마 23:5) 돈을 더 사랑하는 것이다(눅 16:14).

하나님을 향한 우리의 사랑은 충실한 아내가 남편에게 쏟는 사랑과 같아야 한다. 단순한 외적 행위가 아니라 가슴에서 우러나는 애정과 감탄과 기쁨이어야 한다. 그 사랑은 종의 섬김을 본으로 삼는 게 아니라 아가서를 본으로 삼아야 한다. "우리가 너로 말미암아 기뻐하며 즐거워하니 네 사랑이 포도주보다 더 진함이라. 처녀들이 너를 사랑함이 마땅하니라"(아 1:4).

"마음을 다하고, 목숨을 다하고, 뜻을 다하고, 힘을 다하여"

이는 우리의 재능과 능력을 포함해 모든 부분이 하나님을 향한 우리의 애정을 완전히 표현해야 한다는 뜻이다. 그분을 얼마나 소중히 여기는지 모든 방법을 동원해 온전히 표현해야 한다는 뜻이다.

마음과 목숨, 뜻과 힘이라는 네 가지 부분은 의미상 서로 중복된다.[1] 그러나 동일하지는 않다. '마음'은 생각을 배제하지 않으면서 의지적·감성적 삶의 중심을 강조한다(눅 1:51). '목숨'은 생명을 전체적으로 강조하지만 때로는 몸과 구분된다(마 10:28). '뜻'은 우리의 사고 능력을 강조한다. 그리고 '힘'은 신체적으로, 정신적으로 활발한 노력을 할 수 있는 능력을 강조한다(막 5:4; 눅 21:36).

각각의 네 부분이 하나님 사랑하기와 관련해서 하는 역할은, 바로 그 사랑을 나타내는 것이다.[2] '마음'을 가장 먼저 언급한 것은 마음이 목숨과 뜻과 힘을 통해 표현되는 사랑의 근원으로서 가장 특별해 보이기 때문일 것이다. 누가는 특히 이런 의미에서 마음을 가장 먼저 언급한 것으로 보인다. 왜냐하면 그는 "마음을 다하여"라는 어구에서는 다른 세 어구를 번역할 때와는 다른 헬라어 전치사를 사용하기 때문이다 '주2'를 보라. 어쨌든 가장 중요한 것은, 우리의 모든 부분이 하나님이 우리의 최고 보화라는 것을 순간순간 나타내야 한다는 것이다.

하나님을 가장 소중히 여기라

하나님을 사랑한다는 것은 그 어떤 것보다 하나님을 가장 소중히 여긴다는 것이다. 혹여 다른 어떤 것이 소중해지더라도 마침내는 그것 또한 하나님을 소중히 여기는 것이 되도록 한다는 뜻이다.

살다 보면 소중해 보이는 것들을 종종 만난다. 그러나 하나님보다 이것들을 소중히 여겨서는 안 된다. 다만 하나님을 소중히 여기는 표현으로 이것들을 소중히 다룰 수 있을 뿐이다. 그리고 그 무엇이나 그 누구에게서 기쁨을 얻었을 때 그 기쁨 또한 하나님에 대한 기쁨이 아니라면, 그것은 자신의 전부를 다해 하나님을 사랑한 게 아니다.

이제 성경 말씀을 살펴보자. 예수님은 자신을 시편을 포함한 구약 성경의 목표와 초점으로 보셨다(마 5:17; 눅 24:17; 요 5:39). 따라서 우리는 그분이 시편기자들이 경험한 것을 확대하고 성취하는 사랑을 명령하시리라 기대할 수 있다. 시편은 오직 하나님만을 향한 사랑을 발견한다. "하늘에서는 주 외에 누가 내게 있으리요? 땅에서는 주밖에 내가 사모할 이 없나이다"(시 73:25). "내가 여호와께 아뢰되, 주는 나의 주님이시오니 주밖에는 나의 복이 없다 하였나이다"(시 16:2).

이처럼 배타적인데, 그렇다면 다른 사람들을 사랑하는 것은 대체 어떤 의미인가?(시 16:3) 시편 43편 4절에서 실마리를 찾을 수 있다. "그런즉 내가 하나님의 제단에 나아가 나의 큰 기쁨의 하나님께 이르리이다." "나의 큰 기쁨"이라는 표현은 문자적으로 "나의 환희의 기쁨" 또는 "나의 광희狂喜의 기쁨"이라는 뜻이다.³ 이것은 우리 모든 기쁨의 기쁨이신 하나님을 가리킨다. 내가 하나님이 지으신 모든 좋은 것을 기뻐할 때, 하나님 바로 그분이 내 기쁨의 중심이며, 내 기쁨의 기쁨이 된다. 내가 무엇을 기뻐하든 거기에는 하나님을 기뻐하는 중심된 기쁨이 있다. 하나님이 중심에 계시지 않은 기쁨은 공허한 기쁨이며, 결국 거품처럼 터져 버릴 것이다. 이 때문에 어거스틴은 이렇게 기도했다.

"당신과 동시에 무엇이든 사랑하는 사람은 당신을 너무나 적게 사랑하는 것입니다. 그가 그것을 사랑하는 것은 당신을 위해서가 아니기 때문입니다."[4]

사랑이 식지 않게 하라

마음을 다하고, 목숨을 다하고, 뜻을 다하고, 힘을 다하여 하나님을 사랑하라는 예수님의 명령은, 우리의 모든 생각과 모든 행동으로 하나님을 소중히 여긴다는 것을 표현해야 한다는 뜻이다. 예수님은 무엇보다도 중요한 이 명령이 마지막 날에 많은 이들로부터 무시당할 것이라고 경고하셨다. "불법이 성하므로 많은 사람의 사랑이 식어지리라"(마 24:12).

하나님을 향한 당신의 사랑이 식지 않도록 주의하라. 기억하라. 하나님을 아는 만큼 그분을 사랑할 수 있다. 그리고 오직 예수님만이 하나님을 완전히 알리실 수 있다(마 11:27). 그러므로 예수님을 차근히 살피고, 그분이 하나님을 거부할 수 없을 만큼 아름다운 분으로 계시하시도록 기도하라. "나를 본 자는 아버지를 보았거늘"(요 14:9).

What
JESUS
DEMANDS
from the
WORLD

Demand. 10

기뻐하고 뛰놀라

| 인자로 말미암아 사람들이 너희를 미워하며 멀리하고 욕하고 너희 이름을 악하다 하여 버릴 때에는 너희에게 복이 있도다. 그날에 기뻐하고 뛰놀라. 하늘에서 너희 상이 큼이라. 그들의 조상들이 선지자들에게 이와 같이 하였느니라(눅 6:22-23).

| 내가 너희에게 뱀과 전갈을 밟으며 원수의 모든 능력을 제어할 권능을 주었으니 너희를 해칠 자가 결코 없으리라. 그러나 귀신들이 너희에게 항복하는 것으로 기뻐하지 말고 너희 이름이 하늘에 기록된 것으로 기뻐하라(눅 10:19-20).

| 천국은 마치 밭에 감추인 보화와 같으니 사람이 이를 발견한 후 숨겨 두고 기뻐하며 돌아가서 자기의 소유를 다 팔아 그 밭을 사느니라(마 13:44).

| 내가 이것을 너희에게 이름은 내 기쁨이 너희 안에 있어 너희 기쁨을 충만하게 하려 함이라(요 15:11).

예기치 못한 기쁨

"기뻐하고 뛰놀라"는 예수님의 명령은(눅 6:23; 참조. 마 5:12) 여러 면에서 매우 놀랍다. 이 명령에 담긴 놀라운 의미를 일일이 열거한다면 책 한 권 분량은 족히 될 것이다.[1] 반세기 전, C. S. 루이스는 이 놀라운 명령을 답하면서 복음서에서 피할 수 없는 증거를 찾아보았다.

상급이 확실히 약속되었지만 복음서에서 약속된 상급이 신속히 주어지지 않았다. 그러므로 우리 주님께서 우리의 갈망을 지나치게 강한 게 아니라 지나치게 약하다고 보시는 것 같다. 우리는 바닷가로 휴가를 간다는 게 어떤 것인지 상상할 수 없기 때문에 그저 빈민가에서 진흙 장난이나 계속하고 싶어 하는 무지한 아이처럼 무한한 기쁨이 눈앞에 있는데도 술과 섹스와 야망에만 빠져 있는 뜨거움이 없는 피조물이다.[2]

행복하라는 명령은 우리 주변 사람이나 나와는 전혀 상관 없는 이야기가 아니다. 잘못된 곳에서 행복을 찾는 모든 사람들을 향한 경고다. 죄에 깊이 빠진 우리에게 예수님께서 해결책을 제시하셨다. 죄를 사랑하는 우리의 눈을 뽑아 버리는 게(마 5:29) 아니라, 우리가 새로운 실체, 즉 하나님 안에서 기쁨의 지배를 받도록 하신 것이다.

"기뻐하며 돌아가서 자기 소유를 다 팔아"

예수님이 하신 설교의 핵심은 하나님 나라가 가까웠다는 것이다. 또한 자신이 왕이며 하나님의 구원의 통치를 도래시키는 것이 장차 자신의 일이라는 것이었다(눅 11:20, 17:20-21).

예수님은 사람들이 하나님 나라에 어떻게 들어오는지 보여 주려고 매우 짧은 비유를 드셨다. "천국은 마치 밭에 감추인 보화와 같으니 사람이 이를 발견한 후 숨겨 두고 기뻐하며 돌아가서 자기의 소유를 다 팔아 그 밭을 사느니라"(마 13:44).

이 비유는 하나님의 구원의 임재와 주권적 통치가 매우 귀하기 때문에 사람들은 그 진정한 모습을 보고도 미처 깨닫지 못한 채 아무것도 아니라고 여기게 된다는 뜻이다. 그리고 예수님은 이러한 '회심'의 내적 경험에 대해 조금의 의심도 남기지 않으신다. 이것은 기쁨에 찬 회심이다. 그분은 이렇게 말씀하신다. "기뻐하며 돌아가서 자기 소유를 다 팔아 그 밭을 사느니라."

예수님은 좋은 소식을 갖고 세상에 오셨다. 그분은 기쁨 없이 오직 무거운 의무만 감당해야 하는 종교로 우리를 부르시는 게 아니다. 예수님은 자신에게로, 자신의 아버지에게로 우리를 부르신다. 기쁨으로 부르시는 것이다. 물론, 이것은 물질을 기뻐하는 기쁨이 아니다. 또한 예수님은 건강과 부와 번영의 복음을 전하시는 게 아니다. 예수님이 전하시는 것은 하나님을 기뻐하며, 그분의 아들을 기뻐하는 기쁨의 복음이다.

이 비유가 하나님 나라에 들어가는 것을 '소유를 다 파는 것'으로 묘사하는 것도 이 때문이다. 기뻐하라는 명령은 "너희 중의 누구든지 자기의 모든 소유를 버리지 아니하면 능히 내 제자가 되지 못하리라"는 누가복음 14장 33절의 급진적인 명령과 상통한다.

우리는 기쁨을 주는 모든 것을 다 버린다. 왜냐하면 밭에 감춰진 보화를 발견했고, 이 보화, 즉 영광스러운 하나님이 이 세상 그 무엇보다 무한히 더 귀하다는 것을 볼 줄 아는 눈을 얻었기 때문이다. 우리가 모든 것을 기쁨으로 버리는 것도 이 때문이다.

자기를 부인하고 기쁨을 추구하라

예수님을 얻기 위해 이 땅의 모든 것을 버리라. 하나님 나라를 소유하기 위해 모든 것을 팔아라. 바로 이것이 자기 부인自己否認의 의미이다. C. S. 루이스는 자기를 부인하라는 예수님의 명령의 핵심을 파악했다.

신약은 자기 부인에 대해 할 말이 많지만, 자기 부인 자체가 목적일 때는 할 말이 없다. 성경은 우리에게 그리스도를 따르려면 자기를 부인하고 자기 십자가를 지라고 말한다. 그리고 우리가 이렇게 할 때 궁극적으로 발견할 것을 말하면서 기뻐하라는 말을 거의 빼놓지 않는다.³

우리가 자기를 부인하는 것은 큰 상급이 있기 때문이다. 조나단 에드워즈Jonathan Edwards는 자기를 부인하라는 예수님의 명령이 기뻐하라는 그분의 명령과 어떻게 연결되는지 훨씬 더 깊이 있게 분석했다.

경건한 자들이 고통당하는 모습 속에서도 자기 부인의 모습을 볼 수 있을 것입니다. …… 그러나 자기를 부인해 본 사람이라면 자기를 부인하는 것보다 더 큰 즐거움과 기쁨을 맛본 적이 결코 없다고 말할 것입니다. 자기를 부인할 때, 슬픔의 뿌리가 뽑히고 기초가 무너지며, 슬프고 고통스러운 상처가 도려내어지고 치료가 좋은 성과를 보입니다. 수술의 아픔에 대한 대가로 풍성한 건강이 찾아옵니다.⁴

이것이 사실이라면, 자기를 부인하라는 예수님의 명령은 우리에게 가장 깊고 가장 오래가는 기쁨을 철저히 추구하라고 명령하는 또 다른 방법이다. 이것은 암에서 자유하라는 명령과 수술하라는 명령과 같다.

우리의 기쁨은 번영이 아닌 순종과 고통에 있다

예수님의 "기뻐하고 뛰놀라"는 말씀에 우리가 당혹스러워 하는 것은 고통의 문맥에서 그렇게 말씀하시기 때문이다. "인자로 말미암아 사람들이 너희를 미워하며 멀리하고 욕하고 너희 이름을 악하다 하여 버릴 때에는 너희에게 복이 있도다. 그날에 기뻐하고 뛰놀라"(눅 6:22-23).

예수님은 우리가 어떤 세상에 살고 있는지 아시기에 그렇게 말씀하신 것이다. 이 세상은 고통으로 가득하며, 제자인 우리들에게도 이런 저런 고통이 따르리라고 말씀하신다.

"너희에게 손을 대어 박해하며 회당과 옥에 넘겨주며 …… 너희 중의 몇을 죽이게 하겠고 또 너희가 내 이름으로 말미암아 모든 사람에게 미움을 받을 것이나"(눅 21:12, 16-17).

"제자가 그 선생 같고 종이 그 상전 같으면 족하도다. 집 주인을 바알세불이라 하였거든 하물며 그 집 사람들이랴"(눅 10:25).

"사람들이 나를 박해하였은즉 너희도 박해할 것이요"(요 15:20).

예수님은 이처럼 고통스러운 사랑의 길에서 자신을 따르라고 명령하신다('명령 8'을 보라). 그러므로 그분이 지금 "그날에"(눅 6:23), 명령하시는 기쁨은 더 가치 없는 것도 더 작은 것도 아니다. 이 기쁨은 피상적이거나 경박하지도 않다. 너무나 많은 사람들과 너무나 많은 교회들이 이렇게들 생각하는데, 이보다 더 큰 실수는 없다. 그들은 기뻐하고 뛰놀라는 예수님의 명령을 그리스도인 공동체 생활에서 익살스럽고 유머러스하게 행동하라는 것 정도로 생각한다. 이러한 분위기에서 어떻게 예루살렘으로 향하는 예수님의 냄새를 맡을 수 있겠는가? 뭔가 단단히 잘못되었다.

고난의 향기가 사라졌기 때문이다. 예수님이 말씀하시는 기뻐하라는 명령은, 고통 가운데 살지만 그 고통을 견뎌 내는 한 방식이다. 그러므로 예수님이 말씀하시는 기쁨은 사뭇 진지하다. 당신이 한 손을 자르고(마 5:30) 모든 소유를 팔며(마 13:44) 예수님과 함께 십자가를 지고 갈보리를 오름으로써(마 10:38-39) 얻으려고 싸우는 기쁨과 같다. 기쁨으로 인해 상처 자국이 있을지언정 그들은 눈물을 흘리며 행복의 노래를 부른다. 또한 어두웠던 시간을 기억하고, 앞으로 더 많은 것이 다가오고 있다는 것도 이미 안다. 천국에 이르는 길은 거칠지만 그 길에는 기쁨이 가득하다.

거룩의 뿌리

기뻐하라는 예수님의 명령은 거룩하라는 명령을 여는 열쇠다. 영적 삶의 정화 능력을 약화시키고 예수님의 제자 후보생들을 쓰러뜨리는 것은 "이생의 염려와 재물과 향락"이다(눅 8:14). 그리고 새싹을 자라지 못하게 하는 가시떨기를 가장 확실하게 제거하는 방법은 더 큰 기쁨의 힘뿐이다. 예수님은 신자가 '기뻐하며' 모든 것을 팔았다고 말씀하셨다. 기쁨으로 목을 죄는 죄의 줄을 끊어 없앤 것이다.

많은 그리스도인들이 스토아주의금욕주의가 육욕에 대한 좋은 해독제라고 생각한다. 하지만 스토아주의는 무기력하며 효과적이지 못하다. 의지력의 종교는 대개 실패하며, 성공할 때라도 하나님이 아니라 의지에 영광을 돌린다. 또한 연인들이 아니라 율법주의자들을 낳는다. 조나단 에드워즈도 다음과 같이 비판했다.

> 악인을 설득하여 경건한 삶을 살게 하는 것은 두 배나 힘듭니다. …… 일반적인 논쟁은 종교의 유익성에 관한 것입니다. 그러나 슬프게도 악인은 (도덕적) 유익을 추구하지 않습니다. 그가 추구하는 것은 오로지 즐거움입니다. 그러므로 이제 우리는 이들의 무기를 가지고 이들과 싸울 것입니다.[5]

하나님 안에서 즐거움을 추구하는 것은 감각적인 세상과 타협하는 게 아니라, 하나님을 사랑하는 사람들을 세상에 낳으면서 이 세대의 정욕을 물리칠 수 있는 유일한 힘이다.

예수가 큰 상급이다

예수님은 우리가 지금 기뻐해야 하는 이유를 큰 상급에 대한 희망에 두신다. "그날에 기뻐하고 뛰놀라. 하늘에서 너희 상이 큼이라"(눅 6:23). 그 상이 무엇인지는 말씀하지 않으신다. 그러나 그분의 삶과 메시지를 보건대 본질적인 상급은 예수님 자신과 교제하고 그분을 통해 아버지 하나님과 교제하는 것이다(요 17:3, 24).

예수님은 죽으시기 직전에 제자들에게 이렇게 말씀하신다. "지금은 너희가 근심하나 내가 다시 너희를 보리니 너희 마음이 기쁠 것이요 너희 기쁨을 빼앗을 자가 없으리라"(요 16:22). 예수님이 약속하시는 빼앗길 수 없는 기쁨의 근거는 그분의 현존(現存, 그분과 함께 있는 것-역주)이다. "내가 다시 너희를 보리니."

예수님은 조금 앞에서 비슷한 말씀을 하셨다. "내가 이것을 너희에게 이름은 내 기쁨이 너희 안에 있어 너희 기쁨을 충만하게 하려 함이라"(요 15:11). 세례 요한이 이러한 충만한 기쁨을 말했으며, 예수님을 신랑에 비유하고 자신을 그의 친구에 비유하면서 그분의 현존을 기쁨의 근거로 삼는다. "신부를 취하는 자는 신랑이나 서서 신랑의 음성을 듣는 친구가 크게 기뻐하나니 나는 이러한 기쁨으로 충만하였노라"(요 3:29).[6] 요한의 '충만한' 기쁨의 기초가 되는 것은 예수님의 현존이다.

그러므로 우리가 기뻐 받을 상급의 본질은 내세에서 경험할 예수님의 충만한 현존이다. 우리가 지금 기뻐할 수 있는 이유는 소망 가운데 미래의 교제를 맛볼 뿐 아니라, 예수님이 그분의 성령으로 우리와 함께 계시기 때문이다. 그분은 아버지께로 돌아가시면서 이렇게 약속하셨다. "내가 너희를 고아와 같이 버려 두지 아니하고 너희에게로 오리라"(요 14:18). "내가 세상 끝날까지 너희와 항상 함께 있으리라"(마 28:20).

육체적으로는 우리와 함께 계시지 않지만 진리의 영이 오셔서 자신예수님을 우리에게 영화로운 실제가 되게 하실 거라고 말씀하셨다. "진리의 성령이 오시면 …… 그가 내 영광을 나타내리니 내 것을 가지고 너희에게 알리시겠음이라"(요 16:13-14). 그러므로 지금 예수님을 볼 수 없다 하더라도 큰 기쁨 가운데 그분을 소망해야 한다. 나아가 예수님은 지속적인 현존을 통해 이러한 기쁨을 이어 나가신다.

예수님이 우리의 기쁨을 사서 우리에게 주신다

"기뻐하고 뛰놀라"는 예수님의 명령에 어떻게 순종해야 하는가? 우리는 예수님이 그분을 합당하게 기뻐하지 못한 우리 죄를 사하기 위해 자신을 드려 죽으셨다는 사실에서 용기를 얻는다. 최후의 만찬에서, 예수님은 포도주 잔을 들고 말씀하셨다. "이것은 죄 사함을 얻게 하려고 많은 사람을 위하여 흘리는 바 나의 피 곧 언약의 피니라"(마 26:28).

그분이 처음 세상에 오신 것은 바로 이런 이유 때문이었다. "인자가 온 것은 …… 자기 목숨을 많은 사람의 대속물로 주려 함이니라"(막 10:45). 그러므로 우리의 기쁨은 이러한 견고한 기초 위에 세워진다. 바로 예수님이 그분을 기뻐하지 못하는 우리의 죄를 사하려고 자신의 피를 흘리신 것이다. 예수님은 아버지께서 아들을 사랑하신 그 사랑을 우리가 체험할 수 있도록 우리를 위해 일하겠다고 약속하셨다. 그분은 이렇게 기도하셨다. "내가 아버지의 이름을 그들에게 알게 하였고 또 알게 하리니 이는 나를 사랑하신 사랑이 그들 안에 있고 나도 그들 안에 있게 하려 함이니이다"(요 17:26).

아들을 향한 아버지의 사랑이 자비와 용서의 사랑이 아니라는 것을 조심스럽게 생각해 보라. 아들은 죄가 없고 흠도 없다. 따라서 그분에게는 자비가 필요 없다. 아들을 향한 아버지의 사랑은 다름 아닌 무한한 기쁨의 찬사와 교제일 뿐이다. 예수님은 이것이 우리에게 있으리라고 말씀하신다. 그러므로 나는 이 말씀을 아버지께서 아들 속에 두신 그 기쁨이 우리의 기쁨이 되도록 우리 안에서 일하시겠다는 약속으로 받아들인다. 우리는 혼자 힘으로 예수님을 기뻐해야 하는 게 아니다. 예수님이 우리로 하여금 그분을 기뻐할 수 있게 하신다.

기뻐함으로 예수님을 영화롭게 하라

아버지와 아들을 영화롭게 하라는 예수님의 명령에서(요 17:1) 한 가지 결론을 도출할 수 있다. 예수님이 우리로 하여금 그분을 계속 기뻐하도록 하시는 까닭은, 우리가 아버지와 아들을 영화롭게 하기 위해서다. 아버지와 아들을 기뻐하는 것이 하나님을 영화롭게 하는 데 반드시 필요하기 때문이다. 그러므로 힘써 기쁨을 추구해야 한다. 왜냐하면 우리의 기쁨이 곧 하나님의 영광을 드러내는 일이기 때문이다.

진리가 이러한데, 하나님을 기뻐하지 않는다면 스스로 두려워할 줄 알아야 한다. 미지근한 마음도 반성해야 한다. 하나님 안에서 만족을 추구하지 않는 것은 가장 큰 반역죄이다. 창조주보다 피조물을 더 기뻐하는 것이 바로 '반역'이다.

예수님을 기뻐하는 기쁨에는 한계가 없다

행복에 대한 열정이 잘못된 대상으로 향할 수는 있지만, 그 열정이 결코 지나칠 수는 없다. 조나단 에드워즈는 아가서 5장 1절 설교를 통해 이것을 논리적으로 증명했다. 본문은 "나의 친구들아 먹으라 나의 사랑하는 사람들아 많이 마시라"고 되어 있다. 에드워즈는 본문에서 다음과 같은 교훈을 끌어낸다. "사람들의 영적이며 은혜로운 욕구를 조금이라도 제한할 필요가 없으며, 제한해서도 안 된다." 대신 그는 사람들이 다음과 같이 해야 한다고 말한다.

가능한 모든 방법을 통해 자신의 욕구에 불을 놓고 더 많은 영적 즐거움을 얻으려고 노력해야 합니다. …… 하나님과 예수 그리스도와 거룩을 향한 우리의 주림과 갈증은 이러한 것들의 가치에 비하면 결코 지나칠 수 없습니다. 왜냐하면 이것들은 무한한 가치가 있기 때문입니다. …… (그러므로) 자신을 매혹의 길에 둠으로써 영적 욕구를 키우려고 노력하십시오.[7] …… 우리가 이러한 영적 음식을 취하는 데 지나침이란 있을 수 없습니다. 영적 향연에서 과식이란 없습니다.[8]

하나님은 그분을 기뻐하도록 당신을 지으셨다. 이보다 못한 기쁨에 결코 안주하지 말라. 당신을 매혹의 길에 두라. 다시 말해, 당신의 시선을 우리를 사랑하셨고 자신의 생명을 우리의 영원한 기쁨을 위한 대속물로 주신 예수 그리스도에, 모든 만족을 주는 보화에 고정하라.

What JESUS DEMANDS from the WORLD

Demand . 11

하나님을 두려워하라

ㅣ 몸은 죽여도 영혼은 능히 죽이지 못하는 자들을 두려워하지 말고 오직 몸과 영혼을 능히 지옥에 멸하실 수 있는 이를 두려워하라(마 10:28).

ㅣ 그리고 내가 왕 됨을 원하지 아니하던 저 원수들을 이리로 끌어다가 내 앞에서 죽이라 하였느니라(눅 19:27).

ㅣ 또 왼편에 있는 자들에게 이르시되 저주를 받은 자들아 나를 떠나 마귀와 그 사자들을 위하여 예비된 영원한 불에 들어가라…그들은 영벌에, 의인들은 영생에 들어가리라(마 25:41, 46).

지옥은 어떤 곳인가?

예수님은 성경에서 지옥에 관해 그 누구보다 많이 말씀하셨다. 지옥을 "바깥 어두운 데," 즉 "울며 이를 갈게 될" 곳으로 말씀하셨다(마 8:12). 그곳에서는 빛 속에서 느끼던 모든 기쁨이 사라질 것이며, 어둠 속에서 엄습해 오던 모든 두려움은 훨씬 더 커질 것이다. 엄청난 고통이 따를 것이며 사람들은 그 고통을 참으려고 이를 갈 것이다.

예수님은 또한 지옥을 가리켜 '풀무불'이라고 하시면서 불법을 행하는 모든 자들이 그분이 돌아오실 마지막 때에 그곳에 던져질 것이라고도 말씀하신다. "인자가 그 천사들을 보내리니 그들이 그 나라에서 모든 넘어지게 하는 것과 또 불법을 행하는 자들을 거두어 내어 풀무불에 던져 넣으리니 거기서 울며 이를 갈게 되리라"(마 13:41-42).

예수님은 지옥을 '지옥불'(마 5:22), '마귀와 그 사자들을 위하여 예비된 영원한 불'(마 25:41), '꺼지지 않는 불'(막 9:43), '영벌 永罰이라 부르신다(마 25:46).

마지막 묘사 '영벌'은 '영생'과 대조를 이루기 때문에 특히 섬뜩하고 두렵다. "그들은 영벌에, 의인들은 영생에 들어가리라." '영생'은 하나님 앞에서 무한한 기쁨을 누리는 것이요, '영벌'은 하나님의 진노 아래 비극을 계속해서 당하는 것이다(요 3:36, 5:24).

지옥은 하나님이 진노하심으로써 내리는 형벌이다

예수님이 의미하신 지옥을 이해하기 위해서는 진노라는 단어에 대해 바로 알아야 한다. 지옥은 단지 하나님을 거부한 자연적 결과에 불과한 게 아니다. 어떤 사람들은 하나님이 사람들을 지옥에 보내신다는 생각을 거부하기 위해 이렇게 말한다. 사람들이 스스로 지옥에 간다는 것이다. 맞는 말이긴 하다. 사람들 각자가 자신을 지옥으로 인도하는 선택을 한다. 그러나 이것이 전부가 아니다. 예수님은 이러한 선택은 실제로 지옥행을 초래해 마땅하다고 말씀하신다. "형제를 대하여 …… 미련한 놈이라 하는 자는 지옥불에 들어가게 되리라(다시 말해, 지옥에 들어가 마땅하다)"(마 5:22). 그분이 지옥을 가리켜 '영벌'이라고 하신 것도 이 때문이다(마 25:46). 지옥은 스스로 부가하는 자연적 결과에 불과한 게 아니다. 지옥은 하나님이 진노하심으로써 내리는 형벌이다.

사람들이 어떻게 지옥에 가는지 보여 주기 위해 예수님이 사용하시는 이미지는, 자연적으로 생겨난 결과를 암시하는 게 아니라 공의로우신 하나님께서 진노하신 결과임을 암시한다. 여행을 떠난 주인의 종에 대해 말씀하신 부분을 살펴보자. 종은 "주인이 더디 오리라"고 말하면서 "동료들을 때리며 술친구들과 더불어 먹고 마시기" 시작한다. 그리고 예수님은(자신의 갑작스런 재림을 암시하시면서) 이렇게 말씀하신다. "생각하지 않은 날 알지 못하는 시각에 그 종의 주인이 이르러 엄히 때리고 외식하는 자가 받는 벌에 처하리니 거기서 슬피 울며 이를 갈리라"(마 24:48-51). 이 그림은 형벌이 따르는 적절하고 거룩한 진노를 보여 준다. 예수님은 그 종을 외식하는 자가 받는 벌에 "처하게 하실 것이다".

예수님은 자신이 세상을 떠났다가 심판하러 다시 오실 것을 설명하기 위해 또 다른 이야기를 하셨다. "어떤 귀인이 왕위를 받아 오려고 먼 나라로 갈 때에 …… 그런데 그 백성이 그를 미워하여 사자를 뒤로 보내어 이르되 우리는 이 사람이 우리의 왕 됨을 원하지 아니하나이다 하였더라"(눅 19:12, 14).

왕위를 받아 돌아온 귀인은 그를 신뢰하고 높인 자들에게는 상을 주었고, 그의 왕권을 거부한 자들에게는 벌을 내렸다. "내가 왕 됨을 원하지 아니하던 저 원수들을 이리로 끌어다가 내 앞에서 죽이라"(눅 19:27). 예수님은 여기서는 지옥을 자신의 자비로운 통치를 거부하는 자들에게 떨어지는 거룩한 진노로 나타내셨다.

"몸과 영혼을 능히 지옥에 멸하실 수 있는 이를 두려워하라"

예수님이 "몸과 영혼을 능히 지옥에 멸하실 수 있는 이를 두려워하라"고 말씀하신 것도 이 때문이다(마 10:28). 그분이 명령하시는 두려움은 나쁜 습관의 자연적 결과로서의 지옥에 대한 두려움이 아니라, 죄인들에게 지옥행 판결을 내리시는 거룩한 재판장으로서의 하나님에 대한 두려움이다.

거룩한 재판장이신 하나님을 두려워하라는 명령을 듣고 처음에는 절망할 수도 있다. 마치 하나님이 우리의 아주 작은 잘못에도 진노하여 벌하실 준비만 하고 계시니 언제나 불안한 삶을 살라는 말처럼 보인다. 그러나 예수님은 우리가 그 두려움에 빠져 있도록 하지 않으시는 분이다. 예수님은 그와 같이 경고하신 후 곧바로 하나님 아버지의 보살핌을 받는 데서 오는 깊은 평안과 충만한 확신을 주기 위해 말씀하셨다. 바로 다음 구절이다. "참새 두 마리가 한 앗사리온에 팔리지 않느냐? 그러나 너희 아버지께서 허락하지 아니하시면 그 하나도 땅에 떨어지지 아니하리라. 너희에게는 머리털까지 다 세신 바 되었나니, 두려워하지 말라. 너희는 많은 참새보다 귀하니라"(마 10:29-31).

예수님은 "지옥에 멸하실 수 있는 이를 두려워하라"고 말씀하신 후 곧바로 "너희에게는 머리털까지 다 세신 바 되었나니, 두려워하지 말라. 너희는 많은 참새보다 귀하니라"고 말씀하신다. 사실, 우리 아버지로서 우리의 모든 필요를 채워 주시는 하나님의 보살핌은 예수님의 가장 즐겁고 가장 일반적인 가르침 가운데 하나다.

"공중의 새를 보라. 심지도 않고 거두지도 않고 창고에 모아들이지도 아니하되 너희 하늘 아버지께서 기르시나니, 너희는 이것들보다 귀하지 아니하냐? …… 그러므로 염려하여 이르기를 무엇을 먹을까 무엇을 마실까 무엇을 입을까 하지 말라. 이는 다 이방인들이 구하는 것이라. 너희 하늘 아버지께서 이 모든 것이 너희에게 있어야 할 줄을 아시느니라"(마 6:26, 31-32).

하나님을 신뢰하라

하나님은 두려워해야 할 분이며 신뢰해야 할 분이다. 하나님에 관한 이 두 진리를 경험하라는 예수님의 말씀은 무슨 뜻인가? '하나님에 대한 두려움'은 단순히 '하나님에 대한 공경'이라는 뜻이라고 풀기에는 부족함이 없지 않다. "죽인 후에 또한 지옥에 던져 넣는 권세 있는 그를 두려워하라"는 말씀과 맞지 않기 때문이다(눅 12:5). 물론 하나님을 공경해야 한다. 그분의 거룩과 능력과 지혜를 경외해야 한다. 다만 그분에 대한 진정한 두려움은, 달콤한 평안과 그분에 대한 신뢰와 공존할 수 있는 두려움이다.

의문을 푸는 열쇠는 하나님이 자신의 진노를 우리에게서 직접 제거하신다는 것이다. 우리가 평안을 누리는 것은 진노의 하나님을 생각에서 우리 힘으로 제거하기 때문이 아니라, 그분이 자신의 진노를 우리에게서 제거하시기 때문이다. 그분은 예수님을 보내 우리 대신 죽게 하심으로써 우리에게서 자신의 진노를 제거하셨다. 그 결과 예수님을 믿는 모든 자에게서 하나님의 진노가 제거된다.

예수님은 이렇게 말씀하셨다. "모세가 광야에서 뱀을 든 것같이 인자도 십자가에서 들려야 그리고 죽어야 하리니 이는 그를 믿는 자마다 진노가 아니라 영생을 얻게 하려 하심이니라. …… 아들을 믿는 자에게는 영생이 있고 아들에게 순종하지 아니하는 자는 영생을 보지 못하고 도리어 하나님의 진노가 그 위에 머물러 있느니라"(요 3:14-15, 36).

예수님은 십자가에서 "나의 하나님, 나의 하나님 어찌하여 나를 버리셨나이까"라고 외치셨을 때(막 15:34) 우리를 대신해 하나님의 진노를 겪고 계셨다. 왜냐하면 그분은 하나님께 버림받을 만한 일을 결코 하신 적이 없기 때문이다. 그리고 그분이 마침내 십자가에서 "다 이루었다"고 하셨을 때(요 19:30), 우리 구원의 값이, 우리가 하나님의 진노에서 해방되고 하나님의 축복에 들어가기 위한 값이 완전히 지불되었다는 뜻이다.

예수님은 자신이 온 것은 "자기 목숨을 많은 사람의 대속물로 주려 함이니라"고 말씀하셨다(마 20:28). 이제 죄를 면하기 위해 지불해야 하는 돈도 완전히 지불되었으며 하나님의 진노를 흡수하고 제거하는 일도 끝났다. 이제 예수님은 그분을 믿는 자는 누구든지 하나님과 영원한 교제를 누리며 재판장의 진노가 사라졌음을 완전히 확신할 수 있다고 말씀하신다. "내 말을 듣고 또 나 보내신 이를 믿는 자는 영생을 얻었고 심판에 이르지 아니하나니 사망에서 생명으로 옮겼느니라"(요 5:24).

불신앙은 안 된다

그렇다면 무엇을 두려워해야 하는가? 불신앙이다. 하나님이 우리가 예수님을 지속적으로 신뢰하게 만드는 방법 가운데 하나는, 우리가 믿지 않을 때 하나님이 우리에게 하실 일을 두려워하게 하는 것이다. 두려움에 불편을 느끼지 않고 사는 것은 하나님을 믿기 때문이다. 우리는 조금도 모자람이 없는 예수님의 사역을 신뢰하며, 우리 아버지의 주권적인 보살핌을 신뢰한다. 그러나 불신앙이 우리를 유혹하는 순간마다 거룩한 두려움이 일어나 우리를 사랑하셨고, 우리가 염려하지 않고 기쁨을 누리게 하려고 그분의 아들을 보내어 죽게 하신 분을 신뢰하지 않는 것은 참으로 어리석은 짓이라는 것을 우리에게 경고한다.

하나님의 목을 안을 때 두려움이 사라진다

나는 그 사실을 직접 경험했다. 맏아들 카스텐이 여덟 살쯤이었을 때, 큰 개가 있는 집에 놀러간 적이 있다. 우리가 문을 열자 큰 개가 거의 눈이 마주칠 만큼 가까이 카스텐을 쳐다보았다. 어린아이에게는 정말 무서운 순간이었다. 그러나 우리는 그 개가 사람을 해치지 않으며 아이들을 정말로 좋아한다는 것을 알고 있었다. 잠시 후, 카스텐에게 자동차에 가서 뭘 좀 가져오라고 했다. 카스텐이 마당을 가로질러 달려가자 개는 낮은 소리로 으르렁거리더니 그의 뒤를 따라갔다. 그러자 개 주인이 카스텐에게 소리쳤다. "뛰지 말고 걸어가거라! 우리 개는 사람들이 자기에게서 달아나는 걸 좋아하지 않는단다."

아이들을 좋아하지만 사람들이 자신에게서 달아나는 것을 좋아하지 않는 큰 개는 마치 하나님의 모습을 닮았다. 하나님을 신뢰하고 그분을 기뻐하며 두 팔로 그분의 목을 끌어안을 때, 그분은 우리의 진정한 친구가 되신다. 그러나 만약 그분보다 다른 걸 더 좋아한다면 매우 화를 내실 것이다. "내가 왕 됨을 원하지 아니하던 저 원수들을 이리로 끌어다가 내 앞에서 죽이라"(눅 19:27). 하나님을 두려워한다는 것은 자비롭고, 모든 것을 공급하시며, 모든 것을 만족시키시는 왕이신 예수님의 통치에서 달아날 때 일어날 무서운 결과를 두려워한다는 뜻이다.

지옥은 죄가 헤아릴 수 없이 심각하다는 뜻이다

죄는 우리가 상상하는 것보다 더 심각한 것이다. 너무나 많은 사람들이 영원한 지옥이 우리가 지은 죄에 비해 너무 과한 형벌이라고 느끼는 이유는, 죄를 실제 그대로 보지 않기 때문이다. 또한 하나님을 실제 그대로 보지 않기 때문이다. 예수님은 지옥에 갈 자들에게 하실 말씀을 우리에게 들려주신다. "그때에 내가 그들에게 밝히 말하되 내가 너희를 도무지 알지 못하니 불법을 행하는 자들아 내게서 떠나가라 하리라"(마 7:23).

이들은 "불법을 행하는 자들"이다. 이들은 하나님의 법을 어긴다. 죄는 첫째 하나님에 대한 것이며, 그 다음으로 사람에 대한 것이다. 그러므로 죄의 심각성은 죄가 하나님에 대해 하는 말에서 비롯된다. 하나님은 무한히 가치가 있으시며 공경 받으실 만하다. 그러나 죄는 그 반대로 말한다. 죄는 다른 것들이 더 바랄 만하고 더 가치가 있다고 말한다. 얼마나 심각한 문제인가? 대개 죄의 심각성은 더럽힘을 당하는 사람이나 직무의 존엄성에 의해 결정된다. 어떤 사람이 무한히 가치가 있고, 공경 받을 만하며, 존엄과 권위 있는 직무를 갖고 있다면, 그를 거부하는 것은 무한히 포학한 범죄다. 그러므로 이런 죄는 무한한 형벌을 받아 마땅하다. 지옥에 관한 예수님의 말씀은 작은 위반에 대해 과민 반응을 보이신 것이 결코 아니다. 그분의 말씀은 하나님의 무한한 가치와 인간의 죄가 하나님께 가하는 포학한 모욕에 대한 증거가 된다.

두려움이라는 귀중한 선물

"몸과 영혼을 능히 지옥에 멸하실 수 있는 이를 두려워하라"는 예수님의 명령에 주목하라. 이 명령은 큰 자비이다. 예수님은 우리가 다가오는 진노를 모른 채 있도록 내버려 두지 않으신다. 이 얼마나 놀랍고 감사한 일인가? 게다가 경고만 하시는 게 아니다. 우리를 구원하신다. 바로 두려움이 주는 가장 큰 효과인 것이다.

두려움은 우리에게 도움이 필요하다는 것을 알려 주며, 우리가 모든 것을 채우시는 구속자 예수님을 향하도록 도와준다. 두려움이 당신에게 이런 결과를 낳게 하라. 두려움을 인도자로 삼고 그분을 믿는 모든 사람에게 이렇게 말씀하시는 예수님께로 나아가라. "적은 무리여, 무서워 말라. 너희 아버지께서 그 나라를 너희에게 주시기를 기뻐하시느니라"(눅 12:32).

Demand. 12

하나님을 예배하라

| 아버지께 참되게 예배하는 자들은 영과 진리로 예배할 때가 오나니 곧 이때라. 아버지께서는 자기에게 이렇게 예배하는 자들을 찾으시느니라. 하나님은 영이시니 예배하는 자가 영과 진리로 예배할지니라(요 4:23-24).

| 이에 예수께서 말씀하시되 사탄아 물러가라, 기록되었으되 주 너의 하나님께 경배하고 다만 그를 섬기라 하였느니라(마 4:10).

| 이 백성이 입술로는 나를 공경하되 마음은 내게서 멀도다. 사람의 계명으로 교훈을 삼아 가르치니 나를 헛되이 경배하는도다(마 15:8-9).

| 한 사람이 두 주인을 섬기지 못할 것이니 혹 이를 미워하고 저를 사랑하거나 혹 이를 중히 여기고 저를 경히 여김이라. 너희가 하나님과 재물을 겸하여 섬기지 못하느니라(마 6:24).

세상 모든 사람들은 무엇인가를 예배한다. 가장 종교적인 사람들에서 가장 세속적인 사람들에 이르기까지, 저마다 자기 삶의 중심으로 삼을 만큼 아주 소중하게 여기는 게 있다. 그것이 하나님일 수도 있고 돈일 수도 있다. 그러나 이처럼 무엇인가를 소중히 여기는 행위가 예배가 되는 것은, 우리가 소중히 여기는 보화에게는 우리의 감정과 의지와 생각과 행동을

빚는 힘이 있기 때문이다. 예수님은 "영과 진리로 하나님을 예배할지니라"고 명령하셨다(요 4:24). 당신의 영이 진정으로 그 진리를 깨닫고 영혼이 깨어나는 예배, 감동적인 예배가 되게 하라.

"때가 오나니 곧 이때라"

사마리아 우물가에서 예수님이 사마리아 여인에게 하신 말씀이다. 여인은 사마리아인들과 유대인들이 예배 장소가 다르다고 말씀 드렸다. "우리 조상들은 이 산에서 예배하였는데 당신들의 말은 예배할 곳이 예루살렘에 있다 하더이다"(요 4:20).

예수님은 여인의 말에 답하시면서 이렇게 말씀하셨다. "여자여 내 말을 믿으라. 이 산에서도 말고 예루살렘에서도 말고 너희가 아버지께 예배할 때가 이르리라. …… 아버지께 참되게 예배하는 자들은 영과 진리로 예배할 때가 오나니 곧 이때라. 아버지께서는 자기에게 이렇게 예배하는 자들을 찾으시느니라"(요 4:21, 23).

예루살렘에서 예배하는 일이 그칠 때가 오는데 곧 지금이라는 말이다. 그분의 말씀이 무슨 뜻인가?

예수님은 자신이 바로 사람들이 오랫동안 기다리던 유대 메시야라는 놀라운 주장을 하셨다. 여인이 그분에게 말했다. "메시야 곧 그리스도라 하는 이가 오실 줄을 내가 아노니 그가 오시면 모든 것을 우리에게 알려 주시리이다." 그러자 예수님은 "네게 말하는 내가 그라"라고 답하셨다(요 4:25). 그러므로 예수님이 우리가 더 이상 예루살렘에서 예배하지 않을 때가 "곧 지금이라"고 말씀하실 때, 이것은 메시야 왕국의 아침이 밝았으며 사람들이 예배하는 방식이 완전히 바뀔 거라는 뜻이었다.

"이 성전을 헐라 내가 사흘 동안에 일으키리라"

예수님이 이렇게 말씀하신 것은 스스로 성전을 대신하기 위해서였다. 예배가 이루어질 '장소', 즉 사람들이 하나님을 만나는 곳은 이제부터 예루살렘 성전이 아니라 예수님 자신이 될 것이다. 예수님이 "이 성전을 헐라 내가 사흘 동안에 일으키리라"라고 말씀하시자(요 2:19), 사람들이 깜짝 놀라며 물었다. "이 성전은 사십육 년 동안에 지었거늘 네가 삼 일 동안에 일으키겠느냐?" 그러나 복음서 기자는 이렇게 설명했다. "예수는 성전 된 자기 육체를 가리켜 말씀하신 것이라"(요 2:21). 바꾸어 말하자면, 예수님의 말씀은 자신이 죽은 자 가운데서 다시 살아나실 때 새로운 '성전' 곧 하나님과 만나는 새로운 장소가 되실 거라는 뜻이었다.

예수님은 제자들이 안식일에 이삭 따 먹는 것을 내버려 두셨다고 사람들이 비난했을 때도 거의 똑같이 놀라운 말씀을 하셨다. 예수님은 이러한 비난에 답하시면서 이스라엘 왕 다윗이 하나님의 전에서 제사장들만 먹을 수 있는 떡으로 부하들을 먹인 사실을 지적하셨다. 그분은 다음과 같이 말씀하시면서 자신 및 자신과 함께한 사람들을 다윗 및 그와 함께한 사람들과 연결하셨다. "성전보다 더 큰 이가 여기 있느니라"(마 12:6). "다윗의 아들 메시야가 여기 있으니, 그가 성전을 대신하리라"는 말씀이신 것이다.

오직 영과 진리로 예배하라

"아버지께 참되게 예배하는 자들은 영과 진리로 예배할 때가 오나니 곧 이때라." 메시야가 오심과 함께 하나님께 전혀 새로운 방식으로 예배하게 된다는 뜻이다. 지리적 위치는 더 이상 의미가 없다. "이 산에서도 말고 예루살렘에서도 말고 너희가 아버지께 예배할 때가 이르리라." 내적인 영적 관심이 외적인 지리적 관심을 대신한다. "하나님께 예배하는 자가 영과 진리로 예배할지니라." 사마리아와 예루살렘이라는 외적인 위치가 '영과 진리'라는 영적 실체로 대체된다. 이제 중요한 것은 어디서 하나님께 예배하느냐가 아니라, 진리에 맞게 하나님을 예배하는지 또 그 진리를 통해 예배가 진정 깨어나고 감동적인지 하는 것이다.

모든 예배는 예수님을 통해, 예수님께 드려야 한다

무엇보다 중요한 새로운 진리는 예배가 예수님을 통해 이뤄진다는 것이다. 예수님이 곧 하나님을 만나는 성전이다. 그분은 우리가 "죄사함을 얻게 하려고"(마 26:28) 자신의 피를 쏟으셨고, "자기 목숨을 많은 사람의 대속물로 주셨으며"(막 10:45), 친히 십자가에 죽으시고 부활하심으로써 우리가 하나님과 화해할 길을 열어 놓으셨다(요 3:16, 36). 죄인들이 예수님의 피를 통하지 않고는 하나님이 받으실 만한 예배를 드릴 수 없다.

예배가 예수님을 통해 이뤄지는 것은 그분 자신이 하나님이기 때문이다. 그분은 단순히 우리와 하나님 사이에서 예배의 중재자 역할만 하시는 게 아니다. 그분 자신이 예배를 받아야 할 분이다. 예수님은 이 사실을 직간접적으로 주장하셨다. 예수님은 죄를 용서하셨는데, 이것은 하나님만이 하실 수 있는 일이다(막 2:5-11). 또한 제자들의 예배를 받으셨다(마 14:33; 28:9). 그리고 자신이 영원 전부터 하나님과 함께 있었다고 주장하셨다. "진실로 진실로 너희에게 이르노니 아브라함이 나기 전부터 내가 있느니라"(요 8:58). 자신과 아버지는 하나라고 말씀하셨다. "나를 본 자는 아버지를 보았거늘"(요 14:9). "나와 아버지는 하나이니라"(요 10:30). 그러므로 모두가 "아버지를 공경하는 것같이 아들을 공경해야" 한다(요 5:23). 그러므로 '진리로' 드리는 모든 예배는 예수님께 드리는 예배여야 하는 동시에 예수님을 통한 예배여야 한다. 왜냐하면 예수님은 "아들을 공경하지 아니하는 자는 그를 보내신 아버지도 공경하지 아니하느니라"고 말씀하시기 때문이다(요 5:23).

영과 진리로 예배하라

'영으로'란 무슨 뜻인가? 참 예배자들이 '영으로' 아버지께 예배할 때가 오고 있는데, 바로 지금이다(요 4:23). 어떤 사람들은 '영'이 하나님의 성령을 가리킨다고들 해석한다. 그러나 나는 '우리의 영'을 가리킨다고 생각한다. 한편 예수님은 요한복음 3장 6절에서 하나님의 영과 우리의 영을 주목할 만한 방법으로 연결하신다. "영으로 난 것은 영이니." 성령께서 새로운 생명의 탄생을 통해 우리의 영을 깨워 주실 때까지 우리의 영은 영으로서 자격이 없을 만큼 죽어 있고 무감각하다. 영으로 난 것만이 살아 있는 영이다. 그러므로 예수님이 참 예배자들이 아버지께 '영으로' 예배한다고 말씀하실 때, 이것은 참 예배는 하나님의 영이 깨우셨기 때문에 살아났고 예민한 영들에게서만 나온다는 뜻이다.[1]

영이 없는 예배는 죽은 것이다. 예수님의 표현을 빌리자면 '헛된' 것이다. "이 백성이 입술로는 나를 공경하되 마음은 내게서 멀도다. 사람의 계명으로 교훈을 삼아 가르치니 나를 헛되이 경배하는도다"(마 15:8-9). 영이 살아 있어 하나님과 닿아 있어야 한다. 예수님은 영과 진리로 드리는 진정한 예배와 사마리아와 예루살렘에 초점을 맞춘 외적 예배의 차이를 말씀하신다.

진정한 예배를 드리기 위해서는 예배하는 마음이 예수님의 진리를 파악하고, 예배하는 영이 그 마음이 아는 진리로 일깨움과 감동을 받아야 한다. 예수님의 진리로 일깨움을 받은 애정, 곧 하나님을 향한 애정이 없는 사람은 '영과 진리로' 예배하는 게 아니다.[2] 그리고 애정이 크다 해도 하나님에 대한 거짓된 시각에 기초한 것이라면 '영과 진리로' 예배하는 게 아닙니다.

모든 삶이 예배다

모든 삶이 예배가 된다. 예배의 본질은 우리 마음에 있는 하나님에 대한 참된 시각과 우리 영에 있는 하나님을 향한 진정한 애정에 달려 있다. 하나님을 귀히 여기는 영에서 흘러나오는 자연스러운 말과 행동으로 그분을 예배하는 것이다. 일터나 가정, 교회 어디 있느냐는 중요하지 않다. 중요한 것은 예수님 안에서 하나님의 영광을 보며진리, 그분을 다른 모든 것보다 소중히 여기며영, 그런 후에는 다른 사람들을 대할 때 그들의 유익을 위해 자신을 희생하는 모습이 넘쳐나는 것이다. 하나님의 아름다움을 이보다 잘 표현하는 것은 거의 없다. 그러므로 예수님의 제자라면 모든 삶이 이와 같은 예배로 이루어져야 한다.

이것을 아주 잘 뒷받침해 주는 예가 있다. 예수님은 하나님을 예배하는 것과 섬기는 것을 연결하셨다. 사탄이 자신을 예배하라며 예수님을 유혹했을 때 예수님은 말씀하셨다. "사탄아 물러가라 기록되었으되 주 너의 하나님께 경배하고 다만 그를 섬기라 하였느니라"(마 4:10). 섬김은 성전에서 이뤄지는 종교 사역의 외적 표현으로 예배에 덧붙여질 때가 많았다. 그러나 이제는 예수님이 성전이니 '섬김'의 예배가 어떻게 바뀌었는가?

하나님과 재물을 함께 섬길 수 없다

마태복음 6장 24절에 기록된 '하나님을 섬긴다'[3]는 말씀의 의미를 깨닫고는 많이들 놀란다. "한 사람이 두 주인을 섬기지 못할 것이니 혹 이를 미워하고 저를 사랑하거나 혹 이를 중히 여기고 저를 경히 여김이라. 너희가 하나님과 재물을 겸하여 섬기지 못하느니라."

하나님을 섬기는 것을 재물을 섬기는 것에 비유하고 있다. 우리는 재물을 어떻게 섬기는가? 재물을 돕거나 재물의 필요를 충족시키지는 않는다. 다만 재물이 우리에게 줄 유익을 생각하며 재물을 모으고, 관리한다.

예수님이 섬김의 예배를 보시는 방식에서 보면 하나님의 경우도 마찬가지다. 우리는 하나님을 돕거나 하나님의 필요를 채우지 않는다("인자가 온 것은 섬김을 받으려 함이 아니라." 막 10:45). 오히려 하나님이 우리를 위해 하실 수 있는 것에서 유익을 얻는 데 모든 삶을 집중할 만큼 하나님을 소중히 여김으로써 그분을 섬긴다. 그러므로 재물이 아니라 하나님이 우리를 위해 하실 수 있는 것이 무엇인지 알고, 그것에 집중해야 한다.

예수님 안에 있는 하나님의 무한 가치

모든 삶은 예수님 안에서 하나님의 최고 가치를 최대로 경험하려는 우리의 열정으로 빚어진다. 그러므로 우리는 시작한 데서 끝을 맺는다. 온 세상이 무엇인가를 예배한다. 가장 종교적인 사람들에서 가장 세속적인 사람들에 이르기까지, 모든 사람들은 자기 삶의 중심으로 삼을 만큼 무엇인가를 아주 소중히 여긴다. 예수님은 세상 모든 사람이 예수님 안에 있는 하나님의 무한 가치를 중심으로 각자의 삶을 세우라고 명령하신다. 당신이 무엇을 예배하는지 생각해 보라. 그런 후 당신의 눈을 열어 가장 귀중한 하나님의 진리를 보며 당신의 영을 깨워 그분을 다른 그 무엇보다 소중히 여기도록 해 달라고 예수님께 구하라.

What JESUS DEMANDS from the WORLD
Demand. 13

낙심하지 말고 항상 기도하라

| 예수께서 그들에게 항상 기도하고 낙심하지 말아야 할 것을 비유로 말씀하여(눅 18:1).

| 너희를 박해하는 자를 위하여 기도하라(마 5:44).

| 너는 기도할 때에 네 골방에 들어가 문을 닫고 은밀한 중에 계신 네 아버지께 기도하라 (마 6:6).

| 기도할 때에 이방인과 같이 중언부언하지 말라(마 6:7).

| 너희는 이렇게 기도하라. 하늘에 계신 우리 아버지여 이름이 거룩히 여김을 받으시오며 (마 6:9).

| 추수하는 주인에게 청하여 추수할 일꾼들을 보내 주소서 하라(마 9:38).

| 하물며 너희 하늘 아버지께서 구하는 자에게 성령을 주시지 않겠느냐(눅 11:13).

| 구하라 그리하면 받으리니 너희 기쁨이 충만하리라(요 16:24).

| 너희가 내 이름으로 무엇을 구하든지 내가 행하리니 이는 아버지로 하여금 아들로 말미암아 영광을 받으시게 하려 함이라(요 14:13).

예수님은 기도하는 백성을 세우려 하신다. 그분의 명령은 분명하며, 이 문제는 매우 중요하다. 그래서 우리에게 왜, 어떻게, 누구를 위해, 무엇을 기도해야 하는지 가르치셨다. 하나님의 아들인데 왜 기도하느냐고 의문을 가질 수도 있다. 그러나 그분은 완전한 인간으로서 우리에게 기도의 본을 보이신다. 그분은 기도하기 위해 새벽에 일어나시며(막 1:35), 기도하기 위해 혼자만의 시간을 가지시며(마 14:23), 때로는 밤을 새워 기도하시며(눅 6:12), 마지막으로 기도를 통해 자신의 고난을 준비하신다(눅 22:41-42).

하나님의 영광을 위해

왜 예수님은 기도가 제자들에게 그토록 중요하다고 생각하셨는가? 기도가 예수님이 이루러 오신 하나님의 두 가지 큰 목적ㅡ하나님의 영광과 우리의 기쁨ㅡ과 관련이 있기 때문이다. 예수님은 말씀하셨다. "너희가 내 이름으로 무엇을 구하든지 내가 행하리니 이는 아버지로 하여금 아들로 말미암아 영광을 받으시게 하려 함이라"(요 14:13).

기도는 하나님이 자신의 풍성함과 우리의 필요를 나타내기 위해 계속하신 것이다. 기도가 하나님을 영화롭게 하는 것은, 목말라하는 우리의 갈증을 채우는 샘이 되기 때문이다.[1]

예수님은 시편을 알고 계셨고 시편 50편 15절을 읽으셨다. 하나님은 이 말씀에서 예수님처럼 도움을 구하는 기도를 하라고 우리에게 명령하시며 이것이 하나님을 영화롭게 한다는 것을 보여 주신다. "환난 날에 나를 부르라. 내가 너를 건지리니 네가 나를 영화롭게 하리로다."

기도는 하나님과 연결하는 수단이므로, 기도함으로써 우리는 도움을 받고 그분은 영광을 받으신다. 예수님은 자신이 온 것은 아버지를 영화롭게 하기 위해서라고 말씀하셨다. "아버지께서 내게 하라고 주신 일을 내가 이루어 아버지를 이 세상에서 영화롭게 하였사오니"(요 17:4). 하나님이 예수님에게 하라고 맡기신 일 가운데 하나는 그분의 제자들에게 기도를 가르치는 것이었다. 왜냐하면 우리가 예수님의 이름으로 기도할 때 "아들로 말미암아 아버지께서 영광을 받으시기" 때문이다(요 14:13, 표준새번역).

우리의 기쁨을 위해

예수님은 또한 우리의 기쁨을 성취하러 오셨다. 그분의 모든 가르침의 목적은 우리가 '영원한 기쁨의 살해자들'에게서 자유하게 하며, 하나님을 기뻐하는 하나뿐인 영원한 기쁨으로 우리를 채우는 것이었다. "내가 세상에서 이 말을 하옵는 것은 그들로 내 기쁨을 그들 안에 충만히 가지게 하려 함이니이다"(요 17:13).

예수님이 우리에게 기쁨을 주시려고 가장 많이 가르치신 것 가운데 하나가 기도다. "구하라. 그리하면 받으리니 너희 기쁨이 충만하리라"(요 16:24). 하나님의 영광과 우리의 기쁨을 확실히 하는 데 기도만큼 좋은 것이 없다. 그러므로 "항상 기도하고 낙심하지 말라"는(눅 18:1) 예수님의 명령에 순종하면 기쁨이라는 어마어마한 인센티브를 받는다. 예수님은 여기에 다른 인센티브를 덧붙이신다. 우리가 기도를 통해 소망을 느끼길 간절히 바라시기 때문이다. "구하기 전에 너희에게 있어야 할 것을 하나님 너희 아버지께서 아시느니라"(마 6:8).

이 말씀의 핵심은 하나님의 관심을 유발하거나 그분의 기분을 좋게 하기 위해 애써 경건한 어구들을 장황하게 나열할 필요가 없다는 것이다. 그분은 우리를 돌보시는 아버지이시며, 모든 것을 아신다. 그분은 응답하실 것이다. 그러므로 예수님은 하나님을 인간 아버지에 비유하지만 하나님은 자녀들에게 응답하길 인간 아버지보다 훨씬 더 간절히 원하신다는 것을 알려 주심으로써 하나님이 응답하실 준비가 되어 있음을 강조하신다.

"구하라. 그리하면 너희에게 주실 것이요. 찾으라. 그리하면 찾아낼 것이요. 문을 두드리라. 그리하면 너희에게 열릴 것이니, 구하는 이마다 받을 것이요, 찾는 이는 찾아낼 것이요, 두드리는 이에게는 열릴 것이니라. 너희 중에 누가 아들이 떡을 달라 하는데 돌을 주며, 생선을 달라 하는데 뱀을 줄 사람이 있겠느냐? 너희가 악한 자라도 좋은 것으로 자식에게 줄 줄 알거든, 하물며 하늘에 계신 너희 아버지께서 구하는 자에게 좋은 것으로 주시지 않겠느냐?"
(마 7:7-11)

예수님은 '왜 기도해야 하는가?' 라는 질문에 이렇게 답하신다. 하나님은 우리의 기도에 세밀하게 귀를 기울이시고 응답하시기 때문이다. 이처럼 기도는 하나님을 기뻐하는 우리의 기쁨을 유지시키는 한편 하나님의 영광을 확대하기 위해 계획되었다.

간단하게 기도하라

어떻게 기도해야 하는가? 하나님은 우리의 기도에 응답하실 준비가 되어 있으시며 우리가 구하기도 전에 무엇이 필요한지 완벽하게 아신다. 그러므로 기도할 때는 말을 간단하고 단순하게 하는 것이 좋다. 다만 단조롭게 반복되는 주문과 같은 기도는 바람직하지 않다. "기도할 때에 이방인과 같이 중언부언하지 말라. 그들은 말을 많이 하여야 들으실 줄 생각하느니라. 그러므로 그들을 본받지 말라. 구하기 전에 너희에게 있어야 할 것을 하나님 너희 아버지께서 아시느니라"(마 6:7-8).

인내하며 기도하라

기도에는 인내의 자리가 없다는 뜻으로 받아들이면 곤란하다. 사실, 예수님은 하나님의 영광을 위해서라면 오랫동안 인내하며 기도하라고 분명히 말씀하신다(눅 11:5-8, 18:1-8). 인내하라는 말은, 하나님의 뜻을 꺾는 게 아니라 기도가 응답되어야 할 방법과 시간에 대한 하나님의 지혜를 인내의 기도를 통해 발견하라는 말이다.

하나님은 자녀들을 돕고자 하시며, 그분의 이름을 영화롭게 하길 원하신다. 그리고 그 누구보다 기도 응답이 언제 어떻게 주어져야 하는지 잘 아신다. 그러므로 인내하며 기도한다는 것은 하나님이 우리의 유일한 소망이라는 것과 그분이 우리의 끈질긴 간구에 가장 좋은 방법으로, 가장 좋은 때에 응답하시리라는 것을 확신한다는 뜻이다.

예수님의 이름으로 기도하라

우리가 기도에 확신을 갖는 것은 예수님 때문이다. 예수님은 단지 기도하는 법만 가르치신 게 아니다. 그분은 우리 힘으로는 도저히 어쩔 수 없는 기도의 장애물을 제거하기 위해 죽으시고 부활하셨다. 예수님의 죽음이 없었다면, 우리는 죄를 용서 받지 못했을 것이며(마 26:28), 지금도 하나님의 진노 아래서 두려워 떨고 있을 것이다(요 3:36). 이러한 상황에서는 그 어떤 기도 응답도 기대할 수 없을 것이다.

그러므로 예수님은 우리가 하는 모든 기도의 기초다. 예수님이 그분의 이름으로 기도하라고 가르치신 것도 이 때문이다. "너희가 내 이름으로 무엇을 구하든지 내가 행하리니, 이는 아버지로 하여금 아들로 말미암아 영광을 받으시게 하려 함이라"(요 14:13, 참조. 16:13-24). "예수님의 이름으로 기도합니다. 아멘"이라고 기도를 끝맺는 것은 하나의 전통에 불과한 게 아니다. 하나님께 나아가는 유일한 소망이신 예수님께 대한 믿음을 확인하는 것이다.

믿음으로 기도하라

예수님은 우리가 믿음으로 기도하길 원하신다.

"너희가 기도할 때에 무엇이든지 믿고 구하는 것은 다 받으리라"(마 21:22; 참조. 막 11:24).

어떤 사람들은 이 구절을 긍정적 사고를 설명할 때 많이들 사용한다. 어떤 일이 이뤄질 거라고 굳게 믿으면 그 일이 실제로 이뤄질 거라고 말하는 것이다. 그러나 이것은 우리의 믿음에 대한 믿음일 것이다. 예수님은 우리에게 믿음으로 "산을 옮기는" 법을 가르치실 때 "하나님을 믿으라"고 분명히 말씀하신다(막 11:22).

하나님은 어떤 특별한 일을 하는 게 그분의 뜻이 분명하다는 것을 우리에게 보여 주실 때가 있다. 이런 경우에는 그 일은 반드시 이뤄지리라 확신할 수 있을 것이다. 이런 의미에서 예수님은 우리에게 말씀하신다. "무엇이든지 기도하고 구하는 것은 받은 줄로 믿으라. 그리하면 너희에게 그대로 되리라"(막 11:24). 일을 이루시는 분은 하나님이며, 우리는 그분을 믿고 계시된 그분의 뜻을 믿는다. 그러지 않는다면, 우리가 하나님일 것이며 하나님은 그분의 뜻이 아니라, 우리의 뜻에 따라 우주를 운영하는 격이 될 것이다.

우리 기도가 하나님의 뜻에 합당하기 위해서는 반드시 통과해야 하는 거름망이 있다. "너희가 내 안에 거하고 내 말이 너희 안에 거하면 무엇이든지 원하는 대로 구하라. 그리하면 이루리라"(요 15:7). 마가복음 11장 24절에서보다 자신의 약속에 대한 조건을 더욱 분명하게 제시하셨다.[2] 그분을 모든 것을 공급하는 우리의 포도나무로 신뢰하는가? 그리고 그분의 지혜를 따라 기도하는 법을 알 수 있도록 그분의 말씀이 우리의 마음을 빚고 있는가?

믿음으로 기도한다는 것은 항상 구하는 대로 이루어지리라고 확신하는 것을 의미하지는 않는다. 이는 하나님이 예수님 때문에 우리 기도를 들으시고, 그분에게 가장 좋아 보이는 방법으로 우리를 도우신다는 사실을 믿는다는 것이다. 또한 하나님이 우리가 구하는 것을 주시거나 더 나은 것을 주신다는 뜻이다.

아들이 아버지에게 떡을 달라 하면 아버지가 그에게 돌을 주겠는가? 아니다. 그러나 떡이 곰팡이가 피었다면 아버지는 아들에게 떡을 주지 않을 것이다. 대신 케이크를 주실 수도 있다. 이처럼 우리의 기도보다 더 나은 것을 받았을 때는 하나님의 응답에 놀랄 것이다. 한편 하나님의 응답은 음식 맛이 아니라 약처럼 쓸 수도 있으며, 그렇게 그 약이 우리에게 정말로 필요한 것이라는 우리의 믿음을 시험할 것이다.

사람들에게 칭찬받기 위해 기도하지 말라

기도의 상급은 하나님에게서 온다. 그러나 예수님은 인간의 마음이 하나님을 향한 가장 아름다운 행동을 인간을 향하도록 바꾸고 조종할 수 있음을 보여 주신다. 예수님은 우리에게 경고하신다.

"너희는 기도할 때에 외식하는 자와 같이 하지 말라. 그들은 사람에게 보이려고 회당과 큰 거리 어귀에 서서 기도하기를 좋아하느니라. 내가 진실로 너희에게 이르노니 그들은 자기 상을 이미 받았느니라. 너는 기도할 때에 네 골방에 들어가 문을 닫고 은밀한 중에 계신 네 아버지께 기도하라. 은밀한 중에 보시는 네 아버지께서 갚으시리라"(마 6:5-6).

예수님은 외식外飾을 싫어하신다. 실제로는 사람의 칭찬을 사랑하면서 겉으로는 하나님을 사랑하는 것처럼 보이는 것을 싫어하신다. 예수님은 "외식하는 자들"에게 가장 격한 언어를 사용하셨다. 그분은 이들을 "지옥 자식," "맹인된 인도자," "안에는 탐욕과 방탕으로 가득한" 자, "회칠한 무덤"이라고 부르셨다(마 23:15, 24, 25, 27).

예수님의 명령은 분명하다. "바리새인들의 누룩 곧 외식을 주의하라"(눅 12:1). 이러한 명령이 기도에 대해 그리고 금식과 구제에 대해(마 6:1-4, 16-18) 암시하는 게 있다. 기도할 때, 하나님을 귀히 여기고, 그분이 당신에게 하실 모든 것을 귀히 여겨라. 사람의 칭찬에 연연해하지 말라. 무엇보다도 하나님을 귀히 여기는 기도 행위를 사람을 귀히 여기는 외식의 행위로 바꾸지 말라.

누구를 위해 기도해야 하는가?

예수님은 누구를 위해 기도하라고 명령하시는가? 우리 자신을 위해 기도하라고 명령하신다. 기도는 전적으로 자비다. 그러므로 자신을 위해 기도하는 것은 우리가 연약하기 때문이다. 우리는 너무나 쉽게 죄를 짓는 경향이 있으므로 흠이 있는 순종이라도 계속하기 위해서는 전적으로 은혜에 의지해야 한다.

예수님은 "너희는 이렇게 기도하라 …… 우리를 시험에 들게 하지 마시옵고"라고 말씀하셨다(마 6:9, 13). 이는 우리를 위한 기도다. 왜냐하면 우리는 자신의 연약함을 다른 누구보다 잘 알기 때문이다. 다음으로 이는 예수님을 따르는 다른 사람들과 세상을 위한 기도다. 기도에서 그 누구도 제외시켜서는 안 된다. 예수님이 우리에게 "이름이 거룩히 여김을 받으시오며"라고 기도하라고 말씀하실 때(마 6:9), 아직 하나님의 이름을 거룩히 여기지 않는 사람이라면 누구를 위해서든 이 기도를 해야 한다는 뜻이다.

이기적인 마음 때문에 미워하던 원수가 생각났는가? 예수님은 그 사람도 제외시키지 말라고 말씀하신다. 기도를 통해 그 사람을 위해서도 복을 빌어야 한다. "너희 원수를 사랑하며 너희를 박해하는 자를 위하여 기도하라"(마 5:44). "너희를 저주하는 자를 위하여 축복하며 너희를 모욕하는 자를 위하여 기도하라"(눅 6:28).

그 누구도 우리의 사랑에서 제외시켜서는 안 되며, 그 누구도 우리의 기도에서 제외시킬 수 없다.

무엇을 기도해야 하는가?

마지막으로, 예수님은 우리에게 무엇을 기도하라고 명령하시는가? 아버지께서 무엇을 하시도록 구해야 하는가? 예수님은 주기도문(마 6:9-13)으로 대답하셨다.

하늘에 계신 우리 아버지여

1) 이름이 거룩히 여김을 받으시오며

2) 나라가 임하시오며

3) 뜻이 하늘에서 이루어진 것같이 땅에서도 이루어지이다

4) 오늘 우리에게 일용할 양식을 주시옵고

5) 우리가 우리에게 죄 지은 자를 사하여 준 것같이 우리 죄를 사하여 주시옵고

6) 우리를 시험에 들게 하지 마시옵고 다만 악에서 구하시옵소서.

먼저 자신을 위해 기도하며, 예수님을 따르는 다른 사람들을 위해 기도하며, 세상을 위해 기도한다. (1)하나님의 이름을 그 무엇보다 높이고 귀히 여기도록 기도한다. 사람들이 하나님의 영광을 추구하도록 기도하는 것, 이것이 기도의 첫 번째 역할이다. (2)구원하고, 깨끗하게 하며, 예수님을 높이는 하나님의 통치가 우리의 삶에서 이뤄지며, 마침내 모든 곳에 누구나 볼 수 있게 나타나길 기도한다. (3)하늘의 천사들이 하듯이 우리도 주저 없이 열심을 다해 하나님의 뜻을 이루도록 기도한다. (4)이 땅에서 순종의 삶을 가능하게 하는 필요, 곧 몸과 마음의 필요를 공급해 주시도록 기도한다. (5)마땅히 날마다 하나님을 높여야 하지만 그렇게 하지 못한 것을 용서해 달라고 기도한다. 예수님이 십자가에 죽으셨을 때 단번에 이루신 완전한 구속을 날마다 우리에게 적용시켜 달라고 하나님께 구해야 한다. (6)우리를 파멸로 이끌고 그분에 대한 우리의 증언을 약화시킬 악과 유혹에서 지켜 달라고 하나님께 기도한다.

주기도문은 기도의 놀라운 힘을 보여 준다. 주기도문은 하나님의 이름이 영화롭게 되고, 하나님의 나라가 확장되고, 승리하며 하나님의 뜻이 하늘에서 이루어진 것같이 땅에서도 이뤄지기 위해서는 기도가 가장 중요하다는 것을 보여 준다. 하나님이 그분의 가장 궁극적이며 보편적인 목적들을 이루시기 위해 인간의 기도를 사용하신다는 뜻이다. 예를 들면, 예수님은 열방에 복음을 선포할 일꾼들을 보내 달라고 기도하라고 말씀하신다. "추수하는 주인에게 청하여 추수할 일꾼들을 보내 주소서 하라"(마 9:38).

그러나 가장 확실한 것은 하나님 나라가 승리하리라는 것이다. 예수님은 말씀하셨다. "내가 이 반석 위에 내 교회를 세우리니 음부의 권세가 이기지 못하리라 …… 이 천국 복음이 모든 민족에게 증언되기 위하여 온 세상에 전파되리니 그제야 끝이 오리라"(마 16:18, 24:14).

하나님은 반드시 승리하신다. 그리고 하나님 섭리에서 그 승리는 인간의 기도에 달려 있다. 이처럼 기도는 인간의 의무일 뿐 아니라 하나님의 선물이다. 예수님은 그분의 백성에게서 세상에서 하나님의 목적을 이루는 데 필요한 모든 것을 구하는 기도의 영을 깨우실 것이다. 예수님의 제자들이 하는 기도와 하나님의 목적은 실패로 돌아가지 않을 것이다.

What
JESUS
DEMANDS
from the
WORLD

Demand. 14

매일의 필요를 염려하지 말라

| 목숨을 위하여 무엇을 먹을까 무엇을 마실까 몸을 위하여 무엇을 입을까 염려하지 말라. 목숨이 음식보다 중하지 아니하며 몸이 의복보다 중하지 아니하냐?(마 6:25).

| 그러므로 내일 일을 위하여 염려하지 말라. 내일 일은 내일이 염려할 것이요 한 날의 괴로움은 그날로 족하니라(마 6:34).

| 적은 무리여, 무서워 말라. 너희 아버지께서 그 나라를 너희에게 주시기를 기뻐하시느니라(눅 12:32).

몇몇 왕이 백성을 계속 염려하게 만들면 나라를 다스리는 데 매우 효과적이라는 것을 발견했다. 백성이 먹고 사는 것을 염려하다 보니 왕의 곳간에서 필요한 양식을 얻기 위해 왕의 명령을 더 잘 들었던 것이다. 염려가 백성이 제자리를 지키게 한다. 두려움이 군주 정치를 확고히 한다.

모든 근심에서 자유하라

예수님은 자신의 백성이 염려하는 것을 원하지 않으신다. 그분은 백성을 힘들게 해 자신의 왕권을 확고히 하시는 분이 아니다. 오히려 예수님의 왕권[1]의 목적은 백성을 근심에서 자유하게 하는 것이다. 그분은 세상 왕처럼 자신의 힘과 우월성을 확고히 하기 위해 우리를 힘들게 하실 필요가 없다. 그분의 힘과 우월성은 그 누구도 손댈 수 없다. 대신 우리의 염려를 없애기 위해 자신의 힘과 우월성을 강화시켜 나가신다.

"내일 일을 위하여 염려하지 말라." 예수님은 그분의 백성이 근심 없이 살길 바라신다. 하지만 우리 주변에는 온통 염려스러운 것들뿐이다. 그래서 예수님은 근심과 두려움을 다루는 두 가지 방법을 제시해 주셨다. 하나는 생명, 먹을 것, 마실 것, 입을 것과 같은 기본적인 것에 대한 염려와 관련이 있다(마 6:25-34). 다른 하나는 사람이 우리에게 입힐 수 있는 해에 대한 염려에 관한 것이다(마 10:24-31). 첫째 단락에서, 예수님은 우리가 우리의 필요들이 어떻게 충족될지 알 수 없을 때라도 기쁨을 잃지 않을 수 있음을 증명하신다. 다음 장에서 다룰 둘째 단락에서, 예수님은 사람들이 우리를 위협할 때라도 담대하게 진리의 길을 가라고 촉구하신다.

염려하지 말라

예수님이 마태복음 6장 25-34절에서 하시는 말씀의 핵심은 누구나 알 수 있다. "염려하지 말라"는 것이다. 예수님은 25절에서 "목숨을 위하여 …… 염려하지 말라"고 말씀하신다. 31절에서는 "염려하여 이르기를 무엇을 먹을까 무엇을 마실까 무엇을 입을까 하지 말라"고 말씀하신다. 34절에서는 "내일 일을 위하여 염려하지 말라"고 말씀하신다. 이것은 이 단락의 핵심을 부정적으로 말한 것이다. 하지만 33절에서는 염려하는 대신 먼저 하나님 나라를 구하라고 말씀하신다.

당신의 목숨이나 음식, 의복을 생각할 때, 또는 당신의 배우자나 직장이나 사명을 생각할 때 초조해하지 말라는 것이다. 하나님을 이 문제에 대해 왕으로 삼으라. 왕이신 하나님의 능력에 상황을 맡기고, 그분이 당신을 위해 일하실 것이며 당신의 모든 필요를 채워 주시리라는 확신을 갖고 그분의 의로운 뜻을 행하라. 하늘에 계신 아버지의 왕권을 믿는다면 그 무엇도 염려할 필요가 없다. 실제로 이 본문의 다른 모든 부분이 예수님의 명령을 뒷받침한다.

목숨이 음식보다, 몸이 의복보다 중요하다

예수님은 제자들에게 염려하지 말아야 할 이유를 여덟 가지 제시하신다. 첫째 이유는 25절에 나온다. "목숨을 위하여 무엇을 먹을까 무엇을 마실까 몸을 위하여 무엇을 입을까 염려하지 말라." 왜? "목숨이 음식보다 중하지 아니하며 몸이 의복보다 중하지 아니하냐?" 이 말씀이 무슨 뜻인가?

왜 우리는 먹을 것과 입을 것에 대해 염려하는가? 먹지 못하고, 입지 못하면 세 가지를 잃을 수 있기 때문이다. 첫째, 먹는 즐거움은 큰 것인데, 맛있는 음식을 못 먹는다면 큰 즐거움을 잃는 것이다. 둘째, 좋은 옷이 없다면 사람들의 칭찬과 부러움의 시선을 잃을 것이다. 셋째, 먹을 것도, 추위를 피할 만한 어떤 것도 없다면 자칫 목숨까지 잃을 수 있다. 그러므로 우리가 먹을 것과 입을 것에 대해 염려하는 것은 육체적 즐거움이나 사람들의 칭찬이나 목숨을 잃고 싶지 않기 때문이다.

예수님은 이러한 두려움에 대해 이렇게 말씀하신다. 너희가 이러한 것들을 염려하는 데 빠져 있으면 삶이 얼마나 대단한 것인지 보지 못한 것이다. 하나님이 우리에게 삶을 주신 주된 목적은 육체적 즐거움을 누리게 하기 위해서가 아니라, 하나님을 기뻐하는 즐거움을 누리게 하기 위해서다 (눅 12:21). 하나님이 우리에게 삶을 주신 주된 목적은 사람들의 인정을 받게 하기 위해서가 아니라, 하나님의 인정을 받게 하기 위해서다(요 5:44). 하나님이 우리에게 삶을 주신 주된 목적은 이 땅에서 장수를 누리게 하기 위해서가 아니라 더 큰 것을, 내세에 하나님과 함께 영생을 누리게 하기 위해서다(요 3:16).

먹을 것과 입을 것에 대해 염려하지 말아야 하는 것은 먹을 것과 입을 것이 삶의 큰 것들을 줄 수 없기 때문이다. 하나님을 기뻐하는 즐거움, 그분의 은혜로운 사랑에 대한 추구, 그분과 함께할 영원에 대한 소망을 주거나 가능하게 할 수 없기 때문이다. 먹을 것과 입을 것에 대해 염려하는 그만큼 하나님 중심의 삶이 갖는 큰 목적들을 보지 못한다.

공중의 새를 보라

예수님은 염려하지 말아야 할 둘째 이유를 마태복음 6장 26절에 제시하신다. "공중의 새를 보라. 심지도 않고 거두지도 않고 창고에 모아들이지도 아니하되 너희 하늘 아버지께서 기르시나니 너희는 이것들보다 귀하지 아니하냐?" 새들은 땅을 파서 벌레를 잡고 나뭇가지와 잎으로 둥지를 짓는다. 그러나 예수님은 이들을 먹이시는 분이 하나님이라고 말씀하신다. 새들은 마치 하나님이 내일은 자신들을 먹이지 않으실 것처럼 염려하면서 먹을 것을 모아 두지 않는다. 이들은 내일 해가 뜨면 하나님은 여전히 하나님이실 것처럼 자신의 일을 한다. 우리도 그렇게 우리의 일을 해야 한다.

우리는 생명을 하루도 연장할 수 없다

염려하지 말아야 할 셋째 이유는 염려는 무익하기 때문이다. "너희 가운데서 누가, 걱정을 해서, 자기 수명을 한 순간인들 늘일 수 있느냐?"(마 6:27, 표준새번역). 염려는 아무런 해결책이 되지 못한다. 아무런 유익 또한 없다. 그 어떤 문제가 우리에게 염려를 안겨 주더라도, 염려한다고 문제를 해결할 수는 없다. 염려는 우리를 비참하게 할 뿐이다. 그러므로 염려하지 말라. 염려는 아무짝에도 쓸모없다.

들의 백합화를 보라

"또 너희가 어찌 의복을 위하여 염려하느냐? 들의 백합화가 어떻게 자라는가 생각하여 보라. 수고도 아니하고 길쌈도 아니하느니라. 그러나 내가 너희에게 말하노니 솔로몬의 모든 영광으로도 입은 것이 이 꽃 하나만 같지 못하였느니라. 오늘 있다가 내일 아궁이에 던져지는 들풀도 하나님이 이렇게 입히시거든 하물며 너희일까보냐? 믿음이 작은 자들아"(마 6:28-30).

예수님의 말씀은 이런 뜻이다. 백합화를 봐라. 수고하거나 길쌈을 할 의지나 본능이 없지만 아름다운 자태와 색깔로 치장하지 않느냐? 너희는 이런 백합화를 보고 적어도 한 가지 깨달음을 얻어야 한다. 하나님이 피조물을 입히고 치장하길 기뻐하신다는 것이다. 그러나 그분이 오늘 있다가 내일 사라질 들풀을 입히고 치장하길 기뻐하신다면 그분의 자녀들을 입히고 치장하길 기뻐하실 게 틀림없다!

그러나 어떤 사람은 이렇게 항변할 것이다. "하나님은 저를 치장하지 않으셨습니다." 또는 "하나님은 많은 빈곤 지역의 가난한 그리스도인들을 치장하지 않으셨습니다." 사실이다. 예수님의 제자들 가운데 솔로몬처럼 옷을 입는 사람은 극소수다. 그러나 우리가 솔로몬처럼 옷을 입는다면 우리의 일을 할 수 없을 것이다. 예수님이 세례 요한에게 하신 말씀을 보자. "너희가 무엇을 보려고 나갔더냐? 부드러운 옷 입은 사람이냐? 보라. 화려

한 옷을 입고 사치하게 지내는 자는 왕궁에 있느니라"(눅 7:25). 세례 요한은 아니다! 그는 선지자의 일을 해야 하며, 따라서 "낙타털 옷을 입고 허리에 가죽 띠를 띠고 음식은 메뚜기와 석청이었더라"(마 3:4). "여자가 낳은 자 중에 세례 요한보다 큰 이가 일어남이 없도다"(마 11:11).

예수님이 약속하신 치장은 화려한 옷이 아닌, 우리에게 필요한 옷을 입을 거라는 뜻이다. 예수님의 제자 가운데 하나님이 맡기신 일을 하는 데 필요한 옷을 입지 않은 사람을 본 적이 있는가?

그러나 한 가지 주의할 것은, 하나님의 부르심에 미치지 못하는 기준으로 그분의 완벽한 공급을 측량하려 해서는 안 된다는 것이다. 그분은 우리에게 왕궁에 살라고 명령하시는 게 아니다. 어떤 희생이 따르더라도 자신의 십자가를 지고 이웃을 사랑하라고 명령하신다. 우리가 우리의 십자가를 지는 일을 마쳤을 때 – 하나님의 뜻이라면 어깨가 찢어지기까지 – 우리 모두를 위해 '왕의 옷'이 준비되어 있을 것이다. 우리의 모든 필요를 채워 주신다는 약속은 우리를 부유하게 하시겠다는 뜻이 아니다. 우리의 생명을 지키시겠다는 뜻도 아니다("너희 중의 몇을 죽이게 하겠고", 눅 21:16). 이것은 우리가 하나님의 뜻을 행하는 데 필요한 모든 것을 우리에게 주시겠다는 뜻이다.마태복음 6:33에 관한 설명을 보라.

하늘 아버지께서 이 모든 것이 너희에게 있어야 할 줄을 아시느니라

예수님의 제자들이 염려하지 말아야 할 다섯째와 여섯째 이유는 마태복음 6장 32절에 나온다. 우리가 먹을 것이나 마실 것이나 입을 것에 대해 염려하지 말아야 하는 것은 "이는 다 이방인들이 구하는 것"이며다섯째 이유, "너희 하늘 아버지께서 이 모든 것이 너희에게 있어야 할 줄을 아시기" 때문이다여섯째 이유. 우리가 세상 것에 대해 염려한다면 세상의 믿지 않는 자들과 다를 게 없다. 이것은 우리가 세상 사람들이 기뻐하는 바로 그것을 기뻐한다는 뜻이다. 또한 하늘에 계신 우리 아버지께서 우리의 필요를 아신다고 생각하지 않는다는 뜻이다. 또는 하나님이 사랑하는 아버지의 마음을 가진 분이라고 생각하지 않는다는 뜻이다. 염려한다는 것은 우리가 세상과 너무 가깝고 하나님과 너무 멀다는 뜻이다. 그러므로 염려하지 말라. 세상이 주는 것 가운데 영원한 것이라고는 없으며, 하늘에 계신 우리 아버지께서는 우리의 필요를 지금도 아시며, 영원히 아신다.

이 모든 것을 너희에게 더하시리라

염려하지 말아야 하는 일곱째 이유는 우리가 먼저 하나님 나라를 구할 때 하나님이 우리를 위해 일하시며 우리의 모든 필요를 공급하시기 때문이다. "너희는 먼저 그의 나라와 그의 의를 구하라 그리하면 이 모든 것을 너희에게 더하시리라"(마 6:33). "이 모든 것"은 우리가 필요하다고 생각하는 모든 것이 아니라, 하나님께서 생각하시는 우리에게 정말로 필요한 모든 것이다. 진정한 필요를 결정하는 것은 우리가 하고 싶은 일이 아니라, 하나님이 우리에게 하라고 명령하시는 일이다. 하나님은 그분의 소명을 성취하는 데 필요한 '모든 것'을 우리에게 주실 것이다.

내일 일은 내일 염려하라

우리가 염려하지 말아야 할 마지막 이유다. "내일 일을 위하여 염려하지 말라. 내일 일은 내일 염려할 것이요 한 날의 괴로움은 그날로 족하니라"(마 6:34). 바꾸어 말하자면, 하나님은 한 날의 즐거움과 고통을 그날의 몫으로 정해 두셨다. 오래된 스웨덴 찬송에 그 뜻이 담겨 있다. 특히 마지막 두 줄을 눈여겨보자.

날마다 숨 쉬는 순간마다 내 앞에 어려운 일 보네
주님 앞에 이 몸을 맡길 때 슬픔 없네 두려움 없네
주님의 자비하신 손길 항상 좋은 것 주시도다
사랑스레 아픔과 기쁨을 수고와 평화와 안식을[2]

하나님이 내일 몫으로 두신 문제를 미리 풀려 하지 말라. 내일 문제를 염려라는 형태로 오늘에 끌어들이지 말라. 하나님은 내일도 우리 하나님이시다. 내일의 문제를 위한 은혜는 내일 주실 것이다. 그 은혜는 오늘 주시는 게 아니다.

예수님은 제자들이 염려하길 원치 않으신다. 예수님은 자신의 백성을 계속 염려에 몰아넣음으로써 자신의 왕국을 견고히 하지 않으신다. 반대로, 마태복음 6장 33절에 따르면, 우리가 덜 염려할수록 삶에서 그분의 왕권이 더 중요해지고 중심에 더 접근하게 된다.

예수님이 자신이 말씀으로 제시하신 이유들이 염려를 극복하는 데 도움이 된다고 믿으신다. 그러므로 우리는 이러한 이유들을 기억하고 우리의 정신적, 정서적 생활의 한 부분으로 삼는 게 합당할 것이다. 마태복음 6장 25-34절을 암송하자. 암송 외에 염려를 막아 줄 여덟 가지 진리를 우리 마음에 새길 방법이 있겠는가?

What JESUS DEMANDS from the WORLD

Demand. 15

사람을 두려워하지 말라

| 너희가 나로 말미암아 총독들과 임금들 앞에 끌려가리니, 이는 그들과 이방인들에게 증거가 되게 하려 하심이라. 너희를 넘겨 줄 때에 어떻게 또는 무엇을 말할까 염려하지 말라. 그때에 너희에게 할 말을 주시리니(마 10:18-19).

| 제자가 그 선생보다, 또는 종이 그 상전보다 높지 못하나니, 제자가 그 선생 같고 종이 그 상전 같으면 족하도다. 집 주인을 바알세불이라 하였거든 하물며 그 집 사람들이랴? 그런즉 그들을 두려워하지 말라. 감추인 것이 드러나지 않을 것이 없고 숨은 것이 알려지지 않을 것이 없느니라. 내가 너희에게 어두운 데서 이르는 것을 광명한 데서 말하며, 너희가 귓속말로 듣는 것을 집 위에서 전파하리. 몸은 죽여도 영혼은 능히 죽이지 못하는 자들을 두려워하지 말고 오직 몸과 영혼을 능히 지옥에 멸하실 수 있는 이를 두려워하라. 참새 두 마리가 한 앗사리온에 팔리지 않느냐? 그러나 너희 아버지께서 허락하지 아니하시면 그 하나도 땅에 떨어지지 아니하리라. 너희에게는 머리털까지 다 세신 바 되었나니, 두려워하지 말라 너희는 많은 참새보다 귀하니라(마 10:24-31).

우리의 모든 필요가 충족되지 않으리라는 두려움을 어느 정도 극복하더라도 진리를 말하기 위해 목숨을 걸어야 한다면 진리를 말하기는 굉장히 두렵다. 예수님은 마태복음 10장 24-31절에서 바로 이 문제를 다루신다. 이것은 특히 우리 시대에 적절한 말씀이다. 왜냐하면 우리 시대는 예수님

에게 절대적으로 충성해야 한다고 주장하는 사람이 아니라면 누구에게라도 점점 더 많은 관용을 베풀기 때문이다.

마태복음 10장 24-31절에서, 예수님의 목적은 어떤 희생이 따르더라도 그분의 진리를 분명하게 공개적으로 말할 용기를 우리에게 주시는 것이다. 마태복음 6장 25-34절에서처럼, 이 단락의 핵심은 세 번 반복되는 두려워하지 말라는 명령에서 분명하게 나타난다. 예수님은 26절에서 "그런즉 그들을 두려워하지 말라"고 말씀하신다. 28절에서는 "몸은 죽여도 영혼은 능히 죽이지 못하는 자들을 두려워하지 말라"고 말씀하신다. 31절에서는 "두려워하지 말라. 너희는 많은 참새보다 귀하니라"고 말씀하신다. 예수님의 목적은 분명하다. 두려워하지 말고 용기를 내라는 것이다. 그렇다면 용기를 내어 무엇을 하라는 말씀인가?

이웃에게 큰소리로 전하라

예수님은 두려움이 위협하고 용기가 촉진하는 매우 구체적인 것을 염두에 두고 계신다. "내가 너희에게 어두운 데서 이르는 것을 광명한 데서 말하며, 너희가 귓속말로 듣는 것을 집 위에서 전파하라. …… 두려워하지 말고"(마 10:27-28).

예수님이 이 단락에서 초점을 맞추시는 두려움은, 말하려는 순간 어려움에 처하게 될 때 분명하게, 공개적으로 말하는 것에 대한 두려움이다. 그러므로 그분의 명령은 이런 것이다. "설령 너희 목숨을 버려야 할지라도 내가 너희에게 가르친 것을 분명하게 공개적으로 말하길 두려워하지 말라." 예수님의 나머지 말씀은 동기부여, 곧 우리가 진리를 전하는 데 용기를 내야 하는 다섯 가지 이유다.

예수님을 비방한 것같이 너희를 비방할 것이다

첫째, 마태복음 10장 26절 맨 앞에 나오는 '그런즉' 또는 '그러므로' 라는 단어에 주목하라. "그런즉그러므로 그들을 두려워하지 말라." 두려워하지 않는 것은 예수님의 말씀 때문이다. "집 주인을 바알세불이라 하였거든 하물며 그 집 사람들이랴."

이 말씀이 우리가 두려워하지 않도록 어떻게 우리를 돕는가? 예수님은 이런 추론을 하고 계시는 것 같다. "너희가 진리를 말하는 것 때문에 받는 핍박은 예상치 못했거나 갑작스럽거나 의미 없는 경험이 아니다. 저들이 내게도 똑같이 했다. 따라서 이것은 너희가 내게 속했다는 표시다. 그러므로 너희가 분명하게 말할 때 저들이 너희를 어떻게 비방하든 두려워하지 말라. 바로 그 비방이 너희와 나를 하나로 이어 주기 때문이다."

감춰진 것은 모두 드러난다

둘째, 같은 26절 중간에 있는 '왜냐하면'(한글 번역에는 없다 – 역주)이라는 단어에 주목하라. "그런즉 그들을 두려워하지 말라. 왜냐하면이것이 두려워하지 말아야 할 둘째 이유다 감추인 것이 드러나지 않을 것이 없고 숨은 것이 알려지지 않을 것이 없느니라." 어떻게 이 말씀이 우리가 두려움을 극복하고 진리를 전하는 데 용기를 내도록 돕는가?

이 말씀은 우리가 말하는 진리가 승리하리라는 확신을 심어 줌으로써 우리를 돕는다. 결국 진리가 옳다고 인정될 것이다. 사람들이 지금은 진리를 거부할 것이다. 진리를 귀신에 속한 것이라고 말할 것이다. 진리를 배척할 것이다. 진리를 묻어 버리고 진리를 세상에 숨긴 채 진리가 없는 척할 것이다. 그러나 예수님은 이렇게 말씀하신다. "담대하게 진리를 전하라. 왜냐하면 모든 진리는 결국 드러나기 때문이다. 모든 실체가 밝혀질 것이다.

진리를 분명하게 공개적으로 말한 사람들이 옳았다고 인정받을 것이다."

두려워 말라, 죽기밖에 더 하겠느냐?

셋째, 예수님은 "두려워 말라. 죽기밖에 더 하겠느냐?"라고 말씀하신다. "몸은 죽여도 영혼은 능히 죽이지 못하는 자들을 두려워하지 말라"(마 10:28).

진리를 말할 때, 대적들이 우리에게 할 수 있는 가장 악한 짓은 우리 몸을 죽이는 것이다. 그러나 우리의 영혼은 전혀 해를 입지 않고 하나님 안에서 영원히 기뻐한다. 하지만 우리가 침묵한다면, 진리의 길을 버리고 사람들의 칭찬과 사랑에 빠진다면, 영혼을 잃을 수 있다. 그러므로 무엇인가를 두려워하고 싶다면, 이것을 두려워하라 '명령 10'을 보라. 사람이 우리에게 할 수 있는 짓은 두려워할 것이 아니다. 사람이 할 수 있는 짓은 우리의 영혼을 천국에 보내는 것뿐이다. 그러므로 두려워하지 말라.

하나님은 머리털까지 다 세신다

넷째, 진리를 말하길 두려워하지 말고, 용기를 내어 공개적으로 분명하게 말하라. 왜냐하면 하나님은 우리가 하는 모든 일에 긴밀하고 친밀한 관심을 보이시기 때문이다.

"너희에게는 머리털까지 다 세신 바 되었나니"(마 10:30).

진리를 말할 때 고난당하는 것은, 하나님이 무관심하시거나 우리의 고통을 잘 모르기 때문이 아니다. 그분은 우리의 머리털 하나하나에 번호를 붙이실 만큼 우리 곁에 가까이 계신다. 두려워하지 말라. 하나님께서 가까이 계신다. 관심의 눈으로 우리를 돌보신다. 용기를 내라. 그리고 어떤 희생이 있더라도 진리를 말하라.

아버지의 뜻이 아니면 참새 한 마리도 떨어지지 않는다

마지막으로, 하나님은 그 어떤 일도 그분의 은혜로운 뜻과 무관하게 우리에게 일어나도록 허락하지 않으신다. 그러므로 두려워하지 말라. "너희는 많은 참새보다 귀하니라." "너희 아버지께서 허락하지 아니하시면 그 하나도 땅에 떨어지지 아니하리라"(마 10:29, 31).

하나님은 새가 땅에 떨어지는 것 같은 가장 작은 사건에 이르기까지 이 세상을 다스리신다. 그러므로 하나님의 뜻이 아니라면 우리에게 그 어떤 해도 미칠 수 없다. 이러한 확신은 지금까지 예수님의 제자들에게 큰 용기를 주었다. 많은 사람들이 헨리 마틴 선교사처럼 말했다. "하나님이 내게 시키실 일이 있다면 나는 죽을 수 없다."[2] 하나님이 맡기신 사명이 끝나기 전에는 우리는 결코 죽지 않는다.

사람의 시선을 두려워하지 말라

예수님의 명령은 유효하므로, 기뻐하며 용기백배하여 그 명령에 순종할 이유가 충분하다. 일상의 평범한 필요를 두고 염려하지 말고, 사람의 위협을 두려워하지 말라. 진리가 짓밟히고 있는데도 가만히 침묵하라고 유혹하는 이 시대의 영에 굴복하지 말라. "내가 세상에 화평을 주러 온 줄로 생각하지 말라 화평이 아니요 검을 주러 왔노라"(막 10:34).

강철 검이 아니라 믿는 모든 자들에게 생명을 주는 진리의 검이다. 그러므로 진리를 사랑하고, 예수님께 귓속으로 듣는 것을 집 위에서 이웃을 향해 크게 외치라. 그리고 그 어떤 사람의 시선도 두려워하지 말라.

What JESUS DEMANDS from the WORLD
Demand. 16

교만과 싸워 자신을 낮추라

| 누구든지 자기를 높이는 자는 낮아지고 누구든지 자기를 낮추는 자는 높아지리라(마 23:12).

| 세리는 멀리 서서 감히 눈을 들어 하늘을 쳐다보지도 못하고 다만 가슴을 치며 이르되, 하나님이여 불쌍히 여기소서. 나는 죄인이로소이다(눅 18:13).

| 심령이 가난한 자는 복이 있나니 천국이 그들의 것임이요(마 5:3).

| 긴 옷을 입고 다니는 것을 원하며 시장에서 문안 받는 것과 회당의 높은 자리와 잔치의 윗자리를 좋아하는 서기관들을 삼가라. …… 그들이 더 엄중한 심판을 받으리라(눅 20:46-47).

| 이와 같이 너희도 명령 받은 것을 다 행한 후에 이르기를 우리는 무익한 종이라 우리가 하여야 할 일을 한 것뿐이라 할지니라(눅 17:10).

예수님이 외식하는 자들에게 격한 말씀을 하신 이유 가운데 하나는 외식의 뿌리는 교만이기 때문이다. 예수님이 교만을 싫어하신다는 것은 그분이 겸손을 자주, 다양하게 명령하신다는 데서 분명히 나타난다.

교만이란 무엇인가?

교만은 정의하기 어렵다. 왜냐하면 교만은 눈에 잘 띄지 않기 때문이다. 교만의 두 형태인 자랑과 자기연민을 비교해 보면 이것을 알 수 있다. 자랑은 교만이 성공에 반응하는 모습이다. 자기연민은 교만이 고난에 반응하는 모습이다. 자랑은 이렇게 말한다. "나는 아주 많은 것을 이루었기 때문에 칭찬받을 자격이 있어." 자기연민은 이렇게 말한다. "나는 아주 많은 것을 희생했기 때문에 칭찬받을 자격이 있어."

자랑은 강한 자의 마음에서 나는 교만의 음성이다. 자기연민은 약한 자의 마음에서 나는 교만의 음성이다. 자랑은 자부심처럼 들린다. 자기연민은 자기 희생처럼 들린다. 자기연민이 교만처럼 안 보이는 것은 뭔가 필요한 게 있는 것처럼 보이기 때문이다. 그러나 필요는 상처 입은 자아에서 비롯되며, 그가 실제로 바라는 것은 사람들이 자신을 힘없는 사람이 아니라 영웅으로 보는 것이다. 자기연민이 느끼는 필요는 자신의 무가치함을 느껴서가 아니라, 자신의 가치를 인정받지 못한다고 느끼는 데서 비롯된다. 갈채 받지 못한 교만이 드러내는 반응인 것이다.[1]

예수님은 교만을 깊이 해부하신다. 그분은 교만의 속과 겉모습을 드러내신다. 교만의 밑바닥에는 자치自治, 공로, 우월감에 대한 기쁨 등이 복잡하게 얽혀 있다. 또는 두운법을 사용하자면 **반항**올바른 통치자이신 하나님에 대한 반항, **공로**지금보다 더 나은 대우를 받을 만한 공로, 그리고 **기쁨**자신이 다른 사람들보다 우월하다는 느낌에 대한 기쁨이 있다. 이 가운데 어느 것도 뚜렷하게 나타나지 않을 수 있다.

사람은 노골적인 반항을 숨기고 수동적으로 반항할 수 있으며, 그러면서도 절대로 자기 뜻을 굽히지 않을 수 있다. 또는 계속해서 자책함으로써 자신을 무가치하게 느끼는 것으로 보이면서도 다른 사람들이 이것을 하나의 덕목으로 인정하지 않는 데 분노를 느낄 수 있다. 또한 스스로 자랑함으로써 또는 자신이 자랑하지 않는 것에 대해 다른 사람들이 자신을 칭찬해 주길 갈망함으로써 자신이 느끼는 우월감에 기쁨을 표현할 수 있다.

스스로 무언가 해냈다는 교만함

예수님은 자신이 지적하실 수 있으며 눈에 보이는 교만의 표현들에 초점을 맞추신다. 누가는 예수님이 자랑하는 바리새인과 가슴을 찢는 세리의 비유를 드신 이유를 들려준다. "자기를 의롭다고 믿고 다른 사람을 멸시하는 자들에게 이 비유로 말씀하시되"(눅 18:9).

이것이 바로 공로 의식이다. 공로 의식이란 자신이 하나님으로부터 좋은 것을 받을 자격이 있다고 느끼는 것이다. 공로 의식은 우리가 다른 사람들보다 우월하다는 자랑과 상통한다. 한 바리새인의 말이다. "하나님이여 나는 다른 사람들 곧 토색, 불의, 간음을 하는 자들과 같지 아니하고 이 세리와도 같지 아니함을 감사하나이다. 나는 이레에 두 번씩 금식하고 또 소득의 십일조를 드리나이다"(눅 18:11-12).

그가 하나님께 감사한다고 해서 그가 우월감에서 기쁨을 느낀다는 사실이 가려지는 것은 아니다. 하나님의 은혜로 더 나은 사람이 되는 데서 느끼는 겸손한 기쁨과 자신이 다른 사람들보다 우월하다는 것을 볼 수 있는 데서 느끼는 교만한 기쁨은 다르다. 교만은 더 거룩해지는 것을 기뻐하는 게 아니라 우월감을 느끼는 능력이 커지는 것을 기뻐한다.

사람의 칭찬을 목말라 한다

우리에게 강한 공로 의식이 없더라도 동일한 결과를 갈망할 수 있다. 사람들의 칭찬을 갈망할 수 있다. 예수님은 우리에게 사람들에게 보이려고 구제하거나 기도하거나 금식을 해서는 안 된다고 경고하신다.

"사람에게 보이려고 그들 앞에서 너희 의를 행하지 않도록 주의하라"(마 6:1).

"너희는 기도할 때에 외식하는 자와 같이 하지 말라. 그들은 사람에게 보이려고 회당과 큰 거리 어귀에 서서 기도하기를 좋아하느니라"(마 6:5).

"금식할 때에 너희는 외식하는 자들과 같이 슬픈 기색을 보이지 말라. 그들은 금식하는 것을 사람에게 보이려고 얼굴을 흉하게 하느니라"(마 6:16).

예수님이 이들을 "외식하는 자"라고 부르시는 것은 이들이 기도와 금식을 통해 마치 자신이 하나님을 귀하게 여기는 것처럼 보이고 싶어 하지만 사실은 사람들의 칭찬을 귀하게 여기기 때문이다. 이것이 교만의 한 형태다. 교만이 갈망하는 칭찬은 경건에 대한 칭찬만이 아니다. 교만은 힘과 부에 대한 칭찬도 갈망한다. 그래서 예수님은 제자들에게 이렇게 말씀하신다. "이방인의 임금들은 그들을 주관하며 그 집권자들은 은인이라 칭함을 받으나 너희는 그렇지 않을지니"(눅 22:25-26).

더 많은 힘과 더 많은 부를 가졌다고 기뻐하지 말라. 다른 사람들 '위에' 있음을 기뻐하는 것은 하나님의 은혜를 겸손히 신뢰하는 데서 나온 게 아니다. 이것은 교만한 마음에서 나온 것이다. 교만이 사람의 칭찬을 받기 위해 사용하는 수단은 수없이 많다. 모임에서 어디에 앉느냐, 시장에서 어떤 자세로 걷느냐, 자기 이름 앞에 어떤 호칭을 붙이느냐도 이런 수단에 속할 것이다. "서기관들과 바리새인들은 잔치의 윗자리와 회당의 높은 자리와 시장에서 문안 받는 것과 사람에게 랍비라 칭함을 받는 것을 좋아하느니라"(마 23:6-7).

여기서 문제는 랍비라 불리고 높은 자리에 앉는 게 잘못이라는 게 아니다. 우리가 무엇을 사랑하느냐는 것이다. 다시 말해, 우리가 필요로 하고 갈망하며 귀하게 여기는 게 무엇이냐는 것이다. 자리와 호칭을 이용해 사람들에게 높임을 받으려는 갈망이 교만을 부추긴다.

교만에는 사랑이 없다

예수님은 교만에는 사랑이 없다는 것을 보여 주신다. 예수님은 "그들의 모든 행위를 사람에게 보이고자 하나니"(마 23:5)라고 말씀하시기 직전에 이렇게 말씀하신다. "무거운 짐을 묶어 사람의 어깨에 지우되 자기는 이것을 한 손가락으로도 움직이려 하지 아니하며"(마 23:4).

이들은 높은 도덕적 기준을 가르치지만 짐을 지고 가는 사람들을 도울 자비나 영적 지혜가 없다. 이들에게는 사랑이 없다. 이것이 놀랄 일이 아닌 데는 두 가지 이유가 있다. 첫째, 교만한 자들은 실제로 다른 사람들이 자신들보다 앞서길 원하지 않는다. 자신이 우월감을 느낄 이유 가운데 하나를 잃어버리기 때문이다. 둘째, 교만한 자들은 실제로 어떻게 하나님의 은혜가 죄인들이 교만해지지 않으면서 거룩의 진보를 이루도록 돕는지 모른다. 이들은 회개한 죄인에게 예수님의 멍에가 얼마나 쉬우며 그분의 짐이 얼마나 가벼운지 보여 주기 위해 손가락 하나도 까딱하려 하지 않는다(마 11:30). 왜냐하면 예수님의 멍에가 쉽고 그분의 짐이 가볍다는 것을 실제로 경험하지 못했기 때문이다. 이들이 지키려고 노력하는 도덕적 의무가 중하기 때문에 이 의무를 다했다는 데 대한 공로 의식과 자랑이 있을 수 있다. 멍에와 짐이 쉽고 가볍다면, 어떻게 자랑할 수 있겠는가?

우리는 무익한 종이다

그러므로 예수님의 가르침에서 겸손과 종의 자세는 매우 밀접한 관련이 있다. 겸손하기 위해서는 종이 되어야 한다. 겸손은 기꺼이 자기를 낮추어 섬기려는 자세로 나타난다. 제자는 심령이 가난한 자에서 어린아이처럼 하나님의 은혜를 신뢰하는 자로, 다시 종의 마음을 갖고 섬기는 자로 성장한다.

예수님의 유명한 팔복에서 첫째가 "심령이 가난한 자는 복이 있나니"이다(마 5:3). 다시 말해, 자신의 내면을 살필 때 공로를 찾지 못하는 사람들이 복이 있다. 이들은 "자기를 의롭다고 믿는"(눅 18:9) 사람들과 반대다. 이들은 자신들에게는 하나님 앞에 내놓을 만한 게 전혀 없음을 안다.

이들은 예수님이 말씀하시는 무익한 종의 자리를 기쁘게 받아들인다.

"이와 같이 너희도 명령 받은 것을 다 행한 후에 이르기를 우리는 무익한 종이라 우리가 하여야 할 일을 한 것뿐이라 할지니라"(눅 17:10).

이 말씀은 심오하다. 또한 교만한 자들을 아주 곤혹스럽게 한다. 예수님은 가장 나쁜 것에서 가장 좋은 것에 이르기까지 그 어떤 순종도 하나님에게 그 어떤 절대적인 명령을 할 자격이 없다고 말씀하신다. 온전히 순종하는 사람이라도 "저는 무익한 종입니다"라고 말해야 한다. "저는 주인께서 제게 상을 주셔야 한다고 생각할 일을 한 적이 없습니다"라고 말해야 한다. 이것도 순종의 한 부분이다. 우리는 하나님에게 좋은 것을 받을 자격이 전혀 없다. 이러한 생각이 겸손의 뿌리다.

한편 마음을 찢은 세리처럼 긍정적으로 표현하자면, 우리가 하나님께 받은 모든 좋은 것은 자비다. 우리가 받을 자격이 없는 것이다.

"하나님이여 불쌍히 여기소서, 나는 죄인이로소이다"(눅 18:13).

"이 사람이 의롭다 하심을 받고 그의 집으로 내려갔느니라"(눅 18:14).

겸손의 기쁨은 자격이 있는 데 있는 게 아니라 자비를 입는 데 있다.

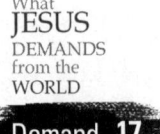

어린아이와 같이 자신을 낮추라

I 진실로 너희에게 이르노니 너희가 돌이켜 어린아이들과 같이 되지 아니하면 결단코 천국에 들어가지 못하리라. 그러므로 누구든지 이 어린아이와 같이 자기를 낮추는 사람이 천국에서 큰 자니라(마 18:3-4).

I 너희 중에 큰 자는 젊은 자와 같고 다스리는 자는 섬기는 자와 같을지니라(눅 22:26).

I 제자가 그 선생보다, 또는 종이 그 상전보다 높지 못하나니 …… 집 주인을 바알세불이라 하였거든 하물며 그 집 사람들이랴? 그런즉 그들을 두려워하지 말라(마 10:24-26).

겸손의 열쇠는 단순히 공로가 없다고 느끼는 게 아니라 값없는 은혜를 느끼는 것이다. 겸손은 단지 "나는 무익한 종입니다"라고 말하는 종과 같지 않고, 아버지의 품에 안겨 쉬는 어린아이와 같다.

"진실로 너희에게 이르노니, 너희가 돌이켜 어린아이들과 같이 되지 아니하면 결단코 천국에 들어가지 못하리라. 그러므로 누구든지 이 어린아이와 같이 자기를 낮추는 사람이 천국에서 큰 자니라"(마 18:3-4).

무익한 종처럼 자신을 낮추고, 신뢰하는 어린아이처럼 자신을 낮추어야 한다.

어린아이와의 비교에서 핵심은 무엇인가? 원문을 자세히 살펴보면, 초점은 주로 세 단어에 집중된다. 겸손과 작은 자들과 믿음이다.

겸손하라

"누구든지 이 어린아이와 같이 자기를 낮추는 사람이 천국에서 큰 자니라"(마 18:4).

'낮추다'로 번역된 헬라어 동사는 예수님 시대에 일반적으로 긍정적인 덕목을 가리키지 않았다. 이 단어는 일반적으로 짓밟다, 끌어내리다, 괴롭히다, 굴욕을 주다, 격하시키다라는 뜻이다.[1] 이런 단어를 쓴 것은 예수님의 명령이 그렇게 낭만적이지 않기 때문이었다. 강하고, 자신감이 있으며, 자립하고, 지적이며, 똑똑하고, 남을 지배하는 사람에게 예수님의 명령은 당혹스러운 것이었다. 예수님은 왜 어린아이에 빗대어 말씀하셨을까? "이들은 힘이 없고 사회적 지위도 낮았기" 때문이다.[2] 예수님은 우리에게 권력과 지위와 자족과 권리와의 애정 행각을 끝내라고 명령하신 것이다.

작은 자들과 같이 돼라

예수님이 어린아이와 같은 제자들을 묘사하기 위해 '작은 자들'이라는 용어를 사용하셨다는 사실이 이것을 뒷받침해 준다. "누구든지 나를 믿는 이 작은 자 가운데 하나를 실족하게 하면 차라리 연자맷돌이 그 목에 달려서 깊은 바다에 빠뜨려지는 것이 나으니라"(마 18:6).

예수님은 신자들을 '작은 자들', 또는 '믿는' 자들이라고 묘사하신다.

두 용어 모두 중요하다. '작은 자들'은 세상이 보기에는 크지 않다. 이들은 강하지 않고, 자립하지 못한다. 대신 '나를 믿는'다. 다시 말해, 이들은 자신이 아니라 예수님을 신뢰한다.

신뢰하라

예수님이 자신의 제자들과 어린아이들을 비교하실 때 주된 초점은 여기에 있을 것이다. 어린아이들은 온갖 약점이 있다. 그러나 정상적이고 건강한 가정에서 아버지가 자신들을 돌볼 거라고 믿는다. 아침에 일어나 끼니를 어떻게 해결할까 걱정하지 않는다. 유모차에 누워 하늘이 어두워지는 것을 보고 초조해하지 않는다. "어린아이들은 본래 낮으며 …… 본능적인 확신에 따라 산다."[3] 어린아이들은 행복하고, 근심이 없으며, 필요한 것은 무엇이든 가질 수 있다고 믿는다. 세상은 어린아이들에게 존경받을 만한 지위를 주지 않는다. 세상은 어린아이들의 성취에 관한 책을 쓰지 않는다. 우리는 어린아이들에게 아무런 책임도 맡기지 않는다. 그러나 어린아이들은 이런 일로 전혀 걱정하지 않는다. 어린아이들은 부모님의 보살핌만으로도 만족한다.

물론, 예수님은 우리에게 어린아이들처럼 비생산적이거나 미숙하라고 명령하시는 게 아니다. 이것은 비교의 핵심이 아니다. 핵심은 자신이 다른 사람들보다 강하거나 똑똑하거나 부유한 것을 사랑해서는 안 된다는 것이다. 다시 말해, 우월감을 느끼면서 기쁨을 찾아서는 안 된다는 것이다. 핵심은 예수님이 우리에게 하라고 하시는 일을 세상이 알아주지 않는다고 시기해서는 안 된다는 것이다. 세상적인 기준이 우리를 낮게 여기거나 심지어 어리석게 여기더라도 초조해해서는 안 된다. 대신 어린아이들이 믿듯이 그렇게 예수님을 '믿어야' 한다. 우리는 예수님에게서 그리고 하늘에 계신 우리 아버지께서 예수님 안에서 우리를 위해 준비해 두신 모든 것에서 안전과 의미와 기쁨을 찾아야 한다 '명령 4'를 보라.

낮음이 종의 정신을 낳는다

예수님은 이러한 심령의 가난과 어린아이와 같은 낮음과 신뢰가 종의 정신과 삶으로 이어진다는 것을 강조하신다. 예수님의 제자들은 천국에서 자신들 가운데 누가 가장 큰지 또는 누가 가장 크게 될 것인지를 놓고 두어 차례 다투었다. 예수님은 매번 이들의 다툼에 답하시면서 동일한 명령을 하셨다. "누구든지 첫째가 되고자 하면 뭇 사람의 끝이 되며 뭇 사람을 섬기는 자가 되어야 하리라"(막 9:35).

때로 예수님은 어린아이를 직접 가리키시며 자신의 요점을 설명하셨다. "누구든지 내 이름으로 이런 어린아이 하나를 영접하면 곧 나를 영접함이요 누구든지 나를 영접하면 나를 영접함이 아니요 나를 보내신 이를 영접함이니라"(눅 9:37).

너희가 기꺼이 탁아방에서 일하고 아이들을 기쁜 마음으로 무릎에 앉힌다면, 너희가 '첫째'가 될 것이라는 말씀이다.

최후의 만찬에서 예수님이 종의 사랑, 곧 섬김의 사랑을 궁극적으로 보여 주는 가운데 목숨을 버릴 준비를 하고 계실 때조차 제자들은 누가 가장 크냐를 놓고 다투었다. 우리 안에도 이러한 모습이 깊이 박혀 있다. "이방인의 임금들은 그들을 주관하며 그 집권자들은 은인이라 칭함을 받으나 너희는 그렇지 않을지니, 너희 중에 큰 자는 젊은 자와 같고 다스리는 자는 섬기는 자와 같을지니라. 앉아서 먹는 자가 크냐 섬기는 자가 크냐? 앉아서 먹는 자가 아니냐? 그러나 나는 섬기는 자로 너희 중에 있노라"(눅 22:25-27).

예수님은 사람들 가운데서 큰 자가 되려는 욕망을 다른 생활방식으로, 겸손한 섬김으로 바꾸신다.

예수님은 어떻게 섬기셨고, 섬기실 것인가?

섬김이란 무엇을 의미하는가? 마태복음 20장 26-28절에서, 예수님은 우리가 다른 사람들을 섬겨야 한다는 그분의 명령과 그분 자신이 우리를 섬기는 것을 연결하시며, 그분의 생각을 보여 주신다. "너희 중에는 그렇지 않아야 하나니 너희 중에 누구든지 크고자 하는 자는 너희를 섬기는 자가 되고, 너희 중에 누구든지 으뜸이 되고자 하는 자는 너희의 종이 되어야 하리라. 인자가 온 것은 섬김을 받으려 함이 아니라 도리어 섬기려 하고 자기 목숨을 많은 사람의 대속물로 주려 함이니라."

섬김에는 자신의 희생이 따르지만 다른 사람들에게는 유익을 주기 위해 사랑으로 무엇인가를 한다는 뜻이다. 놀랍게도 예수님이 하시는 종의 역할은 그분의 지상 생애에서 끝나지 않는다. 그분은 자신의 재림을 큰 능력과 영광이 나타나는 것으로 묘사하실 뿐 아니라(막 13:26) 자신이 또다시 낮은 종의 역할을 하실 시간으로도 묘사하신다. "주인이 와서 깨어 있는 것을 보면 그 종들은 복이 있으리로다. 내가 진실로 너희에게 이르노니 주인이 띠를 띠고 그 종들을 자리에 앉히고 나아와 수종들리라"(눅 12:37).

예수님은 절대로 우리를 섬기는 일을 중단하지 않으실 것이다. 이 말씀을 볼 때, 당신을 사랑하셨고 당신을 위해 자신을 버리셨으며 당신을 사랑하길 결코 중단하지 않으시는 분을 따라 다른 사람들을 섬겨야겠다는 마음이 들지 않는가? 예수님을 따르길 구하는 구원받은 죄인의 마음은 "어떻게 하면 최고의 특권이나 갈채를 받을 수 있을까?"라고 묻지 않는다. 그는 이렇게 묻는다. "내게 어떤 희생이 따르더라도, 어떻게 하면 나의 도움이 필요한 사람들에게 가장 큰 선을 행할 수 있을까?"

예수님이 거듭 "누구든지 자기를 높이는 자는 낮아지고 누구든지 자기를 낮추는 자는 높아지리라"라고 말씀하셨을 때(마 23:12; 눅 14:11, 18:14) 그분은 섬김의 큰 시해자_{자신을 높이는} 교만에게 경고하시고 섬김의 큰 시여자_{그리스도를 의지하는} 겸손를 부르고 계셨다.

상한 심령의 담대함으로 진리를 전하라

우리 시대에 종이 해야 하는 중요 임무 가운데 하나는 상한 심령의 담대함으로 하나님의 진리를 선포하는 것이다. 내가 이것을 말하는 것은 우리 시대의 상대주의 정신 때문에 확신을 갖고 진리를 말하며 사람들에게 진리를 믿으라고 명령하는 것을 겸손하다고 여기지 않는 분위기가 조성되었기 때문이다. 예수님이 천국에 이르는 유일한 길이라는 주장에(요 5:23, 14:6) 대한 전형적인 비난은 이러한 주장이 오만하다는 것이다.

G. K. 체스터톤Chesterton은 1908년에 다음과 같은 글을 쓰면서 이러한 시대가 다가오는 것을 보았다.

> 지금 우리는 자리를 잘못 잡은 겸손 때문에 고통당하고 있다. 겸양은 야망이라는 기관에서 자리를 옮겼다. 겸양은 이제 확신이라는 기관에 자리를 잡았다. 그러나 이곳은 결코 겸양의 자리가 아니었다. 인간은 자신에 관해서는 의심하지만 진리에 대해서는 의심하지 않도록 지음 받았다. 이것이 완전히 거꾸로 되어 버렸다. 요즘 인간이 단언하는 인간의 한 부분—자기 자신—은 인간이 단언해서는 안 될 바로 그 부분이다. 그리고 인간이 의심하는 부분(신이성)은 인간이 의심해서는 안 되는 바로 그 부분이다. …… 새로운 회의론자는 너무나 겸손해서 자신이 배울 수 있는지조차 의심한다. …… 우리 시대 특유의 진정한

겸손이 있다. 그러나 실제로 우리 시대의 겸손은 금욕주의자의 가장 거친 굴복보다 해악이 더 크다. …… 과거의 겸손은 인간이 자신의 노력을 의심하게 만들었으며, 이 때문에 인간은 더 열심히 노력했다. 그러나 새로운 겸손은 인간으로 하여금 자신의 목표를 의심하게 만들며, 이 때문에 인간은 노력 자체를 전혀 하지 않는다. …… 우리는 정신적으로 너무나 겸손해서 구구단조차 믿지 못하는 인간들을 만들어 내고 있다.⁴

겸손이 우리 시대의 상대주의와 일치하지 않는다면, 겸손이란 무엇인가? 우리가 본 장에서 살펴본 내용이 이 질문에 대한 이해를 돕고, 우리가 예수님을 위하며 이웃을 섬기는 가운데 그분이 우리에게 가르치신 것을 어떻게 담대히 전해야 하는가를 깨닫는 데 도움이 되길 바란다. 우리가 앞 장과 본 장에서 살펴본 것을 종합해 볼 때, 겸손에는 적어도 다섯 가지 의미가 담겨 있다.

담대하게 진리를 전파하기 위한 다섯 가지 의미

첫째, 겸손은 예수님 안에서 하나님께 대한 복종 의식을 갖는 데서 시작된다. "제자가 그 선생보다, 또는 종이 그 상전보다 높지 못하나니"(마 10:24). 우리의 확신은 자신을 높이는 데서 나오는 게 아니라 자신의 말씀을 통해 자신을 우리에게 계시하시며 우리에게 그 계시를 전하라고 명령하시는 분에게 복종하는 데서 나온다.

둘째, 겸손은 예수님보다 더 나은 대우를 받을 권리가 있다고 느끼지 않는다. "집 주인을 바알세불이라 하였거든 하물며 그 집 사람들이랴"(마 10:25). 그러므로 겸손은 악을 악으로 갚지 않는다. 겸손은 권리 인식에 기초한 삶이 아니다. 겸손은 희생의 삶이다.

셋째, 겸손은 지배나 논쟁에서의 승리로 자아를 강화하지 말라는 진리를 선포한다. 겸손은 진리를 그리스도에 대한 섬김과 원수에 대한 사랑으로 말한다. "내가 너희에게 어두운 데서 이르는 것을 광명한 데서 말하며 너희가 귓속말로 듣는 것을 집 위에서 전파하라. …… 두려워하지 말라"(마 10:27-28).

넷째, 겸손은 자신이 아는 것과 믿는 것과 말하는 것이 모두 은혜에 달려 있음을 안다. "나를 떠나서는 너희가 아무것도 할 수 없음이라"(요 15:5). 이것은 건방지지도 않고 소심하지도 않은 태도를 낳을 것이다.

다섯째, 겸손은 자신이 잘못할 수 있음을 알며, 따라서 비판에 귀를 기울이고 비판에서 배우지만 하나님이 우리에게 확신을 주셨으며 다른 사람들을 설득하라고 명령하신다는 것도 안다. 예수님은 교회가 제멋대로인 교인을 바로잡을 준비가 되어 있어야 한다고 말씀하셨다(마 18:15-17). 그리고 그분은 우리가 잘못을 범할 수 있고 교정이 필요하다 하더라도 부끄러워하지 말고 담대히 나가 모든 족속으로 제자를 삼고, 예수님이 명하신 모든 것을 하라고 그들에게 말하라고 하셨다(마 28:19-20).

모든 것을 선물로 받기 위한 선물

겸손하라는 명령에 우리가 어떻게 순종해야 하는가에 관한 단락으로 본 장을 마무리하려 한다. 그 해답은 새로운 기술에 있는 게 아니라 회개명령 2, 예수님께 나오는 것명령 3, 예수님을 믿는 것명령 4, 예수님을 사랑하는 것명령 5, 예수님 안에 거하는 것명령 7, 그리고 예수님과 함께 우리의 십자가를 지는 것명령 7에 대해 다룬 앞 장들에 있다. 겸손은 자신을 포기하는 의지를 실천하는 데서 직접적으로 나오는 게 아니다. 왜냐하면 자신의 의지를 포기하는 순간 이것이 성취라는 것을 알게 되며, 따라서 바로 이러한 포기 행위를 자랑스럽게 느끼고 싶은 유혹에 사로잡히기 때문이다. 그렇다면 이러한 덫을 피하려면 어떻게 해야 하는가?

참된 겸손은, 겸손이 우리의 손이 닿지 않는 곳에 있는 선물이라는 것을 안다. 겸손이 노력의 산물이라면, 우리는 본능적으로 겸손을 자랑스럽게 느낄 것이다. 겸손은 모든 것을 감사함으로, 자신을 의식하지 않으면서 선물로 받기 위한 선물이다. 나는 내가 이러한 싸움을 어떻게 싸우는가를 소개함으로써 이 장을 끝낼 수 있을 것 같다. 1988년 12월 6일, 나는 일기장에 다음과 같이 썼다. 이것은 나 자신의 부족에 대한 고백이며, 어떻게 자신을 낮추는가에 대한 나 자신의 대답이다.

하나님을 아주 중히 여기는 데 집중하는 것이 나 자신이 중히 여김을 받는 것을 기뻐하지 않는 가장 효과적인 방법이 아니겠는가? 자기를 부인하고 육을 십자가에 못 박은 것은 필수적이다. 그러나 자기 부인을 중히 여기기가 얼마나 쉬운가! 하나님을 중히 여기는 즐거움이 나의 모든 능력을 쏟아 붓는 것 외에 나 자신이 중히 여김을 받는 것을 기뻐하려는 이 은밀한 욕망을 꺾을 방법이 있겠는가! 기독교 희락주의[5]가 최종 해결책이다. 이것은 자아를 죽이는 것보다 더 심오하다. 육의 무덤 깊이 내려가 하나님의 영광의 맛으로 우리를 황홀하게 하며 참 자유를 주는 기적의 강물을 찾아내야 한다. 자아에 종지부를 찍는 방법은 말없이 모든 것을 만족시키는 그 강물을 맛보는 것뿐이다.

What JESUS DEMANDS from the WORLD

Demand. 18

화내지 말라

> 옛 사람에게 말한 바 살인하지 말라 누구든지 살인하면 심판을 받게 되리라 하였다는 것을 너희가 들었으나 나는 너희에게 이르노니 형제에게 노하는 자마다 심판을 받게 되고 형제를 대하여 라가라 하는 자는 공회에 잡혀가게 되고 미련한 놈이라 하는 자는 지옥불에 들어가게 되리라(마 5:21-22).

예수님은 우리 힘으로는 할 수 없는 것을 우리에게 명령하신다. 그런데 우리는 사랑하라거나 믿으라는 명령에서처럼, 그분의 명령을 단순히 외적 행위나 단순히 의지만 굳으면 된다고 정의함으로써 충분히 실천할 수 있다고 생각한다. 심지어 우리의 감정보다 더 통제하기가 쉽다고 생각한다. 어쩌면 그럴 수도 있다. 그러나 분노의 예를 보자. 예수님은 외적인 살인 행위도 잘못이지만, 한 걸음 더 나아가 그 뒤에 있는 내적 분노도 잘못이라고 말씀하신다. 그러므로 외적 살인뿐 아니라, 나아가 외적 살인 뒤에 있는 내적 분노의 감정까지도 느끼지 말라고 명령하신다.

마음먹고 화를 내는 사람은 없다

무자비하고 잔혹하며 불의하고 난폭한 행위를 보면서 과연 화를 내는 게 좋은 반응인지 깊이 생각해 본 후에 적절한 수준의 분노를 느끼기로 선택하는 게 아니다. 이렇게 사는 사람은 아무도 없다. 화를 내는 것은 순식간이다. 화는 이성적 선택이 아니다. 화를 내는 것은 즉흥적인 경험이다.[1]

어떤 일이 일어나고, 화가 우리 마음에서 일어난다. 어떤 일이 일어날 때 화가 나고 그 화가 어느 정도의 강도로 지속되는 것은 우리가 보는 악과 우리 마음의 상태가 결합하기 때문이다. 그러므로 예수님의 명령은 분노를 표현하지 말라는 게 아니다. 이것이 우리의 의무가 자주 명령하는 것이기는 하지만. 그분은 우리가 굴복해서는 안 되는 화, 그 화에 굴복하지 않는 마음의 깊은 내적 변화를 명령하신다. 그분은 이러한 변화를 새로운 출생명령 1, 회개명령 2, 믿음으로 묘사하셨다명령 4.

그러므로 본 장에서 말하는 화내지 말라는 명령에 관해 말하는 것은 예수님의 다른 여러 가르침에 뿌리가 있다. 그분은 단순히 심리적, 정서적 변화에 관심이 있으신 게 아니다. 예수님은 그분의 구원 사역과 도움을 믿고 사는 거듭난 제자들에게 관심이 있다. 그분이 피를 흘리셨다. 우리는 용서를 경험한다. 그분이 속전을 지불하셨다. 우리는 죄의 정죄와 결박으로부터 자유하게 된다(막 10:45; 요 8:32). 그분이 하나님 나라를 도래시키셨다. 우리는 변화를 일으키는 하나님의 통치를 경험한다(눅 11:20). 그분은 포도나무다. 우리는 가지다. 그분 없이 우리는 아무것도 할 수 없다(요 15:5). 여기에는 화내지 말라는 명령에 대한 순종도 포함된다.

화anger란 무엇인가?

모든 감정은 말보다 먼저 존재하며 말로 표현하기란 참 어렵다. 마찬가지로, 화도 말로 정의하기 어렵다. 그러나 우리는 화를 정의해 보아야 한다. 왜냐하면 똑같이 화라고 불리더라도 실제적으로는 서로 다른 것들이 있는 게 분명하기 때문이다. 화 가운데도 어떤 것은 죄지만 어떤 것은 죄가 아니다. 예를 들면, 마가복음 3장 5절에서 예수님은 자신이 안식에 병자를 고치는 것을 원하지 않는 종교 지도자들에게 화를 내신다. "그들의 마음이 완악함을 탄식하사 노하심으로 그들을 둘러보시고." 그리고 예수님 하나님의 분노를 직접적으로 심판 때의 하나님의 진노로(요 3:36; 눅 21:23) 또는 간접적으로 비유에서 거듭 언급하셨다(마 18:34, 22:7; 눅 14:21).

영어사전은 화를 "강한 불쾌감과 일반적인 반감"으로 정의한다. 하지만 '강한 불쾌감'이라는 어구만으로는 화를 정의하기란 부족하다. 그 이유는 어떤 음식을 먹고 정말 맛이 안 좋으면 강한 불쾌감을 느낄 수는 있지만 그것 때문에 화까지 나지는 않기 때문이다. 불쾌감이 화로 옮겨 가기 위해서는 또 다른 요소가 필요하다. 이런 경우다. 어떤 사람이 일부러 계속해서 끔찍한 음식을 내오는 거라고 생각하는 것이다. 이처럼 화는 일어나서는 안 되는데, 누군가가 의도적으로 일으키는 행위에 불쾌해져 내게 되는 것이다.

물론, 다른 경우에도 화를 낼 때가 있다. 나무 뿌리에 걸려 넘어지면 돌아서서 화를 내고 나무 뿌리를 걷어차기도 할 것이다. 부엌 찬장에 머리를 부딪히면 화를 내면서 찬장을 주먹으로 치기도 할 것이다. 그러나 나중에 화가 가라앉으면 자신의 반응을 되돌아보면서 참 어리석었다고 생각한다. 나무 뿌리와 찬장이 마치 고의로 우리에게 무슨 짓이라도 한 것처럼 자신이 이것들에 의지력을 부여하고 있다는 것을 직관적으로 느낀다.

젊은 조나단 에드워즈가 무생물에는 화를 내지 않기로 결심했던 것도 이 때문이다. 그의 열다섯째 결심이다. "비이성적인 존재에 대해서는 조금이라도 화를 내지 말라."² 그러므로 화와 다른 불쾌한 감정들이 다른 점은, 화는 일어나지 말아야 한다고 생각하는데도 불구하고 의도적으로 일어나는 것에 대한 강한 불쾌감을 포함한다는 것이다.

예수님의 화와 우리의 화

예수님이 이상적인 인간으로서 분노를 느끼고 표현하실 수 있었다면, 그분이 마태복음 5장 22절에서 "형제에게 노하는 자마다 심판을 받게 되고"라고 말씀하시면서 금하신 게 무엇인지 묻지 않을 수 없다. 예수님은 성전에서 채찍을 휘두르시고 환전상들의 상을 엎어 버리셨다(요 2:15; 마 21:12). 그분은 회당에서 분노와 슬픔을 느끼셨다(막 3:5). 서기관들과 바리새인들을 가리켜 "지옥 자식"(마 23:15), "어리석은 맹인들"(마 23:17), "회칠한 무덤"이라고 부르셨다(마 23:17).

예수님은 하나님의 아들이지만 다른 어느 인간도 하나님의 아들이 아니기 때문에 그분만이 화를 내실 수 있다고 생각하지는 않는다. 예수님이 읽으시고 확증하신 성경은(요 10:35; 마 5:18) 옛 사람들의 거룩한 분노를 보여 준다(출 32:19; 민 16:15; 느 5:6; 시 4:4). 나는 오히려 어떤 분노가 좋은 것이고 어떤 분노가 나쁜 것인지 정의하는 데 해결책이 있다고 생각한다. 예수님은 마태복음 5장 22절의 문맥과 다른 여러 말씀에서 우리가 이렇게 하도록 도와주신다. 먼저 그분이 하신 다른 말씀을 살펴보고 그런 후에 마태복음 5장 22절의 문맥을 살펴보도록 하자.

예수님의 가르침에는 분노의 경험이 적절한지 그렇지 않은지 결정하는 다섯 가지 요소가 있다. 다섯 개의 핵심 단어로 묘사할 수 있는데, 이 장에서는 그 가운데 셋, 곧 사랑과 비례와 섭리를 다룰 것이다. 그리고 다음 장에서는 분노와 관련된 자비와 종의 자세에 대해 살펴보기로 하겠다.

사랑과 분노

우리의 분노가 선하려면, 화나게 하는 사람들을 사랑하는 마음을 통해 밖으로 표현되어야 한다. "너희 원수를 사랑하며 너희를 박해하는 자를 위하여 기도하라. …… 너희를 미워하는 자를 선대하며 너희를 저주하는 자를 위하여 축복하며"(마 5:44; 눅 6:27-28).

이러한 명령들은 분노의 성격에 강한 영향을 미친다. 합당한 분노는 우리를 화나게 하는 사람들의 파멸을 기뻐하거나 바라지 않을 것이다. 분노가 선하려면, 반드시 화나게 하는 자들을 축복하며 그들을 위해 기도하고 그들에게 선을 행하라는 명령에 대한 순종의 지배를 받아야 한다.

이것이 분노의 정의이다. 분노가 항상 복수와 앙갚음과 적대감을 포함한다고 생각한다면, 선한 분노라는 정의 자체가 불가능하다. 그러나 경건한 사람들은 분노를 이런 식으로만 경험하지 않는다. 예수님이 분노하셨다는 사실 자체가 선한 분노가 있음을 말해 준다. 그러므로 선한 분노란 사랑의 지배를 받는 분노라고 정의할 수 있는 것이다. 바꾸어 말하자면, 예수님의 도움으로 우리가 누군가에게 화를 내는 동시에 그를 위해 기도하고, 그를 축복하며, 그에게 선을 행할 수 있다고 생각해야 한다. 이러한 분노는 사람들이 한 것에 대한-그리고 이러한 행동의 배경이 된 타락한 마음에 대한-강한 불쾌감일 것이다. 그러나 그와 동시에 사람들의 유익을 바라며 이를 위해 기도하고 일할 것이다. 이러한 분노는 악한 게 아니다.

비례와 분노

예수님은 악에 대한 거룩한 반응이 도덕적 악독의 정도에 비례해야 한다고 가르치신다. 예를 들면, 예수님은 하나님이 더 악한 사람들을 벌하시는 목적을 이런 비유를 들어 설명하신다. "주인의 뜻을 알고도 준비하지 아니하고 그 뜻대로 행하지 아니한 종은 많이 맞을 것이요, 알지 못하고 맞을 일을 행한 종은 적게 맞으리라. 무릇 많이 받은 자에게는 많이 요구할 것이요 많이 맡은 자에게는 많이 달라 할 것이니라"(눅 12:47-48).

악의 정도에 따라 벌이 달라야 하며, 따라서 악에 대한 분노의 반응 정도도 달라야 한다는 것이다. 바꾸어 말하자면, 분노하더라도 우리를 화나게 하는 사람을 사랑하는 마음을 생각하고 더불어 그의 죄의 경중을 신중히 생각하라는 것이다. 분노가 죄의 정도에 비례하지 않는다면 그것은 선하지 않다. 대부분 죄의 크기보다 더 크게 분노한 적이 있다. 아버지가 세 살 난 아들에게 격분하고 그를 무자비하게 때린다면, 이것은 정도에 벗어난 분노를 보여 주는 분명한 예일 것이다.

지나치게 적은 분노도 잘못이기는 마찬가지이지만, 이러한 사실은 그렇게 분명하게 드러나지 않는다. 악을 보고도 분노하지 않는 것이 반드시 잘못된 것은 아니다. 예수님은 형제에게 노하지 말라고 분명히 말씀하신다. 화가 나더라도 참아야 할 상황이 있기 때문이다. 어떻게 이런 일이 가능한지는 잠시 후에 살펴보기로 하겠다. 지금으로서는 화를 내지 않는 데는 좋은 이유뿐 아니라 나쁜 이유도 있다는 것을 말하는 게 더 중요하다. 어떤 사람이 죄의 심각성과 죄가 하나님께 가하는 공격, 그리고 죄가 사람들에게 미칠 수 있는 해를 의식하지 못할 수 있다. 이런 경우, 화를 내지 않는 것은 선한 것이 아니다.

섭리와 분노

예수님이 우리가 악한 분노에서 자유하도록 도우려고 가르치신 가장 큰 진리 가운데 하나는 모든 것을 포함하는 하나님의 섭리에 대한 진리다. 다시 말해, 그분의 자녀들의 유익을 위해 모든 것을 다스리시는 그분의 지혜롭고 주권적인 통치에 관한 진리다. 분노할 것인지 분노한다면 얼마나 분노할 것인지는 하나님의 섭리를 얼마나 신뢰하느냐에 기초해야 한다. 하나님은 우리를 화나게 하는 악을 다스리시며 우리에게 궁극적으로 유익하지 않다면 그 어떤 일도 허락지 않으시리라는 믿음이 있어야 한다.

자신이 부당한 대우를 받거나 사랑하는 사람들이 함부로 대접을 받으면 화가 난다. 예수님은 이러한 위협들을 다루시면서, 우리의 분노가 아니라 두려움을 향해 직접 말씀하셨다. "몸은 죽여도 영혼은 능히 죽이지 못하는 자들을 두려워하지 말고 오직 몸과 영혼을 능히 지옥에 멸하실 수 있는 이를 두려워하라. 참새 두 마리가 한 앗사리온에 팔리지 않느냐? 그러나 너희 아버지께서 허락하지 아니하시면 그 하나도 땅에 떨어지지 아니하리라. 너희에게는 머리털까지 다 세신 바 되었나니 두려워하지 말라. 너희는 많은 참새보다 귀하니라"(마 10:28-31).

첫째 요점은 삶의 가장 작은 부분이라도 하나님이 다스리신다는 것이다. 그분의 뜻이 아니면 새 한 마리도 땅에 떨어지지 않는다. 둘째 요점은 하나님은 가까이 계시며 우리 상황을 완전히 알고 계신다는 것이다. 그분은 우리의 머리털까지 다 세신다. 그러므로 우리에게 일어나는 일 가운데 하나님의 지혜롭고 사랑이 넘치는 섭리와 무관한 것은 아무것도 없다. 두려워 말라. 하나님이 우리의 삶을 보살피신다고 믿는 확신과 모순되게 화를 내지 말라. 물론 화를 치밀어오르게 하는 환경이 있을 수 있다. 그러나 하나님의 섭리를 믿기에, 이런 환경을 전혀 다른 방식으로 경험해야 한다.

예수님은 장차 제자들에게 어떤 일이 닥칠지 예언하시면서 이렇게 말씀하셨다. "심지어 부모와 형제와 친척과 벗이 너희를 넘겨주어 너희 중의 몇을 죽이게 하겠고, 또 너희가 내 이름으로 말미암아 모든 사람에게 미움을 받을 것이나 너희 머리털 하나도 상하지 아니하리라"(눅 21:16-18).

말씀에 따르면, 만약 우리가 그리스도를 위해 죽임을 당할지라도 우리는 완전히 안전할 것이다. 하나님의 선한 목적이 이루어지도록, 하나님의 섭리는 우리에게 닥치는 모든 악을 다스릴 것이다. 또한 우리가 분노를 경험하는 방식에 영향을 미칠 것이다. 악이 행해지지만 결코 승리하지 못하며, 결국 하나님의 숨겨진 계획에 힘을 보태게 될 것이다. 화를 내더라도 이러한 확신이 우리의 분노에서 비통함이나 독기나 적대감을 없애 줄 것이다.

핍박 가운데 기뻐하라

하나님의 섭리가 분노의 강력한 영향을 어떻게 제압하는지 가장 분명하게 보여 주는 예 가운데 하나는 부당하게 핍박받을 때 기뻐하라는 예수님의 명령이다. "나로 말미암아 너희를 욕하고 박해하고 거짓으로 너희를 거슬러 모든 악한 말을 할 때에는 너희에게 복이 있나니 기뻐하고 즐거워하라. 하늘에서 너희의 상이 큼이라. 너희 전에 있던 선지자들도 이같이 박해하였느니라"(마 5:11-12).

이런 부당한 대우보다 우리를 더 화나게 하는 것은 거의 없을 것이다. 우리는 이러한 욕설과 핍박에 상처받을 뿐 아니라 예수님은 이러한 대우가 '악하고', '거짓되다'고 말씀하신다.

그러나 예수님은 이러한 분노의 감정을 완전히 바꿔 버리신다. 그분은 "합당하게 분노하라"거나 "너희의 분노를 다스리라"고 말씀하시는 게 아니라 가장 상상하기 힘든 말씀을 하신다. "기뻐하고 즐거워하라." 누가복음 6장 23절의 말씀은 훨씬 더 심하다. "그날에 기뻐하고 뛰놀라"고 말씀하신다. 이 명령은 부당한 박해에 대한 분노에 영향을 미치지 않을 수 없다. 우리가 불의한 대우에도 기뻐한다면 불의한 대우에 대한 우리의 분노가 바뀌지 않을 수 없다.

기뻐한다는 것은 부당한 대우를 인정한다는 뜻이 아니다. 더 이상 우리가 받는 대우가 부당하다고 생각하지 않는다는 뜻이 아니다. 또한 분노라는 것 자체가 없다는 뜻도 아닐 것이다. 어떤 거룩한 분노-강한 감정적 반대-는 기쁨과 정서적으로 양립할 수 있다. 하나님의 형상으로 창조된 인간의 영혼은 이렇게 복잡하다. 우리는 예수님이 하나님에 관해 우리에게 가르쳐 주신 모든 것에서, 하나님도 분노하는 동시에 기뻐하신다는 것을 안다. 왜냐하면 그분은 모든 악과 모든 선을 동시에 완전하게 보시고 완전하게 반응하시기 때문이다.[3]

우리가 핍박 가운데서 기뻐할 수 있는 것은 하나님의 섭리 때문이다. 아버지의 뜻이 아니면 새 한 마리도 떨어지지 않을 것이다. 섭리가 당신의 고난을 지배한다. 그리고 "하늘에서 너희 상이 큼이라." 예수님이 우리가 핍박을 당할 때 분노하는 게 아니라 기뻐할 수 있다고 말씀하시는 것도 바로 이 때문이다. "기뻐하고 즐거워하라. 하늘에서 너희의 상이 큼이라"(마 5:12). 그러므로 선한 분노는 전혀 지혜롭고, 전능하며, 자비로운 하나님의 섭리에 대한 믿음의 지배를 받는다.

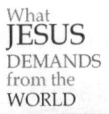

먼저 자신의 들보를 빼고 용서하라

| 그때에 베드로가 나아와 이르되, 주여 형제가 내게 죄를 범하면 몇 번이나 용서하여 주리이까? 일곱 번까지 하오리이까? 예수께서 이르시되 네게 이르노니 일곱 번뿐 아니라 일곱 번을 일흔 번까지라도 할지니라(마 18:21-22).

| 먼저 네 눈 속에서 들보를 빼어라. 그 후에야 밝히 보고 형제의 눈 속에서 티를 빼리라(마 7:5).

자비와 분노

분노는, 우리를 돌보시며 장차 우리에게 상을 주시겠다고 확증하시는 하나님의 섭리에 영향을 받는다. 또한 우리가 죄를 용서 받은 것은 엄청난 자비 때문이라는 진심 어린 기억의 지배를 받는다. 예수님은 우리가 용서 받은 중죄인이라는 것을 인식하고 살면, 삶에서 불의한 분노의 힘을 꺾을 수 있다고 가르치신다. 제자들이 얼마나 자주 용서해야 하느냐고 물었을 때 이에 대해 설명하신다.

어떤 사람이 한 번이 아니라 거듭거듭 죄를 짓는다고 생각해 보자. 이보다 더 화나는 일이 어디 있겠는가? 그래서 베드로가 예수님께 말했다. "주여, 형제가 내게 죄를 범하면 몇 번이나 용서하여 주리이까? 일곱 번까지 하오리이까?" 예수님은 "일곱 번뿐 아니라 일곱 번을 일흔 번까지라도 할지니라"고 대답하셨다(마 18:21-22). 어떻게 우리에게 상처를 주는 사람을 몇 백 번이나 용서할 수 있을까?

예수님은 천국 비유로 대답하시는데, 그분의 비유는 천국이 용서하는 능력과 얼마나 밀접한 관련이 있는지 보여 준다. 예수님은 베드로를 비롯해 들을 수 있는 자들에게 말씀하신다. "그러므로 천국은 그 종들과 결산하려 하던 어떤 임금과 같으니"(마 18:23).

용서는 단순히 인간관계를 관리하기 위한 심리적 기술에 불과한 것이 아니다. 용서는 하나님의 일이며, 예수님이 그분의 피로 이루시리라고 말씀하신 용서의 열매다(마 26:28).

어떻게 일곱 번을 일흔 번까지 용서할 수 있는가?

비유의 내용은 이렇다. 어떤 왕이 있는데 한 종이 그에게 만 달란트라는 엄청난 금액을 빚졌다(마 18:24). "이것이 엄청난 금액이었다는 것은 헤롯 왕의 1년 세수가 900달란트 정도였고, 갈릴리와 베뢰아 요단강 건너편가 BC 4년에 200달란트의 세금을 거두었다는 사실에서 알 수 있다."[1] 그러므로 이 금액은 의도적으로 과장했을 수도 있고, 또는 이 종은 왕의 금고에서 오랜 세월에 걸쳐 엄청난 금액을 횡령할 수 있을 만큼 높은 지위에 있었던 것으로 보인다.

왕은 종과 그의 가족을 팔아 버리겠다고 위협했다. 그러나 "그 종이 엎드려 절하며 이르되 내게 참으소서 다 갚으리이다 하거늘 그 종의 주인이 불쌍히 여겨 놓아 보내며 그 빚을 탕감하여 주었"다(마 18:26-27). 빚의 크기만큼이나 엄청난 용서였다. 이것이 핵심이다. 예수님은, 죄란 갚을 수 없는 빚이라는 것을 우리가 깨닫길 원하신다. 우리는 결코 그 빚을 갚을 수 없다. 결코 하나님과 셈을 할 수 없다. 아무리 많은 참회나 선행이나 사과로도 우리가 지은 죄로 하나님께 안긴 불명예의 빚을 갚을 수 없다.

그러나 종은 이러한 용서를 있는 그대로 받아들이지 않았다. 다시 말해, 그는 이러한 용서를 너무나 놀랍고, 자신은 받을 자격이 없으며, 자신의 마음을 겸손하게 하며 자신의 마음에 자비를 일깨우는 그런 용서로 받아들이지 않았다. 예수님은 종이 감사의 말을 했거나 놀라움을 표현했다고 말씀하지 않으신다. 단지 그 뒤에 일어난 이해할 수 없는 사건을 들려주신다. "그 종이 나가서 자기에게 백 데나리온 한 데나리온은 노동자 하루 품삯이다 빚진 동료 한 사람을 만나 붙들어 목을 잡고 이르되 빚을 갚으라 하매 그 동료가 엎드려 간구하여 이르되 나에게 참아 주소서 갚으리이다 하되 허락하지 아니하고 이에 가서 그가 빚을 갚도록 옥에 가두거늘"(마 28:30).

그는 왕에게서 '용서' 받았지만, 변화되지는 못했다. 왕은 이 소식을 듣고 분노했다. 왕이 자신에게 빚을 탕감 받은 종을 다시 불러 말했다. "악한 종아, 네가 빌기에 내가 네 빚을 전부 탕감하여 주었거늘 내가 너를 불쌍히 여김과 같이 너도 네 동료를 불쌍히 여김이 마땅하지 아니하냐?" 왕이 마침내 "그 빚을 다 갚도록 그를 옥졸들에게 넘기니라"(마 17:32-33).

이 비유의 핵심은 스스로 제자라고 주장하는 사람이 용서의 선물을 있는 그대로 받아들이지 않았다면, 하나님은 그 사람을 구원할 의무가 없다는 것이다. 예수님에게 용서를 받았다고 주장하지만, 우리 스스로 다른 사람들을 용서하지 않는다면 하나님의 용서도 없다(참조. 마 6:14-15; 막 11:25).[2]

"너희가 각각 마음으로부터 형제를 용서하지 아니하면 나의 하늘 아버지께서도 너희에게 이와 같이 하시리라"(마 18:35).

기억하라. 이 비유를 하신 것은 베드로가 일곱 번을 일흔 번까지라도 용서하라는 예수님의 명령을 다루도록 돕기 위해서였다(마 18:22). 누군가 백 번 해를 끼쳐 분노가 일더라도 스스로 다스려야 한다. 예수님은 우리가 탕감 받은 빚이 사람들이 우리에게 한 모든 잘못보다 훨씬 더 크다는 놀라운 사실을 인식하고 사는 것이 해결책이라고 말씀하신다.

우리는 하나님께 일곱 번을 일흔 번도 넘게 죄를 지었다. 그럼에도 불구하고 우리를 향한 하나님의 분노는 말끔히 제거되었다. 이러한 사실을 깊이 깨달아 상한 마음을 회개함으로써 넘치는 기쁨을 얻을 수 있다. 이 기쁨은 곧 우리의 분노를 지배한다. 이렇게 겸손한 마음에서 나오는 분노가 바로 '선한 분노'이다.

"먼저 네 눈 속에서 들보를 빼어라"

분노를 표현하는 방법 가운데 하나는 다른 사람들을 판단하는 것이다. 예수님은 판단에 대하여 한 가지를 명령하셨다.

"비판을 받지 아니하려거든 비판하지 말라. 너희가 비판하는 그 비판으로 너희가 비판을 받을 것이요 너희가 헤아리는 그 헤아림으로 너희가 헤아림을 받을 것이니라. 어찌하여 형제의 눈 속에 있는 티는 보고 네 눈 속에 있는 들보는 깨닫지 못하느냐? 보라 네 눈 속에 들보가 있는데 어찌하여 형제에게 말하기를 나로 네 눈 속에 있는 티를 빼게 하라 하겠느냐? 외식하는 자여, 먼저 네 눈 속에서 들보를 빼어라. 그 후에야 밝히 보고 형제의 눈 속에서 티를 빼리라"(마 7:1-5).

비판하지 판단하지 말라는 명령은 화내지 말라는 명령만큼이나 절대적인 것으로 들린다. "비판을 받지 아니하려거든 비판하지 말라." 그러나 그 다음 명령은 나쁜 비판이 있는가 하면 꼭 필요하고 좋은 비판도 있음을 보여 준다. 예수님은 "먼저 네 눈 속에서 들보를 빼어라. 그 후에야 밝히 보고 형제의 눈 속에서 티를 빼리라"고 말씀하셨다. 즉 형제의 눈 속에 있는 티는 판단할 줄 알아야 한다는 말씀이다. 그런데 이처럼 친절하고 치유하는 판단이 '비판'이 되어 버린 까닭은, 우리가 자신의 눈 속에 있는 들보를 보지 못하기 때문이다.

자신이 용서 받은 '들보 같은 빚'을 인식하고 살지 못함으로써 형제의 '티 같은 빚'을 기꺼이 탕감해 주지 못하는 용서하지 않는 종의 모습이 이와 같다. 예수님은 우리가 우리 눈 속의 들보를 보아야 그것을 제거할 수 있다고 하신다. 다시 말해, 어떻게 예수님에게서 용서 받고 도움을 받을지 안다는 것이다. 그렇지 않고는 형제의 눈에서 티를 제거하는 세밀한 과정은 일어날 수 없다. 우리 눈에 여전히 들보가 있는데, 어떻게 형제의 눈 수술을 사랑으로 할 수 있겠는가!

그러므로 비판에 관한 예수님의 말씀에서 핵심은, 비판주의의 분노를 깨는 방법을 우리에게 보여 주는 것이다. 우리는 자신이 큰 죄인이라는 의식과 오직 예수님만이 용서와 치유를 통해 우리 눈에서 들보를 제거하실 수 있음을 안다.

이러한 인식은 분노의 비판을 인내와 사랑의 관용과 섬세한 교정으로 바꿔 놓는다. 사랑하는 사람들이 눈의 티 때문에 괴로워하는 모습을 보면 마음이 아프고, 가슴 한켠에 선한 분노가 일어날 것이다. 선한 분노는 자비로운 마음의 지배를 받는다.

종의 자세와 분노

누군가 상처를 줄 때도 그렇지만, 다른 사람이 무엇을 하라고 지시할 때도 불끈 화가 난다. 특히 그 일을 정말 하기 싫을 때면 더욱 그러하다. 이러한 분노는 종의 자세에 대한 이해가 부족하기 때문이다. 그러나 예수님은 어떠하셨는가? 그분은 몸소 종의 자세를 갖추셨다명령 17.

예수님의 제자라는 사실에서 중심이 되는 것은 자기를 부인하고 자기 십자가를 지려는 의지다. "누구든지 나를 따라오려거든 자기를 부인하고 자기 십자가를 지고 나를 따를 것이니라"(마 16:24).

예수님은 그분의 백성을 위해 죽으려고 십자가로 향하신다. 그분은 우리에게도 함께 가자고 명령하신다. 필요하다면 다른 사람들을 위해 죽으라고 명령하신다. 예수님을 따르기로 했기에 그 어떤 고난도 기꺼이 받을 수 있다. 이것이 바로 종의 정신이다. 예수님은 이것을 표현하기 위해 "모든 사람의 종"이라는 놀라운 표현을 사용하셨다. 그분은 이렇게 말씀하셨다. "너희 중에 누구든지 으뜸이 되고자 하는 자는 모든 사람의 종이 되어야 하리라. 인자가 온 것은 섬김을 받으려 함이 아니라 도리어 섬기려 하고 자기 목숨을 많은 사람의 대속물로 주려 함이니라"(막 10:44-45).

예수님의 말씀은 그분을 따르는 것이 꺼림칙하고 즐거울 게 없는 일이라는 뜻이 아니다. "내가 이것을 너희에게 이름은 내 기쁨이 너희 안에 있어 너희 기쁨을 충만하게 하려 함이라"(요 15:11).

1520년, 마틴 루터는 다음과 같이 말할 때 크리스천 '종'의 즐거운 마음을 잘 표현했다. "그리스도인은 전적으로 자유로운 만물의 주인이며 아무에게도 예속되지 않는다.[3] 그리스도인은 전적으로 충실한 만물의 종이며, 모두에게 예속된다."[4] 우리는 우리 자신의 것이 아니고, 예수님의 것이다. 우리는 그분이 하라고 하시는 것을 한다. 그분에게서 "너희는 나를 불러 주여 주여 하면서도 어찌하여 내가 말하는 것을 행하지 아니하느냐?"라는 말씀을 듣지 않기 위해서다(눅 6:46).

이러한 복종의 정신은 분노의 경험을 바꿔 놓는다. 우리가 "모든 사람의 종"으로서 자신이 계획하지 않은 일을 하도록 명령받는 감정적인 경험은 자신이 만물의 주인이라고 생각할 때 하는 동일한 경험과 같지 않다. 예수님을 위해, 종은 다른 사람들의 유익을 도모하길 기뻐한다. 그는 자신의 주인과 함께 이렇게 말한다. "나의 양식은 나를 보내신 이의 뜻을 행하며 그의 일을 온전히 이루는 이것이니라"(요 4:34). 우리가 보냄을 받은 것은 섬기기 위해서다. 선한 분노는 우리가 다른 사람들을, 섬김을 받을 자격조차 없는 사람들을 섬길 때 예수님이 주시는 만족으로 기뻐하게 된다.

예수님이 금하시는 분노는 어떤 것인가?

노하지 말라는 예수님의 명령으로 돌아가 보자. "옛 사람에게 말한 바 살인하지 말라 누구든지 살인하면 심판을 받게 되리라 하였다는 것을 너희가 들었으나 나는 너희에게 이르노니 형제에게 노하는 자마다 심판을 받게 되고"(마 5:21-22).

여기서 예수님이 금하시는 분노는 살인의 배후가 되는 분노일 것이다. 살인하지 말라는 명령을 강화하시는 것이다. 그분은 살인 행위 자체뿐 아니라, 그 뒤에 있는 감정도 심판 받아 마땅하다고 지적하신다. 모든 분노를 금하시는 게 아니라 살인으로 이어지는 분노를 금하시는 것이다.

노하지 말라는 예수님의 명령이 여기에 초점을 맞추며, 이것은 그 다음에 나오는 두 가지 예에서 확인할 수 있다. "형제를 대하여 라가라 하는 자는 공회에 잡혀가게 되고, 미련한 놈이라 하는 자는 지옥불에 들어가게 되리라"(마 5:22). 이것들은 단순히 내적 분노를 가리키는 게 아니라 외적 행위를 가리킨다. 이것이 바로 예수님이 염두에 두신 분노다. 예수님이 꾸짖으시는 분노는, 살인이나 욕설로 자신을 표현하려는 경멸이나 적대 감정을 포함하는 강력한 불쾌감이다. 그분은 이와 같은 모든 분노를 금하신다. 그러나 이것은 예수님이 모든 분노를, 특히 자신의 분노를(막 3:5) 꾸짖으실 거라는 뜻은 아니다. 그분의 모든 다른 가르침이, 특히 우리가 사랑과 비례와 섭리와 자비와 종의 자세라는 제목하에 다른 가르침이 우리의 분노가 정당한지 분별하도록 우리를 이끌어 준다.

포도나무는 분노를 달래는 자원이다

노하지 말라는 명령은 급진적이며 강력하다. 이 명령은 우리가 스스로를 구원할 수 없다는 사실을 직시하게 한다. 예수님의 명령은 우리가 스스로의 힘으로 할 수 있는 게 아니다. 화를 내는 것은 우리가 하는 선택이 아니다. 이것은 우리 삶의 가지에서 열리는 열매다. 이것이 문제다. 우리는 어떤 포도나무의 일부인가? 우리는 누구의 열매를 맺을 것인가? 그러므로 노하지 말라는 예수님의 명령은 우리의 포도나무이신 그분 안에 거하라는 명령이기도 하다. "그가 내 안에, 내가 그 안에 거하면 사람이 열매를 많이 맺나니 나를 떠나서는 너희가 아무것도 할 수 없음이라"(요 15:5).

너희는 가서 모든 족속으로 제자를 삼아 아버지와 아들과 성령의 이름으로 세례를 주고 내가 너희에게 분부한 모든 것을 가르쳐 지키게 하라(마 28:19-20)

What JESUS DEMANDS from the WORLD 2

예수님을 믿어 외롭다 참을 받아라 | 하늘에 계신 내 아버지의 뜻을 생각하라 | 좁은 문으로 들어가 승리하라 | 좁은 문으로 들어가 깨어 있으라 | 좋은 두호로 들어가 하나님 나라 안에 거하라 | 바리새인처럼 외식하지 말라 | 하와 같이 깨끗이 하라 | 정결한 마음을 품으라 | 원수를 진리로 인도하라 | 원수를 위하여 기도하라 | 원수에게 선을 행하며 구하는 자에게 주라 | 하나님의 자녀임을 보여 주라 | 네 이웃을 사랑하라 | 네 자신같이 사랑하라 | 예수님이 사랑하신 것같이 서로 사랑하라 | 희생적으로 후하게 주라 | 보화를 하늘에 쌓아 두라 | 하나님 나라를 위해 배우라 | 진리를 소중히 여기고 맹세하지 말라 | 맹세하지 말고 "예 나 아니오"만 하라 | 성경적으로 사랑하라 | 하나님이 짝 지어 주신 것을 사랑하라 | 누가 못살지니라 죽을 때까지 은혜로 함께 살라 | 하나님의 것은 하나님께 바치라 | 가이사의 것은 가이사에게 바치라 | 예수님의 교회가 되게 하라 | 제자들에게 세례를 주고 주의 만찬을 먹어라 | 너희 빛을 세상에 비추라 | 너희 착한 행실로 하나님께 영광을 돌리게 하라 | 모든 민족을 제자로 삼으라 | 세상 끝까지 때가 찰 때까지 증거하라

행동 명령 – 기쁨을 드러내라

What JESUS DEMANDS from the WORLD

Demand. 20

예수님을 믿어 의롭다 함을 받아라

| 나더러 주여 주여 하는 자마다 다 천국에 들어갈 것이 아니요 다만 하늘에 계신 내 아버지의 뜻대로 행하는 자라야 들어가리라(마 7:21).

| 네가 생명에 들어가려면 계명들을 지키라(마 19:17).

| 세리는 멀리 서서 감히 눈을 들어 하늘을 쳐다보지도 못하고 다만 가슴을 치며 이르되 하나님이여 불쌍히 여기소서 나는 죄인이로소이다 하였느니라. 내가 너희에게 이르노니 이에 저 바리새인이 아니고 이 사람이 의롭다 하심을 받고 그의 집으로 내려갔느니라. 무릇 자기를 높이는 자는 낮아지고 자기를 낮추는 자는 높아지리라(눅 18:13-14)

겉으로만 율법을 지키는 척하지 말라

어느 부자가 예수님께 물었다. "선한 선생님이여, 내가 무엇을 하여야 영생을 얻으리이까?"(막 10:17). 예수님은 그의 질문에 두 단계로 답하셨다. 첫째, "네가 계명을 아나니 살인하지 말라, 간음하지 말라, 도둑질하지 말라, 거짓 증언하지 말라, 속여 빼앗지 말라, 네 부모를 공경하라 하였느니라"(막 10:19). 예수님은 영생과 하나님의 율법을 지키는 것을 연결하셨다. "네가 생명에 들어가려면 계명들을 지키라"(마 19:17).

부자는 이렇게 답했다. "선생님이여, 이것은 내가 어려서부터 다 지켰나이다"(막 10:20). 사실이었을까? 어느 정도는 사실이었다. 그는 외적으로 하나님의 율법에 어긋나는 행위를 전혀 하지 않았을 것이다. 그러나 그의 마음은 어떠했을까? 예수님은 다른 곳에서 이렇게 말씀하셨다. "너희 의가 서기관과 바리새인보다 더 낫지 못하면 결코 천국에 들어가지 못하리라"(마 5:20). 이처럼 율법을 엄격히 지키는 사람의 문제는 외적인 것에만 초점을 맞춘다는 것이다. "화 있을진저 외식하는 서기관들과 바리새인들이여, 잔과 대접의 겉은 깨끗이 하되 그 안에는 탐욕과 방탕으로 가득하게 하는도다"(마 23:25).

이 부자도 이와 같았는가? 부자의 질문에 대한 예수님의 대답에서 둘째 단계는 그의 마음에 있는 심각한 문제를 드러낸다. 예수님은 이렇게 말씀하셨다. "네게 아직도 한 가지 부족한 것이 있으니 가서 네게 있는 것을 다 팔아 가난한 자들에게 주라. 그리하면 하늘에서 보화가 네게 있으리라. 그리고 와서 나를 따르라"(막 10:21).

깜짝 놀랄 대답이다. 예수님은 부자에게 '한 가지'가 부족하다고 말씀하실 뿐이다. 아마도 그에게 그 한 가지가 있다면 그는 완전할 것이다. 사실, 마태복음은 예수님의 말씀을 이런 식으로 기록한다. "네가 온전하고자 할진대 가서 네 소유를 팔아 가난한 자들에게 주라. 그리하면 하늘에서 보화가 네게 있으리라 그리고 와서 나를 따르라"(마 19:21).

그러므로 그는 완전하지 않다. 그는 하나님의 율법을 완벽하게 지키지 않았다. 그러므로 그는 자신에게 부족한 '한 가지'를 채우지 않으면 영생을 얻지 못할 것이다.

"네게 아직도 한 가지 부족한 것이 있으니"

그렇다면 이 '한 가지'는 무엇인가? 세 항목으로 볼 수 있다. '네 소유를 팔아라. 그것을 가난한 자들에게 주라. 나를 따르라'. 어떻게 이 세 가지 명령이 실제로 하나가 될 수 있는가? 바로 다음과 같이 요약할 수 있기 때문이다. "네 소유에 대한 애착이 나에 대한 애착으로 바뀌어야 한다."

마치 이 사람이 손에 돈을 움켜쥐고 서 있는데 예수님이 "네게 한 가지 부족한 것이 있으니 네 손을 내밀어 내 손을 잡아라"라고 말씀하시는 것 같다. 그가 그렇게 하려면 자신의 손을 펴고 재물을 내려놓아야 한다. 그러나 '한 가지'는 그의 손에서 떨어지는 게 아니라 그가 손에 쥐는 것이다.

한 사람이 예수님을 재물보다 소중히 할 때 가난한 사람들이 언제나 수혜자다. 예수님이 가난한 자들을 언급하시는 것도 이 때문이다. 그러나 핵심은 이 사람과 예수님 사이에 일어나는 일이다.

"네게 한 가지 부족한 게 있다. 네게는 내가 없다. 더 이상 재물을 소중히 여기지 말고 이제부터는 나를 소중히 여겨라. 영생을 얻고 싶지 않느냐? 천국에 들어가길 원하지 않느냐? 내가 곧 천국의 보화다. 네게 천국 보화가 있으려면 반드시 내가 네게 있어야 한다. 네가 지금 나보다 재물을 소중히 여긴다면 천국에 들어가지 못할 것이다. 내가 천국의 보화다. 네가 지금 재물보다 나를 더 소중히 여긴다면, '천국에서 네게 보화가 있을 것이다.' 내가 그곳에 있을 것이다. 너는 내게 애착을 가져야만 영생을 얻을 것이다. 다른 방법은 없다. 네가 완전하길 원한다면 이것이 하나님 나라에 들어가는 유일한 길이다. 나를 따르라."

예수님을 통해 완전해진다

참으로 중요한 교훈이다. 예수님은 하나님의 율법을 가벼이 여기지 않으신다. 계명 또한 지켜야 한다고 말씀하신다. "너희가 계명을 지키는 것에만 의존한다면 영생을 얻지 못할 것이다. 항상 뭔가 부족할 것이다." 율법의 기준은 완전하다. "그러므로 하늘에 계신 너희 아버지의 온전하심과 같이 너희도 온전하라perfect"(마 5:48). 예수님은 이 기준을 낮추지 않으신다. 대신 온 세상에 이 기준을 명령하신다. 이어서 기준을 제시하시면서 여기에 자신을 덧붙이신다. "네가 온전하고자 할진대 …… 와서 나를 따르라." 예수님만이 완전한 순종에 이르는 유일한 길이다. 그리고 영생은 완전한 순종을 명령한다.

어떻게 예수님이 완전에 이르는 길인가? 역사를 통해 얻을 수 있는 한 가지 대답은 예수님 자신이 우리의 완전이시라는 것이다. 다시 말해, 우리가 믿음으로 그분과 연결될 때, 비록 우리 자신이 완전하지 않더라도 예수님 때문에 우리는 완전하다.

또 다른 역사적 대답은 우리가 진정으로 예수님처럼 사랑하고 마침내 천국에서 완전해질 수 있도록 예수님이 우리 안에서 자신의 임재와 능력을 통해 우리를 변화시키신다는 것이다. 두 대답은 모두 진리이다. 바로 예수님이 그 이유를 제시하셨다.

예수님은 자신이 오신 것은 "자기 목숨을 많은 사람의 대속물로 주려 함"이며(막 10:45), 자신의 피를 "죄 사함을 얻게 하려고 많은 사람을 위하여 흘리기" 위해서이며(마 26:28), 죄인이 십자가에 달린 자신을 믿음으로써 영생을 얻게 하기 위해서라고 말씀하셨다(요 3:14-15). 예수님의 삶과 죽음이 우리가 진노를 피하고(요 3:36) 천국을 얻는 유일한 길이다.

예수님은 이스라엘에서 율법을 가장 엄격히 지키는 자들에게 "너희 중에 율법을 지키는 자가 없도다"라고 말씀하셨다(요 7:19). 그리고 예수님은 제자들을 향해서도 그들이 '악하다'고 거침없이 말씀하셨다. "너희가 악한 자라도 좋은 것으로 자식에게 줄 줄 알거든 하물며 하늘에 계신 너희 아버지께서 구하는 자에게 좋은 것으로 주시지 않겠느냐?"(마 7:11). 모든 인간은 하나님의 거룩한 진노 아래 있지만, 스스로의 순종만으로는 영생을 얻을 소망이 없는 죄인일 뿐이다.

이 문제를 해결하기 위해 예수님이 오셨다. 하나님의 진노를 우리로부터 거두는 것이다. 그분은 우리가 받아야 할 형벌을 대신 받고 우리가 결코 갚을 수 없는 빚을 갚음으로써 하나님의 진노를 제거하신다 '명령 1'을 보라. 예수님이 흘리신 피로 우리의 모든 죄가 말끔히 씻기었고, 하나님은 더 이상 우리를 죄인이나 불완전한 존재로 보지 않으신다. 우리가 믿음으로 예수님께 붙어 있기 때문이다.

"이 사람이 의롭다 하심을 받고 그의 집으로 내려갔느니라"

그러나 예수님은 우리가 완전하려면 죄에 대한 책임을 면하는 것만으로는 부족하다고 가르치신다. 성전에 기도하러 올라간 바리새인과 세리의 비유를 보자. 이들은 가장 의로운 그룹 바리새인과 가장 죄악된 그룹 유대 세리들을 대표한다.

바리새인은 자신이 율법에 잘 순종한다고 자랑했다. "나는 다른 사람들 곧 토색, 불의, 간음을 하는 자들과 같지 아니하고 이 세리와도 같지 아니함을 감사하나이다. 나는 이레에 두 번씩 금식하고 또 소득의 십일조를 드리나이다"(눅 18:11-12). 그러나 예수님은 세리에 대해 이렇게 말씀하신다. "세리는 멀리 서서 감히 눈을 들어 하늘을 쳐다보지도 못하고 다만 가슴을 치며 이르되, 하나님이여 불쌍히 여기소서! 나는 죄인이로소이다 하였느니라. 내가 너희에게 이르노니 이에 저 바리새인이 아니고 이 사람이 의롭다 하심을 받고 그의 집으로 내려갔느니라"(눅 18:13-14).

'의롭다 하심을 받다' 라는 구절에 비유의 목적이 정확히 담겨 있다. 누가는 이 비유를 소개하면서 먼저 이렇게 기록한다. "또 자기를 의롭다 믿고 다른 사람을 멸시하는 자들에게 이 비유로 말씀하시되"(눅 18:9). 그러므로 이 비유는 어떻게 하나님 앞에서 '의로운가' 라는 문제를 다룬다.

'의롭다 하심을 받다' 와 '의롭다' 라는 단어는 동일한 헬라어에서 파생된 말이다. 동사는 재판관이 법정에서 하는 것처럼 "의롭다고 선언하다"라는 뜻이다. 재판관이 피고를 의롭게 하는 게 아니다. 재판관은 피고가 의롭다고 인정하고 선언한다.

이 동사는 누가복음 7장 29절에서 바로 이런 방식으로 사용된다. "모든 백성과 세리들은 …… 이 말씀을 듣고 하나님을 의롭다 하되"문자적으로는 '그들이 하나님을 의롭다고 인정했다' 는 뜻이다. 이것이 하나님이 누가복음 18장 14절에서 세리에게 하신 것이다. "저 바리새인이 아니고 이 사람이 의롭다 하심을 받고 그의 집으로 내려갔느니라." 다시 말해 하나님이 이 사람을 의롭다고 선언하셨다.

그러므로 이 비유는 두 부류의 사람들을 극적으로 대조시킨다. 하나는 율법을 잘 지키기 때문에 "자기를 의롭다고 믿는" 사람들이며, 다른 하나는 자신의 의에 절망하고 결국 자신을 바라보는 게 아니라 의롭다고 선언하시는 하나님의 자비를 바라보는 사람들이다. 이 비유에서 "자기를 의롭다고 믿는" 사람들은 이러한 의를 낳는 능력을 기꺼이 하나님에게 돌리려 했다는 데 주목하라. "하나님이여, 나는 다른 사람들 곧 토색, 불의, 간음을 하는 자들과 같지 아니하고 이 세리와도 같지 아니함을 감사하나이다"(눅 18:11). 그러나 아무 소용이 없었다. 설령 하나님의 은혜로 생겼다 하더라도, 우리 자신의 의는 우리가 거룩한 하나님 앞에서 의롭다고 인정받기에 충분한 근거가 되지 못한다.

부자가 의롭게 되기 위해서는 예수님이 필요하다

예수님은 자신의 순종과 죽음이 어떻게 칭의稱義의 근거가 되는지 자세히 말씀하지 않으신다. 그러나 우리는 예수님밖에는 자신이 하나님께 받아들여질 수 있는 길이 없다는 것을 안다. 그리고 그분만 바라보는 죄인들을 하나님이 의롭다고 선언하신다고 생각할 이유는 충분하다.

예수님은 부자에게 이렇게 말씀하셨다. "네가 율법을 지킨다고 천국에 들어가는 것은 아니다. 너는 완전하지 못하다. '네게 한 가지 부족한 게 있다.' '내게 오라.'" 그에게 부족한 것이란 바로 예수님이었다. 그는 의롭지 못했지만 의롭다고 선언 받는 것이 그의 유일한 소망이었고[1], 예수님은 이러한 선언의 근거다. 부자가 재물을 버리고 예수님께 와야 했던 것도 바로 이 때문이다.

부자에게 부족한 완전함이 예수님에게는 있다. 그가 더 이상 자신의 재물을 의지하지 않고 예수님을 의지하기 시작한다면 예수님은 그를 완전하다고 여기실 것이다. 이것이 예수님이 어떻게 완전에 이르는 길인가라는 질문에 대한 역사적인 첫째 답변이다. 그분과의 관계에서, 우리는 여전히 죄인임에도 불구하고 완전하다고 여겨진다. 이것이 의롭다 함을 받는다는 말의 뜻이다.

What JESUS DEMANDS from the WORLD

Demand. 21

하늘에 계신 내 아버지의 뜻을 행하라

│ 누구든지 하나님의 뜻대로 행하는 자가 내 형제요 자매요 어머니이니라(막 3:35).

│ 하나님의 말씀을 듣고 지키는 자가 복이 있느니라(눅 11:28).

│ 나더러 주여 주여 하는 자마다 다 천국에 들어갈 것이 아니요 다만 하늘에 계신 내 아버지의 뜻대로 행하는 자라야 들어가리라(마 7:21).

앞 장에서 영생을 구하는 부자에게는 '한 가지 부족한 것'이 있었다. 그가 "온전하고자 할진대" 예수님이 필요했다(마 19:21). 예수님은 완전에 이르는 길이다. 그렇다면 어떻게 그분이 완전에 이르는 길인가? 예수님을 믿으면 그분이 우리가 하나님 앞에서 완전해지는 기초가 되시기 때문이다. 이 장에서는 또 다른 대답을 살펴보자. 이 대답도 참이다. 예수님은 우리가 정말로 예수님처럼 사랑하고 완전을 향해 나아갈 수 있도록 우리 안에 임재하시고 역사하심으로 우리를 변화시키신다.

삶으로 나타나는 순종을 재는 기준이 필요하다

예수님은 천국에 들어가기 위해서는 반드시 하나님의 뜻을 행해야 한다고 말씀하신다. "나더러 주여 주여 하는 자마다 다 천국에 들어갈 것이 아니요 다만 하늘에 계신 내 아버지의 뜻대로 행하는 자라야 들어가리라"(마 7:21). 예수님은 심판 날에 자신이 실제로 사람들을 모른다고 할 것인데 그들이 "불법을 행한 자들"이기 때문이라고 말씀하신다(마 7:23). 그분은 사람들이 실제로 동료 신자들을 사랑하지 못했기 때문에 "영벌永罰에 들어가리라"고 말씀하신다. "이 지극히 작은 자 하나에게 하지 아니한 것이 곧 내게 하지 아니한 것이니라"(마 25:45-46).

예수님은 최종 구원에는 하나님의 뜻을 따르는 참된 삶이 반드시 필요하다고 보셨다. "누구든지 하나님의 뜻대로 행하는 자가 내 형제요 자매요 어머니이니라"(막 3:35). 그러므로 '어떻게 예수님이 완전에 이르는 길인가?' 라는 질문에 대한 역사적인 둘째 대답은 그분이 우리가 변하도록 도우신다는 것이다. 우리가 그분처럼 사랑하고 그 결과 천국에서 이르게 될 완전을 향해 나아갈 수 있도록 우리를 변화시키신다.

예수님은 우리가 현세에서 완전해질 수 있다는 그 어떤 암시도 주지 않으신다. 그분은 주기도문으로 기도하라고 가르치시며, "우리에게 일용할 양식을 주옵시며"라는 간구 바로 옆에 "우리가 우리에게 죄 지은 자를 사하여 준 것같이 우리 죄를 사하여 주시옵고"라는 간구를 두신다(마 6:11-12). 일용할 양식을 위해 기도해야 하듯이 일용할 용서를 위해서도 기도해야 한다. 이처럼 현세에서는 날마다 용서가 필요하다. 우리가 천국에 가서야 완전에 이른다 하더라도, 예수님은 실제로 지금 우리를 변화시키시며, 이러한 변화는 실제로 최종 구원에 반드시 필요하다.

단, 우리의 행동과 예수님을 향한 믿음과는 본질적으로 다르다. 예수님을 믿으면 우리는 그분과 연결된다. 그러면 오직 예수님의 공로로, 우리의 행위가 변화되기도 전에 하나님은 우리를 의롭다고 여기신다. "하나님이여 불쌍히 여기소서, 나는 죄인이로소이다"라고 외쳤던 세리는(눅 18:13) 결코 자신의 의로운 행동을 칭의의 근거로 내세우지 않을 것이다. 그는 자신의 모습에서 눈을 돌려 자비를 구했다. 하나님은 그의 행동이 바뀌기 전에 그를 의롭다고 선언하셨다. 그러므로 우리의 칭의의 기초이신 예수님과 연결되기 위해서는 반드시 그분을 믿어야 한다. 이러한 예수님과의 연결의 열매와 증거로서 새로이 변화된 행동이 반드시 뒤따라야 한다.

좋은 나무마다 아름다운 열매를 맺는다

믿음을 통해 예수님과 연결되면 새로운 사랑의 삶이 결과로 나타난다명령 7. 예수님이 우리 안에서 일하실 때 우리에게 그런 열매를 맺게 하시는 것이다. "나는 포도나무요 너희는 가지라 그가 내 안에, 내가 그 안에 거하면 사람이 열매를 많이 맺나니 나를 떠나서는 너희가 아무것도 할 수 없음이라"(요 15:5). 다른 곳에서 예수님 '좋은 나무', 즉 그분을 진정으로 믿는 사람은 아름다운 열매를 맺는다고 분명하게 말씀하신다. "좋은 나무마다 아름다운 열매를 맺고 못된 나무가 나쁜 열매를 맺나니"(마 7:17).

열매가 나무를 좋게 하는 게 아니라, 나무가 열매를 좋게 한다. 마찬가지로 선행이 우리를 예수님과 연결하는 게 아니다. 선행은 우리가 의롭다고 선언 받는 근거가 아니다. 예수님을 믿음으로써 우리는 그분과 연결된다. 이어 하나님이 우리가 완전하다고 선언하심으로써 비로소 열매를 맺는 힘이 나온다. 예수님이 "아름다운 열매를 맺지 아니하는 나무마다 찍혀 불에 던져지느니라"고 말씀하신 것은(마 7:19) 열매가 하나님이 우리를 받아들이시는 근거이기 때문이 아니라, 열매가 없다는 것은 예수님과 연결되어 있

지 않다는 증거이기 때문이다.[1]

그러므로 예수님이 하늘에 계신 아버지의 뜻을 행하라는 명령에는 두 가지 의미가 담겨 있다. 첫째, "네 것이 아닌 완전한 의, 그 의를 얻을 유일한 소망으로 나를 믿어라. 이러한 완전함이 하나님이 너를 받아들이시고 네가 영생을 얻는 근거다." 사람들이 예수님에게 "우리가 어떻게 하여야 하나님의 일을 하오리이까?"라고 물었을 때 그분이 "하나님께서 보내신 이를 믿는 것이 하나님의 일이니라"라고 대답하실 수 있었던 것도 이 때문이다(요 6:28-29). 예수님을 믿는 것이 우리를 향한 하나님의 뜻 가운데 첫째이자 가장 본질적인 부분이다.

둘째, 그분의 말씀은 이런 뜻이다. "의롭다 함을 받을 수 있도록 너희를 나와 연결시키는 그 믿음이 가지가 포도나무에 붙어 있듯이 너희가 내게 붙어 있게 한다. 그리고 내게 붙어 있어야만 너희는 하나님의 율법을 성취하는 열매, 참되며 삶으로 나타나는 사랑의 열매를 맺을 것이다."

오늘을 향한 하나님의 뜻이 구약 율법에 표현되어 있는가?

예수님을 찾아와 "선한 선생님이여 내가 무엇을 하여야 영생을 얻으리이까?"라고 물었던 부자를(막 10:17) 보면서 이렇게 물을 수 있다. 율법을 지키는 것이 어떻게 예수님의 대답에 부합되는가? 예수님이 그에게 하신 첫 번째 대답은 "네가 생명에 들어가려면 계명들을 지키라"는 것이었다(마 19:17). 그런데 앞에서 계명을 지키는 것만으로는 하나님이 우리를 의롭다 하시지 않음을 살펴보았다. 그런데도 하나님의 뜻을 행하려고들 애를 쓴다. 이제 현재 상황에 맞게 질문을 바꿔 보자. 오늘을 향한 하나님의 뜻이 구약 율법에 표현되어 있는가? 단순히 "예", "아니오"라고 대답하는 것은 옳지 못하다. 이렇게 말해야 한다. 율법이 율법의 목적이며 완성이신 예수님이 일으키신 모든 변화를 통해 걸러진다는 의미에서는 "예"다.

예수님은 이렇게 말씀하셨다. "모세의 율법과 선지자의 글과 시편에 나를 가리켜 기록된 모든 것이 이루어져야 하리라"(눅 24:44). 율법과 선지자의 글은 모두 예수님을 겨냥하고 있었다. 놀랄 일도 아니지만, 예수님이 오셨을 때 이 모든 것이 성취되었다. 예수님은 이러한 변화를 세밀하고도 구체적으로 말씀하셨다. "내가 율법이나 선지자를 폐하러 온 줄로 생각하지 말라. 폐하러 온 것이 아니요 완전하게 하려 함이라. 진실로 너희에게 이르노니 천지가 없어지기 전에는 율법의 일점일획도 결코 없어지지 아니하고 다 이루리라"(마 5:17-18).

예수님의 목적은 율법을 폐하는 게 아니라, 율법을 성취하는 것이다. 예수님이 율법을 성취하실 때, 율법의 본래 용도가 극적으로 바뀐다. 새로운 시대가 밝았으며, 예수님의 제자들이 이스라엘과는 다르게 율법을 대할 것이다. 예수님이 이렇게 말씀하신 것도 이 때문이다. "율법과 선지자는 세례 요한의 때까지요 그 후부터는 하나님 나라의 복음이 전파되어 사람마다 그리로 침입하느니라"(눅 16:16).

예수님이 오심으로써 율법을 어떻게 경험하는가?

예수님이 오신 이후 우리가 경험하는 율법은 달라졌다.

첫째, 예수님이 "무엇이든지 밖에서 들어가는 것이 능히 사람을 더럽게 하지 못함을 알지 못하느냐?"고 물으셨을 때(막 7:18), 그분은 사실상 구약의 의식법을 폐기하셨다. 마가는 이것을 한마디로 간단하게 표현한다. "이러므로 모든 음식물을 깨끗하다 하시니라"(막 7:19). "예수님은 오직 자신의 권세로 모세 율법의 많은 부분에 구체적으로 명시된 의식적 정결의 원리를 버리셨다."[2] 이제부터 자녀들은 자유이며(마 17:26), 따라서 사랑의 명령을 따라 먹을 수도 있고 먹지 않을 수도 있다.

둘째, 사랑이 행위의 핵심 기준이라고 말하는 것은 예수님이 우리가 율법을 경험하는 방식이 바뀌는 것에 대해 두 번째로 하신 일 때문이다. 그분은 모든 율법이 사랑으로 요약된다고 하셨다. "그러므로 무엇이든지 남에게 대접을 받고자 하는 대로 너희도 남을 대접하라. 이것이 율법이요 선지자니라"(마 7:12). 예수님은 이렇게 말씀하시면서 우리가 계명 자체에 초점을 맞추는 데서 율법을 성취하는 사랑의 열매를 맺는 그분 자신과의 관계로 방향을 돌리게 하셨다 '명령 32'를 보라.

셋째, 예수님은 소작인들에게 포도원을 맡기고 떠난 주인의 비유를 들려주셨다. 소작인들은 주인에게 세를 지불하려 하지 않았다. 주인은 거듭 종들을 보냈지만 소작인들은 이들을 때렸다. 마침내 주인은 자신의 아들을 보냈는데, 소작인들은 그를 죽여 버렸다.

하나님과 이스라엘의 관계를 빗대어 말한 것이다. 이스라엘 가운데 절대다수가 예배와 순종의 열매를 맺지 못했으며 마침내 하나님의 아들까지 죽였다(마 21:33-41). 예수님은 청중들에게 주인이 어떻게 하겠느냐고 물으셨다. 청중들은 이렇게 말했다. "그 악한 자들을 진멸하고 포도원은 제 때에 열매를 바칠 만한 다른 농부들에게 세로 줄지니이다"(마 21:41). 예수님이 유대인 청중들에게 이러한 정확한 대답을 깜짝 놀랄 방식으로 적용하시면서 율법에 큰 변화가 일어났음을 시사하셨다. "그러므로 내가 너희에게 이르노니 하나님의 나라를 너희는 빼앗기고 그 나라의 열매 맺는 백성이 받으리라"(마 21:43).

하나님이 구속의 주된 초점을 이스라엘에게서 이방 민족들에게로 옮기고 계신다 '명령 50'을 보라. 더 이상 어떤 민족이냐, 왕과 제사장과 재판관이 하나님 중심의 제도와 이러한 제도를 하나로 묶는 모든 의식법과 시민법에 참여하느냐가 하나님의 백성을 규정하는 기준이 못 된다. 이제는 예수님을 믿는 믿음과 사랑의 열매가 하나님의 백성을 규정하는 기준이 될 것이다.

이러한 변화가 암시하는 것은 엄청나다. 가나안 정복의 경우처럼(신 9:3-6) 하나님의 백성이 그분의 이름으로 악인을 멸하는 것은 더 이상 하나님의 뜻이 아니다. 하나님의 백성은_{예수님의 제자들은} 더 이상 신성 모독자들이나 (레 24:14), 간음자들이나(레 20:10), 처녀의 증거가 없는 신부나(신 22:21), 안식일을 범하는 자들이나(출 31:14), 무당들이나(출 22:18), 거짓 증인들이나 (신 19:16, 19) 부모에게 불순종하는 자들을 죽임으로써(출 21;15, 17) 스스로를 다스리지 않는다. 이러한 율법의 계명들은 한 민족으로 구성된 신정주의적 시민 정부와 엮여 있었으나 민족적, 정치적 동질성이 없으며 세계의 모든 인종과 정치 그룹에 흩어져 있는 하나님의 백성에게는 더 이상 적용되지 않는다(마 28:19).

넷째, 제사장과 성전과 희생 제사를 포함하는 전체적인 종교 체계가 예수님에게서 목적을 달성하고 끝났다. '명령 12'에서 예수님 자신이 그분의 죽음과 부활을 통해 성전과 속죄제를 대신하셨다는 것을 보았다. 그러므로 이러한 시스템을 통해 하나님과 화해하는 방법을 주관하는 율법은 예수님의 죽음 및 부활과 함께 성취되고 끝났다.

하나님의 아들을 믿고, 사랑의 열매를 맺으라

예수님의 가장 긴급한 명령은 더 이상 재물을 귀하게 여기지 말고, 우리에게 부족한 '한 가지'인 완전한 의를 얻는 유일한 소망으로서 그분을 귀하게 여기라는 것이다. 그렇다. 계명을 지켜야 한다. 그러나 그 계명이 예수님에게서 어떻게 성취되었는지 알고 여기에 맞게 지켜야 한다. 실제로 이것은 우리가 예수님 자신을, 그분의 삶과 죽음과 가르침에 계시된 그분을 바라보며 우리에게 필요한 인도를 구해야 한다는 뜻이다. 가지가 포도나무를 의지하듯이 예수님의 능력을 의지해야 한다. 이렇게 할 때, 새 언약의 체결과 성취에 대한 모든 영광을 모세가 아니라 그리스도께서 받으신다.

그러나 하나님이 가능하게 하시는 이러한 변화를 입더라도(막 10:27), 우리의 의는 이생에서 완전하지 않으며, 우리를 하나님 앞에 의롭게 세우기에도 부족하다. 그러므로 아버지의 뜻을 행하며 그분의 계명을 지키라는 예수님의 명령은, 달리 말하면 우리의 순종은 하나님이 우리를 받아들이시는 근거가 될 수 없다는 뜻이기도 하다.

우리의 변화는 우리와 예수님이 연합함으로써 맺는 열매다. 바로 이러한 연합이 하나님이 우리를 받아들이시는 근거다. 이러한 연합은 예수님을 믿음으로써 이루어진다. 이러한 연합이 맺는 열매는 이 연합의 진실성과 믿음의 진정성을 증명한다. 하나님의 아들을 믿으며, 그분과의 연합을 누리며, 우리를 완전하게 하시고 받아들이시겠다는 하나님의 자비로운 선언을 믿으며, 사랑의 열매를 맺는 것, 이것이 하나님의 뜻이다.

What
JESUS
DEMANDS
from the
WORLD

Demand. 22

좁은 문으로 들어가 승리하라

| 어떤 사람이 여짜오되 주여 구원을 받는 자가 적으니이까? 그들에게 이르시되, 좁은 문으로 들어가기를 힘쓰라. 내가 너희에게 이르노니, 들어가기를 구하여도 못하는 자가 많으리라(눅 13:23-24).

예수님은 삶이 전쟁이라고 가르치셨다. 그분이 "좁은 문으로 들어가기를 힘쓰라"고 말씀하셨을 때(눅 13:24), '힘쓰라'로 번역된 헬라어 아고니제스데ἀγωνίζεσθε는 우리가 투쟁하고, 씨름하며, 스스로 노력해야 함을 암시한다. 그러나 '힘쓰다'라는 단어와 관련해서 가장 중요한 사실이 있다. 예수님이 요한복음 18장 36절에서 이 단어를 사용하시는데, 거기서 예수님은 만약 그분의 나라가 이 세상에 속한 것이라면 그분의 제자들이 '싸울' 것이라고 말씀하신다. "내 나라는 이 세상에 속한 것이 아니니라. 만일 내 나라가 이 세상에 속한 것이었더라면 내 종들이 싸워ἠγωνίζοντο 나로 유대인

들에게 넘겨지지 않게 하였으리라. 이제 내 나라는 여기에 속한 것이 아니니라." 그러므로 여기서 "들어가기를 힘쓰라"는 말은 들어가는 것이 곧 싸움과 같다는 뜻이다.

하나님 나라에 들어가길 힘쓰라

어디에 들어가길 힘쓰라는 말인가? 하나님 나라다. 그 뜻은 다음 문맥에서 분명해진다. 예수님은 우리에게 "좁은 문으로 들어가기를 힘쓰라"고 말씀하신 후에 다른 어느 누구도 들어올 수 없도록 일어나 문을 닫는 주인에 관해 말씀하신다(눅 13:25). 밖에서 문을 두드리는 자들은 "주여, 열어 주소서"라고 소리치지만 주인은 "나는 너희가 어디에서 온 자인지 알지 못하노라"고 말한다. 그러자 이들은 "우리는 주 앞에서 먹고 마셨으며 주는 또한 우리를 길거리에서 가르치셨나이다"고 말한다. 그러나 주인은 "행악하는 모든 자들아 나를 떠나가라"고 답한다(눅 13:25-27).

이 말씀을 마치신 후, 예수님은 이 그림을 실제 상황에 적용하신다. 어떤 사람들은 하나님 나라에서 제외되겠지만 온 세계 이방인들이 "하나님 나라의 잔치에 참여할" 것이다. "너희가 아브라함과 이삭과 야곱과 모든 선지자는 하나님 나라에 있고 오직 너희는 밖에 쫓겨난 것을 볼 때에 거기서 슬피 울며 이를 갈리라. 사람들이 동서남북으로부터 와서 하나님의 나라 잔치에 참여하리니"(눅 13:28-29).

그러므로 우리가 반드시 들어가려고 '힘써야' 하는 '좁은 문'은 하나님 나라의 문이다. 하나님 나라 밖에서 사람들이 "슬피 울며 이를 간다"(눅 13:28). 이것이 예수님이 지옥을 말씀하시는 한 방법이다. "풀무불에 던져 넣으리니 거기서 울며 이를 갈리라"(마 13:50). 좁은 문으로 들어가지 않는 것은 곧 멸망을 의미한다. "좁은 문으로 들어가라. 멸망으로 인도하는 문은 크고 그 길이 넓어 그리로 들어가는 자가 많고"(마 7:13).

예수님이 "들어가기를 힘쓰라"고 명령하실 때 여기에는 천국과 지옥이 양옆에 놓여 있다. 어디로 들어갈 것인가? 이것이 궁극적인 문제다.

가장 큰 위협은 우리가 매일 짓는 죄다

예수님은 우리가 좁은 문으로 들어가기 위해 무엇과 맞서 힘써 싸우길 원하시는가? 우리 삶 곳곳에 어떤 장애물이 있는가? 삶이 전쟁이라면 적은 누구인가? 우리가 힘쓰는 목적은 누군가를 해치는 게 아니다. 예수님은 원수를 사랑하고 우리를 미워하는 자들에게 선을 행하라고 말씀하신다(눅 6:27). 삶이 전쟁이라고 말하는 것은 우리가 사람들과 전쟁한다는 뜻이 아니라 죄, 특히 우리 자신의 죄와 전쟁한다는 뜻이다.

하나님 나라에 들어가지 못하도록 우리를 막을 수 있는 것은 우리 자신의 죄뿐이다. 다른 사람들의 죄는 우리를 해칠 수 있으며 죽일 수도 있다. 그러나 다른 사람들의 죄가 우리가 하나님 나라에 들어가지 못하도록 막지는 못한다. 우리 자신의 죄가 하나님 나라에 들어가는 데 가장 큰 위협이 된다. 그러나 죄에 대한 유혹은 매우 다양한 데서 비롯된다.

예수님은 개인적으로 지켜야 할 진지한 명령을 내리셨다. '깨어 있으라'는 예수님이 가장 자주 하시는 명령 가운데 하나다. 삶의 유혹이 우리를 급습하여 무너뜨리지 못하도록 우리가 늘 깨어 준비하고 있어야 한다는 뜻이다. 예수님은 겟세마네 동산에서 제자들에게 말씀하셨다. "시험에 들지 않게 깨어 있어 기도하라. 마음에는 원이로되 육신이 약하도다"(막 14:38). 이 명령은 모든 삶에 적용된다. 유혹이 넘치며, 예수님은 유혹을 가볍게 여기지 않으신다. 모든 삶의 순간순간마다 기억하라. 깨어 있으라.

'모든 삶'이라고 하는 까닭은, 예수님이 그분의 재림 직전의 날들이 매우 평범하리라고 경고하셨기 때문이다. 예수님은 그때를 노아 시대에 홍수가 몰아닥쳐 전혀 아무런 이상도 느끼지 않았던 사람들을 쓸어 버리기 직전과 같으리라고 말씀하신다. 사람들은 깨어 있지 않았다. 삶은 너무나 정상적으로 보였고, 그래서 사람들은 경계하지 않았다. "홍수 전에 노아가 방주에 들어가던 날까지 사람들이 먹고 마시고 장가들고 시집가고 있으면서 홍수가 나서 그들을 다 멸하기까지 깨닫지 못하였으니 인자의 임함도 이와 같으리라. …… 그러므로 깨어 있으라. 어느 날에 너희 주가 임할는지 너희가 알지 못함이니라"(마 24:38-39, 42).

먹고 마시고 결혼하는 것보다 더 평범한 것은 없다. 핵심은 우리가 단지 시대가 위험하게 느껴질 때만이 아니라 항상 경계해야 한다는 것이다. 시대는 언제나 위험하다. 영혼을 멸망시키려는 불신앙과 죄에 대한 유혹들이 매일 일상생활 속에 존재한다. 좁은 문으로 들어가길 힘쓰는 것은 평생토록, 하루 종일, 매일 계속해야 하는 사명이다.

고통과 즐거움이 말씀의 사역을 막아설 수 있다

경계하라는 예수님의 명령에는 모든 것이 다 포함된다. 삶의 즐거운 부분과 고통스러운 부분 모두 영혼을 위험에 빠뜨릴 수 있다. 씨 뿌리는 비유에서 예수님은 두 가지를 모두 경고하셨다. 즐거운 일과 고통스러운 일 모두 우리 삶에서 믿음을 유지하는 말씀의 사역을 무너뜨리겠다고 위협한다. 말씀이 돌밭에 떨어지면 싹이 나지만 죽는다. 이것은 말씀을 듣지만 "말씀으로 말미암아 환난이나 박해가 일어날 때" 넘어지는 사람들을 상징한다(마 13:21). 이들은 좁은 문으로 들어가지 않는다.

말씀이 가시밭에 떨어지면 싹이 나지만 죽는다. 이것은 말씀을 듣지만 "이생의 염려와 재물과 향락에 기운이 막힌" 사람들을 상징한다(눅 8:14).

이들은 좁은 문으로 들어가지 않는다. 한 사람은 고통 때문에 넘어지며, 다른 사람은 즐거움 때문에 넘어진다. 경계하라는 명령은 모든 것을 포함한다. 이생의 삶에서 전쟁터가 아닌 곳은 어디에도 없다.

한편 놀랍게도 경계하라는 예수님의 명령은 고통보다는 즐거움에 대한 것일 때가 많다. 어떤 사람들은 고통 때문에 하나님에게서 멀어지지만, 즐거움의 유혹에 빠져 하나님에게서 멀어지는 사람들이 더 많다. 즐거움이 사람들에게 하나님의 필요성을 일깨우는 경우는 거의 없다. 그래서 예수님은 가난의 위험보다 번영의 위험을 경고하는 데 더 신경을 쓰신다.

칭찬과 육체적 탐닉이 부르는 위험

하나님 나라에서 멀어지게 하는 강력한 유혹 가운데 하나는 사람들의 칭찬이다. 예수님은 말씀하셨다. "긴 옷을 입고 다니는 것을 원하며 시장에서 문안 받는 것과 회당의 높은 자리와 잔치의 윗자리를 좋아하는 서기관들을 삼가라"(눅 20:46).

'삼가라'는 말은 깨어 있고, 주의하며, 정신을 집중하라는 뜻이다. 사람들의 칭찬을 받기 위해 사는 사람들을 따르고 싶은 유혹을 경계하라는 것이다. "사람에게 보이려고 그들 앞에서 너희 의를 행하지 않도록 주의하라"(마 6:1).

사람들이 자신에 대해 좋게 말하면 기분이 참 좋다. 칭찬 듣는 것이 잘못은 아니나 다만 위험하다. 그러므로 경계를 늦추어서는 안 된다. "모든 사람이 너희를 칭찬하면 화가 있도다. 그들의 조상들이 거짓 선지자들에게 이와 같이 하였느니라"(눅 6:26).

육체적 탐닉의 유혹은 덜 미묘하다. 예수님은 술이 마음과 몸에 미치는 영향에 초점을 맞추신다. "너희는 스스로 조심하라. 그렇지 않으면 방탕함과 술취함과 생활의 염려로 마음이 둔하여지고 뜻밖에 그날이 덫과 같이 너희에게 임하리라"(눅 21:34). 마음을 '둔하게' 하는 약물과 음식과 행위가 있는데, 이것들을 취하면 마음이 나태해진다. 바로 경계의 반대다. 방종에 빠져 영적 경계를 무디게 하도록 약물이나 음식이나 술을 사용한다면, 그것은 "좁은 문으로 들어가길 힘쓰는" 게 아니다.

재물이 부르는 위험

예수님이 가장 자주 경고하신 위험으로, 재물은 매우 치명적이다. 천국과 지옥이 재물의 유혹을 얼마큼 잘 경계하느냐에 달려 있다. 예수님은 이것을 최대한 분명히 하셨다. "낙타가 바늘귀로 나가는 것이 부자가 하나님의 나라에 들어가는 것보다 쉬우니라"(막 10:25). 문제는 천국에 들어가는 것이다. 부자가 되려고 힘쓰는 것은 좁은 문으로 들어가려고 힘쓰는 게 아니다.

예수님은 부의 유혹을 경계하라고 거듭거듭 경고하신다. "보물을 땅에 쌓아 두지 말라"(마 6:19). "너희가 하나님과 재물을 겸하여 섬기지 못하느니라"(마 6:24). "염려하여 이르기를 무엇을 먹을까 무엇을 마실까 무엇을 입을까 하지 말라"(마 6:31). "세상의 염려와 재물의 유혹과 기타 욕심이 들어와 말씀을 막아 결실하지 못하게 되는 자요"(막 4:19). "너희 소유를 팔아 구제하라"(눅 12:33). "네 보물 있는 그곳에는 네 마음도 있느니라"(마 6:21). "너희 중의 누구든지 자기의 모든 소유를 버리지 아니하면 능히 내 제자가 되지 못하리라"(눅 14:33). "화 있을진저 너희 부요한 자여, 너희는 너희의 위로를 이미 받았도다"(눅 6:24). "너희 가난한 자는 복이 있나니 하나님의 나라가 너희 것임이요"(눅 6:20).[1] "삼가 모든 탐심을 물리치라 사람의 생명이 그 소유의 넉넉한 데 있지 아니하니라"(눅 12:15).

'성한 눈'은 좁은 문으로 들어가길 힘쓰는 데 도움이 된다

예수님은 우리가 "모든 탐심을 물리치길" 원하신다. 우리 삶의 보화라는 면에서 보면, 그분은 우리의 '눈'과 깊은 관련이 있다. "눈은 몸의 등불이니 그러므로 네 눈이 성하면 온 몸이 밝을 것이요 눈이 나쁘면 온 몸이 어두울 것이니, 그러므로 네게 있는 빛이 어두우면 그 어둠이 얼마나 더하겠느냐!"(마 6:22-23)

눈이 좋으면 온 몸이 빛으로 가득할 것이다. 그러나 눈이 나쁘면, 몸이 어둠으로 가득할 것이다. 당신이 어떻게 보느냐에 따라 당신이 어둠에 있느냐 아니냐가 결정되는 것이다. 그러면 자연히 이런 물음이 따라온다. 이것이 재물과 무슨 상관이 있는가?

예수님이 이러한 말씀을 언제 하셨는가 하는 것이다. 바로 하늘에 보화를 쌓으라는 명령과(6:19-21) 하나님과 재물을 함께 섬길 수 없다는 경고(6:24) 사이에 위치한다. 왜 좋은 눈과 나쁜 눈에 관한 말씀이 재물에 관한 두 가지 가르침 사이에 끼어 있는가? 바로 양쪽 모두에 해당되는 문제이기 때문이다. 마태복음 6장 19-21절에서 문제는 땅의 상이 아니라 하늘의 상을 바라야 한다는 것이다. 재물이 아니라 하나님을 바라라는 것이다. 마태복음 6장 24절에서 질문은 두 주인을 섬길 수 있느냐는 것이다. 답변은 '하나님과 재물을 겸하여 섬길 수는 없다' 이다.

당신이 땅이 아니라 하늘에 보화를 쌓고 있다면 빛 가운데 행하고 있는 것이다. 당신이 재물이 아니라 하나님을 섬기고 있다면 빛 가운데 행하고 있는 것이다. 빛에 대한 이러한 두 묘사 사이에, 예수님은 눈이 몸의 등불이며 눈이 좋으면 이러한 빛이 우리 몸에 가득하다고 말씀하신다. 그렇다면 우리에게 그렇게 많은 빛을 주는 좋은 눈과 우리를 어둠에 방치하는 나쁜 눈은 무엇인가?

좋은 눈은 무엇인가?

마태복음 20장 15절에 한 가지 단서가 있다. 예수님은 방금 한 시간을 일한 일꾼들이 종일 일한 일꾼들과 동일한 품삯을 받을 거라고 말씀하셨다. 왜냐하면 주인이 자비롭고 후하기 때문이다. 게다가 모든 일꾼은 일하기 전에 품삯에 대해 합의했다. 온 종일 일한 사람들은 겨우 한 시간 일한 사람들이 너무 많이 받는다고 불평했다. 그러자 예수님은 마태복음 6장 23절에 나오는 것과 동일한 말씀으로 대답하셨다. "내가 선함으로 네 눈이 나쁘냐?"

왜 이들의 눈이 나쁜가? 주인의 자비를 아름답게 보지 못하고, 추하게 보기 때문이다. 또한 실체를 있는 그대로 보지 못한다. 이들에게는 자비를 재물보다 더 귀한 것으로 볼 줄 아는 눈이 없다.

이러한 '나쁜 눈'에 대한 이해를 마태복음 6장 23절에 적용하여 '좋은 눈'의 의미를 찾아보자. 우리에게 빛을 가득히 채워 주는 좋은 눈은 어떠해야 하는가? 좋은 눈은 주인의 후한 마음을 재물보다 더 귀하게 볼 줄 안다. 좋은 눈은 재물이 아니라 하나님과 그분의 방법을 삶의 큰 보화로 본다. 좋은 눈은 실체를 있는 그대로 본다. 하나님은 재물로 살 수 있는 모든 것보다 더 귀하다.

당신이 하나님을 바라보고 그분과 교제하며 천국에 보화를 쌓는다면 좋은 눈을 가진 것이다. 당신이 재물이라는 주인과 하나님이라는 주인을 보면서 하나님을 무한히 더 가치 있게 본다면 좋은 눈을 가진 것이다. '좋은 눈'은 지혜롭게 빈틈없이 가치를 매기는 눈이며 분별할 줄 아는 눈이다. 좋은 눈은 단지 재물과 하나님에 대한 사실을 보는 데 그치지 않는다. 좋은 눈은 단지 무엇이 진리이고 무엇이 거짓인지 인식하는 데 그치지 않는다. 좋은 눈은 아름다움과 추함을 본다. 좋은 눈은 가치와 무가치를 인식

한다. 좋은 눈은 정말로 바랄 만한 것과 바랄 만하지 못한 것을 분별한다. 좋은 눈은 중립적으로 보지 않는다. 좋은 눈은 하나님을 볼 때 아름답게 본다. 좋은 눈은 하나님을 볼 때 바랄 만한 대상으로 본다.

좋은 눈이 빛의 길로, 다시 말해 보물을 하늘에 쌓으며 재물이 아니라 하나님을 섬기는 길로 인도하는 것도 이 때문이다. 좋은 눈은 유일한 눈이다. 좋은 눈은 하나의 보화를 가졌다. 하나님이다. 당신의 삶에 이런 일이 일어날 때, 당신은 빛으로 가득하다. 이것이 너무나 중요하기 때문에 예수님은 누가복음 11장 35절에서 "그러므로 네 속에 있는 빛이 어둡지 아니한가 보라"고 덧붙이신다. 이 문제에 대해 무심하거나 느슨하거나 부주의하지 말고 경계하라는 말씀이다. 당신의 눈을 좋게 유지하기 위해 힘쓰고 싸워라. 재물이 아니라 하나님을 가장 귀하고 바랄 만한 것으로 보기 위해 반드시 해야 할 것을 하라.

다음 장에서도 좁은 문으로 들어가길 힘쓰라는 예수님의 명령에 함축된 의미를 계속 살펴볼 것이다. 그러면서 그분이 어떻게 경계하고 깨어 있어 거짓 선지자들과 거짓 그리스도들을 대비하고, 또 그분의 갑작스런 재림을 대비하라고 명령하시는지 살펴볼 것이다.

What
JESUS
DEMANDS
from the
WORLD
Demand. 23

좁은 문으로 들어가 깨어 있으라

| 좁은 문으로 들어가라. 멸망으로 인도하는 문은 크고 그 길이 넓어 그리로 들어가는 자가 많고 생명으로 인도하는 문은 좁고 길이 협착하여 찾는 자가 적음이라(마 7:13-14).

| 이 잔은 내 피로 세우는 새 언약이니 곧 너희를 위하여 붓는 것이라(눅 22:20).

예수님이 경계하라-"좁은 문으로 들어가기를 힘쓰라"-고 명령하시는 것은 우리의 영혼을 위협하는 위험이 많기 때문이다. 이번에는 거짓 선지자와 거짓 그리스도의 위험을 살펴보고, 제자의 삶에 따르는 희생이 그렇게 크지 않을 때 일어나는 향수의 위험을 살펴보고자 한다. 그런 후에 중요한 질문 몇 가지를 생각해 보고자 한다.

거짓 선지자와 거짓 그리스도의 위험

예수님은 거짓 선지자들과 심지어 거짓 그리스도들까지 넘쳐나리라고 경고하신다. "거짓 선지자들을 삼가라. 양의 옷을 입고 너희에게 나아오나 속에는 노략질하는 이리라. 그들의 열매로 그들을 알지니"(마 7:15-16).

의례적인 언급이 아니라 생명과 죽음을 결정하는 경고다. "거짓 그리스도들과 거짓 선지자들이 일어나서 이적과 기사를 행하여 할 수만 있으면 택하신 자들을 미혹하려 하리라. 너희는 삼가라. 내가 모든 일을 너희에게 미리 말하였노라"(막 13:22-23).

삼가라! 눈을 크게 떠라! 깨어 있어라! 경계하라! 좁은 문으로 들어가길 힘쓰라.

예수님은 생명으로 인도하는 문은 좁다고 강조하신다. 모든 주장이 하나님 나라의 좁은 문을 통과하지는 못할 것이다. 거짓 그리스도들이 많다. 이 문맥에서 그리스도란 유대 메시야, 즉 하나님의 약속을 성취하며 하나님 나라를 도래시키며, 다윗의 보좌에 앉아 온 세상을 다스리는 분이다. 그리스도는 오직 한 분뿐이며, 나머지는 모두 '거짓 그리스도'이다. 예수님이 유일한 메시야다. 그러므로 그 문은 예수님, 즉 유일하게 참되신 메시야와 만왕의 왕이신 분을 믿는 것만큼 좁다.

언젠가 내 사무실에서 다른 '그리스도' 추종자들을 앞에 놓고 참되고 유일한 그리스도이신 예수님께 돌아오라고 그들을 설득한 적이 있다. 그들은 그리스도께서 우리 시대에 오셨으며 자신을 위해 지금 백성을 모으고 계신다고 했다. 나는 그들에게 누가복음 17장 24절을 읽어 주면서 예수님은 세상 모든 사람들이 다 볼 수 있게 오실 것이며 이 일이 이미 일어났다고 말하는 사람은 누구든지 거짓이라는 것을 보여 주었다. "번개가 하늘 아래 이쪽에서 번쩍이어 하늘 아래 저쪽까지 비침같이 인자도 자기 날에 그러하리라."

그러자 내가 이 구절의 숨은 의미를 이해하기 위해서는 그들의 지도자,

곧 그들이 '그리스도'라고 믿는 사람의 책을 읽어 봐야 한다고 했다. 그들이 떠날 때, 나는 창가에 서서 그들이 주차장으로 걸어가는 모습을 보면서 그들을 위해 기도했다. 그러면서 내가 '삼가도록' 도와주신 하나님께 감사했다. 예수님은 이런 일이 있을 거라고 말씀하셨고, 내가 그때 사무실에서 깨어 있도록 도와주셨다. 바로 이러한 경계가 "좁은 문으로 들어가기를 힘쓰라"는 말씀이 의미하는 한 부분이다.

"어느 날에 너희 주가 임할는지 너희가 알지 못함이니라"

경계하고 힘쓰라는 예수님의 명령이 특별히 긴급한 것은 그분이 언제 다시 오실지 아무도 모른다는 경고 때문이다. "그러므로 깨어 있으라. 어느 날에 너희 주가 임할는지 너희가 알지 못함이니라"(마 24:42, 25:13).

예수님이 우리에게 "깨어 있으라"고 말씀하시는 것은, 우리는 그분이 언제 다시 오실지 모르기 때문이다. 그렇다고 아주 잠을 자지 말라거나 창밖만 쳐다보고 있으라는 뜻이 아니다. 열 처녀 비유에 그 의미가 잘 나타난다. 이 비유에는 지혜로운 다섯 처녀와 어리석은 다섯 처녀가 등장하지만 모두 잠이 들었다. 지혜로운 처녀들은 신랑이 오면 등불을 들고 맞으러 나갈 수 있도록 등에 기름을 채워 놓았다. 신랑을 맞으러 나가는 게 이들의 일이었다. 예수님은 열 처녀 모두 "졸며 잘 새"라고 말씀하신다(마 25:5). 한편 그분은 지혜로운 처녀들이 잠자는 것을 꾸짖지 않으셨다.

신랑이 한밤중에 왔을 때, 예수님은 이렇게 말씀하셨다. "그들이 (기름을) 사러 간 사이에 신랑이 오므로 준비하였던 자들은 함께 혼인 잔치에 들어가고 문은 닫힌지라"(마 25:10). 어리석은 처녀들은 기름을 미리 준비해 놓지 않았기 때문에 기름을 사러 가야 했다. 이들이 기름을 사 들고 돌아와 "주여 주여 우리에게 열어 주소서"라고 외쳤다(마 25:11). 그러나 신랑은 예수님을 상징한다 "진실로 너희에게 이르노니 내가 너희를 알지 못하노라"고 대답했다(마 25:12).

늘 깨어 있으라는 그분의 명령은 당신의 삶을 살피라는 뜻이다. 신랑이 당신에게 하라고 한 일을 소홀히 하지 말라. 지혜로운 처녀들은 주인의 뜻을 행했다. 이들은 등불을 잘 준비했다. 잠자는 것은 전혀 잘못된 게 아니다. 자신의 일을 끝냈기 때문이다. 그러므로 "좁은 문으로 들어가길 힘쓰라"는 말을 "너희 소명을 다하라"는 말로 옮길 수도 있을 것이다. 하나님이 당신에게 맡기신 소명을 다하기 위해 집중하라. 예수님이 오셔서 당신이 그분의 영광을 위해 땅에서 소명을 진심으로 감당하는 모습을 보시면 당신의 기쁨이 충만할 것이다. "주께서 이르시되 지혜 있고 진실한 청지기가 되어 주인에게 그 집 종들을 맡아 때를 따라 양식을 나누어 줄 자가 누구냐? 주인이 이를 때에 그 종이 그렇게 하는 것을 보면 그 종은 복이 있으리로다"(눅 12:42-43).

좁은 문으로 들어가길 힘쓰는 것에는 예수님이 우리에게 맡기신 일을 소홀히 하지 않고 성실하게 감당하는 것도 포함된다. 또한 다른 비유를 통해 "내가 돌아올 때까지 장사하라"고 말씀하신다(눅 19:13). 그분이 당신에게 맡기신 일에 힘을 다하라.

인내와 향수鄕愁의 위험

예수님이 맡기신 일을 하지 못하게 만드는 가장 큰 유혹 가운데 하나는, 싸움에서 약해지고 그분을 따르기 이전의 삶이 얼마나 편했는지 되돌아보는 것이다. 좁은 문으로 들어가길 힘쓰라는 것은 인내하며 싸우라는 뜻이다. 많은 제자 후보생들이 열심을 잃고 떠나간다. 예수님은 이렇게 말씀하셨다. "불법이 성하므로 많은 사람의 사랑이 식어지리라. 그러나 끝까지

견디는 자는 구원을 얻으리라"(마 24:12-13).

하나님 나라의 문이 좁은 이유 가운데 하나는 그곳으로 들어가기 위해 끝까지 계속해서 노력해야 하기 때문이다. 그러므로 예수님은 이전에 세상 가운데 살던 시절의 향수를 경고하신다. 그분은 이 세상 마지막 날의 스트레스가 사람들에게 '뒤를 돌아보라' 고 속삭일 것이라고 말씀하신다. 이에 대해 아주 간단하게 경고하신다. "롯의 처를 기억하라"(눅 17:32). 하나님이 죄악으로 물든 소돔성을 멸하려 하시기 때문에 롯 일가는 자신의 생활 터전을 떠나야 했다. 그런데 롯의 아내는 예전의 죄악된 길을 떠나기 시작하는 예수님의 많은 제자 후보생들처럼 뒤를 돌아보았다. "롯의 아내는 뒤를 돌아보았으므로 소금 기둥이 되었더라"(창 19:26).

하나님은 뒤돌아 소돔을 바라보는 그녀에게서 우상을 숭배하는 마음을 보셨다. 하나님이 아니라 소돔이 그녀의 진정한 사랑이었던 것이다. 좁은 문으로 들어가길 힘쓴다는 것은 예수님의 경고를 소홀히 하지 않는다는 뜻이다. "손에 쟁기를 잡고 뒤를 돌아보는 자는 하나님의 나라에 합당하지 아니하니라"(눅 9:62).

예수님 안에서 쉬어라

반드시 짚고 넘어가야 할 질문이 있다. 이 모든 경계와 좁은 문으로 들어가려는 모든 노력이 자신에게로 와서 쉬라는 예수님의 따뜻한 초대와 일치하는가? 만약 이러한 노력과 경계가 단지 비참하고 부담스러운 생활 방식인 듯 느껴진다면, 예수님이 사람들에게 불가능한 율법의 짐을 지우고 전혀 돕지 않는 율법 교사들을 꾸짖으셨다는 사실을 명심하라. "화 있을진저, 또 너희 율법교사여! 지기 어려운 짐을 사람에게 지우고 너희는 한 손가락도 이 짐에 대지 않는도다"(눅 11:46).

예수님이 자신과 사귀도록 사람들을 어떻게 초대하시는지 기억하라. "수고하고 무거운 짐 진 자들아 다 내게로 오라. 내가 너희를 쉬게 하리라. 나는 마음이 온유하고 겸손하니 나의 멍에를 메고 내게 배우라. 그리하면 너희 마음이 쉼을 얻으리니 이는 내 멍에는 쉽고 내 짐은 가벼움이라"(마 11:28-30).

힘쓰고 경계하라는 예수님의 명령이 부담스러운 것은 우리가 혼자라는 생각 때문이다. 예수님이 우리에게 무엇을 하라고 명하시고 이것을 하나님 나라에 들어가고 영생을 얻는 조건으로 삼으신다면, 대부분 그분은 뒷짐을 지고 우리가 잘하는지 지켜보시기만 할 거라고 생각하기 쉽다. 그분은 무엇인가를 명령하신 뒤에는 우리가 그것을 할 수 있도록 도우신다고는 미처 생각하지 못한다.

예수님은 그분의 피로 새 언약을 이루러 오셨다

예수님은 자신이 온 것은 예레미야 선지자가 약속한 '새 언약'을 이루기 위해서라는 것을 알고 계셨다. 최후의 만찬을 나누실 때, 예수님은 자신의 피를 상징하는 잔을 들고 이렇게 말씀하셨다. "이 잔은 내 피로 세우는 새 언약이니 곧 너희를 위하여 붓는 것이라"(눅 22:20).

'새 언약'이 새로운 것은 하나님의 명령들이 모세 언약에서처럼 단순히 돌에 기록되는 게(출 24:12) 아니라, 하나님 백성의 마음에 기록될 것이기 때문이다. 하나님은 예레미야를 통해 이렇게 약속하셨다. "여호와의 말씀이니라. 보라, 날이 이르리니 내가 이스라엘 집과 유다 집에 새 언약을 맺으리라. 이 언약은 내가 그들의 조상들의 손을 잡고 애굽 땅에서 인도하여 내던 날에 맺은 것과 같지 아니할 것은 …… 그러나 그날 후에 내가 이스라엘 집과 맺을 언약은 이러하니 곧 내가 나의 법을 그들의 속에 두며 그들의 마음에 기록하여"(렘 31:31-33).

예수님은 자신의 삶과 죽음과 부활을 통해 그리고 성령을 보내심으로써 이러한 새 언약을 이루기 위해 오셨다. 에스겔 선지자는 새 언약은 하나님의 성령을 하나님의 백성에게 부어 주고 그들의 영을 새롭게 함으로써 그 백성이 확실히 순종하게 할 것이라고 했다. 하나님은 에스겔을 통해 이렇게 말씀하셨다. "또 내 영을 너희 속에 두어 너희로 내 율례를 행하게 하리니 …… 내가 그들에게 한 마음을 주고 그 속에 새 영을 주며 그 몸에서 돌 같은 마음을 제거하고 살처럼 부드러운 마음을 주어 내 율례를 따르며 내 규례를 지켜 행하게 하리니 그들은 내 백성이 되고 나는 그들의 하나님이 되리라"(겔 36:27, 11:19-20).

하나님의 의도는 그분의 명령을 주시고 아울러 그 명령을 수행할 능력을 주시는 것이었다. 이것이 새 언약이다.

자신의 피로, 예수님은 그분을 믿는 모든 사람들을 위해 이러한 새 언약을 사셨다. 그런 후 자신이 자신의 백성을 위해 이루신 죄 용서를 근거로 (마 26:28) 자신의 백성에게 성령을 약속하셨다.

> "내가 아버지께 구하겠으니 그가 또 다른 보혜사를 너희에게 주사 영원토록 너희와 함께 있게 하리니 …… 내가 아버지께로부터 너희에게 보낼 보혜사 곧 아버지께로부터 나오시는 진리의 성령이 오실 때에 그가 나를 증언하실 것이요 …… 그가 내 영광을 나타내리니 내 것을 가지고 너희에게 알리시겠음이라"(요 15:16, 16:26, 16:14).

그리스도가 없으면 우리의 노력도 헛될 것이다

예수님은 자신의 목숨을 버리시고 성령을 보내심으로써 자신을 믿는 자들을 위해 새 언약의 약속을 이루셨다. 언약의 핵심은 우리는 죄를 용서받았고, 우리가 예수님이 명령하시는 일을 할 수 있도록, 즉 좁은 문으로 들어가길 힘쓸 수 있도록 도우려고 하나님의 성령이 우리에게 임했다는 것이다. "들어가길 힘쓰라"는 예수님의 명령은, 우리가 잘해 내는지 그분이 멀찍이 서서 지켜보기만 하신다는 뜻이 아니다. 마틴 루터의 유명한 찬송이다.

> 내 힘만 의지할 때는 패할 수밖에 없도다
> 힘 있는 장수 나와서 날 대신하여 싸우네
> 이 장수 누군가 주 예수 그리스도 만군의 주로다
> 당할 자 누구랴 반드시 이기리로다.[1]

우리 혼자 힘쓰는 게 아니다. 힘쓰라는 명령은 우리가 그분의 율례를 행할 수 있도록 그분의 새 언약을 성취하기 위해 힘쓰시는 강력한 하나님의 역사役事를 체험하라는 명령이다(겔 36:27). 다음 장에서 이것을 보다 분명하고 자세하게 보게 될 텐데, 다음 장에서는 하나님 나라와 영생의 현재성을 다룰 것이며 더 나아가 좁은 문으로 들어가길 힘쓰면서 소망과 기쁨과 평안을 유지하는 법을 다룰 것이다.

What JESUS DEMANDS from the WORLD
Demand 24

좁은 문으로 들어가 하나님 나라 안에 거하라

I 내가 진실로 너희에게 이르노니 누구든지 하나님의 나라를 어린아이와 같이 받들지 않는 자는 결단코 그 곳에 들어가지 못하리라(막 10:15).

하나님은 좁은 문을 통하여 들어가길 힘쓰라고 명령하시면서, 동시에 우리의 노력이 소망과 확신으로 가득하도록 이미 준비해 놓으셨다. 그러므로 우리가 힘쓰는 것은 들어가지 못하면 어쩌나 하는 초조감 때문이 아니라, 이미 들어와 있다는 확신 때문이다. '들어가기를 힘쓰라. 왜냐하면 너희는 이미 들어와 있기 때문이다.' 역설적으로 느껴질 수 있다. 그러나 이는 예수님을 믿는 모든 사람에게 심오한 진리다.

하나님 나라는 지금 여기 있다

예수님은 메시지를 통해 하나님 나라와 영생이 미래의 약속일 뿐 아니라 현재의 경험이라고 주장하신다. 예수님은 우리에게 좁은 문을 통해 하나님 나라에 들어가길 힘쓰라고 명령하실 때 그 나라가 미래에 완전히 도래했을 때 우리가 맛보게 될 최종적인 기쁨과 하나님과의 완전한 교제에 초점을 맞추신다. 그 나라에 들어가길 힘쓰라. 그러나 예수님이 그분의 제자들에게 계시하신 '하나님 나라의 비밀'은(막 4:11) 그 나라가 이미 그분의 사역 가운데 도래했으며, 그 나라가 최종적으로 도래하기도 이전에 그분의 제자들이 지금 그 나라에 들어가 그 나라의 능력을 체험한다는 것이었다.[1] 예를 들면, 예수님은 이렇게 말씀하셨다. "내가 만일 하나님의 손을 힘입어 귀신을 쫓아낸다면 하나님의 나라가 이미 너희에게 임하였느니라 …… 하나님의 나라는 너희 안에 있느니라"(눅 11:20, 17:21).

예수님의 사역 속에서, 미래에 완성될 하나님 나라가 가까이 다가왔으며 그 능력이 사람들을 죄와 사단의 결박에서 건져 내고 있다.

예수님의 제자들에게, 이것은 "좁은 문으로 들어가려는" 우리의 노력이 우리가 값없이 선물로 받은 하나님 나라의 능력 가운데서 이루어진다는 뜻이다. 예수님이 이것을 어떻게 표현하셨는지 다시 한 번 기억하라. "내가 진실로 너희에게 이르노니 누구든지 하나님의 나라를 어린아이와 같이 받들지 않는 자는 결단코 그곳에 들어가지 못하리라"(막 10:15).

우리는 하나님 나라를 믿음을 통해 선물로 받으며 그 나라의 능력을 경험한다. 이러한 하나님 나라의 능력으로, '협착한 길'을 걸어 '좁은 문'으로 들어갈 것이다. 역설적이게도 우리는 하나님 나라 안에서부터 그 나라에 들어가려고 힘쓴다. 하나님 나라는 지금 이곳에 있으며, 우리는 믿음으로 그 능력 속에 들어와 있다. 그 나라의 완성, 즉 그 나라가 죽음과 질병과 모든 죄를 이기고 승리할 날은 여전히 미래이며 그날은 아직 우리에게 오지 않았다.

영생은 지금 우리의 것이다

이러한 미래와 현재의 관계는 단지 하나님 나라뿐 아니라 영생에도 적용된다. 한편 예수님은 영생을 미래에 주어진 상속이라고 말씀하신다. "내 이름을 위하여 집이나 형제나 자매나 부모나 자식이나 전토를 버린 자마다 여러 배를 받고 또 영생을 상속하리라"(마 19:29, 참조. 25:46).

다른 한편으로, 예수님은 그분을 믿는다는 것은 지금 영생을 가졌다는 뜻이라고 가르치신다. "내가 진실로 진실로 너희에게 이르노니 내 말을 듣고 또 나 보내신 이를 믿는 자는 영생을 얻었고 심판에 이르지 아니하나니 사망에서 생명으로 옮겼느니라"(요 5:24, 참조. 3:36). 예수님을 믿음으로써 우리는 지금 영생을 얻었고, 미래에 그 영생을 완전히 경험하게 될 것이다.

영생과 하나님 나라의 현재성은 기쁨을 낳는다

하나님 나라에 들어가는 것과 영생에 들어가는 것은 현재의 경험이자 미래의 소망이라는 예수님의 가르침을 믿고 함부로 행동해서는 안 된다. "나는 이미 구원 받았어. 그러니 어떻게 살든 상관없어. 깨어 있을 필요도 없어. 좁은 문으로 들어가려고 힘쓸 필요도 없어." 이미 영생에 들어와 있으며 하나님 나라의 능력에 붙잡힌 사람은 이렇게 말해서는 안 된다. 대신 이 진리에 힘입어 기쁨에 찬 노력을 계속해야 한다.

어떤 사람들에게 힘쓴다는 것은 기쁨에 찬 생활 방식이라기보다는 오히려 무거운 짐처럼 느껴진다. 그러나 예수님의 제자들은 이것을 무거운 짐으로 여기지 않는다. 물론 우리의 십자가를 지고 자신을 부인하며 '모든 사람의 종'이 되는 것은(막 10:44) 고통스러울 때가 많다. 그러나 전혀 괴롭지 않고 순간마다 기쁨이 있다. 바로 "기뻐하고 뛰놀라"는 '명령 10'의 핵심이었다(눅 6:23). 사실, 장차 좁은 문을 통해 하나님 나라의 완성에 이르기 위해 끊임없이 노력할 수 있는 것은 지금 영생을 가졌고, 지금 하나님 나라에 있으며, 우리 죄를 지금 용서 받았다는 것을 알며, 지금 예수님과의 교제를 누리기 때문이다. 이것이 마태복음 13장 44절에 나오는 작은 비유의 핵심이다. "천국은 마치 밭에 감추인 보화와 같으니 사람이 이를 발견한 후 숨겨 두고 기뻐하며 돌아가서 자기의 소유를 다 팔아 그 밭을 사느니라."

기쁨이 모든 소유를 다 팔 수 있게 하는, 다시 말해 좁은 문으로 들어가려고 힘쓸 수 있게 하는 동기다. 이것은 우리가 어떻게 어렵고 힘들어 보이는 일을 기쁨으로 하는지 보여 주는 한 예다. "기뻐하며 돌아가서 자기의 소유를 다 팔아." 예수님을 따를 때 우리의 머리 위에는 이렇게 쓴 깃발이 펄럭인다.

우리는 기뻐하면서 거짓된 즐거움이나 고통으로 우리 영혼을 멸하려는 모든 유혹을 물리친다. 우리는 반드시 싸워야 하는 자들처럼 싸우며 이기려는 자들처럼 싸운다. 반드시 노력해야 하며, 노력이 그리스도의 양들에게 미치는 결과는 확실하다. "내 양은 내 음성을 들으며 나는 그들을 알며 그들은 나를 따르느니라. 내가 그들에게 영생을 주노니 영원히 멸망하지 아니할 것이요 또 그들을 내 손에서 빼앗을 자가 없느니라"(요 10:27-28).

겁 많은 자들을 위한 도움

"좁은 문으로 들어가기를 힘쓰라"는 예수님의 명령은 모든 것에 우선한다. 이는 그분의 모든 말씀을 진지하게 받아들이라는 명령이다. 또한 생각과 느낌과 행동에 대해 평생, 매일, 순간순간 경계를 늦추지 말라는 명령이다. 그러므로 이 명령은 겁 많은 예수님의 제자들에게는 고통스럽기 그지없다. 모두 용기를 내자. 그래서 좁은 문으로 들어가기 위해 함께 힘쓸 때 소망과 기쁨을 잃지 않는 방법을 제시하면서 본 장을 마무리하고자 한다.

힘써 싸워 있는 것을 소중히 지키라

첫째, 삶의 최고 보화인 예수님을 위해 싸우라. 그분은 가짜 보석을 위해 싸우라고 명령하지 않으신다. 예수님을 따르는 것은 밭에 숨겨진 보화, 가치가 무한한 보화를 발견했기 때문이다. 그러므로 이 보화를 최대한 즐거워하기 위해 "친척과 재물과 명예와 생명을" 기쁜 마음으로 버린다.[2] 좁은 문으로 들어가길 힘쓰는 것은 예수님을 다른 무엇보다 귀하게 여기는 것이 어려운 그만큼만 어려울 뿐이다.

싸움은 원할 가치가 무한히 있는 것을 위해 한다. 싸움은 하나님이 주시는 마지막 안식을 얻기 위해서가 아니라, 예수님이 값없이 주시는 평안 가운데 안식하기 위해서다. "수고하고 무거운 짐 진 자들아 다 내게로 오라 내가 너희를 쉬게 하리라. 나는 마음이 온유하고 겸손하니 나의 멍에를 메고 내게 배우라. 그리하면 너희 마음이 쉼을 얻으리니"(마 11:28-30).

예수님의 명령은 그분의 약속을 소중히 하기 어렵고 그분의 임재를 귀하게 여기기 어려운 그만큼만 어려울 뿐이다.

예수님은 불가능한 것을 하도록 돕겠다고 약속하신다

둘째, 예수님은 우리가 그분의 명령에 순종할 수 있도록 돕겠다고 약속하신다. "나는 포도나무요 너희는 가지라. 그가 내 안에, 내가 그 안에 거하면 사람이 열매를 많이 맺나니 나를 떠나서는 너희가 아무것도 할 수 없음이라"(요 15:5).

그분은 세상 끝날까지 우리와 함께하겠다고 약속하셨다(마 28:20). 하늘로 돌아가시면서 우리를 고아처럼 버려 두지 않고 와서 우리를 돕겠다고 약속하셨다(요 14:16-18). 또한 자신의 명령은 불가능한 것임을 인정하시지만 전능한 도움을 약속하셨다. "사람으로는 할 수 없으되 하나님으로는 그렇지 아니하니 하나님으로서는 다 하실 수 있느니라"(막 10:27).

그분의 은혜를 입으려고 힘쓸 생각을 하지 말라. 그분의 도움을 입어 힘쓸 생각을 하라.

용서와 칭의는 얼마나 노력하느냐에 달려 있다

셋째, 죄 용서와 의롭다 칭함을 받는 것은 얼마나 노력하느냐에 달려 있다 '명령 20'을 보라. 우리는 이것들을 얻으려고 힘쓰는 게 아니라, 이것들을 얻었기 때문에 힘쓰는 것이다. 예수님은 마태복음 26장 28절에서 용서를 제안하시며("이것은 죄 사함을 얻게 하려고 많은 사람을 위하여 흘리는 바 나의 피 곧 언약의 피니라") 누가복음 18장 13-14절에서 칭의를 제안하신다("세리는 멀리 서서 감히 눈을 들어 하늘을 쳐다보지도 못하고 다만 가슴을 치며 이르되 하나님이여 불쌍히 여기소서 나는 죄인이로소이다 하였느니라. 내가 너희에게 이르노니 이에 저 바리새인이 아니고 이 사람이 의롭다 하심을 받고 그의 집으로 내려갔느니라").

용서 받고 의로운 자로 하나님 앞에 서는 것이 목표가 아니다. 우리는 이미 이런 모습으로 서 있으며, 그렇기 때문에 노력해야 하는 것이다. 좁은 문으로 들어가길 힘써야 하는 것은, 그것이 그리스도께 속한 사람의 징표이기 때문이다. 우리가 힘쓰지 않는다면, 우리에게는 자신이 예수님께 속했다는 표시가 없다. 그러나 힘쓴다고 해서 관계가 이루어지는 것은 아니다. 안전한 관계가 즐거운 노력을 낳는다.

완전은 내세에 이뤄진다

넷째, 완전은 내세에 이뤄진다. 우리는 모든 죄악된 느낌과 생각과 행동으로부터 자유로와지고 싶어 한다. 그러나 좁은 문으로 들어가기 위해서는 이생에서 완전해야 한다는 조건을 내세운다면 우리는 절망스러울 수밖에 없다.

'명령 20' "네가 온전하고자 할진대 가서 네 소유를 팔아"에서 보았듯이 어떤 인간도 완전할 수 없다. 오직 예수님만이 모든 의를 이루신다(마 3:15). 우리에게 한 번이 아니라 매일 "우리 죄를 사하여 주옵소서"라고 기도하라고 가르치시는 것도 이 때문이다(마 6:12). 예수님은 헌신적인 제자들을 가리켜 거침없이 '악하다'고 말씀하신다. 이처럼 완전함이 아니라 죄와 끊임없이 맞서 싸우는 것이 예수님의 참제자의 표시인 것이다. 우리도 용기를 내자. 우리는 실패하지만 버리지는 않는다.³ 우리는 넘어지지만 배교하지는 않는다.

예수님은 우리가 떨어지지 않도록 기도하신다

다섯째, 우리를 버리지 않는 이유는 예수님이 그분의 임재와 성령으로 도우실 뿐 아니라, 우리를 위해 기도하시기 때문이다. 예수님은 자신을 세 번 부인할 베드로에게 이렇게 말씀하셨다. "내가 너를 위하여 네 믿음이 떨어지지 않기를 기도하였노니 너는 돌이킨 후에 네 형제를 굳게 하라"(눅 22:32).

예수님은 베드로가 자신을 부인하리라는 것을 아셨으며, 또한 그 죄에서 돌이키리라는 것도 아셨다. 그래서 "네가 돌아오면"이라고 말씀하지 않으시고 "네가 다시 돌아올 때에는" 표준새번역이라고 말씀하셨다. 그분은 자신의 주권적 능력을 베드로의 죄를 막는 데 사용하지는 않으셨으나 베드로가 버리지 않도록 막는 데 사용하셨다. 예수님이 그분이 사랑하는 자들을 위해 지금도 이렇게 기도하신다고 생각하지 않을 이유가 없다. 하나님은 자신의 아들이 "거룩하신 아버지여 내게 주신 아버지의 이름으로 그들을 보전하사 우리와 같이 그들도 하나가 되게 하옵소서"라고 기도하실 때(요 17:11) 이 기도에 응답하실 것이다.

우리는 아버지의 집에 들어가려고 힘쓰고 있다

여섯째, 하나님의 참자녀로서 당신의 위치를 기억하라. 예수님은 그분의 제자들에게 하나님을 하늘에 계신 그들의 개인적인 아버지로 알고 신뢰하라고 가르치셨다. 예수님이 오시기 전, 이스라엘은 하나의 민족으로서 하나님을 민족의 아버지로 생각했으나 개인적으로 하나님을 아버지로 대하는 경우는 거의 없었다. 그러나 예수님은 이것을 중요하게 여기시며 거듭 언급하셨다. 하나님은 당신을 그분의 자녀로서 개인적으로 사랑하시고 돌보실 것이다.

다만 모두에게 적용되지는 않는다. 예를 들면, 어떤 사람들에게는 이렇게 말씀하셨다. "하나님이 너희 아버지였으면 너희가 나를 사랑하였으리니 이는 내가 하나님께로부터 나와서 왔음이라. …… 너희는 너희 아비 마귀에게서 났으니 너희 아비의 욕심대로 너희도 행하고자 하느니라"(요 8:42, 44).

하나님이 우리 아버지라면 우리는 예수님을 사랑한다. 예수님의 제자들에게 매우 중요한 사실이다. 이는 하나님의 자녀에게는 새로운 본성이 있다는 뜻이다. 새로운 본성의 표시는 바로 예수님에 대한 사랑이다. 그러므로 예수님을 사랑한다는 것은 우리가 하나님의 자녀라는 확실한 증거다.

그리고 우리가 이미 자녀라면, 우리는 좁은 문을 통해 우리 아버지의 집에 들어가려는 노력이 성공하리라는 분명한 확신이 있을 것이다. 그분은 우리가 성공하게 하실 것이다. 그분은 이제 우리 아버지다. 그분은 우리가 그분의 자녀가 될 만큼 열심히 노력하는지 지켜보고 계시는 게 아니다. 우리가 집에 이르도록 적극적으로 돕고 계신다. 예를 들면, 우리가 사람들 앞에서 그분을 어떻게 증거해야 할지 걱정하지 말라고 안심시키신다. "말하는 이는 너희가 아니라 너희 속에서 말씀하시는 이 곧 너희 아버지의 성령이시니라"(마 10:20).

예수님은 참새 한 마리도 '너희 아버지'의 뜻이 아니면 땅에 떨어지지 않는다고 말씀하신다. "두려워하지 말라. 너희는 많은 참새보다 귀하니라"(마 10:29, 31). 하나님의 자녀는 모두들 이렇게 확신한다.

너희 이름이 하늘에 기록된다

일곱째, 좁은 문으로 들어가기를 힘쓸 때 당신의 이름은 하늘에 기록된다. "귀신들이 너희에게 항복하는 것으로 기뻐하지 말고 너희 이름이 하늘에 기록된 것으로 기뻐하라"(눅 10:20).

모든 사람의 이름이 하늘에 기록된다면 기뻐할 이유가 없다. 그러나 많은 사람들이 좁은 문이 아니라 멸망을 향해 가고 있다. "멸망으로 인도하는 문은 크고 그 길이 넓어 그리로 들어가는 자가 많고"(마 7:13).

모든 이름이 다 하늘에 기록되는 것은 아니다. 당신 이름이 하늘에 기록된다는 것은 하나님이 당신을 악에서 구원하여 그분의 나라로 옮기시리라는 뜻이다. 예수님은 다니엘서 12장 1절에서 이 책에 관해 읽으셨다. "환난이 있으리니 이는 개국 이래로 그때까지 없던 환난일 것이며 그때에 네 백성 중 책에 기록된 모든 자가 구원을 받을 것이라."

하나님이 당신을 택하여 예수님께 주셨다

여덟째, 예수님은 하나님이 알지 못하시는 제자들을 모으고 계신 것이 아니다. 하나님이 먼저 자신의 백성을 아셨고 그들의 이름을 자신의 책에 기록하셨다. 이제 아버지께서 이들을 구원하려고 자신의 아들에게로 인도하고 계신다. "아버지께서 내게 주시는 자는 다 내게로 올 것이요, 내게 오는 자는 내가 결코 내쫓지 아니하리라"(요 6:37).

예수님의 제자들은 먼저 하나님께 속했으며 그 다음으로 하나님이 이들을 예수님께 주셨다(요 17:9). 어떤 사람이 예수님께 나온다면, 아버지께서 그를 아셨으며 그를 아들에게 주셨기 때문이다. 예수님이 "내 아버지께서 오게 하여 주지 아니하시면 누구든지 내게 올 수 없다"고 말씀하신 것도 이 때문이다(요 6:65). 이들이 올 때, 예수님은 아버지를 이들에게 계시하시며, 아버지께서는 이들이 떨어져 나가지 않도록 지키신다. "세상 중에서 내게 주신 사람들에게 내가 아버지의 이름을 나타내었나이다. 그들은 아버지의 것이었는데 내게 주셨으며 그들은 아버지의 말씀을 지키었나이다"(요 17:6). "그들을 주신 내 아버지는 만물보다 크시매 아무도 아버지 손에서 빼앗을 수 없느니라"(요 10:29).

자신이 선택된 하나님의 자녀임을 기억하고 기뻐한다면, 자연스레 노력이 뒤따를 것이며, 어떤 것도 고되게 느껴지지 않을 것이다.

예수님이 그분의 기쁨으로 우리의 노력을 도우신다

아홉째, 좁은 문으로 들어가는 가장 핵심적인 방법은 하나님을 기뻐하는 것이다. 먼저 예수님은 "나는 포도나무요 너희는 가지라 …… 나를 떠나서는 너희가 아무것도 할 수 없음이라"고 말씀하신다(요 15:5). 그런 후, "내가 이것을 너희에게 이름은 내 기쁨이 너희 안에 있어 너희 기쁨을 충만하게 하려 함이라"고 말씀하신다(요 15:1).

예수님은 우리에게 그분의 기쁨을 주심으로써 우리를 좁은 문으로 이끄신다. 다음으로 예수님은 "너희 기쁨을 빼앗을 자가 없으리라"고 말씀하신다(요 16:22). 예수님과 하나님이 그분 안에서 우리에게 주시는 모든 것을 기뻐하는 이러한 기쁨이 있기에 평생에 걸쳐 좁은 문으로 들어가기 위해 힘쓸 수 있는 것이다.

우리의 노력은 헛되지 않을 것이다

깨어 있다는 것은 예수님을 따르는 자들의 표시다. 예수님의 제자들은 "멸망으로 인도하는 문은 크고 그 길이 넓다"는 것을 알고 있다(마 7:13). 이들은 삶을 매우 진지하게 대한다. 천국과 지옥이 걸려 있기 때문이다. 그러므로 이들은 진지하게 기뻐한다.

하나님의 아들이 이들을 죄책과 죄의 권세로부터 구해 내셨다. 이들은 하나님의 자녀이며, 이름이 하늘에 기록되어 있다. 이들은 보혜사, 곧 진리의 영을 받았으며, 세상 끝날까지 자신들과 함께하겠다는 예수님의 약속이 있다. 이들은 그분이 자신들을 위해 기도하고 계심을 안다. 또한 자신들이 예수님 때문에 하나님 앞에 의롭게 서 있다는 것을 기뻐한다. 이들은 하나님 나라를 받았으며, 더불어 영생도 얻었다. 그리고 그 누구도 자신들을 하나님의 손에서 빼앗을 수 없으리라는 사실에 놀란다. 이러한 기쁨 속에서, 이들은 좁은 문으로 들어가길 힘쓰려는 열정을 얻는다. 그리고 자신들의 노력이 헛되지 않으리라고 확신한다.

What JESUS DEMANDS from the WORLD

Demand. 25

바리새인처럼 외식하지 말라

| 내가 너희에게 이르노니 너희 의가 서기관과 바리새인보다 더 낫지 못하면 결코 천국에 들어가지 못하리라(마 5:20).

| 화 있을진저, 외식하는 서기관들과 바리새인들이여! 회칠한 무덤 같으니 겉으로는 아름답게 보이나 그 안에는 죽은 사람의 뼈와 모든 더러운 것이 가득하도다. 이와 같이 너희도 겉으로는 사람에게 옳게 보이되 안으로는 외식과 불법이 가득하도다(마 23:27-28).

| 속에서 곧 사람의 마음에서 나오는 것은 악한 생각 곧 음란과 도둑질과 살인과 간음과 탐욕과 악독과 속임과 음탕과 질투와 비방과 교만과 우매함이니 이 모든 악한 것이 다 속에서 나와서 사람을 더럽게 하느니라(막 7:21-23).

| 마음이 청결한 자는 복이 있나니 그들이 하나님을 볼 것임이요(마 5:8).

예수님은 우리의 의義가 서기관들과 바리새인들의 의보다 낫지 못하면 천국에 들어갈 수 없다고 말씀하셨다(마 5:20). 어떤 사람은 자칫 바리새인을 능가하는 바리새인이 되어야 한다는 뜻으로 받아들일 수도 있다. 바리새인은 모세 율법을 가장 세밀하게 연구하는 유대 학자들이었으며, 모세 율법의 세세한 부분까지 가장 엄격하게 지켰다. 전승에 따르면 율법성경의

첫 다섯 권에는 246개의 긍정적인 계명과 365개의 금지 명령이 있다고 한다.[1] 이것들을 바로 세우고 세밀하게 지키는 것이 바리새인들의 일이었다. 그렇다면 예수님의 말씀은 율법을 말하고 율법을 중심으로 행동할 때 훨씬 더 세밀해야 한다는 뜻인가?

존 스토트John Stott는 이렇게 대답한다.

> 최고의 바리새인들이 230개의 계명만 지켰다면 그리스도인들은 240개의 계명을 지키는 데 성공하라는 그런 뜻이 아니다. 그리스도인의 의가 바리새인의 의보다 더 큰 것은 더 깊은 의, 곧 마음의 의이기 때문이다. …… 하나님을 기쁘게 하는 의는 마음과 동기의 내적인 의다. "여호와는 중심마음을 보시기" 때문이다.[2]

옳은 말이다. 그러나 보다 정확히 알기 위해서는 예수님이 서기관들과 바리새인들의 의를 보셨을 때 무엇을 눈여겨보셨는지 살펴보아야 한다. 그것은 아름다운 그림이 아니었다.

예수님과 바리새인

바리새인만큼 예수님의 마음에 분노와 아픔을 일으킨 집단은 없었다. 마태복음 23장은 4복음서 가운데 가장 신랄하다. 바리새인들을 끝없이 비판하는데, 마지막은 예수님의 마음에서 울리는 아픔의 메아리로 끝난다. "예루살렘아, 예루살렘아, 선지자들을 죽이고 네게 파송된 자들을 돌로 치는 자여! 암탉이 그 새끼를 날개 아래에 모음 같이 내가 네 자녀를 모으려 한 일이 몇 번이더냐? 그러나 너희가 원하지 아니하였도다!"(마 23:37).

바리새인에 대한 이러한 안타까움은 탕자의 비유와 탕자의 형의 태도에서도 잘 나타난다. 탕자의 형은 죄인들과 함께 먹는다고 예수님을 비난했던 바리새인과 서기관들을 상징한다. "바리새인과 서기관들이 수군거려 이르되 이 사람이 죄인을 영접하고 음식을 같이 먹는다 하더라"(눅 15:2).

예수님은 이러한 비난에 답하면서 탕자의 비유를 들려주셨다. 비유의 핵심은 예수님이 죄인들과 함께 먹는 것은 하나님이 죄에 연루되셨기 때문이 아니라, 죄인들을 찾고 계시기 때문인 것이다. 그러나 비유 끝부분에서 예수님은 바리새인에게 손을 내미셨다. 예수님은 아버지를_{하나님을 상징한다} 잃었다가 다시 찾은 동생을 위한 잔치에 참석하자고 바리새적인 큰아들에게 간청하는 모습으로 묘사하신다. 이 비유를 통해 바리새인들에게 예수님의 삶과 사역 속에서 은혜의 잔치에 참여하자고 제의하신 것이다.

그러나 큰아들은 스스로를 의롭게 여기는 종의 분노의 자리를 떠나 아들의 기쁨의 자리에 동참하려 하지 않는다. "아버지께 대답하여 이르되 내가 여러 해 아버지를 섬겨 명을 어김이 없거늘 내게는 염소 새끼라도 주어 나와 내 벗으로 즐기게 하신 일이 없더니"(눅 15:29).

그는 자신을 값없이 사랑받는 아들이 아니라 자격 있는 종으로 본다. 아버지가 큰아들에게 하는 마지막 말은 예수님이 바리새인들에게 느끼시는 아픔으로 가득하다. "얘 너는 항상 나와 함께 있으니 내 것이 다 네 것이로되³ 이 네 동생은 죽었다가 살아났으며 내가 잃었다가 얻었기로 우리가 즐거워하고 기뻐하는 것이 마땅하다"(눅 15:30-31).

형은 자신에게 적합한 것을 하려 하지 않는다. 그는 자비를 사랑하지 않는다. 그는 아버지의 자비가 아니라 자신의 공로를 따라 대우받고 싶어 한다.

이 비유는 마무리되지 않은 상태로 끝난다. 하지만 바리새인들은 자신들을 초대하는 소리임을 깨달아야 한다. 이들이 스스로 의롭다 하고 남을 판단하는 자세를 버리고 자비를 기뻐한다면, 하나님은 이들이 은혜와 구원의 잔치에 참여하는 것을 환영하실 것이다.

그러나 우리가 알기로는 바리새인들 가운데 이렇게 한 사람은 극소수에 불과하다. 니고데모는 분명히 이렇게 했다. 그는 밤에 예수님을 찾아와 질문하고 예수님으로부터 "사람이 거듭나지 아니하면 하나님의 나라를 볼 수 없느니라"라는 말씀을 들었다(요 3:3). 나중에 니고데모는 예수님이 죽으신 후 '유대인의 관원'으로서는 극도로 위험한 행동을 한다(요 3:1). 예수님의 시체를 단장하려고 백 리트라어치 향료를 샀으며(요 19:39) 아리마대 요셉과 함께 예수님의 장례를 잘 치러 주었다.

성경은 아리마대 요셉을 제자라고 부르기는 하지만 니고데모가 제자가 되었다고 말하지는 않는다(마 27:57). 그러나 그가 예수님을 믿지 않았다면 바리새인으로서 그렇게 큰 위험을 감수하지는 못했을 것이다. 하지만 바리새인이 예수님을 믿는 것은 드문 일이었다. 대부분의 경우, 바리새인들은 끝까지 예수님에 대한 적대감을 버리지 않았다.

바리새인들이 사랑한 것

예수님이 그린 바리새인들의 그림은 비극적이고 추했다. 근본 문제는 바리새인들의 마음이 하나님에게서 멀리 떠났다는 것이다. 예수님은 마태복음 15장 7-8절에서 바리새인들에게 이렇게 말씀하셨다. "외식하는 자들아, 이사야가 너희에 관하여 잘 예언하였도다. 일렀으되 이 백성이 입술로는 나를 공경하되 마음은 내게서 멀도다." 이들의 마음은 하나님을 소중히 여기지 않는다. 이들은 돈과 칭찬과 성적 쾌락을 소중히 여긴다.

예수님이 누가복음 16장 1-9절에서 돈을 바르게 사용하는 법에 관한 비유를 하신 후, 바리새인들이 그분을 비웃었다. 누가는 이들이 "돈을 좋아하는 자들이라"는 게 그 이유였다고 말한다(눅 16:14). 나중에 예수님은 "서기관들을 삼가라. 그들은 과부의 가산을 삼키며"라고 말씀하셨다(눅 20:46-47). 다시 말해, 이들은 성전 헌금으로 가난한 자들을 보살피는 것은 물론 심지어 자신의 부모를 보살피는 데 써야 한다고 규범을 만들어 내고 전통으로 보존한다(막 7:9-13). 그리고 예수님은 바리새인들의 마음에 있는 것을 묘사하시면서 이들이 "탐욕과 방탕으로 가득하다"고 말씀하셨다(마 23:25). 이들은 하나님을 사랑하는 게 아니라 돈을 사랑했다.

그리고 이들은 사람들의 칭찬을 사랑했다. 이들이 스스로 한 일의 대가로 바라는 것은 하나님과의 교제가 아니라 다른 사람들의 칭찬이었다. 예수님은 말씀하셨다. "그들의 모든 행위를 사람에게 보이고자 하나니 곧 그 경문 띠를 넓게 하며 옷술을 길게 하고 잔치의 윗자리와 회당의 높은 자리와 시장에서 문안 받는 것과 사람에게 랍비라 칭함을 받는 것을 좋아하느니라"(마 23:5-7).

이처럼 사람들의 칭찬과 사랑에 빠졌기 때문에 자신을 희생하시는 그리스도를 진정으로 믿을 수 없었다. 그러므로 예수님은 이들에게 이렇게 말씀하셨다.[4] "너희가 서로 영광을 취하고 유일하신 하나님께로부터 오는 영광은 구하지 아니하니 어찌 나를 믿을 수 있느냐?"(요 5:44).

이들은 하나님이 아니라 사람들의 칭찬을 상급으로 원했다.

그리고 돈과 사람의 칭찬을 사랑하는 사람들이 대개 그렇듯이, 바리새인들도 부정한 성 관계에 자주 연루되었던 것으로 보인다. 예수님은 이들을 가리켜 "악하고 음란한 세대"라고 하셨다. "그때에 서기관과 바리새인 중 몇 사람이 말하되, 선생님이여 우리에게 표적 보여 주시기를 원하나이다. 예수께서 대답하여 이르시되, 악하고 음란한 세대가 표적을 구하나 선지자 요나의 표적밖에는 보일 표적이 없느니라"(마 12:38-39).

'명령 9'에서 이것을 가리켜 부분적으로나마 예수님을 자신들의 진정한 남편으로 받아들이길 원하지 않는 이스라엘의 영적 간음과 같다고 언급했다. 그러나 '음란한'이라는 단어는 단순히 돈과 사람의 칭찬뿐 아니라 부정한 성 관계도 '남편들'이란 단어에 포함되어 있음을 암시한다고 보는 게 자연스럽다. 마음이 하나님의 영광에 깊이 잠겨 있지 않을 때 돈과 사람의 칭찬이라는 가련한 힘에 휘둘리는 게 보통이다.

외식은 율법을 엄밀히 지키는 자들의 가면이다

이러한 우상 숭배가 예수님이 보기에 그토록 추했던 것은, 이 모두가 깨끗한 종교적 복장 속에 감춰져 있었기 때문이다. 이것이 예수님이 외식이라고 부르는 것의 본질이었다. "화 있을진저, 외식하는 서기관들과 바리새인들이여, 잔과 대접의 겉은 깨끗이 하되 그 안에는 탐욕과 방탕으로 가득하게 하는도다"(마 23:25).

잔의 밖을 깨끗이 한다는 것은 하나님의 율법을 하나님에 대한 배척을 숨기는 데 사용하는 것을 말한다. 예수님은 다른 무엇보다도 이것 때문에 가장 진노하셨다. "화 있을진저, 외식하는 서기관들과 바리새인들이여! 회칠한 무덤 같으니 겉으로는 아름답게 보이나 그 안에는 죽은 사람의 뼈와 모든 더러운 것이 가득하도다. 이와 같이 너희도 겉으로는 사람에게 옳게 보이되 안으로는 외식과 불법이 가득하도다"(마 23:27-28).

탐욕, 방탕, 죽은 사람의 뼈, 더러운 것, 외식, 불법과 같은 것들은 바리새인의 마음을 드러내는 단어들이다. 이뿐만이 아니다. 다음 장에서는 이러한 내적 타락이 일으키는 사랑 없는 행위들을 살펴볼 것이다. 여기서 분명히 해야 할 것은 바리새인들의 의가 하나님께 아무런 소용이 없으리라는 것이다. 우리의 의는 바리새인들의 의보다 나아야 한다.

What JESUS DEMANDS from the WORLD
Demand. 26

너희 안을 깨끗이 하라

| 삼가 바리새인과 사두개인들의 누룩을 주의하라 (마 16:6).

| 맹인 된 인도자여, 하루살이는 걸러 내고 낙타는 삼키는도다 (마 23:24).

| 화 있을진저, 외식하는 서기관들과 바리새인들이여! 잔과 대접의 겉은 깨끗이 하되 그 안에는 탐욕과 방탕으로 가득하게 하는도다. 눈 먼 바리새인이여, 너는 먼저 안을 깨끗이 하라 그리하면 겉도 깨끗하리라 (막 23:25-26).

| 또 무거운 짐을 묶어 사람의 어깨에 지우되 자기는 이것을 한 손가락으로도 움직이려 하지 아니하며 (마 23:4).

앞 장에서 보았듯이 예수님은 바리새인들의 마음을 신랄하게 표현하신다. 이들의 마음은 탐욕과 방탕과 죽은 사람의 뼈와 더러운 것과 외식과 불법으로 가득하다. 그러므로 이러한 마음이 겉으로 '의롭게' 보임으로써, 필요하다면 의의 사소한 것들에 집중함으로써 스스로를 지키고 살리는 것은 놀랄 일이 아니다.

영적 분별력이 없다

정의와 긍휼과 믿음을 사랑하는 것보다 십일조를 하는 게 더 쉽다. "화 있을진저, 외식하는 서기관들과 바리새인들이여! 너희가 박하와 회향과 근채의¹ 십일조는 드리되 율법의 더 중한 바 정의와 긍휼과 믿음은 버렸도다"(마 23:23). 이들은 영적 분별력이 전혀 없다. "맹인 된 인도자여 하루살이는 걸러 내고 낙타는 삼키는도다"(마 23:24). 설상가상으로, 맹인이 인도자가 될 때, 다른 사람들이 다치고 죽기까지 한다. 예수님은 말씀하셨다. "그들은 맹인이 되어 맹인을 인도하는 자로다. 만일 맹인이 맹인을 인도하면 둘이 다 구덩이에 빠지리라"(마 15:14).

이들의 영적 우매와 무감각이 자신뿐 아니라 다른 사람들까지 죽인다는 뜻이다. 예수님은 경고하셨다. "화 있을진저, 너희바리새인들여! 너희는 평토장한 무덤 같아서 그 위를 밟는 사람이 알지 못하느니라"(눅 11:44).

죽은 자들과 접촉하는 것은 부정하다고 여겨졌다. 아이러니컬하게도 이들은 자신들을 의식적儀式的으로 깨끗하게 유지하려고 노력한다. 그러나 이들이 이러한 모든 노력을 통해 증명하는 것은 오히려 자신들은 죽었을 뿐 아니라 이 때문에게 다른 사람들에게도 해를 끼친다는 것이다.

지옥을 생각나게 하는 무자비한 명령

이들은 사람들을 보살피지도 않았다. 스스로 의롭다고 생각하는 위선자들이 대개 그렇듯이, 이들이 다른 사람들을 대하는 태도는 무자비하기 이를 데 없다. "또 무거운 짐을 묶어 사람의 어깨에 지우되 자기는 이것을 한 손가락으로도 움직이려 하지 아니하며"(마 23:4).

이들이 율법을 사용하는 모습에서 자비라고는 찾아볼 수 없다. 예수님의 멍에는 쉽고 그분의 짐은 가볍다. 그분은 자신이 명령하시는 것을 행할 힘을 허락해 주시기 때문이다(마 11:28-30).² 반대로, 이들은 상대에게 요구만 할 뿐 상대를 도우려고 손가락 하나도 까딱하지 않는다. 이렇게 함으로써, 이들은 스스로를 멸망시킬 뿐 아니라 다른 사람들까지도 물고 들어간다. "화 있을진저, 외식하는 서기관들과 바리새인들이여! 너희는 천국 문을 사람들 앞에서 닫고 너희도 들어가지 않고 들어가려 하는 자도 들어가지 못하게 하는도다"(마 23:13).

엄격히 말해 이것은 지옥과 같다. 지옥으로 향하는 위선자들은 다른 사람들을 데려가려고 애쓴다. 예수님은 잃어버린 바 되고 연약한 사람들을 향한 깊은 사랑으로 지옥의 대리자들에 대한 불같은 진노를 폭발시키신다. "화 있을진저, 외식하는 서기관들과 바리새인들이여! 너희는 교인 한 사람을 얻기 위하여 바다와 육지를 두루 다니다가 생기면 너희보다 배나 더 지옥 자식이 되게 하는도다"(마 23:15).

이들이 지옥 자식인 것은 하나님이 아니라 마귀가 이들의 아버지이기 때문이다. 예수님은 이들에게 말씀하셨다. "하나님이 너희 아버지였으면 너희가 나를 사랑하였으리니 이는 내가 하나님께로부터 나와서 왔음이라 …… 아버지께서 나를 보내신 것이니라 …… 너희는 너희 아비 마귀에게서 났으니 너희 아비의 욕심대로 너희도 행하고자 하느니라"(요 8:42-44).

사탄이 이들의 마음을 빚었으며, 따라서 이들은 사탄의 뜻에 따라 사랑하고 선택한다. 이들의 기질은 지옥 스타일이다.

바리새인들은 거꾸로 예수님이 사탄을 위해 일한다고 비난함으로써 자신들에 대한 이와 같은 평가를 면하려 한다. 이들은 이렇게 말한다. "이가 귀신의 왕 바알세불을 힘입지 않고는 귀신을 쫓아내지 못하느니라"(마 12:24).

그러나 예수님은 사탄에게 패배를 안기는 데 결코 사탄과 공모하지 않는다고 지적하신다. "만일 사탄이 사탄을 쫓아내면 스스로 분쟁하는 것이니 그리하고야 어떻게 그의 나라가 서겠느냐?"(마 12:26).

스스로 악하기 때문에 선하게 말할 수 없는 것은 "독사의 자식"인 바리새인들이다. "너희는 악하니 어떻게 선한 말을 할 수 있느냐? 이는 마음에 가득한 것을 입으로 말함이라"(마 12:34).

안을 깨끗이 하라 그리하면 겉도 깨끗하리라

이들의 마음은 '완악하다'. 이것이 문제의 핵심이다. 이들은 모든 종교적, 도덕적 노력을 마음에서 나오는 것이 아니라 입으로 들어가는 것을 지키는 데 기울인다. 예수님이 바리새인들의 이러한 역행을 분명히 하시는 것이 제자들에게는 절대적으로 중요했다. 그래서 예수님은 제자들에게 따로 설명하신다. "입으로 들어가는 모든 것은 배로 들어가서 뒤로 내버려지는 줄 알지 못하느냐? 입에서 나오는 것들은 마음에서 나오나니 이것이야말로 사람을 더럽게 하느니라. …… 씻지 않은 손으로 먹는 것은 사람을 더럽게 하지 못하느니라"(마 15:17-20).

바리새인들은 바보처럼, 마치 겉을 만드신 하나님이 속은 전혀 개의치 않으시는 것처럼 행동했다. 예수님은 외치셨다. "어리석은 자들아, 겉을 만드신 이가 속도 만들지 아니하셨느냐?"(눅 11:40) 그런 다음, 예수님은 이들에게 필요한 게 무엇인지 최대한 분명하고 솔직하게 말씀하셨다. "눈 먼 바리새인이여! 너는 먼저 안을 깨끗이 하라. 그리하면 겉도 깨끗하리라"(마 23:26).

다른 곳에서는 보다 간접적이면서도 자극적으로 말씀하셨다. "그러나 그 안에 있는 것으로 구제하라. 그리하면 모든 것이 너희에게 깨끗하리라"(눅 11:41).

이러한 조언과는 반대로, 바리새인들은 사람들에게 보이려고 구제했다

(마 23:5). 이들의 구제에는 마음이 없었던 것이다. 이들은 가난한 사람들을 구제할 때 사랑을 주지 않았다. 가난한 사람들이 지옥의 자녀가 되느냐 아니면 천국의 자녀가 되느냐에 관심이 없었다. 단지 사람들이 자신들의 행위를 칭송하기만을 원했다. 예수님은 이에 대한 해결책을 제시하셨다. "먼저 안을 깨끗이 하라. 그리하면 겉도 깨끗하리라." 안을 바꾸는 게 먼저다. 그러면 그 결과로iva 겉도 깨끗해질 것이다.

예수님은 행동을 눈여겨보시지만, 행동 자체를 중히 여기지 않으신다. 사회 복음이 결코 예수님의 지지를 받을 수 없는 이유도 바로 여기에 있다. "선한 일을 하라"는 게 예수님의 중심 메시지가 아니다. 하나님을 기쁘게 하고 예수님께 순종하는 모든 행위에서 절대적으로 필요한 것은 "먼저 안을 깨끗이 하는" 것이다. 그리고 '그리하면'이라는 말은 오직 변화된 마음에서 나오는 행위만이 예수님이 보기에 가치 있음을 보여 준다. "먼저 안을 깨끗이 하라. 그리하면iva 겉도 깨끗하리라." 겉이 중요하지만 오직 안의 열매로서 중요할 뿐이다.

스토트가 옳았다

이제 25장을 시작하면서 인용했던 스토트의 말이 얼마나 옳았는지 살펴볼 차례다. "내가 너희에게 이르노니 너희 의가 서기관과 바리새인보다 더 낫지 못하면 결코 천국에 들어가지 못하리라"고 하신 예수님의 말씀은 무슨 뜻이었는가?(마 5:20)

스토트는 이렇게 대답했다. "그리스도인의 의가 바리새인의 의보다 더 큰 것은 더 깊은 의, 곧 마음의 의이기 때문이다. …… 하나님을 기쁘게 하는 의는 마음과 동기의 내적인 의다. '여호와는 중심마음을 보시기' 때문이다."[3] 물론, 스토트는 이러한 참된 의가 삶에서 외적으로 표현되리라고 믿는다. 그러나 결정적인 것은 마음의 의다.

추한 '의'는 능가하기 쉽다. 그리고 어렵다

지금까지 살펴본 것에 따르면 이것이 바로 예수님이 의미하신 것이다. 예수님은 바리새인들의 '의'를 너무 추하게 묘사하시기 때문에 그들의 의를 능가하기가 매우 쉬울 거라고 생각할 것이다. 이와 같은 생각은 어떤 의미에서는 참이지만, 또 어떤 의미에서는 거짓이다. 참인 부분은 예수님이 "내 멍에는 쉽고 내 짐은 가벼움이라"고 말씀하셨다는 것이다(마 11:30). 그분은 "지기 어려운 짐을 사람에게 지우지만" "한 손가락도 이 짐에 대지 않는" 그런 부류에 속하길 원치 않으신다(눅 11:46). 그러므로 어떤 의미에서 예수님의 명령은 '쉬우며' 그분의 짐은 '가볍다'고 생각하는 것은 옳다.

그러나 '명령 18'에서 보았듯이, 어떤 의미에서 예수님의 명령은 어렵다. 어렵기만 한 게 아니라 불가능하기까지 하다. 부자가 자기 재물을 사랑하여 예수님을 떠나서 바리새인들의 길을 갔을 때, 예수님은 "잔의 안을 깨끗하게 하고" 더 이상 재물을 사랑하지 않는 게 얼마나 어려운지 말씀하셨다. "사람으로는 할 수 없으되 하나님으로는 그렇지 아니하니 하나님으로서는 다 하실 수 있느니라"(막 10:27).

그분의 말씀은 이 사람을 혼자 두면 그의 마음이 바뀔 수 없다는 뜻이었다. 그는 예수님보다 재물을 더 귀하게 여긴다. 바로 이 부분이 바뀌어야 한다. 이것이 바리새인에게 없는 의다.

바리새인의 의를 능가하는 의는 예수님을 믿고 그분을 돈과 칭찬과 성적 쾌락과 세상의 모든 것보다 더 귀하게 여기는 새로운 마음이다. 어떤 의미에서, 무한한 가치를 지닌 것을 귀하게 여기는 것은 세상에서 가장 쉬운 일이다. 그러나 마음으로 이렇게 예수님을 귀하게 여기지 않는다면, 우리는 결코 바뀔 수 없다.

바리새인들의 의를 능가하는 의

예수님은 마태복음 5장 20절에서 우리의 의가 반드시 서기관과 바리새인들의 의보다 나아야 한다고 말씀하신 후, 같은 장의 산상설교 나머지 부분에서 참된 의는 사랑의 행위를 포함하지만 결정적으로, 그리고 본질적으로 내적이라는 것을 보여 주신다. 결정적으로라고 말한 것은 속에 있는 것이 외적 행위가 하나님 앞에서 가치 있느냐를 결정하기 때문이다. 본질적으로라고 말한 것은 어떤 행동이 갖는 선의 본질은 근육의 움직임이나 외적 결과가 아니라 내적 동기이기 때문이다. 예수님이 바리새인의 외식에 대해 하신 모든 말씀은 우리를 이런 결론으로 이끈다.

예수님은 마태복음 5장 나머지 부분에서 이것을 확인해 주신다. 그분은 하나님의 명령이 마음에 박혀 가장 깊은 마음의 감정들을 요구할 때까지 외적인 율법 읽기가 어떻게 내면으로 향해야 하는지 보여 주는 여섯 가지 예를 제시하신다. 때로 이러한 여섯 가지 명령은 안티테제antitheses라 불린다. 왜냐하면 예수님은 자신의 명령과 바리새인들이 구약 율법을 가지고, 그리고 율법 자체를 일시적으로 수정함으로써 만들고 있었던 것과 대비시키시기 때문이다.[4]

'살인하지 말라' vs '노하지 말라'

첫째, 예수님은 살인하지 말라는 계명을 언급하신다. 예수님은 이 계명을 단순히 외적으로 적용하는 데 반대하시면서 노하지 말라고 명하시고, 겉으로 드러나지 않으나 노하기만 하는 것도 살인과 같다고 말씀하신다(마

5:21-26). 그러므로 바리새인들의 의를 능가하는 의란, 본질적으로 부당한 대우를 받을 때 화를 내지 않는 내적 변화이다명령 18-19를 보라.

'간음하지 말라' vs '음욕을 품지 말라'

둘째, 예수님은 간음하지 말라는 계명을 언급하시고, 외적으로는 물론 내적으로도 음욕을 품지 말라고 명하신다. "나는 너희에게 이르노니 음욕을 품고 여자를 보는 자마다 마음에 이미 간음하였느니라"(마 5:28). 여기서 바리새인들의 의를 능가하는 의란, 본질적으로 부정한 성욕에 매인 마음을 자유하게 하는 내적 변화이다. 예수님이 명령하시는 의는 단순히 행동이 아니라 겉으로 보이는 정숙함 이면에 있는 마음의 정결이다.

'이혼하라' vs '충실하라'

셋째, 예수님은 구약에 나오는 이혼 규정을 언급하시고, 여기에 반대하여 아내와 이혼해서는 안 된다는 더 높은 이상을 제시하신다. "나는 너희에게 이르노니 누구든지 음행한 이유 없이 아내를 버리면 이는 그로 간음하게 함이요 또 누구든지 버림받은 여자에게 장가드는 자도 간음함이니라"(마 5:32). 이때 서기관들과 바리새인들의 의를 능가하는 의는 이혼이라는 외적 해결책이 아니라 마음의 변화에서 부부 문제의 해답을 찾는 새로운 능력이다.[5]

'맹세 지키기' vs '정직하기'

넷째, 예수님은 "네 맹세한 것을 주께 지키라"는 계명을 언급하신다(마 5:33). 그리고 여기에 반대하여 보다 철저하고 보다 내적인 것을 명령하신다. 예수님은 우리의 단순한 '예'와 '아니오'를 뒷받침하는 외적 확증이 필요 없을 만큼 우리의 마음이 투명하고 정직해야 한다고 명령하셨다. 여기서 서기관들과 바리새인들의 의를 능가하는 의는 '맹세합니다' 라는 말이 사족이 되게 할 만큼의 내적인 정직과 진실이다.

'원수 갚기' vs '사랑으로 채워 주기'

다섯째, 예수님은 "눈은 눈으로, 이는 이로 갚으라"는 계명을 인용하신다. 그런 다음, 이 계명과 대비되는 여섯 가지를 명령하신다.

> "나는 너희에게 이르노니 (1)악한 자를 대적하지 말라. (2)누구든지 네 오른편 뺨을 치거든 왼편도 돌려 대며 (3)또 너를 고발하여 속옷을 가지고자 하는 자에게 겉옷까지도 가지게 하며 (4)또 누구든지 너로 억지로 오 리를 가게 하거든 그 사람과 십 리를 동행하고 (5)네게 구하는 자에게 주며 (6)네게 꾸고자 하는 자에게 거절하지 말라"(마 5:39-42).

이 모든 것은 단순한 내적 의향이 아니라 행동이다. 그러므로 서기관들과 바리새인들의 의를 능가하는 의는 단지 내적인 것에 지나지 않는다고 말해서는 안 된다. 여기에는 주목할 만한 인내와 자기 부인과 사랑의 행위가 분명히 포함된다. 그러나 이러한 여섯 가지 명령은 자연스럽고 인간적인 이기심과 너무나 극명하게 대조를 이룬다. 그러므로 세상의 것에 만족해 안주하지 말고, 예수님을 통해 내적 변화를 이루어야만 이것들이 가능하다는 사실도 놓쳐서는 안 된다.

제한적 사랑 vs 원수에 대한 사랑

마지막으로, 예수님은 구약 율법(레 19:18)에 대한 왜곡을 인용하신다.

"또 네 이웃을 사랑하고 네 원수를 미워하라 하였다는 것을 너희가 들었으나"(마 5:43).

이어 이러한 왜곡과 반대되는 말씀을 하신다. "나는 너희에게 이르노니 너희 원수를 사랑하며 너희를 박해하는 자를 위하여 기도하라"(마 5:44). 사랑은 섬김이라는 희생적 행위를 통해 가시적으로 나타난다. 그러나 사랑은 가시적이지 않다. 사랑은 마음의 변화다.

이것은 "너희를 박해하는 자를 위하여 기도하라"는 명령에서 분명하게 나타난다. 기도하라는 말은 우리가 진정으로 이들의 행복을 빌어야 한다는 뜻이다.[6] 우리는 이들의 구원과 이들의 영원한 기쁨을 위해, 그리고 하나님의 긍휼한 구원이 이들의 삶에서 이뤄지길 기도하고 있다. 우리가 그저 원수들에게 외적으로 호의적인 행동을 보이는 데 그친다면, 이런 일은 일어나지 않을 것이다. 진심으로 원수들을 위해 기도하려면 이기적인 마음이 예수님에게서 안전을 찾는 마음으로 극적으로 바뀌어야 한다. 이러한 변화가 마침내 내면에서 흘러나오는 행동과 어우러져 바리새인들의 의를 능가하는 의가 된다.

What JESUS DEMANDS from the WORLD
Demand. 27

정결한 마음을 품으라

| 마음이 청결한 자는 복이 있나니 그들이 하나님을 볼 것임이요(마 5:8).

| 나는 너희에게 이르노니, 음욕을 품고 여자를 보는 자마다 마음에 이미 간음하였느니라. 만일 네 오른 눈이 너로 실족하게 하거든 빼어 내버리라. 네 백체 중 하나가 없어지고 온 몸이 지옥에 던져지지 않는 것이 유익하며, 또한 만일 네 오른손이 너로 실족하게 하거든 찍어 내버리라. 네 백체 중 하나가 없어지고 온 몸이 지옥에 던져지지 않는 것이 유익하니라(마 5:28-30).

| 이와 같이 좋은 나무마다 아름다운 열매를 맺고 못된 나무가 나쁜 열매를 맺나니(마 7:17).

    바리새인들이 실패한 까닭은, '잔의 겉'만 깨끗이 하고 마음을 깨끗이 하는 데는 소홀했기 때문이다. 본 장에서는 바리새인들을 능가하는 정결에 초점을 맞추겠다. 모든 전투가 그렇듯이 이기는 게 중요하다. 과연 우리가 이 전투에서 이길 것인가?

    또한 마지막에는 우리가 하나님의 용서와 영접과 사랑과 생명을 확신하는 근거가 무엇인지 살펴볼 것이다.

청결한 마음

예수님이 마태복음 5장 8절에서 "마음이 청결한καθαροὶ 자는 복이 있나니 그들이 하나님을 볼 것임이요"라고 말씀하실 때, 묘사하고 계시는 것은 서기관들과 바리새인들의 의를 능가하는 의다. 바리새인들에게 필요한 것을 묘사하실 때도 '청결하다' 라는 동일한 단어를 사용하신다. "눈 먼 바리새인이여, 너는 먼저 안을 깨끗이 하라καθάρισον. 그리하면 겉도 깨끗하리라 καθαρόν"(마 23:26). 예수님이 가장 많이 걱정하시는 더러움은 하나님을 신뢰하고 사랑하지 못하는 것이다. 우리의 마음은 하나님을 위해, 그분을 신뢰하고 사랑하도록 지음 받았다. 하나님의 자리를 대신하거나 하나님에 대한 우리의 믿음과 사랑을 약화시키는 것이라면 무엇이든 정결하지 못한 것이다.

쇠렌 키에르케고르Søren Kierkeggard는 「마음의 청결은 하나에 뜻을 두는 것이다」 Purity of Heart Is to Will One Thing라는 제목의 책을 썼다.[1] 이 제목은 청결의 본질과 가깝다. 나는 '뜻을 두다' 이라는 말을 '소중히 여기다' 라는 표현으로 바꾸고 싶을 뿐이다. 뜻을 둔다는 말은 자칫 우리의 진정한 욕구를 거스르는 영혼의 행동을 의미한다고 받아들이기 쉽다. 그러나 하나님을 이런 식으로 소유하려고 뜻하는 것이 마음의 청결은 아닐 것이다. 청결은 하나님이 예수님 안에서 가장 소중히 여김을 받으시는 수준에까지 올라간다. 이것이 바리새인들이 하지 못한 것이며 더 나은 의가 하는 것이다.

예수님을 소중히 여기는 새로운 태도를 낳는 마음의 변화는 우리 마음의 눈이 열려 예수님을 다른 무엇보다 더 갈망하게 될 때 우리가 경험하는 하나님의 선물이다. 예수님은 이러한 변화를 새로운 출생 '명령 1'을 보라 또는 회개라고 부르신다 '명령 2'를 보라. 예수님의 모든 명령 뒤에는 이러한 명령이 전제되어 있을 것이다. 새로운 마음을 가져라. 거듭나라. 우리의 의가 서기관들과 바리새인들의 의보다 나아야 한다는 명령에는 이런 명령이 내포되어 있다. 이것은 무엇보다도 거듭남에 대한 명령이다.

이러한 내적 변화는 선물이다. 하나님이 이러한 변화를 명령하시고 주신다. 예수님은 니고데모에게 그가 "거듭나야 하겠다"고 말씀하시지만(요 3:7) 또한 이렇게 말씀하신다. "바람이 임의로 불매 네가 그 소리는 들어도 어디서 와서 어디로 가는지 알지 못하나니, 성령으로 난 사람도 다 그러하니라"(요 3:8).

예수님은 거듭나라고 명령하신다. 그리고 자유하며 예측할 수 없는 성령께서 거듭남을 선물로 주신다. 우리가 할 일은 실제로 거기 계시는 예수님을 보고 그분의 모든 것 때문에 그분을 믿는 것이다.

청결한 마음을 위해 생사를 걸고 싸우라

청결과 바리새인들의 의를 능가하는 의라는 선물을 지키고 키우는 일은 생사가 걸린 싸움이다. 요한복음 15장 5절이 말하듯이 예수님이 결정하는 능력을 주신다. "나를 떠나서는 너희가 아무것도 할 수 없음이라." 단, 우리 자신의 죄악을 철저하고 끈질기게 공격할 때 이러한 능력을 경험할 수 있다. 예수님은 '의에 주리고 목마른 자'에게 복을 선포하셨다. 이들은 "배부를 것이다"(마 5:6).

주림과 목마름은 혹독하다. 주림과 목마름은 끝이 없다. 주림과 목마름은 살아 있다는 증거다. 우리는 주림과 목마름을 해소하려고 온 힘을 다해 무엇이든 할 것이다. 예수님은 우리에게 바로 이렇게 청결을 구하라고 가르치신다.

예를 들면, 내적인 음욕이라는 더러움을 다룰 때, 예수님은 우리의 영혼이 달려 있으므로 이것을 물리치기 위해서 무엇이든 하라고 명령하신다.

"만일 네 오른 눈이 너로 실족하게 하거든 빼어 내버리라. 네 백체 중 하나가 없어지고 온 몸이 지옥에 던져지지 않는 것이 유익하며, 또한 만일 네 오른손이 너로 실족하게 하거든 찍어 내버리라. 네 백체 중 하나가 없어지고 온 몸이 지옥에 던져지지 않는 것이 유익하니라"(마 5:29-30).

예수님이 "세례 요한의 때부터 지금까지 천국은 침노를 당하나니 침노하는 자는 빼앗느니라"고 말씀하실 때(마 11:12) 언급하고 계시는 것이 바로 이것일 것이다.[2] 천국을 침노하는 것은 예수님이 정욕에 대한 싸움에 관해 하시는 말씀, 즉 천국을 상속받고 지옥에 가지 않기 위해서라면 네 눈을 뽑거나 손을 자르거나 필요한 무엇이든 하라는 말씀을 거듭 실천하는 한 방식일 것이다. 천국을 침노하라힘으로 취하라. 하나님에게 맞서는 힘이 아니라 당신의 죄에 맞서는 강력한 힘으로 천국을 취하라. 우리의 마음에서 의를 위한 치열한 싸움이 일어나고 있다.

오른 눈을 뽑으라는 말씀의 핵심은?

이 싸움과 관련해서 세 가지를 주목하라. 첫째는 지체 가운데서 눈이 가장 먼저 공격받는다는 것이다. "만일 네 오른 눈이 너로 실족하게 하거든 빼어 내버리라." 성적인 죄가 문제라고 하더라도 예수님은 "그런 행실을 피하기 위해 네 성기性器를 잘라 버리라"고 말씀하지 않으신다. 예수님은 "그런 정욕을 피하기 위해 네 눈을 빼어 버리라"고 말씀하신다. 마음의 청결을 위한 싸움이 침실의 청결을 위한 싸움보다 먼저다. 마음의 청결이 없으면 침실의 모든 것이 깨끗하지 못하다.

둘째, 예수님이 당신의 오른 눈을 빼어 버리라고 말씀하신다는 데 주목하라. 이것은 왼 눈이 더럽혀지지 않고 예전처럼 깨어 있게 한다는 데 의미가 있다. 그러므로 예수님 말씀의 요점은 말 그대로 오른 눈을 빼 버린 다 해도 문제는 해결되지 않는다는 것이다. 외적으로 지체의 한 부분을 제 거한다고 해서 내적 욕망을 제어할 수는 없다. 다시 말해 오른 눈보다 더 엄청난 게 걸려 있다는 것이다. 너무나 큰 게 걸려 있기 때문에 죄악 된 욕 망의 결박을 끊기 위해서라면 무엇이든 해야 한다. 놀랍게도 너무나 많은 사람들이 자신의 죄를 대수롭지 않게 여긴다. 예수님은 그래서는 안 된다 고 말씀하신다. 한쪽 눈을 빼고 한쪽 손을 자르는 것과 같은 긴박한 마음 으로 청결한 마음을 위해 싸워라.

셋째, 무엇이 걸려 있는지 주목하라. 지옥이다. "네 백체 중 하나가 없어 지고 온 몸이 지옥에 던져지지 않는 것이 유익하니라." 믿음으로써 의롭다 칭함을 받는다는 진리를 사랑하는 많은 그리스도인들이 – 나도 이 진리를 사랑하며, 이 진리가 예수님이 가르치시는 것이라고 믿는다 '명령 20'을 보라 이러한 예수님의 위협들을 액면 그대로 쉽게 받아들이지 못한다. 그러나 이것들을 피할 길이 없다. 이것들은 복음서 전체에서 나타나며, 우리가 청 결을 위한 싸움에서 지면 멸망하리라는 것을 분명하게 암시한다.

확신의 경험

예수님은 우리의 의가 서기관들과 바리새인들의 의보다 낫지 못하면 천 국에 들어갈 수 없다고 말씀하신다(마 5:20). 우리가 본 장에서 본 바를 종합 하면, 예수님이 여기서 주로 생각하시는 것은 우리에게 전가되는 그분의 의가 아니라는 것이다.[3] 그분은 내적 변화와 마태복음 5장 21-48절에 나오 는 다음 여섯 가지 안티테제에서 나타나는 외적 적용을 생각하고 계신다.

그렇다면 예수님이 진정한 마음의 변화와 진정한 의로운 행위를 명령하 실 때 우리는 그분 안에서 어떻게 안전을 누리는가? '명령 24'에서 이 질문에 답하려고 노력했다. 실제로 이 책 전체에 걸쳐 이 질문에 답하려고 노력하고 있다. 그러므로 또 다른 요약 진술로 이 장을 마무리하겠다. 우리의 안전 의식, 다시 말해 우리가 마지막 때에 하나님 나라에 들어가리라는 확신은, 저항할 수 없는 하나님의 은혜 안에서 우리가 어떤 위치에 있느냐에 달려 있다. 하지만 무엇보다 우리가 참으로 그 위치에 있음을 행동으로 입증해야 한다.

우리는 하나님의 은혜 안에 있고, 예수님을 믿는 사람들에게는 여섯 가지의 영광스러운 진리가 있음을 믿는다. (1)우리는 예수님께 속하기 전에 하나님께 속했다(요 17:6). 다시 말해, 우리는 그 어떤 의를 얻기 전에 하나님의 은혜 안에 있었다. (2)우리의 이름은 하나님이 천국으로 이끄시려는 사람들의 이름과 함께 천국에 기록되어 있다(눅 10:20). (3)우리는 그리스도 때문에 하나님의 값없는 자비를 믿음으로 의롭다함을 받았다(눅 19:14). 예수님은 우리가 우리 자신의 의를 그분의 은혜를 받는 근거로 삼을 필요가 없고 삼거나 믿어서도 안 된다는 것을 분명히 하셨다. 누가는 바리새인과 세리에 대한 예수님의 비유가 "자기를 의롭다고 믿고 다른 사람을 멸시하는 자들에게" 주어진 것이었다고 말한다(눅 18:9). (4)우리는 우리의 영혼을 멸할 모든 원수에게서 속량되었다(막 10:45). (5)우리는 그리스도의 피를 통해 모든 죄를 용서 받았다(마 26:28). (6)우리에게는 이제 성령의 새로운 생명, 곧 영생이 있다(요 5:24).

이것이 우리의 위치이며, 무엇보다 완전하고 완벽하다. 우리는 지금보다 조금이라도 더 많이 선택되거나, 기록되거나, 의롭다 함을 받거나, 대속을 받거나, 용서 받거나, 영원할 수 없다. 또한 우리를 안전하게 지키고, 확신을 주는 결정적인 반석이다. 나아가 결코 변하지 않는다.

어떤 위치에 있는지 입증하기

입증이라는 말을 써서 담아내고자 하는 것은, 우리가 사는 방식이 우리의 위치를 보여 준다는 것이다. 우리가 사는 방식이 우리의 위치를 만들어 내는 게 아니다. 하나님은 오직 믿음을 통해 우리의 위치를 정하신다. 그러나 그분은 우리에게 우리의 위치를 세상에 입증하라고 하신다. 이것이 서기관들과 바리새인들의 의를 능가하는 의다. 선택이 아니라 필수다. 다시 말해, 예수님이 보시기에 우리가 자신이 하나님의 은혜 안에 있음을 입증하지 못하면 우리는 그분의 은혜 안에 있는 게 아니다.

예수님은 천국에 들어가기 위해서는 반드시 이것을 입증해야 한다고 말씀하신다. 왜냐하면 하나님은 단번에 그분의 영원한 은혜 안에 우리의 위치를 정하시는 은혜 때문만이 아니라, 우리가 행위를 통해 이러한 위치를 입증하는 데 필요한 도움을 주심으로써 영광을 받으려 하시기 때문이다. 믿음으로, 저항할 수 없는 하나님의 은혜 안에 있는 사람이라면 그 누구라도 세상에서 이것을 입증하는 데 필요한 모든 것을 얻게 될 것이다.

틀림없이 하나님은 우리가 세상에서 이러한 우리의 위치를 입증하도록 도우실 것이다. 수많은 사실이 이것을 보여 준다. 예를 들면, (1)예수님은 그 무엇도 우리를 그분의 손에서 **빼앗지** 못하게 하겠다고 약속하신다(요 10:28-29). (2)그분은 보혜사께서 오셔서 우리가 혼자 이 싸움을 하지 않도록 돕게 하시겠다고 약속하신다(요 14:16, 26, 15:26). (3)예수님은 친히 세상 끝날까지 우리와 함께하겠다고 약속하신다(마 28:20). (4)예수님은 우리의 믿음이 떨어지지 않고, 아버지께서 우리를 지켜 주시도록 기도하신다(눅 22:32; 요 17:11, 15). (5)예수님은 우리의 불완전함을 예상하시고 대비책을 세우신다(마 6:12). (6)예수님은 우리에게 요구되는 것이 우리에게는 불가능할 때도 하나님에게는 불가능하지 않음을 가르쳐 주셨다(마 19:26). (7)

우리가 우리의 위치를 입증할 때 필요한 것은 흠 없는 모습을 보이는 게 아니라 하나님이 주신 생명이 우리에게 있다는 증거를 제시하는 것이다.

이러한 것들과 그 밖의 진리는 우리에게 확신을 준다. 그것은 바로 우리의 삶에서 일어나는 하나님의 역사가 마지막 때에 요구되는 삶, 곧 하나님의 은혜를 높이는 삶을 우리가 보여 줄 수 있게 한다는 것이다.

좋은 나무마다 좋은 열매를 맺는다

예수님이 입증의 필요성을 설명하려고 사용하신 그림은 나무와 열매다. "이와 같이 좋은 나무마다 아름다운 열매를 맺고 못된 나무가 나쁜 열매를 맺나니, 좋은 나무가 나쁜 열매를 맺을 수 없고 못된 나무가 아름다운 열매를 맺을 수 없느니라. 아름다운 열매를 맺지 아니하는 나무마다 찍혀 불에 던져지느니라"(마 7:17-19).

"좋은 나무가 나쁜 열매를 맺을 수 없다"는 말씀은 예수님의 제자라면 누구도 죄를 짓지 않는다는 뜻이 아니다. '맺다'와 같은 헬라어 동사의 현재 시제는 '계속해서 맺다'라는 뜻으로 이해하는 게 자연스럽다(헬라어 동사의 시제에는 완료와 미완료가 있는데, 완료는 일회적인 동작의 완료를, 미완료는 동작의 지속이나 반복을 나타낸다-역주). 그러므로 예수님은 "좋은 나무가 나쁜 열매를 계속 맺을 수는 없다"고 말씀하신다. 바꾸어 말하자면, 나무가 잘리는 것은 여기저기 나쁜 열매를 맺기 때문이 아니라 나쁜 열매를 너무 많이 맺어 나무가 좋다는 증거를 드러내지 못하기 때문이다. 하나님이 심판 때에 명령하시는 것은 우리의 완전함이 아니라 나무가 생명이 있음을 우리의 경우에는 하나님의 생명이 있음을, 보여 주기에 충분한 열매다.

"내가 너희에게 이르노니 너희 의가 서기관과 바리새인보다 더 낫지 못하면 결코 천국에 들어가지 못하리라"(마 5:20).

하나님, 우리가 오직 그리스도만을 의지하게 하소서. 저항할 수 없는 당신의 은혜 안에 안전히 거하기 위해, 우리의 마음을 변화시켜 우리가 당신의 은혜 안에 있음을 우리의 사랑을 통해 세상에 증거하도록 도우소서.

What JESUS DEMANDS from the WORLD
Demand. 28

원수를 진리로 인도하라

| 나는 너희에게 이르노니, 너희 원수를 사랑하며 너희를 박해하는 자를 위하여 기도하라(마 5:44).

| 너희 원수를 사랑하며 너희를 미워하는 자를 선대하며 너희를 저주하는 자를 위하여 축복하며 너희를 모욕하는 자를 위하여 기도하라(눅 6:27-28).

| 너희가 만일 너희를 사랑하는 자만을 사랑하면 칭찬 받을 것이 무엇이냐? 죄인들도 사랑하는 자는 사랑하느니라. 너희가 만일 선대하는 자만을 선대하면 칭찬 받을 것이 무엇이냐? 죄인들도 이렇게 하느니라. 너희가 받기를 바라고 사람들에게 꾸어 주면 칭찬 받을 것이 무엇이냐? 죄인들도 그만큼 받고자 하여 죄인에게 꾸어 주느니라(눅 6:32-34).

| 그들을 진리로 거룩하게 하옵소서. 아버지의 말씀은 진리니이다(요 17:17).

원수를 사랑하며, 긍휼을 베풀며, 화평하며, 용서하라는 예수님의 명령을 통해 세상에는 사랑하기 힘든 사람들이 있음을 알 수 있다. 예수님은 우리를 반대하는 무리를 가리켜 우리의 '원수'라고 부르신다. 그들은 우리가 실패하는 것을 보고 싶어 한다. 하지만 예수님은 이들을 사랑하라고 말

씀하신다(마 5:44; 눅 6:27, 35). 또는 원수는 아니지만 인격이나 성격이나 됨됨이 때문에 마음이 끌리지 않거나 거부감이 드는 사람들도 있다. 예수님은 이들을 긍휼히 여기라고 말씀하신다(마 5:7, 18:33; 눅 10:37). 마음이 끌리거나 그럴 만한 자격이 있느냐를 근거로 이들을 대하는 게 아니라 긍휼로 이들을 대하라. 그런가 하면 친척이거나 친구이면서도 우리가 해 놓은 일을-정당하게 또는 정당하지 못하게-공격해 관계가 냉랭해지거나 아예 멀어진 사람들이 있다. 예수님은 이들과 화해하기를 힘쓰라고 말씀하신다(마 5:23-26). 게으름이나 교만이나 분노 때문에 용서하고 화평하며 화해하는 겸손을 실천하지 못하는 일이 없도록 하라.

원수가 있다는 것은 당신과 예수님이 발이 맞는다는 뜻이다

예수님의 명령은 우리에게는 원수가 있을 것이며, 우리가 어떻게 하든 간에 모두가 우리와 화해하지는 않으리라는 것도 암시한다. 예수님은 원수가 있는 게 반드시 나쁜 것은 아니며 우리가 그분과 보조를 맞춘다는 뜻일 수 있음을 보여 주신다. 예를 들면, 예수님은 그분에게 충성하기 때문에 박해받는 자들에게 축복을 선언하셨다. "나로 말미암아 너희를 욕하고 박해하고 거짓으로 너희를 거슬러 모든 악한 말을 할 때에는 너희에게 복이 있나니"(마 5:11).

원수가 있을 것을 예상해야 한다는 말이다. "제자가 그 선생 같고 종이 그 상전 같으면 족하도다. 집 주인을 바알세불이라 하였거든 하물며 그 집 사람들이랴 …… 사람들이 나를 박해하였은즉 너희도 박해할 것이요"(마 10:25; 요 15:20).

사실, 예수님은 박해를 받지 않는다는 것은 우리 자신이 예수님보다는 거짓 선지자에 더 가깝다는 표시일 수 있다고 경고하셨다. "모든 사람이 너희를 칭찬하면 화가 있도다. 그들의 조상들이 거짓 선지자들에게 이와 같이 하였느니라"(눅 6:26). 세상과 그리스도의 제자들 간의 적대감은 세상이 예수님을 거부한다는 사실과(요 18:37) 예수님이 한 사람을 변화시키실 때 일으키시는 깊은 변화에 뿌리를 두고 있다. "너희가 세상에 속하였으면 세상이 자기의 것을 사랑할 것이나 너희는 세상에 속한 자가 아니요 도리어 내가 너희를 세상에서 택하였기 때문에 세상이 너희를 미워하느니라" (요 15:19, 참조. 18:14).

그러므로 원수가 있다고 해서 뭔가 잘못했다고 생각해서는 안 된다. 또한 예수님은 충성스러운 제자들에게는 원수가 있을 거라고 아주 분명하게 말씀하셨다.

죽이는 자들과 무시하는 자들을 사랑하라

예수님은 심한 박해뿐 아니라 단순한 무시도 우리가 다뤄야 할 적대감으로 보셨다. 예수님이 가장 나쁜 종류의 적대감만 다루시고 다른 것은 내버려 두실 거라고 생각할 수 있다. 그러나 예수님은 우리의 생명이 위협당할 때뿐 아니라 단순한 무시 때문에 우리의 자아가 위협당할 때도 우리에게 사랑하라고 말씀하신다.

우리를 박해하는 사람들(마 5:44), 우리를 미워하는 사람들(눅 6:24), 우리를 저주하고 모욕하는 사람들(눅 6:28), 우리의 뺨을 치고 겉옷을 빼앗는 사람들까지 사랑해야 한다(눅 6:29). 육체적으로나 정신적으로 깊은 상처를 받고, 어쩌면 죽을 수도 있다(마 10:21; 눅 11:49). 그래도 이 모든 행위에 사랑으로 반응해야 한다. 한편 이러한 적대감 외에도 사소한 것들이 우리를 괴롭힐 수 있다. 예수님은 말씀하셨다. "또 너희가 너희 형제에게만 문안하면 남보다 더하는 것이 무엇이냐? 이방인들도 이같이 아니하느냐? ……

너희가 만일 선대하는 자만을 선대하면 칭찬 받을 것이 무엇이냐?"(마 5:47; 눅 6:33).

여기서 예수님은 인사와 친절 같은 단순한 행동을 다루시는데 그 핵심은 이것이다. 우리는 단순히 모르는 사람이나 우리에게 아무 짓도 하지 않은 사람에게 얼마나 기꺼이 인사를 하는가? 이들은 우리에게 해를 끼치지 않았다. 이들은 우리에게 적대감을 보이지도 않는다. 단지 자신의 일을 할 뿐 우리에게 주목하지 않는다. 우리는 이것을 무시하는 것으로 느낄 수도 있다. 그래도 이들을 사랑하라고 예수님은 말씀하신다. 단지 당신을 인정하고 당신에게 선을 행하는 사람들만 사랑하지 말라. 박해자를 사랑하고, 마치 당신이 살아 있지 않은 것처럼 행동하는 사람도 사랑하라.

이 모든 것은 두 가지 기본적인 문제를 불러일으킨다. 첫째, 이 사랑이 무엇인가? 이 사랑은 어떤 모습인가? 이 사랑은 우리의 얼마나 많은 부분을 포함하는가? 둘째, 이 사랑은 어디서 오는가? '이들은 사랑을 명령하지 않아' 라거나 '이들을 사랑하는 것은 불가능해!' 라는 게 너무나 자연스러운 반응일 때, 이 사랑은 우리 마음에서 어떻게 일어나며, 어떻게 유지되며, 어떻게 표현되는가? 먼저 이 사랑이 무엇인지 살펴보기로 하자.

사랑은 성경의 진리를 보존한다

이 사랑이 무엇을 포함하는가? 이 질문에 대한 첫 번째 대답은 매우 분명해서 오히려 우리가 못 보고 지나칠 수도 있다. 예수님은 우리에게 원수를 사랑하라고 명하시면서 잘못된 성경 사용을 지적하시고 바로잡으신다. "또 네 이웃을 사랑하고 네 원수를 미워하라 하였다는 것을 너희가 들었으나 나는 너희에게 이르노니 너희 원수를 사랑하며 너희를 박해하는 자를 위하여 기도하라"(마 5:43-44).

사랑하라고 명령하는 바로 그 행위에서, 예수님은 거짓되고 해로운 성경 해석을 바로잡음으로써 우리를 사랑하신다.

예수님이 동시대 사람들과 공유하신 유대 성경은 "네 원수를 미워하라"고 말하지 않았다. 유대 성경은 "원수를 갚지 말며 동포를 원망하지 말며 네 이웃 사랑하기를 네 자신과 같이 사랑하라"고 말한다(레 19:18). 어떤 사람들은 '동포'와 '이웃'에 대한 언급을 근거로 사랑하라는 명령은 이웃에게만 해당한다고 결론짓는다. 예수님은 사랑하라고 명령하시면서 사랑의 첫 번째 행위를 직접 보여 주신다. 다시 말해, 사랑은 하나님의 말씀에 대한 잘못된 해석을 거부하고 진리를 밝히 드러낸다는 것이다.

진리는 사랑의 뿌리다

예수님이 보이신 사랑의 본을 가장 먼저 언급한 것은 이것이 예수님의 말씀에서 가장 즉각적으로 나타나는 사랑의 행위이기 때문일 뿐 아니라 우리 시대에 사랑이 진리 수호와 대비될 때가 많기 때문이다. 이것은 예수님이 보여 주시는 모습이 아니다. 그 어디서도 예수님은 이런 모습을 보이지 않으신다. 어떤 사람이 예수님에게 "사랑은 하나 되게 하고 교리는 흩어지게 한다"고 말했다면, 내 생각에 예수님은 그 사람의 영혼을 깊이 들여다보시면서 이렇게 말씀하셨을 것이다. "참된 교리는 사랑의 뿌리다. 그러므로 누구든지 교리를 반대하는 것은 하나됨의 뿌리를 해치는 것이다."

예수님은 절대로 진리에 대한 사랑을 반대하지 않으셨다. 오히려 그 반대로 하셨다. 예수님은 자신이 진리의 체현體現이며 총체라고 말씀하셨다. "내가 곧 길이요 진리요 생명이니"(요 14:6). 예수님은 자신을 가리켜 이렇게 말씀하셨다. "보내신 이의 영광을 구하는 자는 참되니 그 속에 불의가 없느니라"(요 7:18).

예수님의 지상 생애 마지막에 빌라도가 그분에게 "진리가 무엇이냐?"며 (요 18:38) 냉소적으로 물었다. 이것은 예수님이 자신이 세상에 오신 이유를 포괄적으로 제시하셨기 때문이다. "내가 이를 위하여 태어났으며 이를 위하여 세상에 왔나니 곧 진리에 대하여 증언하려 함이로라"(요 18:37).

예수님의 대적들도 그분이 실제로 사람들이 말하는 것과 얼마나 다르며 진리에 얼마나 전념하시는지 보았다. "선생님이여, 우리가 아노니 당신은 참되시고 아무도 꺼리는 일이 없으시니"(막 12:14). 예수님이 세상을 떠나 천국의 아버지께로 돌아가실 때 자신을 대신해 보내실 성령은 '진리의 영'이라 불리실 것이다. "내가 아버지께로부터 너희에게 보낼 보혜사 곧 아버지께로부터 나오시는 진리의 성령이 오실 때에 그가 나를 증언하실 것이요"(요 15:26).

그러므로 예수님은 추종자를 얻으려고 진리를 훼손하는 너무나 많은 사람들과 반대로 하셨다. 예수님의 말씀을 듣는 사람들이 믿지 않는다면, 이것은 진리가 바뀌어야 하는 게 아니라 이들에게 깊은 변화가 필요하다는 뜻이었다. "무릇 진리에 속한 자는 내 음성을 듣느니라"(요 18:37). "하나님께 속한 자는 하나님의 말씀을 듣나니 너희가 듣지 아니함은 하나님께 속하지 아니하였음이로다"(요 8:47). "내가 진리를 말하므로 너희가 나를 믿지 아니하는도다"(요 8:45).

진리가 당신이 원하는 반응을 낳지 못한다고 해서 그 진리를 포기하겠는가? 그래서는 안 된다. 진리로 사람들을 사랑하는 문제에 있어, 예수님은 실용주의자가 아니다. 당신이 애써 진리를 말하는데, 사람들이 믿지 않는다고 해서 진리를 바꿔야겠다고 생각하지 않는다. 듣는 사람들이 깨어 진리를 통해 변화되길 기도한다. "진리를 알지니 진리가 너희를 자유롭게 하리라"(요 8:32). "그들을 진리로 거룩하게 하옵소서. 아버지의 말씀은 진리니이다"(요 17:17).

예수님은 사람들이 "진리로 거룩하게 되길" 기도하실 때 사랑의 뿌리를 보여 주신다. 성화나 거룩은 예수님이 이해하시듯이 사랑의 사람이 되는 것을 포함한다. 예수님은 우리가 사랑의 사람이 되며, 긍휼을 베풀고 화평하며 용서하는 사람이 되길 기도하신다. "그들을 거룩하게 하옵소서"라는 기도에 이 모든 게 포함된다. 그리고 이 모든 것은 진리 안에서 진리를 통해 이루어진다. 사랑과 진리를 대립시키려는 노력은 열매와 뿌리를 대립시키려는 것과 같다. 또는 점화와 불을 대립시키려는 것과 같다. 또는 집의 기초를 2층 침실과 대립시키려는 것과 같다. 기초가 무너지면 집이 무너질 것이며 부부의 침실도 무너질 것이다. 사랑은 진리로 살며, 진리로 불타며, 진리 위에 선다. 예수님이 사랑을 명하시면서 가장 먼저 하신 사랑의 행위가 거짓된 성경 해석을 바로잡는 것이었던 이유도 바로 여기 있다.

사랑 없이도 진리를 사용할 수 있다?

사랑 없이도 진리를 사용할 수 있다. 예를 들면, 어느 사마리아 마을이 예수님이 "예루살렘을 향하여 가시기 때문에" 그분을 받아들이려 하지 않았을 때(눅 9:53) 야고보와 요한은 이것이 진리를 모욕하는 반응임을 알았다. 예수님의 진리에 대한 공격이었던 것이다. 그래서 이들은 진리를 변호하면서 예수님께 물었다. "주여, 우리가 불을 명하여 하늘로부터 내려 저들을 멸하라 하기를 원하시나이까?"(눅 9:54). 예수님의 대답은 퉁명스러웠다. "예수께서 돌아보시며 꾸짖으시고"(눅 9:55).

그러나 이러한 사랑 없는 반응을 해결하는 방법은 더 나은 반응을 얻으려고 마을에 머물면서 진리를 바꾸는 게 아니었다. 예수님은 사마라이인들에게 "교리는 흩어지게 하고 사랑은 하나 되게 한다. 그러므로 우리의 교리적 차이를 내려놓고 서로 하나 되자"고 말씀하지 않으셨다. 이것이 해결책이 아니었기 때문이다. "함께 다른 마을로 가시니라"(눅 9:56). 이것이 해결책이었다.

아직도 우리의 진리로 사랑해야 할 사람들이 많이 남아 있다. 가능하면 어디서든 사랑으로 구원의 진리를 계속 전해야 하며, 우리를 거부한다고 해서 완력을 행사해서는 안 된다. 그러나 진리는 변하지 않을 것이다. 진리는 사랑의 생명의 뿌리이며, 사랑의 불의 구원이며, 사랑의 힘의 기초다. 예수님이 우리에게 이것을 "네 이웃을 사랑하고 네 원수를 미워하라"는 해석과 대비시킴으로써 우리에게 원수를 사랑하라고 명령하셨을 때, 그분은 잘못된 성경 해석을 바로잡는 것이 우리의 원수를 사랑하는 핵심 방법 가운데 하나라는 것을 사랑을 담아 보여 주고 계셨다.

사랑받는 사람에게 절대적 권위가 있는가?

원수를 사랑하라는 예수님의 말씀에는 또 다른 형태의 사랑의 의미가 담겨 있다. 어떤 사람을 원수라고 부른다고 해서 사랑이 없는 게 아니라는 것이다. 우리는 정서적으로 허약한 세대를 살고 있다. 사람들은 쉽게 화를 내며, 비판받으면 상처받았다고 말한다. 정서적 공격이나 상처가 사랑을 보여 주었는지 판단하는 기준이 될 수 있는 시대를 사는 것이다. 어떤 사람이 당신의 말에 상처받았다고 주장할 수 있다면, 많은 사람들이 당신의 행동에 사랑이 없었다고 생각한다. 바꾸어 말하자면, 행동의 질이나 동기가 아니라 상대방의 주관적 반응이 사랑을 규정한다. 이런 식으로 관계를 가질 때, 상처받은 사람이 절대적인 권위를 갖는다. 그가 당신이 자신에게 상처를 주었다고 말한다면, 당신은 사랑으로 행동한 게 될 수 없다. 당신은 유죄다. 예수님은 이러한 관계의 방식을 그대로 방치하지 않으실 것이다.

사랑받는 사람의 반응이 사랑을 규정하는 게 아니다. 어떤 사람이 진정으로 사랑받으면서도 자신에게 상처를 주는 사랑의 행위의 아름다움과 가치를 전혀 떨어뜨리지 않은 채 자신이 상처를 받았다고 느끼거나 공격당했다고 느끼거나 분노를 느끼거나 복수를 당했다고 느끼거나 멍한 느낌이 들 수 있다. 예수님의 죽음에서, 역사상 가장 위대한 사랑의 행위에서 확인할 수 있다. 왜냐하면 그분의 죽음을 두고 애정에서(요 19:27) 희롱에 이르기까지 반응이 다양했기 때문이다(마 27:41-42). 사람들이 예수님의 죽음에 대해 낙담과 분노와 조롱의 반응을 보였다고 해서 그분이 하신 일이 위대한 사랑의 행위였다는 사실이 바뀐 것은 아니다.

예수님의 생활 방식이 이 진리를 보여 준다. 그분은 사랑이라고 느껴지지 않는 사랑을 하실 때가 많았다. 내가 알기로, 예수님처럼 사람들을 거침없이 대하신 분은 없다. 그분의 사랑은 너무나 진실했기에 완충 장치가 거의 필요 없었다. 오늘 우리는 정서적으로 심히 약하고 상처를 입기 쉽다. 나는 50년간 복음서의 예수님과 함께하면서 이 사실을 너무 잘 알게 되었다. 예수님이 당시 사람들에게 말씀하시던 그대로 우리에게 말씀하신다면, 우리는 계속해서 불쾌감을 느끼고 상처를 받을 것이다. 예수님은 제자들에게 바로 이런 방식으로 말씀하셨고, 대적들에게도 동일한 방법으로 말씀하셨다.[1]

예수님 당시의 사람들도 불쾌하게 느꼈다. 예수님의 제자들이 그분에게 "바리새인들이 이 말씀을 듣고 걸림이 된 줄 아시나이까?"라고 물었다. 그러자 예수님은 정곡을 찌르는 대답을 간단하게 하셨다. "심은 것마다 내 하늘 아버지께서 심으시지 않은 것은 뽑힐 것이니[2], 그냥 두라. 그들은 맹인이 되어 맹인을 인도하는 자로다"(마 15:13-14). 바꾸어 말하자면 이렇다. "하나님이 그들을 심지 않으셨으므로 그들은 믿음의 열매를 맺지 못하는 나무들이니라. 그들이 나의 행동을 사랑으로 보지 않는 것은 내게 사랑이 없기 때문이 아니라 그들의 눈이 멀었기 때문이니라."

예수님은 이것들과 그 밖의 많은 것을 친구와 적에게 말씀하실 때 우리의 감정을 상하게 하고 우리 가운데 많은 사람들을 자기 연민에 빠뜨릴 수 있는 방식으로 말씀하셨다. 핵심은 어떤 사랑의 행위가 진짜냐를 결정하는 것은 사랑받는 사람의 주관적 느낌이 아니라는 것이다.

예수님은 '원수'라는 단어를 사용하신다. 이 단어가 어떤 사람들에게는 거슬릴 것이다. 특히 예수님은 "너희가 너희 형제에게만 문안하면 남보다 더하는 것이 무엇이냐?"와 같은 말씀으로 핵심을 풀어놓으시기 때문이다(마 5:47). 예수님은 자신이 진짜 원수와 성가신 형제를 구별할 만큼 신중하지 못하다는 있을 법한 비판에 신경 쓰지 않으신다. 예수님은 우리가 '원수'와 같은 거친 단어를 '형제'와 같은 부드러운 가족 용어와 섞어 사용하길 기대하시는 것 같다.

사랑은 결과에 개의치 않는다

사랑은 자신이 다른 사람들에게 하는 말이나 그 말의 결과를 안중에 두지 않는다는 뜻이 아니다. 사랑은 사랑받는 사람을 축복하는 데 관심이 있다. 사랑은 사랑받는 사람을 고통과 슬픔에서 끌어내어 지금뿐 아니라 영원히 하나님을 더 깊이 체험하는 자리로 인도하려 한다. 그러나 나는 특히 심리화 된 현대 세계에 만연한 문제의 또 다른 면을 강조하고자 한다. 사랑받지 못하고 있다는 느낌은 사랑받지 못하고 있다는 사실은 동일하지 않다. 예수님은 사랑의 객관성에 관한 본을 보여 주신다. 사랑은 진정한 동기와 진정한 행동이 있다. 사람들이 사랑할 때, 사랑받는 사람의 반응이 이 사실을 바꾸지 못한다.

이것은 사랑하는 사람에게 좋은 소식이다. 왜냐하면 하나님이 하나님이며, 사랑받는 사람이 하나님이 아니라는 뜻이기 때문이다. 사랑받지만 상처받는 사람의 판단은 절대적이지 않다. 그의 판단은 옳을 수도 있고 옳지 않을 수도 있다. 그의 판단은 절대적이지 않다. 오직 하나님이 절대적이다. 그분만이 우리의 마음을 아신다.

우리가 하나님 앞에 설 때, 우리의 사랑에 관해 결정적인 것은 다른 사람들이 우리의 사랑을 어떻게 생각하느냐가 아니라 우리의 사랑이 진짜였느냐는 것이다. 어떤 사람들이 우리가 사랑하는 방식을 좋아하지 않는다고 해서 문제 될 것은 없다. 대부분의 사람들은 마지막에 예수님의 사랑을 알지 못했다. 지금도 알지 못한다. 중요한 것은 우리가 사람들 앞에서 옳다고 인정받는 게 아니라, 하나님이 우리가 진정으로 사랑한다는 것을 아시는 것이다. 그분만이 최종 판단을 내리실 수 있다(눅 16:15).

Demand. 29

원수를 위하여 기도하라

| 너희 원수를 사랑하며 너희를 박해하는 자를 위하여 기도하라(마 5:44).

| 너희를 모욕하는 자를 위하여 기도하라(눅 6:28).

| 아버지, 저들을 사하여 주옵소서. 자기들이 하는 것을 알지 못함이니이다(눅 23:34).

우리를 박해하고 모욕하는 사람들을 위해 기도하라는 명령을 살펴보기 전에 예수님의 명령에서 분명히 해야 할 게 하나 더 있다. 사랑은 우리가 사랑하는 사람들을 무너뜨리는 악을 미워한다는 것이다.

사랑은 사람들을 무너뜨리는 악을 미워한다

자신이 사랑하는 사람의 유익을 원한다면 그들을 무너뜨리는 그 무엇에 무관심할 수는 없다. 원수를 사랑하라는 예수님의 명령은, 사랑은 사랑받는 사람을 무너뜨리는 악을 반드시 미워해야 한다는 것을 암시한다. 사람들을 해치거나 예수님을 욕되게 하는 악이 없는 세상이 있다면 그곳에는 사랑만 있고 미움은 없을 것이다. 그곳에는 미워할 대상이 없을 것이다. 그러나 우리가 사는 세상과 같은 곳에서라면, 우리의 사랑에는 미움도 포함해야 한다.

악인을 미워하는 것에 대해

하나님의 원수들에 대한 증오를 표현하며 그들에게 하나님의 저주를 기원하는 시편들에서 예수님께서 읽으신 미움에 관한 몇몇 생각을 소개하는 게 가장 적절할 것 같다. 이러한 시편에는 5:10, 10:15, 28:4, 31:17-18, 35:4-6, 50:14-15, 58:6-11, 69:22-28, 109:6-15, 139:19-22, 140:9-10 등이 있다.

"하나님이여, 주께서 반드시 악인을 죽이시리이다! 피 흘리기를 즐기는 자들아 나를 떠날지어다! 그들이 주를 대하여 악하게 말하며 주의 원수들이 주의 이름으로 헛되이 맹세하나이다! 여호와여, 내가 주를 미워하는 자들을 미워하지 아니하오며 주를 치러 일어나는 자들을 미워하지 아니하나이까? 내가 그들을 심히 미워하니 그들은 나의 원수들이니이다"(시 139:19-22).

예수님은 이러한 시편들을 비판하시지 않고 권위 있는 성경으로 인용하셨다. 가장 심한 시편들 가운데 적어도 하나는 시편 69편 인성人性을 입으신 예수님이 인도와 격려와 자기 이해를 구하면서 가장 즐겨 사용하신 시편이었던 것으로 보인다(요 15:25=시 69:4, "그들이 이유 없이 나를 미워하였다." 요 2:17=시 69:9, "주의 전을 사모하는 열심이 나를 삼키리라." 마 27:34=시 69:21, "쓸개 탄 포도주를 예수께 주어 마시게 하려 하였더니"). 이 시편은 이렇게 기도한다.

"주의 분노를 그들의 위에 부으시며 주의 맹렬하신 노가 그들에게 미치게 하소서"(69:24).

이러한 몇몇 시편에서 원수에 대한 사랑을 오랫동안 추구했다는 데 주목하라. "내게 선을 악으로 갚아 나의 영혼을 외롭게 하나 나는 그들이 병들었을 때에 굵은 베 옷을 입으며"(35:12-13). "나는 사랑하나 그들은 도리어 나를 대적하니 나는 기도할 뿐이라. 그들이 악으로 나의 선을 갚으며 미워함으로 나의 사랑을 갚았사오니"(시 109:4-5). 표현되지는 않았지만, 모든 시편의 경우가 이와 같을 것이다. 악인이 사랑을 거부했다.

또한 미움이 때로는 개인적인 복수가 아니라 도덕적 반감을 가리킬 수 있다는 데도 주목하라. 이것은 "죄는 미워하고 죄인은 사랑하라"이것은 좋은 조언일 수 있지만 이렇게만 말해서는 안 된다고 말하는 것과 다르다. 도덕적으로 타락했고 하나님께 적대적인 사람을 위한 미움이 있다. 이런 미움은 불쌍히 여기는 마음과 공존할 수 있으며 그의 구원을 바라는 마음과도 함께할 수 있다. 이러한 미움은 멸망을 바라서가 아니라, 도덕적 반감이다. 음식을 예로 들어 보자. 맛이 별로라서 시금치를 싫어하면서도 그 가치를 인정해 일부러 먹으면서 시금치가 효능을 발휘하길 바랄 수 있다. 마찬가지로, 혐오스러운 성품 때문에 식인종이나 아동 학대자들 같은 사람들을 싫어하면서도 그의 구원을 위해 자신의 생명을 기꺼이 바치려 할 수 있다. 예수님은 어느 한 사람이 멸망하기를 바라는 미움은 금하신다.

그러나 악인이 너무나 완고하고 고압적이며 하나님을 멸시하기 때문에 구속의 시간이 지나가 버렸고 돌이킬 수 없는 악과 심판만 남는 때가 올 수 있다. 예를 들면, 예수님은 용서 받을 수 없는 죄를 말씀하신다(마 12:32). 그분은 돌아올 수 없는 강을 분명히 건너 버린 바리새인들에 대해 이렇게 말씀하신다. "그냥 두라. 그들은 맹인이 되어 맹인을 인도하는 자로다. 만일 맹인이 맹인을 인도하면 둘이 다 구덩이에 빠지리라"(마 15:14).

'그냥 두라'는 것은 무서운 말씀이다. 크레이그 키너Craig Keener는 이것을 마태복음 7장 6절에 나오는 "너희 진주를 돼지 앞에 던지지 말라"는 말씀과 연결한다.[1] 예수님은 시편이 확증하는 것을 뒤이어 말씀하시는 것 같다. 다시 말해, 마음이 너무나 강퍅하고 교만하며 하나님에 대한 사랑을 전혀 찾아볼 수 없기에 그냥 멸망에 넘겨주고 그에게 저주를 비는 게 적절할 때가 온다는 것이다. 예수님은 세상 마지막에 이런 일이 있을 거라고 분명히 말씀하신다. 그분은 왕께서 "왼편에 있는 자들에게 이르시되 저주를 받은 자들아 나를 떠나 마귀와 그 사자들을 위하여 예비된 영원한 불에 들어가라"고 말씀하실 거라고 하신다(마 25:41).

이 모든 것에 비추어, 그리고 예수님이 하나님의 감동으로 시편이 기록되었다는 것을 인정하신다는 사실에 비추어(마 22:43; 요 10:35), 이렇게 결론짓는다. 예수님은 시편 기자가 성령의 인도를 따라 말하고 있으며, 하나님의 원수들에게 심판을 선언할 궁극적인 권리를 가진 메시야요 재판장을 예시하고 있는 것을 보셨다. 절대 개인적인 복수가 아니다. 오직 하나님이 회개하지 않는 그분의 모든 원수를 지옥에 던지실 마지막 날에 일어날 일에 대한 예언적 집행이다(눅 12:5; 마 22:13, 25:30). 우리는 이러한 마지막 평가를 하나님께 맡기고, 마땅히 미워해야 하는 대로 미워할 수 없는 타락한 우리의 무능력을 깨달아야 할 것이다. 용서 받을 수 없는 죄가 있다. 그러나 우리는 원수를 사랑하고 우리를 박해하며 선을 악으로 갚는 자들을 위해 기도해야 한다 다윗이 시편 35:12-13, 109:4-5에서 했듯이. 이것이 우리가 믿음으로 감당해야 하는 소명이다. 이 소명을 감당하고 저주의 반대편에 설 수 있도록 떨리는 마음으로 하나님을 의지하자.

이 세상에는 사랑과 미움이 뒤섞여 있다. 예수님이 요한복음 5장 29절에서 하신 말씀을 생각해 보자. 예수님은 여기서 죽은 자들이 일어날 마지막 날에 모든 사람이 일어나며 "선한 일을 행한 자는 생명의 부활로, 악한 일을 행한 자는 심판의 부활로 나오리라"고 말씀하신다. 세상에는 우리가 사랑하는 사람들을 최종적인 멸망으로 인도하는 악이 있다. 그리고 사랑은 이러한 악을 미워한다. 우리는 하나님의 심판에 대해 불평하지 않는다. 그분의 심판은 공의로우며 지혜롭다. 그러나 악은 하나님을 대적하게 만들며, 결국 그분 앞에서 심판 받게 만든다. 그래서 악을 미워할 수밖에 없는 것이다.

악은 결코 당신만 해치는 게 아니다

이 시점에서 어떤 사람은, 내가 미워해야 하는 악은 나를 해치는 악이 아니라 다른 사람만 해치는 악이라고 말하고 싶은 유혹을 느낄 것이다. 바꾸어 말하자면, 만약 나에게만 악한 행위를 한다면 그것은 다른 사람에게까지는 미치지 않을 거라는 생각인 것이다. 그러나 예수님은 이와 같은 행위는 없다고 말씀하실 것이다. 왜냐하면 내가 하는 모든 행위는 예수님을 기뻐하는 기쁨은 물론 그분을 가치 있는 분으로 드러내는 나의 능력에도 영향을 미치기 때문이다. 우리는 바로 이것을 위해 지음 받았다(마 5:16, 10:32). 사람들이 예수님의 가치를 깨닫고 영원히 숙고할 수 있도록 그들에게 그분의 가치를 전하기 위해 지음 받은 것이다. 이것이 사람들에게 행할 수 있는 가장 큰 선이다. 그렇게 함으로써 사람들에게 사랑을 나누는 것이다.

그러나 우리 스스로 예수님을 기뻐하는 기쁨을 해치고, 그분의 가치를 다른 사람들에게 드러내는 능력을 해친다면, 이것은 다른 사람들에게 주라고 하나님께서 허락하신 것을 우리 스스로 그들에게서 빼앗는 짓이다.

이것이 악의 본질이다. 악은 예수님을 기뻐하는 우리의 기쁨과 그분의 가치를 드러내는 우리의 능력을 해친다. 다시 말해, 우리는 하나님의 가치를 그들에게 나타내지 못하고 있는 것이다. 그러므로 사랑은 반드시 악을 미워해야 한다. 사랑받는 사람이 행하고 있으며 그에게 해를 끼치는 악이든 내가 나 자신에게 행하고 있으며 나 자신과 그에게 해를 끼치는 악이든 간에, 악은 반드시 미워해야 한다.

사랑과 미움의 관계를 지적하는 것은 우리를 말로만 사랑하는 감상적인 잠에서 깨우기 위해서다. 모든 견해에 관대하라는 명령을 무시하지 않으려고 지나치게 상대적인 세계관을 가지며 악에 대한 개념조차 없을 만큼 도덕적으로 무기력한 사람들이 있는데, 특히 우리 시대에 이런 사람들이 많다. 예수님은 이렇게 말씀하실 것이다. '모든 견해에 관대한 것은 사랑과 반대되느니라'.

이것은 멸망시키는 것을 묵인하는 것이다. 예수님의 말씀을 솔직한 마음으로 읽는다면 그분이 멸망시키는 악과 영원한 기쁨을 주는 선의 존재를 부정하신다고 결론내릴 수 없다. 그러므로 악을 미워하는 게 아니라 악의 존재를 과소평가하거나 부정하는 것은 인간을 멸망으로 이끄는 데 동조하는 것이다. 이는 결코 예수님이 명령하시는 사랑이 아니다.

"너희를 박해하는 자를 위하여 기도하라"

예수님은 원수를 사랑하는 행위와 관련해서 많은 본을 보이신다. 산상설교에서 사랑하라고 명하신 후에 가장 먼저 언급하신 것이 기도다. "너희 원수를 사랑하며 너희를 박해하는 자를 위하여 기도하라"(마 5:44). "너희를 모욕하는 자를 위하여 기도하라"(눅 6:28).

예수님이 생각하시는 사랑이 무엇인가? 첫째, 진정으로 원수의 유익을 원하는 것이 사랑이다. "너희를 저주하는 자를 위하여 축복하라"는 보충 명령이 이 사실을 확인해 준다(눅 6:28). 축복한다는 것은 누군가의 행복을 바라며, 하나님께 구하는 것이다. 예를 들면, 예수님은 민수기 6:24-26의 유명한 축복을 알고 계셨다. 예수님은 원수에게 이렇게 하라고 말씀하신다. "여호와는 네게 복을 주시고 너를 지키시기를 원하며, 여호와는 그의 얼굴을 네게 비추사 은혜 베푸시기를 원하며, 여호와는 그 얼굴을 네게로 향하여 드사 평강 주시기를 원하노라."

원수에게는 그를 비추고 그의 마음을 녹이는 하나님의 따뜻한 얼굴빛이 필요하다. 그러므로 이러한 구체적인 명령을 놓고 볼 때 분명 사랑은 단순히 행동에 불과한 것이 아니다. 사랑은 행동이자 곧 마음의 바람이기도 하다. 원수를 위해 기도할 때 진실된 마음으로 하나님의 축복을 구한다는 것이다.

예수님은 위선적인 기도를 칭찬하지 않으신다. 사람에게 보이기 위한 기도를 원하지 않으신다. 진정한 기도, 즉 원수의 유익을 진정으로 하나님께 구하는 기도를 명령하신다. 사랑은 원수가 하나님의 가장 좋은 것을 체험하길 진정으로 원한다. 선을 행하는 것만으로는 부족하다. 우리의 마음이 원수를 위해 바랄 수 있는 가장 좋은 것을 향하고 있어야 한다.

원수를 위해 무엇을 기도해야 하는가?

원수를 위해 기도하라는 명령에는 원수를 위해 우리가 가장 간절히 구해야 하는 것이 무엇인지 담겨 있다. 예수님은 산상설교에서 원수를 사랑하라고 명령하신 후 열네 절 뒤에서 우리가 무엇을 기도하길 원하시는지 말씀하신다. 그분은 이렇게 기도하라고 말씀하신다.

하늘에 계신 우리 아버지여
이름이 거룩히 여김을 받으시오며
나라가 임하시오며
뜻이 하늘에서 이루어진 것같이 땅에서도 이루어지이다
오늘 우리에게 일용할 양식을 주시옵고
우리가 우리에게 죄 지은 자를 사하여 준 것같이 우리 죄를 사하여 주시옵고
우리를 시험에 들게 하지 마시옵고 다만 악에서 구하시옵소서(마 6:9-13).

원수를 위한 사랑의 기도를 할 때 자신을 위한 간구보다 덜 중요한 것을 구해서는 안 된다. 다음 몇 문장은 원수를 위해 해야 하는 기도이다.

- 먼저 원수들이 하나님의 이름을 거룩하게 하며, 하나님을 다른 무엇보다도 귀하게 여기며, 하나님의 가치에 합당하게 그분을 높이고 공경하도록 하나님께 구해야 한다.
- 원수들이 왕이시며 구원을 주시는 하나님의 통치 아래 들어오며, 하나님이 그분의 왕권을 사용하여 우리의 원수가 그분의 충성스러운 백성이 되게 하시도록 기도해야 한다.
- 우리의 원수들이 천사들이 하늘에서 하듯이 힘을 다하여 가장 순순한 동기와 가장 큰 기쁨으로 하나님의 뜻을 행하길 좋아하도록 기도해야 한다.
- 하나님이 우리의 원수에게 음식과 의복과 쉼터와 교육과 의료와 교통 등 모든 물리적 자원을 공급해 주시도록 기도해야 하며, 그가 자신의 삶에서 하나님의 소명을 이루도록 기도해야 한다. 우리는 자신을 위해 이것을 구하듯이 그를 위해서도 이것을 구해야 한다.

- 우리의 원수가 죄를 용서 받고 용서하는 사람이 되도록 기도해야 한다.
- 마지막으로 하나님이 우리의 원수를 유혹에 빠지지 않도록 지키시며, 사단의 파괴적 권세로부터 지키시도록 기도해야 한다.

하나님이 없는 사랑을 보는 일은 애처롭다. 그리스도인 가운데도 원수의 마음에서 하나님이 높아지길 갈망하며 기도하지 않은 채 누군가를 사랑할 수 있다고 생각하는 사람들이 있다. 참으로 슬픈 일이 아닐 수 없다. 왜냐하면 이것은 그리스도인의 마음에서 하나님이 낮은 자리에 계신다는 것을 말할 뿐 아니라, 어떤 사람이 이 땅에서 번영하는 한 영원히 멸망하든 말든 우리가 상관하지 않아도 되는 그런 사랑이 있을 수 있음을 암시하기 때문이다.

물론 사랑하고 기도하며 애썼는데도 원수를 깨워 예수님을 믿고 하나님의 이름을 거룩하게 하는 데 실패할 수도 있다. 이때 반드시 기억해야 할 것이 있다. 성공이 아니라 사랑이 우리가 하는 희생의 목적이다. 우리는 목표한 만큼 예수님을 높이며 하나님의 이름을 거룩하게 하는 변화를 일으키는 데 성공할 수도 있고 그러지 못할 수도 있다.

그러나 원수가 예수님을 영원히 기뻐하는 것을 목적으로 하지 않는다면, 우리 안에 있는 사랑은 예수님이 명령하시는 완전하고 건강한 사랑이 아니다. 우리의 원수가 이 땅에서 행복하도록 우리가 아무리 창의적으로, 희생적으로, 언론이 칭찬할 정도로 수고한다 하더라도, 우리의 수고는 옹색하고 애처로운 대체물일 뿐이다. 하지만 사랑은 주님이 가르쳐 주신 기도가 담고 있는 모든 목적과 갈망을 담아 우리의 원수를 위해 기도한다.

원수를 위한 가장 감동적인 기도

원수를 위한 기도에 관한 가장 감동적인 예는 예수님이 십자가에서 하신 기도다. 누가복음 23장 33절은 "거기서 예수를 십자가에 못박고"라는 단순하고 축약된 사실을 서술한다. 그런 후에 예수님은 이렇게 기도하셨다. "아버지, 저들을 사하여 주옵소서. 자기들이 하는 것을 알지 못함이니이다"(눅 23:34). 이 기도는 원수 사랑과 관련된 마음의 세 가지 행위인 기도와 용서, 긍휼자비을 하나로 묶는다. 예수님은 자신이 직접 용서의 본을 보이시면서 제자들에게 용서하는 사람이 되라고 명령하신다.

베드로가 "주여, 형제가 내게 죄를 범하면 몇 번이나 용서하여 주리이까? 일곱 번까지 하오리이까?"라고 물었을 때 예수님은 "일곱 번뿐 아니라 일곱 번을 일흔 번까지라도 할지니라"고 대답하셨다(마 18:21-22). 바꾸어 말하자면 이런 뜻이다. "베드로야, 제한을 두지 마라. 내 마음에 너를 향한 긍휼이 무궁하듯이 네 마음에서도 그러하게 하라." "너희 아버지의 자비로우심같이 너희도 자비로운 자가 되라"(눅 6:36).

실제로 죄와 해함이 있는 곳에는 자비와 용서가 필요하다. '원수'가 당신을 학대했다면 당신은 되갚을 '자격이 있다.' 바로 이때 긍휼과 용서가 필요하다. 긍휼은 이렇게 말한다. "나는 네가 받아 마땅한 것보다 더 나은 대우를 네게 해 줄 것이다." 그리고 용서는 이렇게 말한다. "네가 나를 해쳤으나 나는 네게 복수하지 않겠다. 나는 관계가 회복되길 원한다."

왜 용서가 필요한가?

예수님의 기도에 해답이 있다. "나를 죽이는 자들을 사하여 주옵소서. 저들은 자기들이 하는 것을 알지 못함이니이다."

이 말씀은 한 가지 의문을 불러일으킨다. 왜 자신이 무엇을 하는지도 모르는 사람에게 용서가 필요한가? 오히려 이렇게 말해야 하지 않을까? "아버지, 저들은 자신들이 무슨 짓을 하는지 모르고 있습니다. 그러므로 저들에게는 죄가 없고 따라서 용서도 필요 없습니다."

둘 가운데 하나다. 자신이 무엇을 하는지 알며 따라서 용서가 필요하거나, 자신이 무엇을 하는지 모르기 때문에 용서가 필요 없거나. 그런데 왜 예수님은 이들이 스스로 무슨 짓을 하는지 모른다고 하시면서 하나님께 이들을 용서해 달라고 기도하시는가?

그들의 죄는 바로 자신이 무엇을 하는지 모르는 것이다. 용서는 죄가 있을 때만 필요하다. 그 누구도 무죄한 사람을 용서할 수는 없다. 그러므로 예수님이 "아버지, 저들을 사하여 주옵소서"라고 말씀하실 때, 그분의 말씀은 이들이 죄가 있다는 뜻이다. 그리고 예수님이 "자기들이 하는 것을 알지 못함이니이다"라고 말씀하실 때, 그분의 말씀은 "저들은 자신이 무슨 짓을 하고 있는지 알아야 합니다. 저들의 죄는 자신이 무슨 짓을 하고 있는지 모른다는 것입니다"라는 뜻이다.

그들에게는 진리의 증거가 너무나 많기 때문에 그들의 무지는 한 가지로밖에 설명할 수 없다. 그들은 진리를 보길 원하지 않는다는 것이다. 그들은 강퍅하고 완고하며 죄로 눈이 멀어 있다. 그들에게 용서가 필요한 것은 바로 이 때문이다.

그러므로 여기 하나님의 아들, 이스라엘의 메시야, 이 땅에 살았던 가장 무죄하고 사랑이 많은 분을 죽이는 이방인들과 유대인들이 있다. 그러나 이들은 자신이 누구를 죽이고 있는지 모른다. 이러한 무지가 곧 죄이며, 그래서 용서가 필요하다. 그리고 놀랍게도, 예수님은 아버지께서 그들의 눈을 열어 스스로 자신의 죄를 깨닫고 회개하며 용서 받도록 도와주시려고 그들을 위해 기도하신다.

예수님의 기도는 유죄를 선언하고 그와 동시에 용서를 제시한다. 예수님의 기도가 아름다운 것은 이 때문이다. 예수님의 기도는 우리의 원수들이 실제로 죄가 있지만 그렇다고 해서 우리의 사랑과 긍휼과 자비가 멈춰서는 안 된다는 것을 상기시켜 줌으로써 우리가 이들을 사랑하도록 돕는다. 무엇보다 예수님의 기도가 우리에게 도움이 되는 것은, 예수님이 우리를 위해 고난당하셨으며 우리를 위해 기도하고 계셨음을 알기 때문이다. 예수님이 우리에게 원수를 사랑하라고 명령하시는 것은 우리가 하나님의 원수였을 때 사랑받고 용서 받았기 때문이다.

원수에게 선을 행하며 구하는 자에게 주라

| 그때에 베드로가 나아와 이르되, 주여 형제가 내게 죄를 범하면 몇 번이나 용서하여 주리이까? 일곱 번까지 하오리이까? 예수께서 이르시되 네게 이르노니 일곱 번뿐 아니라 일곱 번을 일흔 번까지라도 할지니라(마 18:21-22).

| 그러나 너희 듣는 자에게 내가 이르노니 너희 원수를 사랑하며 너희를 미워하는 자를 선대하며(눅 6:27).

| 또 너희가 너희 형제에게만 문안하면 남보다 더하는 것이 무엇이냐? 이방인들도 이같이 아니하느냐?(마 5:47).

기도는 원수를 사랑하는 한 형태이다. 예수님께서 좋은 본을 보이셨고, 예수님의 기도에서 핵심은 바로 용서였다. 그러므로 용서와 화해는 예수님의 삶과 메시지의 중심에서 가까운 게 분명하다. 따라서 이번 장에서는 이러한 명령들을 더 깊이 탐구해 보고자 한다. 한편 원수를 사랑하는 여러 방법들도 살펴보고자 한다. 우리에게 속하지 않은 자들에게 인사하기, 우

리를 미워하는 자들에게 선을 행하기, 다른 쪽 뺨도 돌려대기, 구하는 자들에게 주기 등 일일이 예를 들자면 끝이 없을 만큼 많다. 마지막으로, 우리는 구하는 자에게 주는 것처럼 이 모든 계명이 사랑이 반응하는 절대적으로 유일한 것인가라는 문제를 생각해 볼 것이다.

용서의 반대는 원한을 품는 것이다

예수님은 제자들에게 단지 입술로만 아니라 마음으로 용서하라고 명령하신다. "너희가 각각 마음으로부터 형제를 용서하지 아니하면 나의 하늘 아버지께서도 너희에게 이와 같이 용서를 모르는 종에 대한 비유에서 하나님이 내리시는 벌을 가리킨다 하시리라"(마 18:35).

용서의 반대는 단절이 아니라, 원한을 품는 것이다. 이렇게 말하는 것은, 당신은 용서의 마음을 품고 고통스러운 학대를 잊어버릴 준비가 되어 있다 하더라도 당신을 학대한 사람은 회개하려 하지 않거나 심지어 자신이 당신을 학대한 사실을 인정조차 하지 않을 수 있기 때문이다. 그러므로 당신이 용서를 제의하더라도 두 사람의 관계는 치유되지 않을 수 있다. 예수님도 계속 용서를 제의하셨지만 모두가 그분과 화해하지는 않은 것과 마찬가지다. 그러므로 용서의 반대는 원한을 품는 것이다. 우리는 다른 사람들이 하는 일에 책임이 있는 게 아니라, 바로 자신이 하는 일에 책임이 있다. 더불어 다른 사람들의 마음에 대해서가 아니라 자신의 마음에 대해 책임이 있다.

그러나 예수님은 화해하려는 노력이 매우 중요함을 분명히 하신다. 우리는 우리의 말과 행동을 공격하는 사람들과 화해하기 위해 모든 합당한 노력을 다해야 한다. '모든 합당한 노력'이라고 말한 것은 사람들이 취하는 모든 공격이 다 정당하지는 않기 때문이다. 만약 예수님이 그분에게 죄를 지은 서기관과 바리새인들 하나하나를 일일이 찾아내셔야 했다면 다른 일은 하나도 못하셨을 것이다. 화해하라는 예수님의 명령과 함께 이것을 명심해야 한다. 예수님은 말씀하셨다. "그러므로 예물을 제단에 드리려다가 거기서 네 형제에게 원망 들을 만한 일이 있는 것이 생각나거든 예물을 제단 앞에 두고 먼저 가서 형제와 화목하고 그 후에 와서 예물을 드리라"(마 5:23-24). 나는 "네 형제에게 원망 들을 만한 일이 있는 것이 생각나거든"이라는 말씀은 "네 형제가 정당하게 너를 거스를 만한 일이 있다면"이라는 뜻으로 받아들인다.

이런저런 부분에서 예수님을 거스르는 사람이 항상 있었다. 그분의 공생애에서 아무도 그분을 공격하지 않은 적은 단 한 순간도 없었다. 예수님은 이 모든 사람들과 개인적으로 화해하기 위해 이들에게 다가간 후에야 예배하실 수 있었다면 결코 예배하지 못하셨을 것이다. 역사 속의 그분의 대리자들 대부분도 마찬가지다. 이들에게는 항상 화해할 수 없는 적이 있다. 사실, 예수님은 "모든 사람이 너희를 칭찬하면"(눅 6:26) 우리가 그분의 충성스러운 제자가 아닐 거라고 경고하셨다. 오히려 "인자로 말미암아 사람들이 너희를 미워하며 멀리하고 욕하고 너희 이름을 악하다 하여 버릴 때에는 너희에게 복이 있도다"라고 말씀하셨다(눅 6:22).

화해를 거부하면 영혼이 위험하다

그러므로 마태복음 5장 23-24절의 핵심은 우리가 한 것 때문에 형제가 상처 받거나 화를 낼 정당한 이유가 있다면, 신속하게 화해해야 한다는 것이다. 23절 첫머리에 '그러므로' οὖν라는 단어를 사용했다는 것은 이것이 얼마나 중요한지 나타내는 것이다. "그러므로 예물을 제단에 드리려다가 거기서 네 형제에게 원망들을 만한 일이 있는 것이 생각나거든." 이 접속

사는 방금 예수님이 23-24절의 명령이 얼마나 긴급한지 말씀하셨다는 뜻이다. 그분은 이렇게 말씀하셨다. "형제에게 노하는 자마다 심판을 받게 되고 …… 미련한 놈이라 하는 자는 지옥불에 들어가게 되리라"(마 5:22). 한 마디로 이런 뜻이다. 형제를 멸시하면 네 영혼이 위험하다.

'그러므로' 다음에 23절과 24절이 이어진다. 형제나 자매를 멸시하면 우리 영혼이 위험해진다. 22절에 지옥을 언급함으로써 형제나 자매를 멸시하면 우리가 영원히 하나님에게서 끊어지는 위험에 처할 수 있다. 마음에 이와 같은 것이 그대로 있다면 즐겁게 예배하러 갈 수 없다. 예수님은 이 문제를 반드시, 그리고 즉시 해결해야 한다고 말씀하신다. 형제를 멸시하면 우리와 하나님의 관계는 위험에 빠진다. 그러므로 마음으로 형제를 멸시하는 동안에는 하나님이 우리의 예배를 받지 않으실 것이다.

예수님이 23-24절에서 말씀하시는 것은 이것이 전부가 아니다. 그분은 우리의 화뿐만 아니라 우리의 죄 때문에 손상된 관계에도 초점을 맞추신다. 마태복음 5장 21-22절의 초점은 실제로 우리의 화와 경멸에 맞춰져 있다. 그리고 23절 맨 앞에 나오는 '그러므로'라는 단어는 이러한 화가 여전히 예수님이 말씀하시려는 것 뒤에 있음을 보여 준다. 그러나 사실 그분의 말씀은 화와 경멸이라는 우리의 주관적 느낌에서 우리의 화 때문에 무너진 관계로 옮겨 간다. 예수님은 명령하신다. "예물을 제단 앞에 두고 먼저 가서 형제와 화목하고 그 후에 와서 예물을 드리라"(마 5:24).

예수님은 당신이 이렇게 하려면 화를 풀어야 한다고 보신다. 그러나 초점은 당신이 상처 입은 형제에게 다가가기 위해 어떤 구체적인 조치를 취할 것인가에 맞춰진다. 교만하고 타락한 인간이 할 수 있는 가장 힘든 일 가운데 하나이기 때문이다. 그러나 어렵더라도 그리하면 천국 문이 열리고 가장 감미롭고 즐거운 예배를 경험할 수 있다.

사랑은 자기 그룹에 속하지 않은 사람들에게도 인사한다

원수 사랑에는 적대적인 타인이든 성질이 고약한 배우자든 간에 사랑하기 힘든 사람들도 포함된다. 그러므로 예수님이 명령하시는 사랑의 방식은 자기 희생에서 단순한 인사에 이르기까지 아주 다양하다.

예수님은 원수 사랑의 문맥에서 "너희가 너희 형제에게만 문안하면 남보다 더하는 것이 무엇이냐? 이방인들도 이같이 아니하느냐?"와 같은 평범한 말씀을 하시는데(마 5:47), 이것은 주목할 만하다. 전 세계적 고통과 국제적 불의에 관심 있는 사람들은 이것이 우스울 만큼 개인주의적이며 사소하다고 생각할 것이다. '문안이라고? 지금 같은 세상에서 우리가 거리에서 누구에게 인사하느냐가 정말로 중요한가?'

예수님은 진실된 마음을 드러내는 것은 세계적인 운동처럼 거창한 것이 아니라, 그저 우리가 날마다 보여 주는 공손한 행동이라는 것을 알고 계신다. 그분은 우리의 사회적 관심사를 바꾸는 것은 물론 마음까지 거침없이 바꾸려 하신다.

"너희를 미워하는 자를 선대하라"

마음이 바뀌면 자연스레 사회적 관심사도 바뀔 것이다. 예수님이 제시하시는 원수 사랑의 예 가운데 하나는 하나님이 거역하는 세상에 날마다 자비를 베푸신다는 것이다. "하나님이 그 해를 악인과 선인에게 비추시며 비를 의로운 자와 불의한 자에게 내려주심이라"(마 5:45).

해와 비는 식물이 자라는 데 반드시 필요하지만 인간이 제어할 수 없다. 그러므로 예수님은 하나님이 그분의 원수들에게 손을 내미시고 음식과 음료에 대한 이들의 필요를 채워 주신다고 말씀하신다. 하나님은 이들이 회개하길 기다리지 않으신다. 그분은 자비를 베푸신다. 그러므로 원수를 사랑한다는 것은 삶의 평범한 것들 속에서 그들을 돕는 실제적인 행위를 의미한다. 하나님은 그분의 원수들에게 햇볕과 비를 주신다. 당신은 자신의 원수들에게 먹을 것과 마실 것을 준다. 이것과 그 밖의 많은 실제적인 것들이 '선대하라' 는 짧은 명령에 포함된다. "너희를 미워하는 자를 선대하며"(눅 6:27, 참조. 33, 35절).

치유를 통해 선을 행하라

예수님의 사역 기간에 열두 사도의 사역에서 두드러진 점은 치유하라는 명령이었다. 이 명령 뒤에는 예수님 자신의 치유 권세가 있었다. 치유 사역은 예수님의 사역에서 크고 중요하며 본질적인 부분이었다. 치유 사역은 하나님 나라의 도래를 보여 주는 것이었다. 그러므로 하나님 나라 전파와 치유 사역이 함께 이루어졌다. "예수께서 온 갈릴리에 두루 다니사 그들의 회당에서 가르치시며 천국 복음을 전파하시며 백성 중의 모든 병과 모든 약한 것을 고치시니"(마 4:23).

치유 사역은 예수님이 메시야이심을 보여 주는 중요한 증거였다. 헤롯의 감옥에 갇힌 세례 요한은 예수님이 메시야이신지 의문이 들기 시작하자 그분에게 사람을 보내 이렇게 물었다. "오실 그이가 당신이오니이까? 우리가 다른 이를 기다리오리이까?" 예수님은 자신의 치유 사역을 말씀하시는 것으로 대답을 대신하셨다. "너희가 가서 듣고 보는 것을 요한에게 알리되, 맹인이 보며 못 걷는 사람이 걸으며 나병환자가 깨끗함을 받으며 못 듣는 자가 들으며 죽은 자가 살아나며 가난한 자에게 복음이 전파된다 하라. 누구든지 나로 말미암아 실족하지 아니하는 자는 복이 있도다"(마 11:3-6, 마 9:6도 보라).

예수님이 행하신 치유의 기적들은 메시야와 하나님의 아들이신 그분의 특별한 역할을 증거하기 위한 것이었다. "내가 내 아버지의 이름으로 행하는 일들이 나를 증거하는 것이거늘"(요 10:25).

그러므로 예수님은 사람들에게 그분이 하시는 일을 보고 그분을 믿으라고 명령하셨다. "내가 행하거든 나를 믿지 아니할지라도 그 일은 믿으라. 그러면 너희가 아버지께서 내 안에 계시고 내가 아버지 안에 있음을 깨달아 알리라. …… 내가 아버지 안에 거하고 아버지께서 내 안에 계심을 믿으라. 그렇지 못하겠거든 행하는 그 일로 말미암아 나를 믿으라"(요 10:38, 14:11).

예수님의 권능이라야 치유할 수 있다

예수님의 기적은 그분과 하나님의 특별한 관계와 그분의 특별한 권능을 특별히 증거한다. 그럼에도 불구하고 예수님은 이러한 권능을 어느 정도 제자들에게 주셨다. 이것이 치유하라는 그분의 명령의 기초가 되었다. "예수께서 그의 열두 제자를 부르사 더러운 귀신을 쫓아내며 모든 병과 모든 약한 것을 고치는 권능을 주시니라"(마 10:1).

이러한 권능을 주셨기 때문에, 예수님은 제자들에게 자신의 사역 패턴을 더 넓은 곳에 적용하라고 명하셨다. "가면서 전파하여 말하되 천국이 가까이 왔다 하고 병든 자를 고치며 죽은 자를 살리며 나병환자를 깨끗하게 하며 귀신을 쫓아내되"(마 10:7-8).

열두 제자뿐 아니라 70인으로 구성된 더 큰 그룹도 마찬가지였다. "그 후에 주께서 따로 칠십 인을 세우사 친히 가시려는 각 동네와 각 지역으로 둘씩 앞서 보내시며"(눅 10:1).

예수님은 이들에게 "병자들을 고치고 …… 하나님의 나라가 너희에게 가까이 왔다 하라"고 명하셨다(눅 10:9).

치유하라는 명령에 어떻게 순종해야 하는가?

현대를 사는 우리는 하나님 나라가 도래했음을 알리는 증거로써 치유 사역을 어떻게 감당해 나갈 수 있을까? 일부에서는 예수님과 동일한 방식으로 복음을 전하고 기적적인 치유를 행함으로써 실제로 예수님의 사역을 계속해야 한다고 말한다. 그런가 하면 이러한 기적의 은사와 권능은 사도들과 제1세대 신자들이 떠나면서 그쳤다고 주장하는 사람들도 있다.

나의 견해는 이 둘 사이에 있다. 첫 번째 그룹은 기적적인 치유가 예수님의 특별한 존재성과 사역에 대한 증거로써 했던 역할을 생각해 보길 바란다. 예수님과 그분의 첫 제자들이 했던 기적적 치유라는 놀라운 사역은 하나님의 아들의 성육신을 둘러싼 특별한 사건의 일부였다. 예수님이 행하신 치유의 일관성과 완전성은 인류 역사에서 유래가 없는 것이었다. 이러한 초기 사건들 후에 일어난 모든 기적적인 치유 사역은 예수님이 실제로 하신 것에 훨씬 미치지 못한다. 그것은 불신앙 때문이 아니라, 예수님과 기초가 되었던 그 시절이 예정대로 특별했기 때문이다. 예수님이 병자를 고치고 죽은 자를 일으키는 가운데 하신 일은 내세에 완전히 이루어질 일을 나타내고 내다보는 것이었다.

한편 왜 어느 정도의 기적적 치유가 오늘날의 복음 사역에 동반되지 말아야 하는지 모르겠다. 내가 보기에, 가장 발전적인 방법은 기적적 치유를 하나님의 긍휼과 능력에 대한 증거로 인정할 뿐 아니라 죄인들의 구원에서 하나님의 말씀이 핵심적인 역할을 한다는 것과 치유에서 하나님이 그분의 뜻대로 주권적으로 일하신다는 것을 인정하는 것이다. 그러므로 오늘날 예수님에게 순종한다는 것이 어떤 그룹들에게는 말씀 중심으로 돌아간다는 뜻일 것이며 어떤 그룹들에게는 치유 가운데서 자유와 하나님의 자비로운 능력을 발견한다는 뜻일 것이다.

미움을 받더라도 선을 행하라

예수님이 행하신 기적들이 항상 구원하는 믿음을 낳은 것은 아니었다. 언젠가 예수님의 형제들은 그분이 행하신 기적을 통해 나타나는 영적 아름다움보다 사람들의 환호에 더 매료되었다. 이들은 예수님이 예루살렘에서 기적을 행하여 더 인기를 끌게 하려 했다. "스스로 나타나기를 구하면서 묻혀서 일하는 사람이 없나니 이 일을 행하려 하거든 자신을 세상에 나타내소서." 요한은 여기에 이렇게 덧붙인다. "이는 그 형제들까지도 예수를 믿지 아니함이러라"(요 7:4-5).

우리는 유다가 다른 사도들과 함께 치유의 기적을 행했을 테지만 결국 예수님을 배신했다는 깜짝 놀랄 사실을 깊이 생각해 봐야 한다. 그러므로 치유 사역도 "너희를 미워하는 자를 선대하라"는 명령에 포함될 수 있다. 미워하다라는 단어의 느낌은 매우 강하다. 미움을 받는 게 어떤 모습이며 어떤 느낌일지 생각해 보라. 또한 당신을 미워하는 자에게 선을 행하는 게 얼마나 놀라운 것인지 생각해 보라.

예수님은 미움을 받는 게 어떤 것인지 너무나 잘 알고 계셨으며(눅 19:14; 요 7:7, 15:18, 24-25), 그분의 사랑을 받아들이려는 모든 원수들을 위해 목숨을 버리셨다. 예수님은 "사람이 친구를 위하여 자기 목숨을 버리면 이보다 더 큰 사랑이 없나니"라고 말씀하셨다(요 15:13). 이때 그분은 자신이 친구들을 위해 죽는다는 사실 때문이 아니라, 자신이 죽는다는 사실 때문에 자신의 사랑이 크다고 말씀하고 계셨다. 예수님이 자신의 친구들을 언급함으로써 의미하신 바는 하나님의 진노를 제거하고(요 3:14-15, 36) 죄를 사하는 그분의 죽음의 목적을(마 26:28) 경험할 수 있는 사람은 지금은 원수지만 적대감을 버리고 그분의 친구가 되는 사람들뿐이라는 것이다.

그리고 예수님은 우리도 그분을 따르면 틀림없이 미움을 받으리라는 것을 분명히 하셨다. "너희가 내 이름으로 말미암아 모든 사람에게 미움을 받을 것이나"(마 10:22).

어쩌면 크나큰 고통으로 괴로울 수도 있다. 왜냐하면 우리를 미워하는 사람이 전에 가깝게 지내던 친구들일 수도 있기 때문이다. "그때에 많은 사람이 실족하게 되어 서로 잡아 주고 서로 미워하겠으며"(마 24:10).

누군가 정말로 당신을 미워하고 당신에 대해 거짓말하고 당신을 해치고자 할 때 당신 마음에서 자연스럽게 일어나는 감정들을 생각해 보라. 대부분은 당연히 복수할 자격이 있다고 느낀다. 그러나 예수님은 마음을 바꾸라고 명령하신다. 물론 악에 대한 정당한 분노를 느낄 수는 있다. 하지만 마음은 우리를 미워하는 자의 유익을 원하고 '선을 행해야' 한다. 그 사랑이 우리를 미워하는 자의 마음에 회개를 일으킬 수도 있고, 반대로 예수님의 사랑처럼 바닥에 밟힐 수도 있다. 그러나 이것은 우리가 걱정할 일이 아니다. 예수님의 말씀을 기억하자. "너희를 미워하는 자를 선대하라."

다른 쪽 뺨을 돌려 대고, 구하는 자에게 주라

선으로 악을 갚으라는 명령이다. "너의 이 뺨을 치는 자에게 저 뺨도 돌려대며, 네 겉옷을 빼앗는 자에게 속옷도 거절하지 말라. 네게 구하는 자에게 주며, 네 것을 가져가는 자에게 다시 달라 하지 말며"(눅 6:29-30).

내가 이러한 급진적인 명령들을 접할 때 느끼는 도전은 어떻게 이러한 명령들이 내 마음과 삶에 온전히 영향을 미치게 하면서도 이것들을 예수님이 의도하신 것 이상으로 절대적으로 받아들이지 않을 수 있는가라는 것이다. 나로서는 조금이라도 조건을 단다면 이러한 명령들이 갖는 고유한 힘을 약화시킬까 봐 두렵다. 반대로, 사람들이 이러한 명령들을 실제 삶에 적합하지 않다고 보고 지나쳐 버리는 경우에도 이러한 명령들은 힘을 잃을 것이다. 그러므로 나는 예수님이 이러한 사랑의 실례들을 절대화하지 않으시며, 그렇다고 보통 사람과는 상관없는 것으로 희석시키지도 않으신다는 것을 보여 줄 중간의 방법을 찾으려고 노력할 것이다.

"일꾼이 그 삯을 받는 것이 마땅하니라"

이러한 명령은 사랑이 항상 하는 것이 아니라, 사랑이 자주 하는 것에 대한 예로 받아들였으면 하는 생각이다. 그렇게 생각하는 데는 여러가지 이유가 있다. 첫째, 우리가 항상 누군가의 명령에 응해야 하며, 심지어 명령하는 것보다 많이 줘야 한다는 것은 예수님이 친히 인정하신 경제 질서에서 정의의 원리를 훼손하는 것이다.

한편으로, 예수님은 이렇게 말씀하신다. "네게 구하는 자에게 주며 네 것을 가져가는 자에게 다시 달라 하지 말며"(눅 6:30). 그러나 다른 한편으로, 예수님은 단순히 일꾼들이 고용주에게 받길 원하는 것을 그들에게 주는 게 아니라 정당한 품삯을 주는 것이 옳다고 인정하셨다.

예수님은 "일꾼이 그 삯을 받는 것이 마땅하니라"는 경제 원리를 받아들이셨는데(눅 10:7), 이것은 일꾼은 삯을 받지 않고 일할 책임이 없으며, 고용주는 일하지 않은 일꾼에게 삯을 줄 의무가 없음을 암시하는 것으로 보인다. 노동자나 경영자가 "구하는 자에게 주라"는 예수님의 명령을 아무런 대가 없이 주라는 명령에 대한 보증으로 사용한다면 예수님이 지지하시는 경제 질서는 무너질 것이다. 그런데 예수님은 제자들에게 사역을 할 때 "너희가 거저 받았으니 거저 주라"고 말씀하신다(마 10:8). 그러므로 한편으로 우리에게는 대가를 전혀 바라지 말라고 명령하는 말씀이 있고 다른 한편으로는 정당한 대가의 원리에 기초한 경제 질서를 인정하는 말씀이 있다. "일꾼이 그 삯을 받는 것이 마땅하니라"(눅 10:7).

그러므로 "네게 구하는 자에게 주라"는 예수님의 명령은, 모든 환경에 적용되는 보편적이거나 절대적인 명령이 아니라 사랑을 실천할 때 자주 사용되는 방법 가운데 하나인 것 같다.[1]

선을 행해도 소용이 없을 때

이러한 명령들이 모든 상황에 적용되는 절대적인 게 아님을 보여 주는 예가 또 하나 있다. 우리를 미워하는 자들을 '선대하며' '구하는 자에게 주라' 는 두 명령이 항상 우리에게 동일한 행동을 명령하지는 않으리라는 것이다. 상대방이 구하는 것을 주지 않으면서도 그 사람을 '선대하는' 매우 좋은 계획을 세울 수 있다. 때로는 그가 요구하는 것을 주는 것이 그에게 선을 행하는 게 아닐 수도 있다. 알코올 중독자 치료 프로그램을 보자. 6개월간 금주해야 하는 환자가 술을 사기 위해 돈을 요구한다면 우리는 사랑으로 그에게 말할 것이다. 그에게 돈을 주는 것은 우리가 지금 그를 '선대하는' 것이 아니라고 말이다.

예수님도 그분에게 명령하는 자에게 늘 주신 것은 아니다. 한 예로, 대제사장들과 장로들이 예수님에게 "네가 무슨 권위로 이런 일을 하느냐 또 누가 이 권위를 주었느냐?"고 물었을 때, 예수님은 이들의 권위를 시험하셨다. 이들은 시험을 통과하지 못했고, 따라서 예수님은 "나도 무슨 권위로 이런 일을 하는지 너희에게 이르지 아니하리라"고 말씀하셨다(마 21:23, 27). 이것이 의미하는 바는 '선을 행하는 것' 이 구하는 자에게 주는 것과 항상 일치하지는 않는다는 것이다.

후보자들이 사랑을 놓고 경쟁할 때

이러한 명령들이 모든 상황에 적용되는 절대적인 게 아님을 보여 주는 세 번째 사실이 있다. 우리의 사랑을 놓고 경쟁하는 후보들이 거의 끊이지 않는다는 것이다. 바꾸어 말하자면, 한 사람에게는 사랑의 행위로 보이는 것이 다른 사람에게는 그렇지 않을 수 있다는 것이다.

두 사람이 당신에게 동시에 똑같은 것을 명령한다면 어떻게 되겠는가? 또는 당신이 가난한 사람의 집세를 위해 따로 준비해 둔 돈을 거지가 달라고 한다면 어떻게 되겠는가? 또는 당신 아이가 뒷자리에 타고 있는데 강도가 그 차 열쇠를 달라고 한다면 어떻게 되겠는가? 이런 상황에서 어떤 한쪽을 선택한다면 결국 다른 쪽에게는 아무것도 줄 수가 없다. 그러므로 누구에게 주는 게 가장 큰 사랑을 베푸는 것인지 결정하기 위해서는 주라는 명령을 그저 단순하게 적용할 수만은 없다. 그러므로 나는 구하는 자에게 주며 아무런 보상도 바라지 말고 꾸어 주라는 예수님의 명령을 모든 상황에 적용되는 궁극적이거나 절대적인게 아니라고 결론짓는다. 그분이 예를 들어 설명하시는 사랑의 명령은 이 명령이 어떻게 적용되는지를 보여 주는 역할을 한다.[2]

주석가들은 이러한 명령들이 과장법, 즉 수사학적 과장[3]이라고 말할 것이다. 그럼 어디 자세히 물어보자. 예수님이 명령하시는 행동의 종류라는 면에서 과장되었다는 것인가, 아니면 그분이 명령하시는 빈도라는 면에서 과장되었다는 것인가? 내가 보기에는 후자가 맞는 것 같다. 이러한 명령들 가운데 어느 것이든 때로는 문자 그대로 이루어져야 함을 부정하고 싶지 않다. 오히려 과장된 것은 이러한 행동들이 사랑이 제시된 상황에 반응하여 행동하는 유일한 방법이라는 인상을 준다는 점에서라고 생각한다. 예수님은 자신의 명령이 이러한 뜻이 아니라는 암시를 우리에게 충분히 주신다. 한 사람을 위해 '선을 행할 때', 그가 원한다면 무엇이든 주는 게 포함되지 않을 때도 있을 것이다.

그렇다면 이러한 급진적인 명령들은 무엇을 의미하는가? 우리는 이러한 명령들에 어떻게 반응해야 하는가? 이것들이 모든 상황에 적용되는 절대적인 게 아니라면 무엇인가? 다음 장에는 이러한 문제들과 함께 "어떻게 이렇게 사랑하는 게 가능한가?"라는 문제를 살펴보기로 하겠다.

What JESUS DEMANDS from the WORLD
Demand . 31

하나님의 자녀임을 보여 주라

| 너의 이 뺨을 치는 자에게 저 뺨도 돌려대며 네 겉옷을 빼앗는 자에게 속옷도 거절하지 말라. 네게 구하는 자에게 주며 네 것을 가져가는 자에게 다시 달라 하지 말며(눅 6:29-30).

| 너희 원수를 사랑하며 너희를 박해하는 자를 위하여 기도하라. 이같이 한즉 하늘에 계신 너희 아버지의 아들이 되리니(마 5:44-45).

| 너희 아버지의 자비로우심같이 너희도 자비로운 자가 되라(눅 6:36).

| 너희는 원수를 사랑하고 선대하며 아무것도 바라지 말고 꾸어 주라. 그리하면 너희 상이 클 것이요(눅 6:35).

앞 장 끝에서 예수님의 급진적인 명령을 살펴보았다. "너의 이 뺨을 치는 자에게 저 뺨도 돌려 대며 네 겉옷을 빼앗는 자에게 속옷도 거절하지 말라. 네게 구하는 자에게 주며, 네 것을 가져가는 자에게 다시 달라 하지 말며"(눅 6:29-30).

예수님은 이러한 반응들이 사랑이 작용하는 유일한 방식이라는 뜻으로 말씀하신 게 아니었다. 본 장에서는 우리에게 명령하시는 보다 긍정적인 진술을 살펴보고, 그런 후에 "우리는 어떻게 이렇게 사랑할 수 있는가?"라는 문제를 살펴보기로 하겠다.

예수님은 우리의 보화, 우리의 안전, 우리의 영예다

예수님이 누가복음 6장 29-30절과 같은 급진적인 명령들에서 명령하고 계시는 것은 무엇인가? 이러한 명령들 속에는 재물로부터 그리고 세상의 안전과 영예로부터 철저히 자유하라는 명령이 있다고 생각한다. 설령 손등으로 치는 것이 공적인 치욕을 낳는다 해도 다른 쪽 뺨을 돌려 대는 것과 아무런 대가도 바라지 말고 꾸어 주는 것과 자신의 스케줄에서 시간을 빼서 군인의 요구보다 배나 되는 거리를 그의 짐을 들어 주는 것[1], 이 모든 것은 당신의 보화와 안전과 영예가 땅에 있는 게 아니라 하늘에 있음을 암시한다. 예수님은 당신의 완전한 만족이 되셨다. 그렇지 않다면, 선을 행하면서도 모욕당할 때 마음에서 분노가 치밀 것이다. 그러므로 나는 예수님이 이 모든 명령에서 명령하시는 것은 세상이 줄 수 있는 것보다 예수님과 그분의 상급을 바라보는 마음의 변화라고 본다.

그러나 예수님이 그분을 재물이나 안전이나 영예보다 더 귀하게 여기는 마음의 변화를 명령하고 계신다는 것만 강조한다면 잘못일 것이다. 그분은 우리가 원수에게 진정한 선을 행해야 할 뿐 아니라 그 선을 진정으로 행하려는 마음도 있어야 한다고 말씀하신다. 우리는 이것을 원수를 축복하며 그를 위해 기도하라는 명령에서 가장 분명하게 보았다(마 5:44; 눅 6:28). 원수를 사랑한다면 우리가 반드시 목표해야 하는 진정한 선은 주기도문의 모든 간구가 우리의 원수에게 이뤄지는 것이다. 우리의 원수를 위해 이러한 것들을 마음으로 바라며 이러한 것들이 그들에게 이루어지도록 우리의 목숨을 버리는 것, 이것이 사랑이다.

능숙한 거짓말쟁이 다루기

이러한 사랑이 어떤 모습인지에 대해 한 가지 설명을 덧붙이고 싶다. 내가 보기에는 이러한 명령들에 대한 불순종을 쉽게 합리화해 버릴 수 있는 복잡한 환경 속에서 사랑이 무엇을 명령하는지 확신하지 못할 때 문자적 순종을 피해야 한다. 예를 들면, 도시의 거리에서 돈을 요구하는 사람들에게 돈을 줘야 하는가? 나는 구하는 사람들에게 어떻게 "선을 행하는가?" 예수님은 나처럼 이용당하는 것을 걱정하신 것 같지 않다(마 5:40, 42). 나는 거짓말에 화가 날 때가 많다. 이렇게 화가 날 때는 아무것도 주지 않지만 그래도 내가 옳다고 느낀다. 그러나 이것이 예수님의 정신이라고 생각하지는 않는다.

예수님이라면 능숙한 거짓말쟁이에 대해서라도 먼저 불쌍하다고 느끼실 것이다. 그런 후에는 자신이 거짓말쟁이들을 구원하려고 세상에 오셨다는 좋은 소식을 들고 그 거짓말쟁이의 삶을 파고들려 하실 것이다. 그리고 다른 사랑의 요구들이 허락하면 그 사람에게 더 깊이 들어가려 하실 것이며, 가능하다면 그와 함께 식사를 하면서 대화를 나누실 것이다. 이것이 가능하지 않다면, 사랑은 상대방이 협잡꾼이라는 것을 알면서도 그에게 그저 줄 것이다. 때로 사랑은 "아니오"라고 말할 것이다. 예를 들면, 어떤 사람이 여러 번 거짓말쟁이로 드러나고 사랑의 관계를 계속해서 거부할 때 말이다. 그러나 이러한 것들이 덜 분명할 때는 예수님이라면 내게 거저 주라고 명령하실 것이다.

우리는 어떻게 이렇게 사랑할 수 있는가?

원수를 사랑하라는 예수님의 명령에 관해 던지는 마지막 질문이다. 우리는 어떻게 이렇게 사랑할 수 있는가? 이렇게 사랑하는 힘이 어디서 오는가? 실제 세계에서 이러한 사랑이 얼마나 놀라워 보일지 생각해 보라! 한 사람이 이렇게 사랑한다는 것은 놀라운 일이다. 그 누구에게서라도 이렇게 높은 수준의 사랑을 찾아보기란 쉽지 않다. 우리는 이런 사랑을 보면 정신이 번쩍 들고 모든 부정적인 생각을 버리고 이렇게 사랑하는 능력을 구하게 될 것이다. 우리의 해답을 마태복음 5장 38-48절과 누가복음 6장 27-36절에 대한 것으로 제한한다면 서로 맞물려 있는 세 가지 대답이 있다.

하늘에 계신 우리 아버지가 주시는 안전과 도움으로

첫 번째 해답은 우리가 원수를 사랑하면 하나님의 아들이 되리라는 약속에 있다. "너희 원수를 사랑하며 너희를 박해하는 자를 위하여 기도하라. 이같이 한즉 하늘에 계신 너희 아버지의 아들이 되리니"(마 5:44-45).

어떤 사람은 이 말씀을 하나님의 자녀가 되려면 먼저 원수를 사랑해야 한다는 뜻으로 받아들이다. 그러나 이 말씀은 당신의 원수를 사랑함으로써 당신이 하나님의 자녀라는 것을 증명하라는 뜻일 수도 있다. 한편 나는 이 말씀은 하늘에 계신 당신의 아버지께서 하시는 것처럼 행동함으로써 당신이 하나님의 자녀임을 보여 주라는 뜻이라고 생각한다.

당신이 하나님의 자녀라면, 그분의 성품이 당신 속에 있을 것이며 당신은 그분이 하시는 것을 하고 싶어 할 것이다. 하나님은 그분의 원수인 악인들과 불의한 자들을 사랑하시기 때문에 즉시 심판을 내리시지 않고 그들에게 비를 내리시고 해를 비추신다(마 5:45).

예수님은 원수를 사랑할 수 있음을 증명하기 전에는 당신은 하나님의 자녀가 아니라고 말씀하시는 게 아니다. 오히려 원수를 사랑함으로써 자신이 하나님의 자녀임을 보여 준다고 말씀하신다. 이렇게 생각해야 하는 데는 여러 이유가 있다. 첫째는 인접 단락과 누가복음에 나오는 평행 구절이다. 마태복음 5장 48절에서 예수님은 "하늘에 계신 너희 아버지의 온전하심과 같이 너희도 온전하라"고 말씀하신다. 그리고 누가복음 6장 36절에서는 "너희 아버지의 자비로우심같이 너희도 자비로운 자가 되라"고 말씀하신다. 두 진술 모두 제자들은 하나님의 자녀가 되기 위해서가 아니라 하나님의 자녀이기 때문에 사랑하라고 온전히 요구받는다는 것을 암시한다.

마태복음 5장 45절을("이같이 한즉 하늘에 계신 너희 아버지의 아들이 되리니"= "너희가 너희 아버지의 아들이라는 것을 증명할 수 있도록") 이렇게 이해하는 게 옳다는 것을 보여 주는 또 다른 구절들이 있는데, 여기에도 비슷한 단어가 나온다. 예를 들면, 요한복음 15장 8절에서 예수님은 "너희가 많은 열매를 맺어 내 제자라는 것을 보여 주면 내 아버지께서 영광을 받으신다"고 말씀하신다(한글 개역개정판은 "너희가 열매를 많이 맺으면 내 아버지께서 영광을 받으실 것이요 너희는 내 제자가 되리라"고 옮겼다 – 역주). '보여 주면'이라고 번역한 단어는 마태복음 5장 45절에 사용한 것과 똑같은 동사 γένησθε 다. 사람들이 열매를 맺을 수 있는 것은 그들이 이미 제자이기 때문이다. 다시 말해 포도나무이신 예수님에 붙어 있는 가지이기 때문이다(요 15:5). 그리고 이제 가지가 하는 것을 함으로써, 즉 열매를 맺음으로써 자신들을 증명할 것이라고 말씀하신다(요 8:31도 보라).

우리가 원수를 사랑함으로써 하나님의 자녀가 되는 게 아니라 하나님의 자녀임을 증명한다는 것을 뒷받침하는 또 다른 논증이 마태복음 5장 앞부분에 나온다. 여기서 예수님은 "너희 빛이 사람 앞에 비치게 하여 그들로 너희 착한 행실을 보고 하늘에 계신 너희 아버지께 영광을 돌리게 하라"고 말씀하신다(5:16). 두 가지를 주목하라.

첫째, 예수님이 그분의 제자들에게 말씀하시며 하나님을 아버지라고 부르신다는 데 주목하라. 예수님은 "그분이 너희 아버지가 되실 것이다"라고 말씀하지 않고 "그분이 너희 아버지이다"라고 말씀하신다. 둘째, 사람들이 제자들의 선행을 볼 때 제자들의 아버지께 영광을 돌린다는 데 주목하라. 이는 제자들의 아버지께서 이들 속에 계셔서 이들이 선을 행할 수 있도록 도우시기 때문이다. 이들이 스스로 선을 행하고 그렇게 해서 아버지의 자녀가 될 수 있다면, 세상은 이들의 선을 보고 이들에게 영광을 돌릴 것이다. 그러므로 예수님은 제자들이 선한 일을 하기 전에 하나님이 이미 이들의 아버지라고 말씀하실 뿐 아니라 이들이 사랑을 실천할 수 있는 것도 바로 이 때문임을 암시적으로 말씀하신다. 이들을 통해 비춰는 빛은 이들 속에 계신 이들의 아버지의 빛이다.

그러므로 예수님이 "너희 원수를 사랑하며 너희를 박해하는 자를 위하여 기도하라. 이같이 한즉 하늘에 계신 너희 아버지의 아들이 되리니"라고 말씀하실 때, 이 말씀은 우리가 원수를 사랑하면 하나님의 자녀가 될 권리를 획득한다는 뜻이 아니다. 자녀의 신분은 획득할 수 있는 게 아니다. 단지 자녀로 태어나는 것이다. 또는 자녀로 입양되는 것이다. 노력해서 자녀가 될 수는 없다. 예수님의 말씀은 우리가 원수를 사랑한다는 것은 하나님이 이미 우리 아버지가 되셨으며, 우리가 원수를 사랑할 수 있는 단 한 가지 이유는 그분이 우리를 사랑하시고 우리의 필요를 먼저 채워 주셨기 때문이라는 뜻이다.

그러므로 '우리가 어떻게 원수를 사랑할 수 있는가'라는 질문에 대한 첫 번째 해답은, 우리는 하나님의 자녀이므로 염려에서 해방되었다는 것이다. 원수가 우리를 학대하거나 또는 세상의 모든 소유를 잃는다고 해서 우리의 보화나 안전이나 영예를 잃을까 봐 두려워하지 않는다. 이것이 마태복음 6장 31-32절의 핵심이다. "그러므로 염려하여 이르기를 무엇을 먹을까 무엇을 마실까 무엇을 입을까 하지 말라. 이는 다 이방인들이 구하는 것이라. 너희 하늘 아버지께서 이 모든 것이 너희에게 있어야 할 줄을 아시느니라."

마태복음 10장 29-31절의 핵심도 바로 이것이다. "참새 두 마리가 한 앗사리온에 팔리지 않느냐? 그러나 너희 아버지께서 허락하지 아니하시면 그 하나도 땅에 떨어지지 아니하리라. …… 두려워하지 말라 너희는 많은 참새보다 귀하니라."

우리를 친밀하게 아시며, 온화하시고, 주권적으로 보살피시는 전능하고 완전히 지혜로우시며 하늘에 계신 아버지께서 원수를 사랑하는 데 따르는 큰 위험과 상실로부터 우리를 지켜 주신다.

"너희 상이 클 것이요"

인접 문맥에서 이러한 격려와 연관 있는 또 하나의 격려를 찾아볼 수 있다. 예수님은 우리가 원수를 사랑하면 이생에서가 아니라 하늘에서 우리의 "상이 클 것"이라고 약속하신다. "오직 너희는 원수를 사랑하고 선대하며 아무것도 바라지 말고 꾸어 주라. 그리하면 너희 상이 클 것이요 또 지극히 높으신 이의 아들이 되리니"(눅 6:35).

내가 힘의 두 근원이 서로 얽혀 있다고 말하는 것은 '큰 상'이 "(너희가) 지극히 높은 이의 아들이 되는 것"과 연결되기 때문이다. 원수를 사랑함으로써 자신이 하나님의 아들임을 증명하면 당신의 유산은 보장된다. 아들은 상속자이며, 하나님의 상속자는 모든 것의 상속자다. "온유한 자는 복이 있나니 그들이 땅을 기업으로 받을 것임이요"(마 5:5).

상이 이 땅에 있지 않고 하늘에 있다고 말하는 첫째 이유는 원수를 사랑하기 위해서는 우리의 생명을 버려야 할 수도 있기 때문이다(눅 21:26). 예수님은 우리가 박해당하는 가운데서도 기뻐할 수 있는 것은 하늘에서 받을 상이 있기 때문이라고 말씀하셨다. "나로 말미암아 너희를 욕하고 박해하고 거짓으로 너희를 거슬러 모든 악한 말을 할 때에는 너희에게 복이 있나니 기뻐하고 즐거워하라. 하늘에서 너희의 상이 큼이라"(마 5:11-12).

원수를 사랑하려고 노력하다가 도리어 박해를 당하는 가운데서도 기뻐할 수 있는 것은 세상이 우리에게 줄 수 있는 것 때문이 아니라 내세에 하나님이 우리의 아버지가 되시며 예수님이 우리의 왕이 되시기 때문이다(눅 14:14을 보라).

자비를 거저 받았으니 거저 주라

우리가 원수를 사랑할 수 있도록 해 주는 세 번째 진리는 누가복음 6장 36절에서 다른 두 가지와 얽혀 있다. "너희 아버지의 자비로우심같이 너희도 자비로운 자가 되라."

여기서 암시하는 것은 하나님이 이미 우리의 아버지이실 뿐 아니라 하나님의 자비가 그분의 아들 예수 그리스도를 통해 이미 우리에게 나타났다는 것이다. 이것은 하나님이 우리에게 보여 주라고 명령하시는 자비가 단지 하나님의 자비를 본뜬 게 아니라 하나님의 자비를 맛보는 구원의 체험에 뿌리를 두고 있음을 의미한다. 예수님은 이것을 이렇게 표현하셨다. "너희가 거저 받았으니 거저 주라"(마 10:8).

하나님은 예수님 때문에 우리의 죄를 거저 용서해 주셨다. "네 죄 사함을 받았느니라. …… 네 믿음이 너를 구원하였으니 평안히 가라"(눅 7:48, 50).

예수님은 우리를 위해 자신의 피로 용서를 사셨다고 말씀하신다(마 26:28). 우리에게 이러한 용서를 받을 자격이 있거나 우리가 무슨 노력을 해서 용서를 얻은 게 아니다. 오직 믿음으로써 용서 받았다. 그분이 오신 것은 "자기 목숨을 많은 사람의 대속물로 주기" 위해서다(막 10:45). 그분은 의인을 부르러 오신 게 아니라 죄인을 부르러 오셨다(눅 5:32). 그러므로 깜짝 놀랄 소식이 있다. 세리들과 창녀들이 서기관들과 장로들보다 먼저 하나님 나라에 들어간다(마 21:31). 우리가 용서 받은 예수님의 제자, 그분 나라의 시민, 하나님의 자녀가 된 것은, 원수를 사랑함으로써가 아니라 믿음이 먼저였다는 뜻이다.

이제 우리는 이 모든 것을 '값없이' 받았으며, 따라서 하나님은 우리에게 이렇게 명령하신다. 너희가 하나님의 원수였을 때 거저 사랑을 받았으니 이제 너희 원수를 거저 사랑하라.

What JESUS DEMANDS from the WORLD

Demand . 32

네 이웃을 사랑하라

I 선생님, 율법 중에서 어느 계명이 크니이까? 예수께서 이르시되, 네 마음을 다하고 목숨을 다하고 뜻을 다하여 주 너의 하나님을 사랑하라 하셨으니 이것이 크고 첫째 되는 계명이요, 둘째도 그와 같으니 네 이웃을 네 자신같이 사랑하라 하셨으니, 이 두 계명이 온 율법과 선지자의 강령이니라(마 22:36-40).

I 그러므로 무엇이든지 남에게 대접을 받고자 하는 대로 너희도 남을 대접하라 이것이 율법이요 선지자니라(마 7:12).

"네 이웃을 네 자신같이 사랑하라"는 '둘째' 계명의(마 22:39) 초점은 사랑을 받는 사람이 원수냐 친구냐에 있는 게 아니라, 사랑하는 사람이 자신의 유익을 바라듯이 이웃의 유익을 바라느냐에 있다. 이 계명의 양쪽에 있는 두 가지 엄청난 것을 통해 이 계명이 얼마나 중요한지 알 수 있다. 한쪽에는 하나님의 말씀에서 가장 큰 계명이 있다. "네 마음을 다하고 목숨을 다하고 뜻을 다하여 주 너의 하나님을 사랑하라." 다른 쪽에는 율법과 선지자에 기록된 모든 것이 이 두 계명에 달려 있다.[1]

우리 곁에는 비교할 수 없는 최고의 두 계명이 있다. 이 둘은 하나님의 말씀 전체에서 가장 큰 계명이며, 모든 말씀이 여기에 달려 있다. 우리는 이 두 계명 앞에 신을 벗고 경의를 표해야 한다.

압도적이고 놀라운 명령

둘째 계명은 참으로 압도적인 계명이다. 이 계명은 마치 내 몸의 가죽을 벗겨 그것으로 그 사람을 싸라고 명령하는 것처럼 보인다. 그리고 나 자신의 안전과 건강과 성공과 행복을 위해 느끼는 모든 갈망을 마치 다른 사람이 나인 것처럼 그를 위해 느끼라고 명령하는 것 같다.

또한 이것은 절대적으로 경이로운 계명이다. 이것이 이 계명이 의미하는 것이라면, 믿을 수 없을 만큼 강력하고, 땅을 뒤흔들어 놓으며, 새롭게 세우며, 뒤집어엎으며, 거꾸로 세우는 초자연적인 일이 우리 영혼에 일어나야 할 것이다. 우리처럼 자기를 보존하고, 자기를 강화하며, 자기를 높이고, 자기를 존중하며, 자기 발전을 도모하는 타락한 인간이 스스로 할 수 있는 것을 훨씬 넘어선 일이 일어나야 한다.

이 계명이 크다는 것을 뒷받침해 주는 사실은 이 명령을 능가하는 것은 우리의 전인全人을 다해 하나님을 사랑하라는 명령뿐이라는 것이다. 앞에서 이 계명을 한 장 전체에 걸쳐 다루었다 명령 9. 그러나 둘째 계명의 중요성을 뒷받침하는 또 하나는 모든 율법과 선지자가 첫째 계명과 연결될 때 이 둘째 계명에 달려 있다는 말씀이다. "이 두 계명이 온 율법과 선지자의 강령이니라"(마 22:40). '율법과 선지자' 라는 표현은 누가복음 24장 27절에서 볼 수 있듯이 구약성경 전체를 가리킨다. "이에 모세와 모든 선지자의 글로 시작하여 모든 성경에 쓴 바 자기에 관한 것을 자세히 설명하시니라."

참으로 놀라운 말씀이다. 하나님의 전체 계획의 기원과 줄거리에 관해 지극히 중요한 것을 우리에게 말씀하시는 하나님의 아들의 권세가 나타난다. 첫째, 예수님이 굳이 이것을 말씀하셨다는 사실을 생각해 보라. 그분은 이것을 말씀하실 필요가 없었다. 하지만 그분을 토론에 끌어들인 율법사는 여기에 관해 묻지 않았다(마 22:36). 예수님은 그가 묻는 것보다 "율법 중에서 어느 계명이 크니이까?" 더 많은 것을 말씀하셨다. 예수님은 이 두 계명이 중요하며 중심이라는 것을 최대한 강조하려 하시는 것 같다.

그분은 하나님을 사랑하라는 계명이 크고 가장 우선되는 계명이라고 말씀하셨다. 그분은 네 이웃을 네 자신처럼 사랑하라는 계명도 '그와 같다'고 말씀하셨다(마 22:39). 이것만으로 이 두 계명의 중요성을 최대한 부각시키기에 충분하다. 우리에게는 하나님이 인간에게 주신 모든 계시 가운데 가장 큰 계명이 하나님을 사랑하라 있으며, 가장 큰 계명과 다를 바 없는 두 번째 큰 계명이 네 이웃을 네 자신같이 사랑하라 있다.

그러나 예수님은 여기서 그치지 않으신다. 그분은 우리가 이 두 계명이 얼마나 중요한지 알고 놀라길 원하신다. 그래서 "이 두 계명이 온 율법과 선지자의 강령이니라"고 덧붙이신다.

이 두 계명이 온 율법과 선지자의 강령이다

이것이 무슨 뜻인가? 이 질문에 답할 때 천국의 창문이 열린다. 우리는 먼저 예수님이 여기 마태복음 22장 40절에서 말씀하시는 것과 마태복음 7장 12절에서 말씀하시는 것을 대비시켜 보면 이 창문을 들여다볼 수 있을 것이다. 마태복음 7장 12절은 황금률로 알려져 있다. 이 구절을 보는 방법 가운데 하나는 "네 이웃을 제 자신같이 사랑하라"는 말씀에 대한 좋은 주석으로 보는 것이다. 이 문맥에서, 예수님은 바로 앞에서 하나님은 우리를 사랑하시는 아버지이기 때문에 우리가 구하고 찾고 두드리면 우리에게 좋은 것을 주실 것이라고 말씀하셨다. 그런 다음 마태복음 7장 12절에서 이렇게 말씀하신다. "그러므로 무엇이든지 남에게 대접을 받고자 하는 대로 너희도 남을 대접하라. 이것이 율법이요 선지자니라."

예수님이 마태복음 22장 40절에서처럼 율법과 선지자를 언급하신다는 데 주목하라. 다른 사람들이 우리에게 해 주길 바라는 대로 우리가 그들에게 해 주면 "이것이 율법이요 선지자니라"고 말씀하신다. 마태복음 22장 40절에서는 "이 두 계명이 온 율법과 선지자의 강령이니라"고 말씀하신다. 마태복음 7장 12절에서, 예수님은 네 온 존재를 다해 하나님을 사랑하라는 첫째 계명을 언급하지 않으신다. 대신 우리가 대우 받길 원하는 그대로 다른 사람들을 대우하는 것이 "율법이요 선지자니라"라고 말씀하실 뿐이다.

예수님은 하나님을 빼놓고 구약을 요약하시는가?

지난 오랜 세월 동안 어떤 사람들은 황금률과 같은 말씀을 취해 예수님은 주로 인간 윤리를 가르치는 교사였으며, 그분의 가르침은 하나님이나 그분과의 관계에 기초한 게 아니었다고 말한다. "보세요. 예수님은 구약 전체를, 다시 말해 율법과 선지자, 하나님을 언급조차 않는 실제적인 인간관계 속에서 요약하실 수 있었습니다."

이는 단단히 잘못된 생각이다. 왜냐하면 이렇게 생각하는 것은 예수님이 다른 곳에서 하나님에 관해 말씀하신 엄청난 것들과 자신에 관해 말씀하신 놀라운 것들, 즉 자신이 하나님에게서 온 것은 자기 생명을 많은 사람들의 대속물로 주기 위해서라는 말씀을(막 10:45) 무시하는 것이기 때문이다. 뿐만 아니라 인접 문맥을 무시하는 것이기도 하다.

12절은 '그러므로'라는 단어로 시작한다. "그러므로 무엇이든지 남에게 대접을 받고자 하는 대로 너희도 남을 대접하라." 이것은 황금률이 앞의 것, 즉 우리를 사랑하시고 우리의 기도에 응답하시며 우리가 구할 때 좋은 것을 주시는 우리의 아버지와의 관계에 달려 있음을 보여 준다(마 7:7-11).

바로 앞 절은(7:11) 이렇게 말한다. "너희가 악한 자라도 좋은 것으로 자식에게 줄 줄 알거든 하물며 하늘에 계신 너희 아버지께서 구하는 자에게 좋은 것으로 주시지 않겠느냐! 그러므로 …… 황금률을 지켜라."

이러한 논리적 연결은 하나님이 우리 아버지로서 우리의 필요를 공급하심으로써 황금률을 지탱하고 계신다는 뜻이다. 우리를 향한 그분의 사랑은 황금률을 따라 살 수 있게 하는 힘의 원천이다. 그러므로 예수님을 단순히 윤리 선생으로 생각해 버려서는 안 된다. 그분은 여기 계시며 항상 하나님으로 가득하시다.

하나님 사랑은 이웃 사랑으로 나타난다

그러나 여전히 예수님은 자신이 대접받고 싶은 대로 남을 대접하는 것이 "율법이요 선지자니라"라고 말씀하신다. 이것은 율법과 선지자가 두 계명에 달려 있는 마태복음 22장 40절과는 아주 달라 보인다. 왜 예수님은 이렇게 이런 식으로 말씀하시는가? 아마도 사람들이 이렇게 사랑할 수 있는 것은 율법과 선지자의 목적이 가시적으로 표현된 것이라고 보기 때문인 듯싶다. 사람들의 행동을 통해 구약의 말씀이 실제로 드러난다. 이렇게 율법과 선지자의 가르침이 성취되는 것이다. 그러나 하나님을 사랑하는 것은 영혼의 내적 열정이므로 눈에 보이지 않는다. 다만 다른 사람들을 사랑할 때는 표현된다. 그러므로 이웃 사랑은 하나님 사랑이 겉으로 드러나는 것이요, 가시적인 표현이요, 실제적인 입증이다. 비로소 하나님 사랑과 구약 말씀이 성취된 것이다.

그러므로 어떤 의미에서 이웃을 네 자신같이 사랑하라는 둘째 계명은 하나님의 말씀 전체의 목적이다. 하나님 사랑하기는 이웃에 대한 가시적이며, 실제적이고, 희생적인 사랑에서 나타나고 분명해지며 완전해진다. 그래서 율법과 선지자를 한 계명에 등장시킨 것이다. 이웃 사랑은 하나님 사랑과 무관한 율법과 선지자가 아니다. 오히려 이웃 사랑은 하나님을 향한 우리의 사랑에 기초하며 그 사랑에서 흘러나온다. 또한 이것은 율법과 선지자의 목표이기도 하다.

사랑이 어떻게 율법이요 선지자의 강령인가?

마태복음 22장 37-40절로 돌아가 보자. 여기서 예수님은 하나님을 향한 사랑과 이웃을 향한 사랑을 둘 다 언급하신다. 그리고 40절에서 "이 두 계명이 온 율법과 선지자의 강령이니라"고 분명하게 말씀하신다. 마태복음 7장 12절과 달리 율법과 선지자가 두 계명에 달려 있다고 말씀하신다. "이 두 계명에 모든 율법과 선지자가 달려 있다"(한글 개역개정판은 "이 두 계명이 온 율법과 선지자의 강령이니라" – 역주).

예수님은 여기서 율법과 선지자가 목에 돌이 걸려 있고(마 18:6) 십자가 위에 사람이 달려 있는 것처럼(눅 23:29) '걸려 있다' 고 말씀하신다. 바로 사랑에 걸려 있는 것이다. 율법과 선지자는 인류의 역사가 하나님을 향한 사랑과 서로를 향한 철저하고 타인 지향적인 사랑의 세상이 되게 하시려는 하나님의 열정에 걸려 있다.

이것을 좀 더 분명하게 볼 수 있도록 창조에서 완성에 이르기까지 하나님의 감동으로 된 구속의 역사를 두루마리 그림으로 그려 보라. 이것이 율법과 선지자다 그리고 신약성경이다. 역사 속에서 나타나는 하나님의 행동과 목적의 이야기가 하나님의 계명과 약속과 더불어 이 두루마리에 나타난다.

마태복음 7장 12절은 하나님의 백성이 이웃을 자신같이 사랑할 때 이 두루마리의 목적이 성취되고 있다고 말한다. "그들로 너희 착한 행실을 보고 하늘에 계신 너희 아버지께 영광을 돌리게" 하려고(마 5:16) 이 두루마리의 목적이 생생하게 표현되고 있으며, 실제로 나타나고 있다. 그러므로 두루마리가 사랑으로 이어진다. 사랑은 두루마리에서 흘러나온다.

천국의 창문으로 천국을 보다

그러나 예수님은 그 후에 우리에게 그 무엇과도 비교할 수 없는 것을 보여 주신다. 말하자면 천국의 창문을 열어 주신다. 우리를 잠시 역사와 세상에서 들어올리시고 우리에게 멀리서 두루마리를 보여 주신다. 율법과 선지자, 구약성경, 구속의 이야기, 역사 속에 나타나는 하나님의 목적과 행동이 전체적으로 보인다.

두루마리는 두 개의 금사슬에 달려 있다. 이제 예수님은 우리의 눈을 천국으로 향하게 하시며, 두 사슬이 위로 올라가 천국으로 사라진다. 예수님은 우리 또한 천국으로 데려가신다. 사슬의 반대쪽 끝이 보이고, 사슬은 하나님의 보좌에 고정되어 있다. 한쪽 사슬은 보좌의 오른쪽 팔걸이에 고정되어 있고, 거기에는 이렇게 새겨져 있다. "네 마음을 다하고 목숨을 다하고 뜻을 다하여 주 너의 하나님을 사랑하라." 그리고 다른 쪽 사슬은 보좌의 왼쪽 팔걸이에 고정되어 있는데, 거기에는 이렇게 새겨져 있다. "네 이웃을 네 자신같이 사랑하라."

예수님이 우리를 바라보며 말씀하신다. "모든 두루마리, 모든 율법과 선지자, 모든 구속사, 나의 아버지의 모든 계획과 행동이 이 두 개의 크고 주권적인 그분의 목적, 곧 그분이 자신의 피조물로부터 사랑을 받으시고, 그들이 자신을 사랑하듯 서로를 사랑하는 것에 달려 있다." 나는 모든 피조물, 우리를 위해 고난당하시고 죽으시고 부활하신 구속자이신 그리스도의 사역을 포함하는 모든 구속 사역, 그리고 모든 역사가 이 두 큰 목적, 즉 인간이 마음을 다하여 하나님을 사랑하고 이 사랑이 넘쳐서 우리가 서로를 사랑하는 것에 달려 있다고 말하는 것은 과장이 아니라고 믿는다.

사랑은 율법과 선지자의 기원이자(마 22:40) 목적이다(마 7:12). 사랑은 하나님이 그분의 감동으로 성경이 기록되게 하신 이유의 시작이자 끝이다. 사랑은 한편으로 하나님의 말씀에서 기억되고 약속되는 구속사라는 강의 근원이자 샘이며, 다른 한편으로 이 강이 흘러들어가는 끝없는 바다다. 하나님의 목적은 이 계명을 우리가 진지하게 받아들이는 것이다.

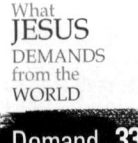

네 자신같이 사랑하라

| 네 자신같이(마 22:39).

본 장에서는 이 계명 자체, 특히 "네 자신같이"라는 인상적인 어구를 살펴볼 것이다. "네 이웃¹을 네 자신같이 사랑하라"는 명령은 매우 급진적이다. 내가 '급진적'이라고 하는 이유는, 이 명령이 우리 죄악의 뿌리를 찾아 드러내며 하나님의 은혜로 그 뿌리를 잘라버리기 때문이다.

하나님 없이 행복하려는 바람

우리 죄악의 뿌리는 하나님 없이, 그리고 하나님 안에서 다른 사람들이 행복을 누리는 것과는 상관없이 자신의 행복을 바라는 것이다. 모든 죄는 하나님의 영광과 상관없이, 다른 사람들의 유익과 상관없이 자신의 행복을 바라는 데서 비롯된다. 예수님의 명령은 이러한 뿌리를 찾아내고, 드러내며, 잘라 버린다.

이러한 죄악의 뿌리를 가리키는 또 다른 이름은 교만이다. 하나님을 행복의 근원으로 의지하지 않으며, 다른 사람들이 하나님 안에서 행복을 찾든 말든 신경 쓰지 않고서도 행복할 수 있다는 억측이 바로 교만이다. 교만은 행복하려는 오염되고 타락한 열정이다. 교만은 두 가지 때문에 타락했다. 하나님을 참되고 영원한 기쁨의 유일한 샘으로 보려 하지 않는 것과 다른 사람들을 하나님이 그분 안에서 우리의 기쁨을 함께 나누도록 계획하신 존재로 보려 하지 않는 것이다.

행복의 샘이신 하나님 없이, 하나님 안에서 행복을 나눌 사람들을 배제한 채 행복하려 한다면, 당신에게 남는 것은 교만의 엔진뿐이다. 교만은 하나님의 영광과 하나님을 위해 다른 사람들의 유익을 전혀 생각하지 않은 채 행복을 추구하는 것이다. 이것이 모든 죄의 뿌리다.

"네 자신같이"는 무슨 뜻인가?

"네 이웃을 네 자신같이 사랑하라." 이 계명을 통해 우리 죄악의 뿌리를 찾아내신다. 예수님은 사실 이렇게 말씀하신다. "나는 너희의 타고나고, 깊고, 결정적인 인간적 특징, 즉 자신을 위한 너희의 사랑에서 시작한다. 나의 명령은 '네 이웃을 네 자신같이 사랑하라'는 것이다. 너희는 자신을 사랑한다. 이것은 분명한 사실이다. 나는 너희에게 자신을 사랑하라고 명령하지 않는다. 너희가 당연히 자신을 사랑한다고 생각할 뿐이다.[2] 너희 모두에게는 자기 보존과 자기 성취를 바라는 강한 본능이 있다. 누구나 행복하길 원한다. 살기를 원하고, 만족하며 살기를 원한다. 자신을 위해 먹을 것, 입을 것, 살 곳을 원한다. 폭력에서 자신을 지키려 하고, 자신의 하루하루를 채워 줄 의미 있고 즐거운 활동을 원한다. 또한 너희를 좋아하고 너희와 함께 시간을 보낼 친구들을 원한다. 자신의 삶이 의미 있길 원한다. 이 모든 것이 자기 사랑이다. 자기 사랑은 고통을 줄이고 행복을 키우려는 깊은 갈망이다."

예수님은 "네 자신같이"라고 말씀하실 때 바로 여기서 시작하신다. 누구에게나 이러한 인간적 특징이 있다. 바로 이것 때문에 우리는 이런 저런 것을 한다. 자살도 바로 이러한 자기 사랑의 원리에서 나온다.[3] 극도로 무의미하고 희망도 없고 멍할 정도로 우울한 상태에서 영혼은 이렇게 말한다. "이보다 더 나빠질 수는 없다. 내가 죽음을 통해 뭘 얻게 될지는 모르지만 무엇으로부터 벗어날 것인지는 알아." 즉 자살은 참을 수 없는 것에서 벗어나려는 시도인 것이다. 자살은 잘못된 자기 사랑이다.

예수님은 자기 사랑의 유익에서 시작하신다

예수님은 이렇게 말씀하신다. "나는 이러한 자기 사랑에서 시작한다. 내가 아는 한 너희는 자기 사랑이 강하다. 그러므로 자기 사랑을 배울 필요가 없다. 자기 사랑은 나의 아버지께서 만드셨고, 자기 사랑은 그 자체로는 선하다."

먹을 것에 주린 것은 악한 게 아니다. 겨울에 따뜻하길 원하는 것은 악한 게 아니다. 위기에서 안전하길 원하는 것은 악한 게 아니다. 전염병이 돌 때 건강하길 원하는 것은 악한 게 아니다. 다른 사람들이 나를 좋아해 주길 바라는 것은 악한 게 아니다. 자신의 삶이 의미 있길 원하는 것은 악한 게 아니다. 인간이 죄를 짓기 전에는 이러한 분명한 특징이 있었다. 즉 이러한 특징 자체가 악한 것은 아니다.

이것이 당신의 삶에서 악하게 되었는지 알아보려면 당신이 예수님의 계명을 어떻게 듣고 그 계명에 어떻게 반응하는지 보면 된다. 그분은 "네 이웃을 네 자신같이 사랑하라"고 명령하신다.

네가 배고플 때 자신을 위해 먹을 것을 바라듯이 이웃이 배고플 때 그를 위해서도 똑같이 먹을 것을 바라라. 네가 자신을 위해 좋은 옷을 바라듯이 네 이웃을 위해서도 똑같이 좋은 옷을 바라라. 네가 편안한 거처를 위해 일하듯이, 네 이웃을 위해서도 똑같이 편안한 거처를 바라라. 네가 재난과 폭력으로부터 안전하길 바라는 것처럼 네 이웃을 위해서도 똑같이 하라. 네가 자신을 위해 친구를 구하는 것처럼 네 이웃에게 친구가 되어라. 네가 자신의 삶이 중요하고 의미 있길 바라듯이 네 이웃의 삶도 똑같이 의미 있고 중요하길 바라라. 네가 자신의 품위를 높이기 위해 노력하듯이 네 이웃이 품위를 높일 수 있도록 도우려고 노력하라. 네가 새로운 모임에서 환영받고 싶듯이 다른 사람들도 환영받도록 노력하라. 다른 사람들이 네게 해주길 바라는 대로 너도 그 사람들에게 하라.

자기 추구는 자기 희생의 척도가 된다

자기 추구를 자기 희생의 잣대로 삼으라는 말이다. 예수님이 "네 이웃을 네 자신같이 사랑하라"고 말씀하실 때, '~같이'라는 단어는 매우 급진적이다. '네 자신의 행복을 열정적으로 추구한다면 네 이웃의 행복도 열정적으로 추구하라'는 의미를 담고 있는 것이다. 자신의 행복을 창의적으로 추구한다면 네 이웃의 행복도 창의적으로 추구하라. 자신의 행복을 끈질기게 추구한다면 네 이웃의 행복도 끈질기게 추구하라.

예수님은 단지 자신을 위해 추구하는 것과 똑같은 것들을 네 이웃을 위해서도 추구하라고 말씀하시는 게 아니라, 동일한 방법으로 추구하라고 말씀하시는 것이다. 네가 위험에 처할 때 생사를 거는 것과 똑같이 네 이웃이 위험에 처할 때도 그렇게 하라. 네 자신의 자기 추구를 자기 희생의 잣대로 삼아라. 네 자신의 행복을 추구하는 만큼 네 이웃의 행복을 추구하

라. 당신은 자신의 행복을 어떻게 추구하는가? 이웃의 행복도 똑같은 방식으로 추구하라.

이제 이것은 매우 위협적이고 거의 숨이 막힐 것 같은 명령으로 느껴진다. 왜냐하면 예수님의 명령을 진지하게 받아들인다면 단지 이웃을 "우리 자신을 사랑하듯이" 사랑해야 하는 게 아니라, 자신을 사랑하는 대신 이웃을 사랑해야 한다고 느끼기 때문이다. 이웃 사랑은 이와 같은 것이다. 예수님을 따라 이웃의 행복을 추구하는 데 진정으로 자신을 헌신한다면, 행복에 대한 자신의 바람이 항상 선점당하는 건 아닐까 걱정한다. 우리의 시간과 정열과 창의성에 대한 이웃의 명령이 항상 우선순위를 차지할 것이다. 그러므로 이웃을 나 자신같이 사랑하라는 명령은 왠지 나 자신의 자기 사랑을 위협하는 것처럼 느껴진다.

그렇다면 이런 사랑이 어떻게 가능할까? 인간에게 자신의 행복을 바라는 본능이 있다면, 그리고 이러한 본능이 선한 것이라면, 어떻게 그 본능을 버리고 자신의 행복을 희생하면서 이웃의 행복을 추구할 수 있을까?

첫째 계명이 둘째 계명을 어떻게 뒷받침하는가?

예수님은 우리가 첫째 계명이 첫째 계명인 이유를 깨달을 때까지 이러한 위협을 느끼기를 원하신다. 둘째 계명을 지킬 수 있게 해 주며 둘째 계명이 사실상 우리 자신의 행복에는 자살과 다를 게 없다는 위협을 제거해 주는 것은 바로 첫째 계명이다. 첫째 계명은 "네 마음을 다하고 목숨을 다하고 뜻을 다하여 주 너의 하나님을 사랑하라"는 것이다. 첫째 계명은 둘째 계명의 기초다. 둘째 계명은 첫째 계명의 가시적 표현으로, 바로 이런 뜻이다. 당신의 자기 추구를 자기 희생의 잣대로 삼기 전에 하나님을 당신의 자기 추구의 초점으로 삼아라. 이것이 첫째 계명의 요점이다.

"네 마음을 다하여 하나님을 사랑하라"는 것은 하나님에게서 당신의 마음을 다 채울 만큼 깊은 만족을 찾으라는 뜻이다. "네 목숨을 다하여 하나님을 사랑하라"는 것은, 하나님에게서 당신 영혼의 아픈 구석을 모두 채울 만큼 풍부하고 깊은 의미를 찾으라는 뜻이다. "네 뜻을 다하여 하나님을 사랑하라"는 것은, 하나님에게서 인간의 지성을 인도하며 인간의 지성이 갖춰야 하는 것을 모두 채워 주는 풍성한 지식과 통찰력과 지혜를 찾으라는 뜻이다.

하나님이 당신의 마음과 목숨_{영혼}과 뜻_{지성}을 만족시키실 때까지 당신의 모든 자기 사랑, 즉 기쁨과 희망과 사랑과 안전과 성취와 의미에 대한 당신의 모든 갈망을 사로잡아 하나님께 집중시켜라. 그리하면 이것이 자기 사랑에서 나오는 포기가 아니라는 것을 알게 될 것이다. 이것은 자기 사랑의 성취이자 변화다. 자기 사랑은 좌절과 죽음이 아니라 생명과 만족에 대한 바람이다. 하나님은 이렇게 말씀하신다. "내게 오라. 내가 너희에게 충만한 기쁨을 주리라. 내가 너희의 마음과 목숨과 뜻을 나의 영광으로 만족시키리라." 이것이 첫째이자 큰 계명이다.

그리고 이러한 위대한 발견 때문에 사랑하는 방식이 영원히 바뀐다. 예수님이 "네 이웃을 네 자신같이 사랑하라"고 말씀시는데 이렇게 대답하지는 않을 것이다. "위협적인 말씀이네요. 이웃의 모든 요구 때문에 나 자신을 사랑하는 게 불가능해진다는 뜻이네요. 나는 절대 이렇게 할 수 없습니다."

대신 이렇게 말한다. "예, 맞아요. 나는 자신을 사랑합니다. 나는 기쁨과 만족과 성취와 의미와 안전을 갈망합니다. 그러나 하나님은 나에게 이 모든 것을 얻기 위해 먼저 그분에게로 오라고 명령하셨습니다. 하나님은 그분을 위한 나의 사랑이 나를 위한 나의 사랑의 모형이 되게 하라고 명령하십니다."

그분을 위한 나의 사랑이 곧 나의 자기 사랑의 모형이다. 다시 말해, 나를 만족시킬 모든 갈망자기 사랑이 그분에게로 향하게 하며 그분 안에서 만족을 찾는다. 이것이 지금 나의 자기 사랑의 모습이다. 아울러 하나님을 향한 나의 사랑이다. 이 둘이 하나가 되었다. 이제 행복을 향한 추구는 다른 그 무엇도 아닌 하나님을 향한 추구가 되었다. 그리고 나는 예수님에게서 하나님을 발견했다.

하나님 사랑에서 성취되는 자기 사랑이 이웃 사랑의 잣대가 된다

예수님이 둘째 계명에서 명령하시는 것은 무엇인가? 그분은 이제 하나님 사랑하기에서 발견되는 우리의 자기 사랑이 우리의 이웃 사랑의 잣대이자 내용이 되게 하라고 명령하신다. 달리 표현하자면, 그분은 이제 하나님 추구로 바뀐 우리의 타고난 자기 추구가 넘쳐흘러 이웃에게로 확대되게 하라고 명령하신다. 예를 들면 다음과 같다.

- 먹을 것과 살 곳과 입을 것을 이웃에게 공급함으로써 하나님의 풍성하심과 후하심을 더 많이 보길 갈망한다면, 당신이 발견한 크나큰 하나님의 후하심을 다른 사람들에게 보여 주려고 노력하라. 하나님 사랑에서 실현된 당신의 자기 사랑이 이웃 사랑으로 흘러넘치게 하라. 더 나아가 당신의 자기 사랑의 성취이신 하나님이 당신의 이웃 사랑을 통해 흘러넘치시고 당신의 자기 사랑의 성취가 되시게 하라.
- 하나님이 슬픔에 잠긴 당신에게 주시는 위로를 통해 하나님의 긍휼을 더 많이 누리길 원한다면, 슬픔에 잠긴 이웃을 위로함으로써 하나님의 긍휼을 그들에게 더 많이 보여 주려고 노력하라.

- 하나님이 스트레스로 가득한 관계에서 주시는 조언을 통해 하나님의 지혜를 더 많이 맛보길 갈망한다면, 스트레스로 가득한 관계 속에 있는 이웃에게 하나님의 지혜를 더 많이 전하려고 노력하라.
- 편안한 여가 시간에 하나님의 선하심을 보는 것을 기뻐한다면, 다른 사람들도 편안하고 건강한 여가 시간을 갖도록 도움으로써 그분의 선하심을 그들에게로 확대하라.
- 하나님의 구원의 은혜가 당신의 삶에서 강력하게 나타나는 것을 더 많이 보고 싶다면, 그 은혜를 동일한 구원의 은혜가 필요한 사람들의 삶으로 확대하라.
- 하나님과의 변함없는 관계를 통해 그분의 풍성하고 친밀한 우정을 더 많이 누리고 싶다면, 변함없는 관계를 통해 그 우정을 외로운 사람들에게로 확대하라.

이 모든 방식에서 이웃 사랑은 자기 사랑을 위협하지 않는다. 왜냐하면 자기 사랑이 하나님 사랑이 되었으며, 하나님 사랑은 다른 사람들의 삶에 부어진다고 해서 위협받거나 줄어들거나 고갈되는 게 아니기 때문이다.

What JESUS DEMANDS from the WORLD
Demand. 34

예수님이 사랑하신 것 같이 서로 사랑하라

| 그 사람이 자기를 옳게 보이려고 예수께 여짜오되 그러면 내 이웃이 누구니이까?(눅 10:29).

| 무엇이든지 남에게 대접을 받고자 하는 대로 너희도 남을 대접하라. 이것이 율법이요 선지자니라(마 7:12).

| 새 계명을 너희에게 주노니, 서로 사랑하라. 내가 너희를 사랑한 것 같이 너희도 서로 사랑하라. 너희가 서로 사랑하면 이로써 모든 사람이 너희가 내 제자인 줄 알리라(요 13:34-35).

여러 명령들을 지키려다 보면 우리에게 주어진 시간과 자원에 한계가 있어서 하나를 선택해야 하는 때가 있다. 무엇을 포기하고 무엇을 유지할 것인지 어렵지만 선택해야 한다.

하나님 사랑은 이웃 사랑에 따르는 모든 기쁨과 아픔과 당혹스러움과 불확실함 가운데서 우리를 지켜 준다. 희생이 클 때면 하나님의 은혜를 떠올린다. 사랑의 길의 갈림길에 표지판이 없을 때는 기뻐하고 사랑하면서 그분의 은혜를 기억한다. 세상이 우리의 주의를 흐트러뜨리고 우리의 마음이 일시적으로 이기적인 것에 쏠리며 우리가 곁길로 나갈 때, 우리는 하나님만이 만족을 주실 수 있음을 기억하고 회개하며 그분의 자비와 인내를 더욱 더 사랑한다.

첫째 계명에서, 예수님은 행복하려는 열정을 하나님께, 오직 하나님께만 굳게 집중시키신다. 둘째 계명에서, 예수님은 하나님 안에 있는 기쁨을 온 세상으로 확대하시고, 어디에 살든 간에 인간은 당신이 하나님 안에서 누리는 기쁨을 받고 확대하도록 계획된 존재라고 말씀하신다. 당신이 자신을 사랑하는 방식으로 그들을 사랑하라. 당신이 하나님 안에서 자신을 위해 발견한 것들을 가능한 모든 수단을 통해 그들에게 주라.

'이웃'의 의미를 축소하지 말라

"네 이웃을 네 자신같이 사랑하라"는 계명을 마무리하기 전에 예수님의 경고에 귀를 기울여야 한다. 예수님은 "네 이웃을 네 자신같이 사랑하라"는 명령을 듣고는 이웃의 개념을 축소함으로써 사랑 없는 우리의 모습을 정당화하려 해서는 안 된다고 경고하셨다. 선한 사마리아인의 비유를 보자.

"어떤 율법교사가 일어나 예수를 시험하여 이르되, 선생님 내가 무엇을 하여야 영생을 얻으리이까?" 예수님은 질문에 이렇게 답하셨다. "율법에 무엇이라 기록되었으며 네가 어떻게 읽느냐?" 그러자 율법교사는 두 가지 큰 계명으로 대답했다. "네 마음을 다하며 목숨을 다하며 힘을 다하며 뜻을 다하여 주 너의 하나님을 사랑하고 또한 네 이웃을 네 자신같이 사랑하라 하였나이다." 예수님은 이 답변을 들으시고 이렇게 말씀하셨다. "네 대답이 옳도다. 이를 행하라. 그러면 살리라."[1] 그러자 율법교사는 예수님이 좋아하시지 않는 것을 말했다. 누가는 율법교사의 다음 말 뒤에 숨겨진 동기를 이렇게 말한다. "그 사람이 자기를 옳게 보이려고 예수께 여짜오되 그러면 내 이웃이 누구니이까?"(눅 10:25-29).

선한 사마리아인의 비유에서 찾을 수 있는 많은 문제 가운데 한 가지에만 초점을 맞추고자 한다. 예수님은 율법교사가 자기를 옳게 보이려고 던진 질문에 한 가지 비유로 대답하신다. 그러나 예수님은 이 비유를 통해 율법교사의 질문에 답하시는 게 아니라 그의 질문을 바꾸신다. 바로 질문을 "어떤 종류의 사람이 내 이웃입니까?"에서 "나는 어떤 종류의 사람입니까?"로 바꾸신 것이다. 또한 "어떤 신분의 사람들이 내 사랑을 받을 자격이 있습니까?"에서 "내가 어떻게 하면 신분에 상관없이 사람들을 불쌍히 여기는 그런 사람이 될 수 있습니까?"로 바꾸신다.

"내 이웃이 누구니이까?"

율법교사에게 그가 이미 자기 질문에 대한 해답을 알고 있으며 단지 예수님을 함정에 빠뜨리려 하고 있을 뿐이라는 것을 보여 주심으로써 겉과 속이 다른 그의 정체를 폭로하신 것이다(눅 10:25). 이제 율법교사는 자신의 동기가 드러났다는 것을 알며, 따라서 그는 자신의 위선을 고백하거나 덮어야 한다. 그는 자신의 위선을 덮는 쪽을 선택한다. 바로 "자기를 옳게 보이려" 한 것이다(눅 10:29). 예를 들면 다음과 같이 말한다. "예수님, 선생께서도 아시겠지만 우리 이웃이 누군지 알기란 그렇게 쉬운 일이 아닙니다. 사는 게 복잡합니다. 우리는 어떤 종류의 사람들을 사랑해야 하나요? '네 이웃을 사랑하라'는 명령에서 말하는 이웃이 될 자격이 있는 사람들은 누구인가요? 모든 민족인가요? 모든 계층인가요? 남자와 여자 둘 다인가요? 남녀노소 모두인가요? 소외된 사람들인가요? 죄인들인가요?"

예수님은 이런 질문을 좋아하지 않으신다. 사람을 사랑을 받을 자격이 있는 그룹과 그렇지 못한 그룹으로 나누는 것을 좋아하지 않으신다. 그래서 예수님은 "내 이웃이 누구니이까?"라는 질문에 답하지 않으신다. 대신이 질문을 바꾸는 비유를 들려주신다. 예루살렘과 여리고 사이에서 한 사람이 강도를 만난다. 누가복음 10장 30절은 "강도들이 그 옷을 벗기고 때려 거의 죽은 것을 버리고 갔더라"고 말한다. 가장 종교적인 사람들이라고 하는 제사장과 레위인[2]이 그를 가장 먼저 발견하지만 이들은 그를 피해 그냥 지나가 버린다(눅 10:31, 32). 그 다음에 사마리아인이 왔으며, 이 사람에 대한 핵심 어구는 누가복음 10장 33절 끝에 나온다. "그를 보고 불쌍히 여겨."

처음 두 사람은 강도 만난 사람을 불쌍히 여기지 않았다. 하지만 사마리아인은 달랐다. 그렇다면 마지막에 예수님이 하신 질문은 무엇이었는가? "그렇다면 강도 만난 사람이 이웃이었느냐?"였는가? 아니다. 예수님은 율법교사에게 이렇게 물으셨다. "네 생각에는 이 세 사람 중에 누가 강도 만난 자의 이웃이 되겠느냐?"(눅 10:36). 율법교사는 "자비를 베푼 자니이다"라고 대답했다(눅 10:37).

예수님은 "내 이웃이 누구니이까?"라는 질문에 답하지 않으신다. 대신이렇게 말씀하신다. 가서 새로운 종류의 사람이 되어라. 가서 불쌍히 여기는 마음을 가져라.

예수님의 죽음은 사랑의 본을 보이는 죽음이다

예수님은 바로 이것을 위해 죽으셨다. 이것이 "새 영을 너희 속에 두고 새 마음을 너희에게 주되"라는 에스겔 36장 26절이 말하는 새 언약의 약속이다. 그리고 예수님은 최후의 만찬에서 "이 잔은 내 피로 세우는 새 언약이니 곧 너희를 위하여 붓는 것이라"라고 말씀하셨다(눅 22:20). 십자가에 이르도록 끝까지 예수님을 따르는 사람들은 거기서 그분이 자신들에게 새로운 마음을 주시려고 자신의 피로 값을 지불하시는 것을 볼 것이다.

여기서 본 장의 요점이 나타난다. 바로 "네 이웃을 네 자신같이 사랑하라"는 예수님의 명령과 "내가 너희를 사랑한 것 같이 너희도 서로 사랑하라"는 예수님의 명령 간의 관계다. 예수님의 죽음은 우리 죄를 담당하고, 우리를 인도하는 것이다. 그분의 죽음은 죄를 용서하는 죽음이며 사랑의 본을 보이는 죽음이다. 그분의 죽음은 멸망에게서 우리의 생명을 사는 것이며 사랑의 삶에 대한 패턴이다. 내가 여기에 초점을 맞추고 마무리하는 것은 "네 이웃을 네 자신같이 사랑하라"는 계명과 '새 계명' 사이에 있는 것 같은 긴장 때문이다.

요한복음 13장 34-35절에서 예수님은 말씀하셨다. "새 계명을 너희에게 주노니 서로 사랑하라. 내가 너희를 사랑한 것같이 너희도 서로 사랑하라. 너희가 서로 사랑하면 이로써 모든 사람이 너희가 내 제자인 줄 알리라." 예수님은 "사람이 친구를 위하여 자기 목숨을 버리면 이보다 더 큰 사랑이 없나니"라고 말씀하실 때(요 15:13) 자신의 사랑과 자신의 죽음을 연결하신다. 그러므로 예수님의 죽음과 우리가 "네 이웃을 네 자신같이 사랑하라"는 계명을 성취하는 것 사이의 관계를 보는 게 중요하다.

한편, 예수님의 죽음은 우리가 어떻게 사랑해야 하는가를 보여 주는 모델이다. 다른 한편으로 예수님의 죽음은 우리가 사랑할 수 있게 해 주는 바로 그 변화를 우리에게 주는 것이다.[3] 예수님의 구매 사역에 대해서는 앞선 장들에서 살펴보았다 '명령 10, 23'을 보라. 여기서 우리는 예수님의 사랑의 패턴이 "네 이웃을 네 자신같이 사랑하라"는 명령과 어떻게 연결되는지 생각해 볼 필요가 있다.

예수님은 그분이 사랑하신 것처럼 사랑하라는 계명을 '새 언약'이라 부르셨다(요 13:34). 그러나 "네 이웃을 네 자신같이 사랑하라"는 계명은 레위기 19장 18절에 나오는 옛 계명이다. 그러니까 "네 이웃을 네 자신같이 사랑하라"는 명령은 이제 한물갔으며 우리에게는 새로운 명령, 곧 예수님이 사랑하셨듯이 사랑하라는 명령이 있다는 뜻인가? 나는 그렇게 생각하지 않는다.

예수님 이전에는 사랑의 옛 계명이 우리를 위해 하나님의 아들에 의해 완벽하게 삶으로 실천되는 것을 전혀 본 적이 없다. 예수님 이전에는 어느 누구도 무조건적으로 "내가 사랑했듯이 사랑하라"고 말할 수 없었다. 그뿐만 아니라, 새로움은 세상에서 사랑을 실천하며 그분에게 충성하고 서로에게 충실한 것으로 상징되는 새로운 백성을 두시려는 예수님의 목적과 관계가 있는 것 같다. 그러므로 예수님은 이렇게 말씀하신다. "너희가 서로 사랑하면 이로써 모든 사람이 너희가 내 제자인 줄 알리라"(요 13:35). "나의 사랑과 같은 사랑은 내가 모으고 있는 새로운 백성에 속했다는 표시다."

예수님은 자신을 사랑하듯 우리 또한 사랑하셨다

사랑의 본질은 예수님이 여기서 명령하시는 것과 다르지 않다. 예수님이 우리를 위해 죽으셨을 때, 그분은 자신을 사랑하는 것같이 우리를 사랑하셨다. 그분은 "네 이웃을 네 자신같이 사랑하라"는 명령을 완벽하게 이루셨다. 완벽하게 거룩한 바람으로 자신의 행복을 바라셨다는 점에서 자신을 완벽하게 사랑하셨다. 다시 말해, 예수님은 영원부터 자신과 아버지의 교제에서, 그리고 아버지와 하나인 데서 자신의 행복을 찾으셨다(요 10:30). 예수님이 우리를 위해 자신의 생명을 버리셨을 때, 그분은 자신이 하나님 안에서 누리는 이러한 무한한 행복에 대한 바람을 부인하거나 버리신 게 아니었다. 그분은 이러한 바람을 표현하시고 이러한 행복을 추구하셨다.

예수님은 죽으실 때 죄인 된 우리가 하나님을 기뻐하는 데 필요한 모든 것을 사셨다. 우리가 하나님을 기뻐하면 하나님의 가치가 커지기 때문에 예수님은 바로 이것을 영원토록 기뻐하신다. 그러므로 예수님은 우리가 하나님을 기뻐할 수 있게 하려고, 하나님의 영광을 기뻐하는 그분의 가장 충만한 기쁨을 나타내고 지키시려고 죽으셨다. 이 영광은 피로 산 우리의 기쁨, 곧 하나님을 기뻐하는 기쁨에서 나타난다. 그러므로 예수님의 사랑은 "네 이웃을 네 자신같이 사랑하라"는 명령의 완벽한 표현이며 성취다.

그러기에 예수님이 우리에게 "하나님을 사랑하고 네 이웃을 네 자신같이 사랑하라. 왜냐하면 이 둘에 모든 율법과 선지자가 달려 있기 때문이다"라고 말씀하시든 "모든 사람이 너희가 내 제자라는 것을 알 수 있도록 내가 너희를 사랑한 것같이 너희도 서로 사랑하라"고 하시든 간에, 본질적으로 동일한 것을 명령하시는 것이다. 우리는 자신의 행복에 대한 열정을 다른 사람들의 유익을 위한 열정의 잣대로 삼아야 한다. 그리고 예수님의 고난의 깊이를 우리가 감당해야 하는 희생의 기준으로 삼고, 그분이 하나님 안에서 누리시는 완전한 행복을 우리가 자신과 이웃을 위해 추구하는 기쁨의 모범으로 삼아야 한다.

What
JESUS
DEMANDS
from the
WORLD

Demand.35

희생적으로 후하게 주라

| 너희를 위하여 보물을 땅에 쌓아 두지 말라. 거기는 좀과 동록이 해하며 도둑이 구멍을 뚫고 도둑질하느니라. 오직 너희를 위하여 보물을 하늘에 쌓아 두라. 거기는 좀이나 동록이 해하지 못하며 도둑이 구멍을 뚫지도 못하고 도둑질도 못하느니라. 네 보물 있는 그 곳에는 네 마음도 있느니라(마 6:19-21).

| 너희가 거저 받았으니 거저 주라(마 10:8).

| 지극히 작은 것에 충성된 자는 큰 것에도 충성되고 지극히 작은 것에 불의한 자는 큰 것에도 불의하니라. 너희가 만일 불의한 재물에도 충성하지 아니하면 누가 참된 것으로 너희에게 맡기겠느냐? 너희가 만일 남의 것에 충성하지 아니하면 누가 너희의 것을 너희에게 주겠느냐?(눅 16:10-12).

이 땅에서 희생을 감수하면서 후하게 베풀수록 하늘에서 우리의 즐거움은 커질 것이다. 그래서 우리를 사랑하시는 예수님은 우리에게 천국에서 누릴 영원한 기쁨을 극대화하라고 하신다. 재물을 사랑하는 데서 철저히 자유하며 특히 가난한 사람들에게 철저히 후하라고 명령하신다.

희생으로 드리는 것이 크기를 재는 잣대다

"우리가 희생적으로 후할수록"이라고 말한 것은 예수님이 과부의 헌금에 대해 하신 말씀 때문이다.

> "예수께서 헌금함을 대하여 앉으사 무리가 어떻게 헌금함에 돈 넣는가를 보실새, 여러 부자는 많이 넣는데, 한 가난한 과부는 와서 두 렙돈 곧 한 고드란트를 넣는지라. 예수께서 제자들을 불러다가 이르시되, 내가 진실로 너희에게 이르노니 이 가난한 과부는 헌금함에 넣는 모든 사람보다 많이 넣었도다. 그들은 다 그 풍족한 중에서 넣었거니와 이 과부는 그 가난한 중에서 자기의 모든 소유 곧 생활비 전부를 넣었느니라 하시니라"(막 12:41-44).

헌금의 가치는 액수의 크기가 아니라 희생의 크기로 측정한다. 예수님은 과부가 모든 사람보다 '많이' 넣었다고 말씀하셨다. 액수가 많다는 게 아니라 희생이 크다는 뜻이다. 희생이 당신 마음이 어디에 있는지 더 잘 보여 주기 때문이다. 당신이 부자이고 많이 낸다면, 당신은 아직 남은 게 많으며 따라서 남은 것에 마음을 의지할 수 있다. 그러나 예수님을 위해 희생하고 남은 게 거의 없다면, 당신의 마음은 의지할 데가 적다. 곧 마음이 천국의 소망을 의지할 가능성이 더 높다. 돈보다 예수님을 의지할 가능성이 더 높은 것이다.

왜 우리의 재물과 소유에 이렇게 큰 관심을 보이시는가?

예수님이 재물을, 그리고 우리가 그 재물로 무엇을 하느냐를 아주 많이 다루신다. 랜디 알콘Randy Alcorn은 "그리스도께서 하신 모든 말씀의 15퍼센트는 이 주제와 관련이 있으며, 그분이 천국과 지옥에 관해 하신 가르침을 합친 것보다 많다"고 했다.¹ 예수님이 재물에 관해 그리고 재물과 관련된 생활 방식의 문제에 관해 하신 말씀 가운데 몇 가지만 생각해 보자.

"네게 아직도 한 가지 부족한 것이 있으니 가서 네게 있는 것을 다 팔아 가난한 자들에게 주라. 그리하면 하늘에서 보화가 네게 있으리라. 그리고 와서 나를 따르라"(막 10:21).

"너희 가난한 자는 복이 있나니 하나님의 나라가 너희 것임이요. …… 그러나 화 있을진저 너희 부요한 자여 너희는 너희의 위로를 이미 받았도다"(눅 6:20, 24).

"너희 중의 누구든지 자기의 모든 소유를 버리지 아니하면 능히 내 제자가 되지 못하리라"(눅 14:33).

"낙타가 바늘귀로 들어가는 것이 부자가 하나님의 나라에 들어가는 것보다 쉬우니라"(눅 18:25).

"사람의 생명이 그 소유의 넉넉한 데 있지 아니하니라"(눅 12:15).

"너희는 먼저 그의 나라와 그의 의를 구하라. 그리하면 이 모든 것을 너희에게 더하시리라"(마 6:33).

"너희 소유를 팔아 구제하여 낡아지지 아니하는 배낭을 만들라"(눅 12:33).

"삭개오가 서서 주께 여짜오되, 주여 보시옵소서, 내 소유의 절반을 가난한 자들에게 주겠사오며. …… 예수께서 이르시되, 오늘 구원이 이 집에 이르렀으니"(눅 19:8-9).

"천국은 마치 밭에 감추인 보화와 같으니 사람이 이를 발견한 후 숨겨 두고 기뻐하며 돌아가서 자기의 소유를 다 팔아 그 밭을 사느니라"(마 13:44).

"예수께서 …… 어떤 가난한 과부가 두 렙돈 넣는 것을 보시고 이르시되 내가 참으로 너희에게 말하노니 이 가난한 과부가 다른 모든 사람보다 많이 넣었도다"(눅 21:1-3).

"하나님은 이르시되, 어리석은 자여 오늘 밤에 네 영혼을 도로 찾으리니 그러면 네 준비한 것이 누구의 것이 되겠느냐 하셨으니 자기를 위하여 재물을 쌓아 두고 하나님께 대하여 부요하지 못한 자가 이와 같으니라"(눅 12:20-21).

"여우도 굴이 있고 공중의 새도 집이 있으되 인자는 머리 둘 곳이 없도다 하시고 …… 나를 따르라"(눅 9:58-59).

왜 예수님은 우리가 재물로 무엇을 하느냐에 이렇게 관심을 보이시는가? 예수님이 제시하신 기본 원칙 때문인 것 같다. "네 보물 있는 그곳에는 네 마음도 있느니라"(마 6:21; 눅 12:34).

재물이 중요한 이유는 재물로 무엇을 하느냐를 보면 마음이 있는 곳을 알 수 있기 때문이다. '마음이 있는 곳'이란 우리의 예배가 있는 곳을 의미한다. 마음이 무엇인가에 고정될 때, 마음은 그것을 가치 있게 여기고,

소중하게 여기고, 보화로 여긴다. 이것이 예배의 의미이다.

하나님과 재물을 함께 섬길 수 없다

예수님의 경고를 보자. "한 사람이 두 주인을 섬기지 못할 것이니 혹 이를 미워하고 저를 사랑하거나 혹 이를 중히 여기고 저를 경히 여김이라. 너희가 하나님과 재물을 겸하여 섬기지 못하느니라"(마 6:24).

'섬김'이란 말은 특별한 의미가 있다. 섬김은 봉사보다 예배와 더 관련이 있다. 예수님은 "너희가 하나님과 재물을 겸하여 섬기지 못하느니라"고 말씀하셨다. 그렇다면 우리는 재물을 어떻게 섬기는가?

대답은 재물을 위해 봉사한다거나 재물에게 도움을 준다거나 재물의 필요를 채워 준다든가 하는 게 아니다. 재물을 섬긴다는 것은 재물이 우리에게 봉사하고 우리에게 도움을 주고 필요를 채워 주길 기대한다는 뜻이다. 재물을 섬긴다는 것은 부를 극대화하고 재물이 우리에게 줄 수 있는 것을 극대화하는 위치를 차지하려고 계획하고, 꿈꾸고, 전략을 세우고, 행동한다는 뜻이다. 이러한 종주 관계從主關係에서는 재물이 곧 주는 자이자 은인恩人이다. 우리는 재물에게 유익한 일을 전혀 하지 않으면서 재물이 우리에게 유익한 일을 해 주길 바란다.

예수님은 "너희가 하나님과 재물을 겸하여 섬기지 못하느니라"고 말씀하신다. 이러한 두 관계에서 '섬김'의 의미는 아마도 같을 것이다. 그러므로 예수님이 말씀하시는 것은 우리가 하나님께 봉사하거나 그분에게 도움을 준다는 의미에서가 아니라 이와는 정반대 의미에서 하나님을 섬겨야 한다고 말씀하신다. 다시 말해 하나님을 우리를 도우시는 분으로, 우리의 은인과 보화로 보고 의지해야 한다고 말씀하고 계신다.

하나님을 섬긴다는 것은 하나님에 대한, 그리고 하나님만이 우리를 위해 되시겠다고 약속하시는 것을 믿고, 우리의 즐거움을 극대화하는 위치를 차지하려고 계획하고, 꿈꾸고, 전략을 세우고, 행동한다는 뜻이다. 이러한 종주 관계에서는 재물이 아니라 하나님이 주시는 분이 되고 은인이 되신다. 우리가 하나님의 필요를 충족시키는 게 아니다. 하나님이 우리의 필요를 채워 주신다.

그러므로 예수님에게 재물이 중요한 이유는, 모든 문화와 모든 시대에서 재물은 우리 마음의 보화로써 하나님에 대한 대체물을 상징하며, 우리의 예배 대상을 상징하기 때문이다. 재물은 우리가 십계명의 첫 계명과 마지막 계명 - "너는 나 외에는 다른 신들을 네게 두지 말라"(출 20:3)와 "탐내지 말라"(출 20:17) - 에 순종하는 데 큰 위협이 된다. 재물은 재물로 살 수 있는 다른 모든 물질적인 것들과 안전과 즐거움을 상징한다. 그러므로 재물은 우리 마음에 있는 하나님의 큰 대체물을 상징한다. 우리가 재물로 무엇을 하느냐가 예수님께 그렇게 중요한 것도 이 때문이다.

희생은 천국의 기쁨을 크게 한다

본 장 첫 단락에서 제시했던 요점으로 돌아가 보자. 이 땅에서 희생을 감수하며 후하게 베풀수록 하늘에서 우리의 즐거움은 커질 것이다. 여기에는 두 가지 의미가 있다. 첫째, 이기심은 우리를 천국에 들어가지 못하게 한다. 둘째, 땅에서 얼마나 희생적으로 후했느냐에 따라 천국에서 상급의 단계가, 기쁨의 단계가 다르다. 두 주장 모두 논쟁의 대상이 되고 있다. 그러나 앞 장들에서 살펴본 바에 비춰 볼 때, 그리 놀랄 일만은 아니다. 다음 장에서는 이러한 주장들을 차례로 살펴보고 예수님의 말씀에서 이것들을 뒷받침하는 증거를 찾아보고자 한다.

What
JESUS
DEMANDS
from the
WORLD

Demand . 36

보화를 하늘에 쌓아 두라

| 너희를 위하여 보물을 땅에 쌓아 두지 말라. 거기는 좀과 동록이 해하며 도둑이 구멍을 뚫고 도둑질하느니라. 오직 너희를 위하여 보물을 하늘에 쌓아 두라. 거기는 좀이나 동록이 해하지 못하며 도둑이 구멍을 뚫지도 못하고 도둑질도 못하느니라. 네 보물 있는 그 곳에는 네 마음도 있느니라(마 6:19-21).

| 재물이 있는 자는 하나님의 나라에 들어가기가 얼마나 어려운지 낙타가 바늘귀로 들어가는 것이 부자가 하나님의 나라에 들어가는 것보다 쉬우니라(눅 18:24-25).

| 지극히 작은 것에 충성된 자는 큰 것에도 충성되고 지극히 작은 것에 불의한 자는 큰 것에도 불의하니라. 너희가 만일 불의한 재물에도 충성하지 아니하면 누가 참된 것으로 너희에게 맡기겠느냐?(눅 16:10-12).

앞 장에서 논쟁의 대상이 되는 두 주장을 제시했다. 이번 장에서는 예수님의 가르침을 통해 이러한 주장을 뒷받침해 보기로 하겠다.

첫째, 예수님은 이기심은 우리를 천국에 들어가지 못하게 하리라고 거듭 암시를 주신다. 다음은 이러한 진리를 보여 주는 다섯 가지 예다.

부자 관원과 영생

첫째, 부자 관원이 예수님을 찾아와 무엇을 하여야 영생을 얻을 수 있느냐고 물었을 때, 예수님은 "네게 있는 것을 다 팔아 가난한 자들에게 나눠 주라. 그리하면 하늘에서 네게 보화가 있으리라 그리고 와서 나를 따르라"고 대답하셨다(눅 18:18, 22). 이 말씀을 보면 영생이 재물 사랑에서 자유하고 가난한 자들에게 후하게 주는 데 달려 있는 것처럼 보인다. '큰 부자'가 (눅 18:23) 돌아갈 때 예수님이 "재물이 있는 자는 하나님의 나라에 들어가기가 얼마나 어려운지 낙타가 바늘귀로 들어가는 것이 부자가 하나님의 나라에 들어가는 것보다 쉬우니라"고 말씀하셨다는 사실에서 알 수 있듯이(눅 18:24-25), 실제로도 똑같이 말씀하셨다.

제자들은 깜짝 놀라 "그런즉 누가 구원을 얻을 수 있나이까"라고 묻는다 (눅 18:26). 이들은 '영생을 얻는 것'과 '하나님 나라에 들어가는 것'은 '구원 얻는 것'을 말한다는 것을 안다. 예수님은 "이 사람의 이기심 때문에 구원이 위험한 게 아니다"라고 대답하지 않으신다. 오히려 "무릇 사람이 할 수 없는 것을 하나님은 하실 수 있느니라"고 말씀하신다(눅 18:27).

오직 하나님만이 인간이 천국에 들어가지 못하게 하는 이기심을 바꾸실 수 있다. 그러나 이 사람이 재물을 향한 사랑이 너무 커 그가 천국에 들어가지 못하게 한 것이다. "그 사람은 재물이 많은 고로 이 말씀으로 인하여 슬픈 기색을 띠고 근심하며 가니라"(막 10:22).

부자와 거지의 서로 다른 결말

두 번째 예는 부자와 그의 집 문 앞에 있는 거지 이야기다. 예수님은 이렇게 말씀하셨다. "한 부자가 있어 자색 옷과 고운 베옷을 입고 날마다 호화롭게 즐기더라. 그런데 나사로라 이름하는 한 거지가 헌데투성이로 그의 대문 앞에 버려진 채……"(눅 16:19-20).

거지가 원하는 것은 부자의 상에서 떨어지는 부스러기뿐이었다. 그러나 부자는 거지를 무시하고 경멸했다. 그래서 예수님은 두 사람의 죽음과 그 이후를 말씀하신다. "이에 그 거지가 죽어 천사들에게 받들려 아브라함의 품에 들어가고 부자도 죽어 장사되매 그가 음부에서 고통 중에 눈을 들어 멀리 아브라함과 그의 품에 있는 나사로를 보고"(눅 16:22-23). 예수님은 부자는 이기적인 무관심 때문에 지옥에 떨어졌다고 말씀하신다.[1]

사랑하지 못한 자가 받는 마지막 심판

셋째, 마태복음 25장 41-46절에서 예수님은 신앙을 고백하지만 가난한 자들의 필요에 무관심한 자신의 제자는 '영벌'을 받으리라고 경고하신다.

왕이(이야기에서 왕은 예수님을 상징한다) 이기적인 '제자들'에게 무서운 판결을 내리자 이들은 "주여 우리가 어느 때에 주께서 주리신 것이나 목마르신 것이나 나그네 되신 것이나 헐벗으신 것이나 병드신 것이나 옥에 갇히신 것을 보고 공양하지 아니하더이까?"라고 묻는다.

그러자 왕은 이렇게 대답한다. "내가 진실로 너희에게 이르노니 이 지극히 작은 자 하나에게 하지 아니한 것이 곧 내게 하지 아니한 것이니라."

그리고 예수님이 결론적으로 말씀하신다. "그들은 영벌에, 의인들은 영생에 들어가리라"(마 25:44-46).

이기심은 우리를 천국에 들어가지 못하게 한다.

영혼을 잃은 어리석은 부자

넷째, 예수님은 다시 어리석은 부자의 비유를 들려주신다. 그의 들판은 기름졌고 그는 자신이 다 쓸 수 없을 만큼 많은 수확을 얻었다. 그러나 후하게 생각하지 못하고 이렇게 말한다. "내 곳간을 헐고 더 크게 짓고 내 모든 곡식과 물건을 거기 쌓아 두리라. 또 내가 내 영혼에게 이르되 영혼아 여러 해 쓸 물건을 많이 쌓아 두었으니 평안히 쉬고 먹고 마시고 즐거워하자 하리라"(눅 12:18-19).

이러한 이기적인 결정에 예수님은 하나님이 이렇게 답하신다고 말씀하신다. "어리석은 자여, 오늘 밤에 네 영혼을 도로 찾으리니 그러면 네 준비한 것이 누구의 것이 되겠느냐?"(눅 12:20).

그는 이기심 때문에 자신의 영혼을 잃었다.

참되고 영원한 재물을 잃는 법

다섯째, 이기심이 우리를 천국에 못 들어가게 하는 마지막 예다. 예수님은 불의한 청지기의 비유를(눅 16:1-9) 마치신 후 이런 결론을 내리신다.

"지극히 작은 것에 충성된 자는 큰 것에도 충성되고 지극히 작은 것에 불의한 자는 큰 것에도 불의하니라. 너희가 만일 불의한 재물에도 충성하지 아니하면 누가 참된 것으로 너희에게 맡기겠느냐? 너희가 만일 남의 것에 충성하지 아니하면 누가 너희의 것을 너희에게 주겠느냐?"(눅 16:1-12)

'참된 것'과 '너희의 것'은 예수님과의 완전한 교제를 누리는 내세의 즐거움, 즉 천국의 보화를 가리키는 게 분명하다. 그러므로 예수님은 우리가 이 타락한 세상에서 사용하도록 받은 것에 충실하지 않으면 이러한 '참된 재물'을 얻지 못할 것이라고 말씀하고 계신다. 그분은 우리가 이곳에서 임의로 사용할 수 있는 물질적 자원을 말씀하고 계신다. 재물을 사람들을 믿음으로 인도하는 데 사용하지 않고 인색하게 살아왔다면(눅 16:9) 우리는 천국에 들어가지 못하며, 따라서 예수님과의 교제라는 참된 재물 또한 얻지 못할 것이다.

하나님이 우리를 받아들이시는 근거

본 장 첫 문장에는 다음과 같은 의미도 담겨 있다. 이기심은 우리를 천국에 완전히 들어가지 못하게 한다. 지금쯤이면 이 책에서 다음 내용을 분명히 깨달았기를 바란다. 우리의 희생적이며 후한 마음이 하나님이 우리를 받아들이시는 근거가 될 수는 없다는 것이다.

이기심이 우리를 천국에 들어가지 못하게 한다는 예수님의 말씀은, 하나님이 우리를 그분의 영원한 사랑 가운데로 받아들이시기 전에 우리가 후한지 아닌지 보신다는 뜻이 아니다. 하나님은 이미 예수님을 믿는 믿음을 통해 우리를 그분의 사랑 가운데로 받아들이신다(요 3:16). 하나님은 우리를 그분의 자녀로서 그분의 가정에 받아들이신다(요 1:12). 하나님은 우리를 의롭게 여기신다(눅 18:14). 우리의 죄를 용서하신다(마 26:28). 우리에게 영생을 주신다(요 5:24).

이 가운데 이 땅에서 우리의 이기심을 극복함으로써 얻을 수 있는 것은 하나도 없다. 오히려 거꾸로다. 우리의 이기심을 깨닫고 이것을 우리 자신의 힘으로 극복할 수 없다는 데 절망하며 우리의 유일한 소망이신 예수님께로 얼굴을 돌린다. 이렇게 예수님께로 얼굴을 돌릴 때, 우리는 의롭다 하심을 얻고, 용서 받으며, 아들이 되고, 그분의 보살핌 가운데 영원히 안전해진다(요 10:28-30). 이러한 토대 위에 있으므로 이기심을 더 잘 극복할 수 있다.

사랑의 희생이 클수록 천국의 기쁨도 크다

앞 장에서 제시했으며 본 장의 첫 단락에서 언급한 또 하나의 논쟁적인 주장은 이기심을 얼마나 극복하느냐에 따라 천국에서 받을 상급-기쁨-의 정도가 결정된다는 것이다. 이 땅에서 희생적으로 후할수록 천국에서 누릴 기쁨은 커질 것이다. 예수님의 말씀이 이런 뜻임을 뒷받침해 주는 첫 번째 단서가 열 므나의 비유에 나온다.[2] 예수님은 자신이 이 세상을 떠나시는 것을 한 귀족이 왕위를 받으러 먼 나라로 떠나면서 열 명의 종에게 각각 한 므나씩 주면서 "내가 돌아올 때까지 장사하라"고 말하는 것에 비유하신다(눅 19:13). 이 '장사'에는 예수님이 거듭 명령하신 사랑으로 후하게 베푸는 것이 포함된다.

왕은 돌아와 종들을 불러 각자의 므나를 어떻게 사용했는지 묻는다. 첫째 종이 와서 자신은 한 므나로 열 므나를 남겼다고 말했다. 둘째 종은 다섯 므나를 남겼다고 말했다. 셋째 종은 전혀 남기지 못 했다고 말한다. 예수님은 첫째 종에게 "잘하였다 착한 종이여, 네가 지극히 작은 것에 충성하였으니 열 고을 권세를 차지하라"고 말씀하셨다. 그리고 둘째 종에게는 "너도 다섯 고을을 차지하라"고 말씀하셨다(눅 19:17, 19).

둘의 상급이 서로 다른 것은 천국의 상급이 다르다는 것을 상징한다. 이처럼 우리가 천국에서 받을 상급도 서로 다르다.

너희가 헤아리는 그 헤아림으로 너희도 헤아림을 받을 것이니라

누가복음 6장 37-38절에 말씀을 보자. "비판하지 말라. 그리하면 너희가 비판을 받지 않을 것이요. 정죄하지 말라. 그리하면 너희가 정죄를 받지 않을 것이요. 용서하라. 그리하면 너희가 용서를 받을 것이요. 주라. 그리하면 너희에게 줄 것이니, 곧 후히 되어 누르고 흔들어 넘치도록 하여 너희에게 안겨 주리라. 너희가 헤아리는 그 헤아림으로 너희도 헤아림을 도로 받을 것이니라."

"너희가 헤아리는 그 헤아림으로 너희도 헤아림을 도로 받을 것이니라"는 예수님의 말씀은 어떤 뜻인가?

첫째, 이기심이 우리에게서 모든 축복을 빼앗는다는 것을 확증하신다. "주라. 그리하면 너희에게 줄 것이니."

단순한 인간관계가 아닌 하나님과의 마지막 계산을 말씀하시는 것이다. 나아가 심판과 정죄와 용서와도 관계가 있다. 이는 우리의 상급이 "후히 되어 누르고 흔들어 넘치도록" 많으리라는 은혜로운 약속에도 암시되어 있다. 또한 넘치는 하나님의 은혜도 드러난다. 우리가 주면, 하나님이 넘치도록 갚아 주실 것이다. 주지 않으면, 이기적이고 깨지지 않고 구속받지 못한 마음 때문에 정죄를 받을 것이다.

그렇다면 우리가 주는 데 사용하는 '잣대'는 어떤가? "너희가 헤아리는 그 헤아림으로 너희도 헤아림을 도로 받을 것이니라." 나는 여기서 한 가지를 알게 되었다. 땅에서 희생적으로 줄 때 사용하는 잣대가 서로 다르기 때문에 천국에서도 상급이 서로 다르리라는 것이다. R. C. H. 렌스키Renski는 이 본문에 대해 통찰력 있는 설명을 제시했다.

예수님은 돌려받을 때의 원칙을 말씀하심으로써 돌려받을 때의 잣대를 설명하신다. "너희가 헤아리는 그 헤아림으로 너희도 헤아림을 도로 받을 것이니라." "도로 받을 것이니라"antimetrethesetai라는 동사에서 $ἀντι$는 '답례로', '도로'라는 뜻이다. 즉 줄 때 사용하는 잣대가 도로 받을 때 그대로 사용된다는 말이다. 자신의 잣대를 사용함으로써 하나님이 마지막에 우리에게 그 잣대를 사용하시길 원한다고 선언하는 것이다. …… 이것이 우리가 하나님께 가져가는 잣대이며, 그분이 하실 수 있는 것은 그 잣대를 따라 채우시는 것이다. 그리고 그분은 그 잣대로 넘치게 채우실 것이다. …… 따라서 아무것도 주지 않는 자들은 훨씬 적게 받을 것이며, 평생 많이 주는 자들은 엄청나게 더 많이 받을 것이다. 이것이 공의요 은혜다.[3]

렌스키는 '공의' justice라는 단어를 엄밀하게 정의 내리지 못하고 있다. 왜냐하면 우리가 아무리 후하게 베푼다 하더라도 불완전할 수밖에 없으며, 하나님에게서 그 무엇도 받을 자격이 없기 때문이다. 렌스키는 우리의 나눔과 하나님이 우리에게 주시는 것 사이에 상호 관계가 있는 것은 적절하고 타당하며 정의롭다고 말한다. 그러므로 하나님은 동일한 잣대를 사용하시지만 우리가 이 땅에서 그 누구에게 채워 준 것보다 더 많이, 넘치게 그 잣대로 채워 주신다.

내가 강조하고자 하는 것은, 우리들 각자가 천국에서 누릴 기쁨의 충만이 서로 다르다는 것이다. 천국에서는 모두가 채워진다. 그곳에는 좌절이란 없기 때문이다. 그러나 각자의 충만이 동일하지는 않을 것이다. 왜냐하면 우리가 땅에서 다른 사람들을 축복하는 데 사용한 잣대가, 다시 말해 하나님이 천국에서 우리에게 복을 주시는 데 사용하실 잣대가 사람들마다 다르기 때문이다. 그러므로 다시 말하지만, 우리가 땅에서 희생적으로 후하게 베풀수록 우리가 천국에서 누리는 기쁨은 커질 것이다.

"너희를 위하여 보화를 하늘에 쌓아 두라"

이 말씀은 '너희 베풂의 잣대를 가능한 한 크게 하려고 노력하라'는 뜻이다. 예수님은 누가복음 12장 33절에서도 분명하게 말씀하신다. "너희 소유를 팔아 구제하여 낡아지지 아니하는 배낭을 만들라. 곧 하늘에 둔 바 다함이 없는 보물이니 거기는 도둑도 가까이 하는 일이 없고 좀도 먹는 일이 없느니라."

당신이 "낡아지지 아니하는 배낭"과 "하늘에 둔 다함이 없는 보물"을 자신에게 주는 방법은 '구제하는' 것이다. 낡아지지 아니하는 배낭과 하늘의 보화는 천국 상급을 은유적으로 표현한 것이다. 그 기쁨을 받을 잣대를 결정하는 것은 '구제하라' 는 명령에 얼마나 적극적으로 반응하느냐이다. 땅에서 소유를 축적하지 말고 희생을 감수하며 후하게, 다시 말해 사랑으로 사용함으로써 하늘에 보화를 쌓으라.

다음 장에서는 하나님의 선하심이 있기에 우리에게 미침으로써의 희생적인 베풂이 가능하다는 것을 살펴볼 것이다. 우리가 사랑하고 줄 수 있는 것은, 그분이 이미 우리에게 거저 주셨고 우리가 베풂의 삶을 사는 동안 우리에게 필요한 모든 것을 채워 주겠다고 약속하시기 때문이다(마 6:33, 7:7-12; 눅 12:32).

What JESUS DEMANDS from the WORLD
Demand. 37

하나님 나라를 위해 베풀라

| 적은 무리여, 무서워 말라. 너희 아버지께서 그 나라를 너희에게 주시기를 기뻐하시느니라. 너희 소유를 팔아 구제하여 낡아지지 아니하는 배낭을 만들라. 곧 하늘에 둔 바 다함이 없는 보물이니, 거기는 도둑도 가까이 하는 일이 없고 좀도 먹는 일이 없느니라. 너희 보물 있는 곳에는 너희 마음도 있으리라(눅 12:32-34).

상급의 동기를 언급할 때마다 나타나는 문제가 있다. 먼저 그것을 살펴보고자 한다. 그리고 이어서 모든 베풂의 근간이 되는 하나님의 선하심에 대해 생각해 보자.

왜 이것이 고도의 이기심이 아닌가?

베풂의 동기가 그렇게 큰데 어째서 우리의 베풂이 고도의 이기적 행위가 아닌 걸까? 그것은 모든 베풂의 목적이 원수든 형제든 간에 수혜자들이 도움을 받고, 우리와 함께 천국의 상급을 받을 수 있도록 예수님의 아름다움을 더 많이 보게 하는 것이기 때문이다.

예수님의 참제자라면 그 누구도 혼자 예수님을 기뻐하려 하지 않을 것이다. 예수님은 우리가 혼자 기뻐할 수 있는 분이 아니다. 그분은 "많은 사람의 대속물로" 살고 또 죽으셨다(막 10:45). 우리가 자신을 위해 키우려는 기쁨은 함께 누리는 기쁨이다. 우리가 땅에서 희생적으로 후하게 베풀 때, 이웃을 향한 우리 마음의 크기뿐 아니라 천국에서 누릴 기쁨도 커진다. 우리의 목적은 사람들이 우리의 기쁨을 함께 나누고, 우리가 그들의 기쁨을 함께 나눔으로써 두 기쁨이 모두 커지는 것이다.

문제를 뒤집어 보자. 다른 사람들에게 후하게 베풀지만 기쁨은 함께 나누지 않는다면 이것은 어떤 사랑이겠는가? 무관심한 베풂(상대방의 영적 필요에 전혀 무관심한 베풂-역주)은 상대에게 주는 선물에 가치가 없다는 뜻이다.

만약 내가 당신에게 무엇인가를 주지만 정작 내게는 그것을 누리려는 열정이 없다면, 어떻게 나의 베풂이 가치 있어 보이겠는가? 어떤 사람들은 여기서 스스로 모순에 빠진다. 왜냐하면 이들은 가난한 사람의 영원한 기쁨과는 상관없이 그들에게 베푸는 것을 사랑이라고 생각하기 때문이다. 가난한 사람들의 회심에는 관심도 없으면서 단순히 그들에게 베푸는 것이 사랑의 행위라고 생각한다.

하지만 그렇지 않다. 베풂을 통해 수혜자들이 그리스도를 사랑하도록 이끄는 데 관심이 없다면 그것은 사랑을 베푸는 게 아니다. 내 말은 베풂이 사랑이 되려면 수혜자들이 그리스도를 사랑하게 하는 데 반드시 성공해야 한다는 뜻이 아니다. 우리의 목적이 이뤄지지 않을 수도 있다. 수혜자들이 우리의 베풂을 받아들이면서도 예수님을 거부할 수 있다. 그렇다고 그들을 사랑하길 그쳐서는 안 된다. 그들이 살아 있는 한 계속 사랑해야 한다.

희생적인 베풂은 물질의 결박에서 벗어났다는 뜻이다

예수님이 생각하시는 베풂은 우리의 소유나 행동이나 말로 다른 사람들을 축복할 수 있는 방법만큼이나 다양하다. 그분은 다른 사람들을 축복하는 데 우리의 소유를 사용하라고 명령하신다. 그것이 재물일 수도 있고(마 19:21), 치유일 수도 있고(마 10:8) 냉수 한잔일 수도 있고(막 9:41), 선한 사마리아인이 기울인 것과 같은 시간과 노력일 수도 있고(눅 10:34-35) 집에서 사람들을 대접하는 것일 수도 있다(눅 14:13-14). 예수님 명령의 핵심은 재물과 재물이 줄 수 있는 것을 사랑하는 데서, 그리고 재물이 주는 안전과 위안을 잃는 데 대한 두려움에서 완전히 자유해야 한다는 것이다.

재물은 탐욕이나 두려움을 이용해 우리를 종으로 만든다. 우리는 더 많은 재물을 탐하고 가진 것을 잃을까 봐 두려워한다. 예수님은 우리가 자유하길 원하신다. 희생적인 베풂은 재물이 주는 우상들에서 자유하다는 증거다. 이것은 마땅히 사랑해야 하는 방법으로 다른 사람들을 사랑하기 시작했다는 증거이기도 하다. 다시 말해, 단지 이기심이라는 작은 세상에 갇혀 자신의 즐거움만 좇는 게 아니라 밖으로 눈을 돌려 다른 사람들을 즐겁게 하는 기쁨에 초점을 맞추고 있다는 증거이기도 하다.

예수님이 하나님의 공급에 대한 약속과 희생적인 베풂에 대한 명령을 연결하시는 방식을 보면 그분이 우리의 자유를 어떻게 생각하시는지 알 수 있다. 그분은 이 둘을 이렇게 연결하신다. "적은 무리여, 무서워 말라. 너희 아버지께서 그 나라를 너희에게 주시기를 기뻐하시느니라. 너희 소유를 팔아 구제하여"(눅 12:32-33). 약속과 명령 사이에 '그러므로'를 넣어 이해하는 것이 예수님의 의도인 게 분명하다. "적은 무리여, 무서워 말라. 너희 아버지께서 그 나라를 너희에게 주시기를 기뻐하시느니라. 그러므로 너희 소유를 팔아 구제하여."[1]

누가복음 12장 32절은 우리를 소유의 종에서 해방시키는 열쇠이며, 우리가 살고 있는 물질주의의 집을 무너뜨릴 수 있는 다이너마이트. 누가복음 12장 32절은 예수님이 하나님의 본성에 관해 하신 강력한 말씀이다. 하나님이 어떤 마음을 갖고 계시는지, 단지 하나님이 무엇을 하셨거나 하시는지가 아니라 무엇을 기뻐하시는지 보여 준다. 하나님이 무엇을 하길 기뻐하시며, 무엇을 하길 좋아하시며, 무엇을 하면서 즐거워하시는지 보여 준다. "적은 무리여, 무서워 말라. 너희 아버지께서 그 나라를 너희에게 주시기를 기뻐하시느니라." 이것은 우리가 우리의 소유를 팔아 희생적으로, 후하게 구제할 수 있도록 우리를 자유하게 하는 말씀이다.

하나님의 선하심이 베풂의 바탕이다

엄청나게 은혜로운 이 구절의 놀라운 단어 하나하나에 주목하라. "너희 아버지께서 그 나라를 너희에게 주시기를 기뻐하시느니라."

하나님이 이렇게 후하게 행동하시는 것은 어떤 악의적인 동기를 은폐하거나 감추기 위해서가 아니다. '기뻐하시느라'는 말은 이러한 동기를 철저히 배제한다. 또한 그분은 결코 속으로 이렇게 말씀하시는 게 아니다. '나는 너희를 너그럽게 대하고 싶지 않다. 그렇더라도 잠시 너희를 그렇게 대할 것이다. 내가 정말 원하는 것은 죄인들을 심판하는 것이기 때문이다.'

예수님의 뜻은 분명하다. 여기서 하나님은 자유롭게 행동하고 계신다. 하고 싶지 않은 일을 마지못해 하고 계시는 게 아니다. 하나님은 가장 깊은 기쁨으로 자신의 무리에게 그 나라를 주신다. 하나님의 기쁨, 그분의 바람, 그분의 원願과 소망과 즐거움은 자신의 무리에게 자신의 나라를 주는 것이다. 이것이 이 단어에 담긴 뜻이다.

하나님은 가장 좋은 아버지다

다음으로 '너희 아버지'라는 표현을 살펴보자. "적은 무리여, 무서워 말라. 너희 아버지께서 그 나라를 너희에게 주시기를 기뻐하시느니라." 예수님은 "너희의 고용주가 너희에게 삯을 주기 기뻐하느니라"라고 말씀하지 않으신다. 예수님은 "너희의 주인이 너희 노예들의 소원을 들어주길 기뻐하느니라"라고 말씀하지 않으신다. 예수님은 "너희 왕이 너희에게 그 나라를 주기를 기뻐하느니라"라고 말씀하지 않으신다. 예수님은 이 문장에서 하나님은 우리에게 악의를 품고 계신다는 두려움을 없애도록 도우려고 단어 하나하나를 신중히 선택하신다. 그래서 하나님을 우리의 '아버지'라 부르신다.

모든 사람들이 하나님을 본받아 사는 아버지를 둔 것은 아니다. 그러므로 어떤 사람들에게는 아버지라는 단어가 예수님이 의미하시는 것처럼 평안과 안전으로 넘치지 않을 수 있다. 그러므로 아버지라는 단어를 예수님이 의도하셨던 두 가지 의미로 채워 보겠다.

첫째, 왕이 우리 아버지라면, 우리는 그분의 나라를 상속할 사람들이다. 우리가 그 나라를 받는 것은 자연스럽다. 그 나라는 우리의 유산이기 때문이다. 마태복음 25장 34절은 마지막 날에 왕이신 예수님이 이렇게 말씀하실 거라고 말한다. "내 아버지께 복 받을 자들이여, 나아와 창세로부터 너희를 위하여 예비된 나라를 상속받으라."

세상이 시작되기 전, 하나님은 그분의 자녀들을 위해 한 나라를 예비하셨다. 그 나라의 상속권은 그분의 자녀들에게 있다. 그리고 하나님은 그분의 자녀들이 유산을 상속하는 것을 싫어하지 않으신다. 하나님은 그들에게 그 나라를 주기를 기뻐하신다.

둘째, 왕이 우리 아버지라면, 우리는 세금을 물지 않는다. 마태복음 17

장 25절에서 베드로는 제자들이 성전세를 내야 하는지 궁금해했다. 예수님은 이렇게 말씀하신다. "시몬아 네 생각은 어떠하냐? 세상 임금들이 누구에게 관세와 국세를 받느냐? 자기 아들에게냐 타인에게냐?" 베드로가 "타인에게니이다"라고 대답하자 예수님은 "그렇다면 아들들은 세를 면하리라"고 말씀하셨다.

하나님은 자녀들에게 세금을 물리지 않으신다. 율법의 짐을 느끼는 이는 왕궁 밖에 있는 사람들이다. 자녀들은 자유다! 하나님이 아버지라는 것은 자유를 의미한다.

하나님이 우리의 아버지라는 것은 이외에도 수많은 의미를 내포한다. 그리고 이 모든 의미는 하나님이 우리에게 자비를 베풀길 꺼리실지 모른다는 두려움을 극복하는 데 도움이 된다. 그분은 꺼리지 않으신다. 그분은 간절히 원하신다. 자신의 자녀들에게 주길 기뻐하신다. 그분은 우리의 아버지다. 그러므로 우리가 악할지라도 자녀들에게 좋은 것을 줄 줄 안다면 하늘에 계신 우리 아버지께서 그분에게 구하는 자들에게 그 나라를 당연히 주실 것이다(마 7:7-11).

아낌없는 베풂과 하나님의 보살핌

'주시기를' 이라는 단어를 살펴보자. "너희 아버지께서 그 나라를 너희에게 주시기를 기뻐하시느니라." 예수님은 "너희에게 그 나라를 팔기를"이라고 말씀하지 않으신다. "너희와 그 나라를 거래하기를"이라고 말씀하지 않고, "너희 아버지께서 그 나라를 너희에게 주시기를 기뻐하시느니라"고 말씀하신다. 하나님은 옹달샘이시지 관 속의 물이 아니다. 그분은 스스로 솟아나 흘러넘치길 기뻐하신다.

영원한 생명샘이 주고, 주고, 또 주는 것은 자연스럽다. 하나님에게는 두

레박 부대나 펌프 부대가 필요 없다. 그분은 물을 나르는 사람이 아니라 물을 마실 사람을 명령하신다. 예수님을 따른다는 것은 머리를 숙이고 그분의 완전한 사랑으로 우리 영혼의 갈증을 해소한다는 뜻이다.

그분이 그 나라를 주신다! 그 나라는 살 수 있거나 거래할 수 있거나 어떤 방식으로 획득할 수 있는 게 아니다. 그 나라를 갖는 방법은 하나뿐이며, 그 방법은 매우 쉽다. 누가복음 18장 17절은 그 나라를 갖는 방법에 대해 이렇게 말한다. "내가 진실로 너희에게 이르노니, 누구든지 하나님의 나라를 어린아이와 같이 받아들이지 않는 자는 결단코 거기 들어가지 못하리라."

하나님은 그 나라를 우리에게 주시기를 기뻐하신다(눅 8:10을 보라).

다음으로 '무리' 라는 단어를 살펴보자. "적은 무리여, 무서워 말라. 너희 아버지께서 그 나라를 너희에게 주시기를 기뻐하시느니라."

예수님은 은유적으로 표현하신다. 하나님은 우리의 아버지다. 그분은 우리에게 나라를 주신다. 그러므로 그분은 분명 우리의 목자요 왕이며, 우리는 그분의 무리다. 예수님은 자신의 요점을 분명히 하시려고 단어 하나하나를 선택하는 수고를 아끼지 않으신다. 즉, 하나님은 자신의 축복을 주시길 아까워하시지 않는다.

예수님은 우리를 그분의 '무리' 또는 '양' 이라고 부르신다. 선한 목자는 양을 위해 목숨을 버린다고 하신 그분의 말씀이 떠오른다. 그분은 마지못해서나 강압에 못 이겨 자신의 목숨을 버리시는가? 그렇지 않다. "이를 내게서 빼앗는 자가 있는 것이 아니라 내가 스스로 버리노라"(요 10:18). 아버지께서는 아들을 선물로 주기를 꺼려하지 않으셨으며, 아들은 자신의 목숨을 선물로 주기를 꺼려하지 않으셨다. 목자는 그 나라를 자신의 무리에게 주기를 기뻐한다.

다음으로 '적은'이라는 단어를 보자. "적은 무리여, 무서워 말라. 너희 아버지께서 그 나라를 너희에게 주시기를 기뻐하시느니라."

왜 예수님은 '적은 무리'라고 말씀하시는가? 이렇게 하심으로써 두 가지 효과를 보았다고 생각한다. 첫째, 이것은 애정과 보살핌을 나타내는 말이다. 가족이 위험에 처했을 때 내가 "적은 가족이여 두려워하지 말라"고 말한다면, 그것은 무슨 뜻인가? "나는 너희가 위험에 처했으며 작고 약하다는 것을 알지만 너희가 내게 소중하기 때문에 내 힘을 다해 너희를 돌볼 것이다"라는 뜻이다. 그러므로 '적은 무리여'라는 말에는 애정과 보살핌의 의미가 내포되어 있는 것이다.

둘째, 우리를 향한 하나님의 선하심이 우리의 큼에 달려 있지 않다는 뜻이기도 하다. 우리는 적은 무리다. 규모가 작고, 힘도 적고, 지혜도 적고, 의도 적고, 사랑도 적다. 우리를 향한 하나님의 선하심이 우리의 큼에 달려 있다면, 우리는 큰 어려움에 처할 것이다. 그러나 이것이 핵심이 아니다. 하나님의 선하심은 우리의 큼에 달려 있지 않다. 그러므로 우리는 큰 어려움에 처하지 않는다. "적은 무리여, 무서워 말라. 너희 아버지께서 그 나라를 너희에게 주시기를 기뻐하시느니라."

주권적 통치는 하나님의 선물이다

마지막으로, '나라'라는 단어를 생각해 보자. 하나님이 우리에게 주길 꺼려 하시고, 우리에게 악의를 품고 계신다는 느낌을 주는 듯한 작은 근거가 있다. 어떤 사람은 이렇게 말할 것이다. "맞습니다. 하나님은 우리의 노예주가 아니라 우리의 아버지이십니다. 그분은 파는 대신 주기를 기뻐하십니다. 그분은 선한 목자가 양떼를 대하듯이 우리를 대하십니다. 그분은 우리를 사랑하시고 우리의 연약함을 불쌍히 여기십니다. 그러나 결국 그분은 우리에게 무엇을 주시겠다고 약속하십니까?"

그분은 우리에게 재물을 주겠다고 약속하지 않으신다. 오히려 "낙타가 바늘귀로 들어가는 것이 부자가 하나님 나라에 들어가는 것보다 쉬우니라"라고 말씀하신다(눅 18:25). 그분은 인기나 명예나 사람들의 칭찬을 약속하지 않으신다. 오히려 "인자로 말미암아 사람들이 너희를 미워하며 멀리하고 욕하고 너희 이름을 악하다 하여 버릴 때에는 너희에게 복이 있도다"고 말씀하신다(눅 6:22). 그분은 이생의 안전을 약속하지 않으신다. 대신 "심지어 부모와 형제와 친척과 벗이 너희를 넘겨주어 너희 중의 몇을 죽이게 하겠고 또 너희가 내 이름으로 말미암아 모든 사람에게 미움을 받을 것이나"라고 말씀하신다(눅 21:16-17).

그렇다면 자신의 적은 무리에게 무엇을 주겠다고 약속하시는가? 주는 것이 즐거움일 뿐만 아니라 큰 것을 주는 게 즐거움이라는 것을 단번에 증명하기 위해 무엇을 주겠다고 약속하시는가? 하나님 나라를 주겠다고 약속하신다.

그렇다면 하나님의 주권적인 다스림과 통치를 받는다는 것은 무슨 뜻인가? 우주의 왕의 전능한 통치와 권능이 하나님의 적은 무리에게 영원히 임하리라는 뜻이다. 예수님이 최후의 만찬 때 하신 "내 아버지께서 나라를 내게 맡기신 것같이 나도 너희에게 맡겨 너희로 내 나라에 있어 내 상에서 먹고 마시며 또는 보좌에 앉아 이스라엘 열두 지파를 다스리게 하려 하노라"는 말씀이(눅 22:29-30) 이뤄질 때의 광경을 누가 묘사할 수 있겠는가?

예수님은 하나님의 무리가 자신에게 필요하지 않은 것을 팔아 가난한 자들에게 후하게 주는 것을 두고 애쓴다는 것을 아신다. 하나님이 진노하시며 무엇보다도 죄인들을 심판하길 기뻐하시며 기쁨에서가 아니라 강박감이나 의무감에서 선을 행하실 뿐이라는 진리 때문에 우리가 두려워한다는 것도 아신다. 그러므로 예수님은 누가복음 12장32절에서 하나님에 관한 진리를 말씀하심으로써 우리를 이러한 두려움에서 자유하게 하시려고 수고를 아끼지 않으신다. 예수님은 우리가 재물에 대한 사랑에서 자유하도록 돕고, 하나님이 그분 안에서 우리를 위해 되시겠다고 약속하시는 모든 것으로 우리를 만족시키려고 단어 하나하나를 선택하신다. 단어 하나하나가 중요하다. 그러므로 항상 천천히 읽기를 권한다.

> 적은 무리여,
> 무서워 말라.
> 너희 아버지께서
> 그 나라를
> 너희에게 주시기를
> 기뻐하시느니라.

윌리엄 캐리의 단순함과 베풂

이 약속을 진정으로 믿는 사람들에게 이 약속은 어떤 삶을 안겨 주는가? 인도 선교사 윌리엄 캐리William Carey의 생애에서 일어난 한 가지 예화를 들면서 본 장을 마무리하려 한다.

1795년 10월, 인도에 있던 캐리는 고향 영국에서 한 꾸러미의 편지를 받았다. 그 가운데 하나는 그가 선교 사역에 전념하지 않고 '직장에 다닌다'며 비판하는 내용이었다. 그의 선교 사역은 단 한 번의 휴가도 없이 30년 넘게 계속되었고 놀라운 결실을 거두었음에도 말이다. 캐리는 이러한 비난에 상처를 받았고 화가 났다. 그가 일하지 않았다면, 그와 가족은 굶어 죽었을 것이다. 왜냐하면 본국의 지원은 느리고 적은 데다 아주 이따금

도착했기 때문이다. 그는 자신의 삶을 알리는 답장을 보냈다. 당신과 나도 이런 삶을 살길 기도한다.

> 제가 늘 잊지 않고 기억하는 좌우명이 있습니다. 저의 행동이 스스로의 정당성을 입증하지 못한다면 입증할 가치가 없다는 것입니다. …… 저는 가족의 동의를 겨우 얻어 제 모든 수입을, 여러 달은 그 이상을 복음을 전하는 데, 성경을 번역하고 필사하고 학교에서 아이들을 가르치는 일을 돕는 사람들을 지원하는 데 쓰고 있다는 것만 말씀 드리겠습니다. …… 제가 이런 말씀을 드리는 것은 제가 직장에 다니는 것은 돈 때문이 아니라는 것을 보여 드리기 위해서입니다. 저는 정말로 가난하며, 성경이 벵갈어와 힌두어로 출판되며 사람들에게 더 이상 가르칠 게 없을 때까지 늘 가난할 것입니다.[2]

이것이 바로 "너희를 위하여 보화를 하늘에 쌓아 두라"고 하신 예수님의 명령을 따르고, 하나님 나라 운동에 희생을 감수하며 후하게 헌신하는 것이다.

Demand . 38

진리를 소중히 여기고
맹세하지 말라

| 또 옛 사람에게 말한 바, 헛 맹세를 하지 말고 네 맹세한 것을 주께 지키라 하였다는 것을 너희가 들었으나 나는 너희에게 이르노니 도무지 맹세하지 말지니, 하늘로도 하지 말라. 이는 하나님의 보좌임이요. 땅으로도 하지 말라. 이는 하나님의 발등상임이요. 예루살렘으로도 하지 말라 이는 큰 임금의 성임이요,.네 머리로도 하지 말라. 이는 네가 한 터럭도 희고 검게 할 수 없음이라. 오직 너희 말은 옳다 옳다, 아니라 아니라 하라. 이에서 지나는 것은 악으로부터 나느니라(마 5:33-37).

예수님은 진리가 소중하다고 가르치신다. 누군가 자신에 대해 거짓말을 하고 다닐 때면 진리가 얼마나 소중한지 더욱 절실히 느낀다. 대학에서 가장 상대주의적인 교수, 즉 강의실에서 진리의 개념을 비웃는 교수라도 자신의 전기요금이 터무니없이 나오면 전기 회사에 전화해 뭔가 착오가 있다며 불평할 것이다. 상담원이 "선생님이 보시기에 그렇지 저희가 보기에는 착오가 없습니다"라고 말한다면, 그는 그냥 웃고 넘기지 않을 것이다.

진리는 소중하다

진리는 소중하다. 없어진 바늘을 아기가 삼켰는가 안 삼켰는가? 이 물은 마실 수 있는가 없는가? 당신은 친구인가 적인가? 당신은 나를 사랑하고 소중히 여기겠다는 결혼 서약을 지키겠는가 아니면 돈과 성 관계에만 관심이 있는가? 비행기 연료가 목적지에 이르기에 충분한가 아니면 중간에 돌아와야 하는가? 수술을 하고 나면 내가 이전보다 나빠질 것인가 아니면 좋아질 것인가?

진리의 개념을 비웃는 사람들은 자신의 생명을 위해 진리에 호소할 필요가 없는 사람들이다. 예를 들어 전체주의적인 독재자들은 진리에 관심이 없다. 왜냐하면 자신이 원하는 현실을 만들어 낼 힘이 있기 때문이다. 종신직 교수들은 강의실에서 진리에 신경 쓰지 않는다. 왜냐하면 밤에 집으로 돌아가 자신의 어리석음을 자신의 실제 생활에 적용하도록 강요받지 않으면서 학문 게임으로 학생들을 즐겁게 해 줄 힘과 안전을 확보하고 있기 때문이다. 그러나 대부분의 세상에서 진리는 중요하다. 그리고 사람들은 진리를 안다. 사람들의 생명이 진리에 달려 있다.

나는 진리를 증언하러 왔다

예수님은 진리를 사랑하셨고 거짓을 미워하셨다. 그분은 "거짓 증언하지 말라"는 아홉째 계명을 비준하셨다(막 10:19). '거짓'은 마음에서 나오며 사람을 더럽힌다고 경고하셨다(막 7:21-22). 종교적 위선을 지옥 거짓말의 한 형태로 여기셨다(마 23:15). 자신의 경건을 자신의 악을 숨기는 데 사용하는 자들을 가리켜 마귀의 자식이라고 말씀하셨다. "너희는 너희 아비 마귀에게서 났으니 너희 아비의 욕심대로 너희도 행하고자 하느니라. 그는 처음부터 살인한 자요 진리가 그 속에 없으므로 진리에 서지 못하고 거짓을 말할 때마다 제 것으로 말하나니 이는 그가 거짓말쟁이요 거짓의 아비가 되었음이라"(요 8:44).

거짓말은 사탄에게서 시작되며, 진리를 말하는 데서 돌아서는 것은 사탄의 세력과 손을 잡는 것이다. 이에 반해, 예수님은 하나님과 인간과 옳음과 그름에 관한 진리를 계시하기 위해 세상에 오셨다. 예수님은 지상 사역을 끝내실 때, 생명이 걸린 재판을 받으시면서 본디오 빌라도에게 "내가 이를 위하여 태어났으며 이를 위하여 세상에 왔나니 곧 진리에 대하여 증언하려 함이로라"고 말씀하셨다(요 18:37). 빌라도는 현대의 많은 냉소주의자들처럼 "진리가 무엇이냐?"고 물었으며 답변도 듣지 않은 채 돌아서 나가 버렸다.

"내가 곧 진리요"

그러나 우리는 빌라도가 들었을 대답을 알고 있다. 예수님은 자신이 이미 하신 말씀을 다시 하셨을 것이다. "내가 곧 진리요"(요 14:6).

예수님 자신이 참되고 옳고 아름다운 것의 기준이다. 그분의 말씀에는 어떤 오류나 거짓도 없다. 그분은 자신에 대해 이렇게 말씀하셨다. "보내신 이의 영광을 구하는 자는 참되니 그 속에 불의가 없느니라"(마 7:18).

그러므로 다른 사람들이 그분의 말씀을 믿지 않았을 때, 예수님은 사람들이 더 잘 받아들이도록 메시지를 바꿔야겠다고 생각하지 않으셨다. 사람들이 진리를 믿지 않는다면, 문제는 진리에 있는 게 아니라 믿지 않는 마음에 있다. "내가 진리를 말하므로 너희가 나를 믿지 아니하는도다"(요 8:45).

예수님은 사람들이 빛에 등을 돌리는 것은 그 빛이 거짓이라고 생각하기 때문이 아니라 어둠을 사랑하기 때문이라고 말씀하셨다(요 3:19).

예수님은 세상을 떠나실 때 보혜사를 보내겠다고 약속하셨다. 예수님은 보혜사를 '진리의 성령'이라 부르셨다. "내가 아버지께로부터 너희에게 보낼 보혜사 곧 아버지께로부터 나오시는 진리의 성령이 오실 때에 그가 나를 증언하실 것이요"(요 15:26).

이 진리의 성령께서 우리가 진리를 알고 그 진리를 통해 변화되도록 도우실 것이다. 그러므로 예수님은 떠나시기 전에, 우리 삶에서 진리가 역사하게 해 달라고 아버지께 기도하신다. "그들을 진리로 거룩하게 하옵소서. 아버지의 말씀은 진리니이다"(요 17:17).

그러므로 우리는 진리가 예수님께 얼마나 엄청나게 중요한지 알 수 있으며, 속이고 오도(誤導)하고 거짓으로 말하려는 충동이 얼마나 파괴적이며 악한지 알 수 있다.

손가락 포개기와 가슴에 십자가 긋기는 어리석은 짓이다

그러므로 예수님이 산상설교에서 당시 사람들이 진리를 말하길 피하고 약속을 지키길 회피하기 위해 즐겨 하던 미묘한 행동 가운데 하나를 드러내신 것은 놀랄 일이 아니다. 약속을 지키지 않을 때, 그 약속은 거짓말이 된다. 공개적으로 맹세까지 해 놓고 약속을 지키지 않을 때, 이것을 가리켜 거짓 맹세라고 부른다. 내가 어릴 때, 우리는 약속을 할 때 중지를 검지에 포개면(기도하거나 행운을 빈다는 뜻이다-역주) 그 약속을 지킬 필요가 없다는 농담을 했다. 또한 신용이 없는 자신의 말에 힘을 싣기 위해 아이들만 쓰는 방식이 있었다. "가슴에 십자가를 긋고 죽을 거야"라고 말했다. 이 말은, 나는 지금 입술로 말하고 있는 게 아니라 마음으로 말하고 있으며 내 말이 진실이 아니면 나를 죽이라는 뜻이었다.

예수님은 약속을 피하기 위해 손가락을 포갠다거나 약속에 힘을 싣기 위해 가슴에 십자가를 긋는 일 등 어느 것도 좋아하지 않으셨다.

"또 옛 사람에게 말한 바, 헛 맹세를 하지 말고 네 맹세한 것을 주께 지키라 하였다는 것을 너희가 들었으나 나는 너희에게 이르노니 도무지 맹세하지 말지니 하늘로도 하지 말라. 이는 하나님의 보좌임이요. 땅으로도 하지 말라. 이는 하나님의 발등상임이요. 예루살렘으로도 하지 말라. 이는 큰 임금의 성임이요. 네 머리로도 하지 말라. 이는 네가 한 터럭도 희고 검게 할 수 없음이라. 오직 너희 말은 옳다 옳다, 아니라 아니라 하라.[1] 이에서 지나는 것은 악으로부터 나느니라"(마 5:33-37).

예수님은 두 가지를 명령하신다. 첫째, 약속을 지키지 않으려고 언어적 회피라는 수단을 사용하지 말라고 명령하신다. 둘째, 맹세가 필요 없을 만큼 진실하라고 명령하신다.

크신 하나님

예수님이 인용하시는 언어적 회피는 하늘과 땅과 예루살렘과 머리에 관한 것이다. 분명히 어떤 사람들은 자신의 맹세가 하나님을 증인으로 직접 명령하지 않았다면 구속력이 없다고 생각했을 것이다. 그래서 이들은 "내가 하늘을 두고 맹세한다"거나 "내가 땅을 두고 맹세한다"거나 "내가 예루살렘을 두고 맹세한다"거나 "내가 나의 머리를 두고 맹세한다"고 말했다면 "내가 하나님을 두고 맹세한다"고 말하지 않았기 때문에 자신의 맹세를 깰 수 있었다. 이러한 속임수 논리에는 다음과 같은 의미가 담겨 있다. "내가 나의 맹세를 어긴다고 해도 하늘과 땅과 예루살렘과 나의 머리는 실제로 내게 복수를 할 수는 없다-하나님만이 하실 수 있다. 그러나 나는 하나님을 내 맹세의 증인으로 명령하지 않았으며 따라서 그분께 책임을 지겠다고 말하지 않았다. 그러므로 나는 사실 문제될 게 없다."

예수님은 이러한 종류의 회피를 거부하신다. 우리의 무엇으로 맹세하든 그 뒤에는 어쨌든 하나님이 계신다. 하늘은 그분의 보좌다. 땅은 그분의 발등상이다. 예루살렘은 그분의 성이다. 그리고 당신의 머리는 당신이 아닌 하나님의 주관하에 있다. 왜냐하면 오직 그분의 섭리 아래서 우리의 머리 색이 바뀌기 때문이다. 그러므로 우리의 문제는 하나님과 진리에 대해 너무 좁은 시각을 갖고 있다는 것이다. 우리는 진리가 중요하지 않다고 생각하거나 우리 마음대로 진리를 조작할 수 있다고 생각한다. 그리고 하나님은 자신의 이름이 언급되기 전에는 구석에 물러나 계시며 우리의 진실함에 거의 관심이 없으시다고 생각한다. 이것은 대단히 잘못된 생각이다. 진리는 우리가 상상할 수 없을 만큼 소중하며, 하나님은 우주의 모든 분자 뒤에 계시며, 그분의 피조물이 진실한지 항상 관심 있게 살피신다.

하나님을 축소해서 진리 회피하기

예수님은 마태복음 23장 16-22절에서 이러한 회피 전략을 바리새인들에게서 보셨다. 그분이 진노하신 것은 당연하다.

"화 있을진저, 눈 먼 인도자여, 너희가 말하되 누구든지 성전으로 맹세하면 아무 일 없거니와 성전의 금으로 맹세하면 지킬지라 하는도다. 어리석은 맹인들이여, 어느 것이 크냐? 그 금이냐 그 금을 거룩하게 하는 성전이냐? 너희가 또 이르되 누구든지 제단으로 맹세하면 아무 일 없거니와 그 위에 있는 예물로 맹세하면 지킬지라 하는도다. 맹인들이여, 어느 것이 크냐? 그 예물이냐 그 예물을 거룩하게 하는 제단이냐? 그러므로 제단으로 맹세하는 자는 제단과 그 위에 있는 모든 것으로 맹세함이요, 또 성전으로 맹세하는 자는 성전과 그 안에 계신 이로 맹세함이요, 또 하늘로 맹세하는 자는 하나님의 보좌와 그 위에 앉으신 이로 맹세함이니라".

바리새인들은 이러한 회피 수단을 사용할 뿐 아니라 가르치기까지 한다. 예수님은 눈 먼 인도자들이 "누구든지 성전으로 맹세하면 아무 일 없다"고 말한다고 하신다. 이것은 직접 인용이 아니라 이들이 하는 말의 요지일 것이다. 어쨌든 예수님은 여기서 이들이 진리와 하나님을 경시하는 것을 보고 분노하신다. 하나님의 성전보다 성전의 금을 더 높인다. 하나님의 제단보다 그 위에 있는 제물을 더 높인다. 하늘에 거하시는 하나님보다 하늘을 더 높인다. 이 모든 회피 수단은 하늘과 제단과 성전이 거룩한 것은 이것들이 하나님과 연결되기 때문이라는 사실을 무시한다. 그러나 거짓과 화해하는 방법을 찾는 데 몰두하는 자들은 이것이 얼마나 큰 잘못인지 깨닫지 못한다.

예수님은 우리 삶에 구속력이 있는 진리 주장들을 회피하려는 이러한 다양한 방법들에 대한 대안으로 무엇을 명령하시는가? 여기에 대해서는 다음 장에서 살펴보기로 하겠다.

What JESUS DEMANDS from the WORLD

Demand. 39

맹세하지 말고 "예"나 "아니오"만 하라

| 네 머리로도 (맹세) 하지 말라. 이는 네가 한 터럭도 희고 검게 할 수 없음이라. 오직 너희 말은 옳다 옳다, 아니라 아니라 하라. 이에서 지나는 것은 악으로부터 나느니라(마 5:36-37).

| 예수께서 침묵하시거늘, 대제사장이 이르되 내가 너로 살아 계신 하나님께 맹세하게 하노니 네가 하나님의 아들 그리스도인지 우리에게 말하라. 예수께서 이르시되 네가 말하였느니라 (마 26:63-64).

진실함의 새로운 기준

예수님은 사람들이 진리를 말하지 않기 위해 창의적이고 타락한 방법들을 찾는 것을 보시고 이렇게 말씀하신다. "나는 너희에게 이르노니 도무지 맹세하지 말지니. …… 오직 너희 말은 옳다 옳다, 아니라 아니라 하라. 이에서 지나는 것은 악으로부터 나느니라"(마 5:34, 37).

예수님은 맹세에 관한 구약의 기준을 뛰어넘어 그 무엇으로도 맹세하지 말라고 말씀하신다. 예수님이 이렇게 말씀하시는 이유는 그분의 사역에서 하나님 나라가 도래했고(눅 11:20, 17:21) 왕이 친히 임하셨으며(마 21:15-16) 진리의 영이 오셨고(요 15:26) 새 언약이 개시되었으므로(눅 22:20) 이 세상에서 진실의 기준이 높아지고 악과의 타협이 줄어야 하기 때문이다.

예수님은 이렇게 말씀하신다. "도무지 맹세하지 말지니 …… 이 옳다 옳다, 아니라 아니라에서 지나는 것은 악으로부터 나느니라."

악은 인간의 마음에 거짓말과 속임수를 심었다. 예수님은 이것이 '거짓의 아비'에게서 비롯되었으며(요 8:44), 인간의 마음에 계속 존재하는 악으로부터 힘을 얻는다고 말씀하셨다. 그러므로 진리가 항상 위험에 처한다. 그러나 진리 없이 공동체의 삶을 유지할 수는 없다. 결혼 생활과 비즈니스와 학교와 정부, 그리고 개인 간의 소중한 우정에서는 말할 것도 없고 계약 관계에서도 어느 정도의 신뢰가 반드시 필요하다. 그러므로 인간의 마음과 사회에 가득한 거짓말과 거짓과 속임수의 악이 맹세를 통해 억제되어 왔다.

사랑이 하지 않는 것을 맹세에게 기대한다

신뢰를 무너뜨리는 악은 이기적이며 악의적이다. 자신이 원하는 것이 있으면 다른 사람들을 해치더라도 그것을 얻으려고 진리를 왜곡한다. 이와 같은 상황에서 진리가 이기기 위해서는 반드시 사랑의 지배를 받아야 한다. 우리가 이기적이지 않거나 다른 사람들을 미워하지 않는다면, 약속을 어기거나 거짓말을 하고, 위선적인 행동을 하지 않을 것이다. 진리를 따를 것이다.

그러나 사랑이 이 세상을 지배하지 못하고 있으므로 맹세가 사랑이 해야 하는 것을 보완하려 한다. 맹세하는 것은 사랑이 없기 때문이다. 우리는 사랑하지 않는다. 그래서 자기 말에 신빙성을 주기 위해 자기 말이 진실임을 사람들에게 확신시키려고 맹세한다. 자기 말이 거짓이면 신의 벌이라도 받겠다고 말하는데, 이것은 자기긍정을 자기 신뢰성의 토대로 삼는다는 뜻이다. 누구도 하나님에게 벌을 받길 원하지 않기 때문에 이러한 자기긍정을 모든 사람들과 공유한다그들이 하나님을 믿지 않더라도. 이러한 종류의 맹세가 우리가 자신의 진실성을 보증하도록 돕는다.

예수님은 이렇게 말씀하신다. "나는 너희에게 수준이 다른 진실성을 명령한다. 나는 너희에게 내 나라의 침노를 증언할 것을 명령하며 내가 세상에 가져다 준 정직성을 명령한다. 그렇다. 너희는 아직 타락한 세상에 살고 있다. 세상에는 거짓말과 속임수가 가득하다. 나의 구원의 능력을 모르는 자들 사이에서는 맹세가 꼭 필요할 것이다. 맹세가 타락한 사회가 깨지지 않도록 도울 것이다. 맹세는 인간의 거짓이라는 강을 막는 일종의 댐이다."[1]

예수님은 "네가 말하였느니라"고 하셨을 뿐이다

예수님은 이렇게 말씀하셨다. "그러나 너희는 – 나를 알고 나를 따르며 나를 통해 용서 받고 변화를 받은 너희는 – 너희의 예와 아니오가 맹세와 다를 바 없게 하라. 너희의 정직이 전혀 흠잡을 데 없도록 하라. 법원 서기가 '하나님 앞에서 진리를, 오직 진리만을 말하며 진리가 아닌 것은 전혀 말하지 않을 것을 맹세하시겠습니까?' 라고 물을 때 그의 얼굴을 쳐다보면서 '진실을 말하겠습니다' 라고 말하라."

예수님이 죽으시기 전날 밤에 법정에서 대제사장 앞에 섰을 때, 대제사장은 예수님께 맹세를 명령했다. "내가 너로 살아 계신 하나님께 맹세하게 하노니 네가 하나님의 아들 그리스도인지 우리에게 말하라"(마 26:63).

대제사장은 예수님에게 자신이 메시야라고 주장할 때 맹세를 통해 하나님을 증인으로 요청하라고 명령했다. 하지만 예수님은 굴복하지 않으셨다. 마태복음 5장 37절에서 하신 명령과 일치하는 대답을 하셨다. "네가 말하였느니라." 이것이 예수님의 단순한 예이다. "네가 말하였느니라"(마 26:64).

맹세는 필요 없었다. 그분의 '예'는 맹세와 다를 게 없다. 대제사장은 그분의 예의 힘을 완전히 느꼈으며 맹세를 강요할 필요가 없었다. 그는 자신의 옷을 찢으며 말했다. "그가 신성 모독하는 말을 하였으니 어찌 더 증인을 명령하리요"(마 26:65).

예수님의 제자들은 맹세를 해야 하는가?

맹세에 관한 급진적 명령을 통해 예수님이 말씀하시는 핵심은 우리가 완전히 정직하고 진실된 사람이 되어야 한다는 것이다. 그렇다면 예수님의 제자들은 맹세해야 하는가? 이 질문에 답하려면 이 질문을 다른 방식으로도 던질 수 있다는 것을 염두에 두어야 한다. 예수님은 "도무지 맹세하지 말지니"라고 말씀하셨을 뿐 아니라(마 5:34), 이 말씀과 긍정적으로 대응되는 말씀도 하셨다. "오직 너희 말은 옳다 옳다, 아니라 아니라 하라"(마 5:37). 이 질문을 이렇게도 표현할 수 있다. 예수님의 제자들은 '예'와 '아니오' 외에 다른 말로 약속하거나 질문에 답하거나 주장을 해야 하는가?

두 번째 질문을 살펴보자. 왜냐하면 예수님의 사역에는 제자들이 화자(話者)의 진실성을 강조하기 위해 '예'와 '아니오' 외에 그 어떤 단어도 덧붙여서는 안 된다는 경고에 대한 예외들이 있기 때문이다. 가장 두드러진 것은 예수님이 '진실로' 또는 '진실로 진실로'라는 어구를 사용하신 것이다. 복음서에서 50회 넘게, 예수님은 "진실로 너희에게 이르노니"라고 말씀하신다. 그리고 이보다 훨씬 더 강한 "진실로, 진실로 너희에게 이르노니"라는 표현은 25회 넘게 나온다.

D. A. 카슨Carson은 이러한 표현에 대해 "예수님은 어떤 말씀의 진실성과 중요성을 확실히 하고 강조하시기 전에 이런 표현을 사용하신다"고 말한다.² 세상에서 자신의 진실성을 강조할 말을 덧붙일 필요가 없을 만큼 정직한 사람이 있었다면 바로 예수님이셨다. 그런데도 그렇게 하셨다. 결코 말하는 분에게 정직성이 결여되어 있었기 때문이 아니다. 듣는 사람들이 말하는 분이 얼마나 신뢰성이 있는지 모를 수도 있기 때문에 그분이 하시는 말씀의 절대적 신빙성을 그들에게 일깨워야 한다는 사랑의 마음 때문에 그리하신 게 분명하다.

그러므로 나는 여기서 조심스럽게 할 말이 있다. 예수님의 제자는 더없이 정직할 수 있다. 하지만 어느 상황에서든 사랑은 듣는 사람들을 위해 강조 표현을 요구할 수 있다는 것이다. 여기에 덧붙여, 예수님은 정직의 본질이신 하나님 자신이 때로 맹세를 통해 자신의 말씀을 확증하셨음을 알고 계셨다. 그분의 부족한 신뢰성을 보완하기 위해서가 아니라, 우리가 그분을 믿도록 돕기 위해 다양한 격려를 주신 것이다(눅 1:73; 창 22:16을 보라). 그러므로 예수님의 주장은 절대적인 정직성과 진실성이 목적이지, 이러한 진실성을 표현하는 어법을 절대적으로 규정하려는 게 아닌 것 같다.

어떤 맹세는 허용된다

절대적인 금지처럼 보이는 "도무지 맹세하지 말라"는 명령으로 다시 돌아가 보자. 그렇다면 이러한 금지 명령에도 예외가 있다고 추론해야 하는가? 나의 생각은 우리가 맹세의 어법이 "하나님께 맹세컨대 제 말은 사실입니다"처럼 우리를그리고 우리가 신뢰할 만한 사람인지를 알지 못하는 사람들, 우리가 이러한 표현 양식을 사용할 때 문화적 상황이 우리 말에 신뢰성을 부여하는 환경에 사는 사람들에게 우리가 사랑을 보여 주는 한 방식일 수 있다는 가능성을 열어 두어야 한다는 쪽으로 기운다. 예수님의 절대적인 금지는 마태복음 5장 35-36절과 23장 16-22절에 언급된 맹세의 남용과 관련이 있다. 그리고 모든 시대와 문화를 절대적으로 초월하는 명령은 우리가 절대적으로 진실하고 정직한 사람이 되어야 한다는 것이다.

진리에 대한 예수님의 급진적 명령을 가볍게 여기지 말라

이것은 맹세나 그 밖의 형식을 우리의 부족한 신뢰성을 보완하기 위해 사용해서는 안 되며, 단지 다른 사람들이 우리가 말하는 꾸밈없는 진리를 받아들이도록 돕기 위해서만 사용해야 한다는 것을 암시한다. 그러나 이 글을 쓰고 있는 이 순간에도, 예수님이 하신 말씀의 일부가 잘려 나가고 있다. 그분은 우리를 "헛 맹세를 하지 말고 네 맹세한 것을 주께 지키라"는 (마 5:33) 것보다 더 높은 수준에 올려놓고 계셨다. 그분의 목적은 네 약속을 지키라는 것보다 컸다. 그분은 맹세하지 말라고 명령하신다.

우리는 이제 내게는 맹세가 필요 없다는 새로운 마음가짐을 가져야 한다. 나는 맹세하기를 더디 해야 한다. 맹세는 나의 신뢰성에 약점이 있다는 뜻일 가능성이 아주 높으며, 이것은 예수님을 욕되게 할 수 있다. 예수님의 영광 가운데 하나는 그분이 우리를 거짓말을 할 필요에서 자유하게 하시며, 내 말이 거짓이 아님을 증명할 필요에서 자유하게 하신다는 것이다.

예수님의 제자들은 단지 정직한 데 그치는 게 아니라, 사람들이 자신을 부정직하다고 생각하지 않도록 굳이 자신을 보호해야 할 필요가 없는 사람들이다. 그러므로 이들은 그리스도께서 자신의 마음과 입술의 주인이심을 선포하는 역문화적countercultural 방법들을 모색할 것이다. 예수님의 목적은 자신이 길이요 진리요 생명임을 알리는 것이다. 예수님은 우리에게 이러한 영광을 알리는 방법으로 살고, 또 말하라고 명령하신다.

What JESUS DEMANDS from the WORLD

Demand 40

성경적으로 사랑하라

| 사람을 지으신 이가 본래 그들을 남자와 여자로 지으시고 말씀하시기를, 그러므로 사람이 그 부모를 떠나서 아내에게 합하여 그 둘이 한 몸이 될지니라 하신 것을 읽지 못하였느냐? 그런즉 이제 둘이 아니요 한 몸이니 그러므로 하나님이 짝 지어 주신 것을 사람이 나누지 못할지니라(마 19:4-6).

| 너를 지으신 이가 네 남편이시라. 그의 이름은 만군의 여호와이시며(사 54:5).

예수님은 남편과 아내에게 결혼 생활에 충실하라고 명령하신다. 쉽지 않은 줄 알지만 중요하다고 가르치신다. 왜냐하면 결혼은 하나님 자신의 작품으로, 하나님은 결혼을 통해 '한 몸'이라는 새로운 실체, 곧 인간의 이해를 초월하는 실체를 창조하시고, 자신과 자신의 백성 간의 언약적 연합을 결혼이라는 인간의 양식을 빌어 세상에 표현하시기 때문이다.

결혼은 사람들이 상상할 수 없을 만큼 신성하다. 왜냐하면 결혼은 하나님의 특별한 작품이며, 하나님과 그분의 백성 간의 관계를 극적으로 표현하며, 하나님의 영광을 나타내기 때문이다. 결혼을 가볍게 여기는 우리 시대의 모든 태도와는 반대로, 예수님의 메시지는 결혼은 하나님의 위대한 작품이며 오직 죽음만이 깰 수 있는 신성한 언약이라고 전한다.

결혼은 하나님과 그분의 백성 간의 언약을 비추는 거울이다

예수님은 유대 성경을 알고 계셨으며 자신과 자신의 사역에서 그 성경이 성취되는 것을 보셨다(마 5:17-18). 여기에는 하나님이 자신과 자신의 백성 간의 관계를 거울로 묘사하시면서 이 관계를 말씀하신 것을 예수님이 알고 계셨다는 것도 포함된다. 하나님은 이렇게 말씀하셨다.

"너를 지으신 이가 네 남편이시라. 그의 이름은 만군의 여호와이시며"(사 54:5).

"그날에 네가 나를 내 남편이라 일컫고…… 내가 네게 장가들어 영원히 살되 공의와 정의와 은총과 긍휼히 여김으로 네게 장가들며 진실함으로 네게 장가들리니 네가 여호와를 알리라"(호 2:16, 19-20).

"내가 네 곁으로 지나며 보니 네 때가 사랑을 할 만한 때라. 내 옷으로 너를 덮어 벌거벗은 것을 가리고 네게 맹세하고 언약하여 너를 내게 속하게 하였느니라. 나 주 여호와의 말이니라"(겔 16:8).

"이스라엘, 족속아, 마치 아내가 그의 남편을 속이고 떠나감 같이 너희가 확실히 나를 속였느니라. 여호와의 말씀이니라"(렘 3:20).

이러한 성경구절을 토대로, 예수님은 하나님이 태초에 결혼 제도를 그분과 그분의 백성 간의 관계를 묘사하는 수단으로 만드셨다고 보실 것이다. 예수님은 "이러므로 남자가 부모를 떠나 그의 아내와 합하여 둘이 한 몸을 이룰지로다"는 창세기 2장 24절 말씀을 이렇게 해석하셨다. 하나님이 이렇게 말씀하셨을 때 자신의 백성을 자신의 아내로, 자신을 그들의 남편으로 부르실 것을 염두에 두셨다. 그리고 창세기의 저자 모세가 아니라 하나님이 이렇게 말씀하셨다고 분명하게 말씀하신다(마 19:4-5). 그러므로 한 남자와 한 여자의 연합은 하나님과 그분의 백성 간의 관계에 대한 묘사를 염두에 둔 하나님의 특별한 작품이다.

모든 결혼은 하나님이 자신의 영광을 위해 세우신 것이다

예수님은 결혼이 하나님의 작품임을 분명히 하신다. 그분은 우리가 이것을 성경에서 짐작만 하게 하지 않으시며, 이러한 작품을 아담과 하와 사이에 이루어진 최초의 결혼에만 적용하지도 않으신다. 그분은 "그러므로 하나님이 짝 지어 주신 것을 사람이 나누지 못할지니라"고 말씀하신다(마 19:6).

결혼을 통한 연합에서 결정적 역할을 하는 것은 인간이 아니라 하나님이다. 그리고 핵심은 하나님이 각각의 결혼에서 둘을 이런 방식으로 '짝 지어 주신다' 는 것이다. 왜냐하면 하나님은 '나누지' 말라고 명하시며, 우리가 결정적으로 나눌 수 있는 결혼은 우리 자신의 결혼뿐이기 때문이다. 그러므로 하나하나의 결혼이 하나님의 역사다.

하나님이 한 남편과 한 아내가 연합하게 하셨다. 이 둘은 자신들의 선택이 아니라 하나님의 역사로 한 몸이 된다. 그리고 하나님이 둘을 '한 몸' 으로 연합하게 하실 때, 한 남자와 한 여자는 하나님과 이스라엘 간의 언약과 닮은 언약을 맺는다. 이들의 결혼은 하나님과 그분의 백성 간의 관계를 묘사한다. 결혼을 통해, 하나님은 자신과 자신의 언약 백성 간의 관계를 증거하는 증인들로 채우신다. 이것이 이혼과 재혼이 그토록 심각한 주요 이유 가운데 하나다. 이혼과 재혼은 하나님과 그분의 백성 간의 관계에 대해 한 가지 거짓말을 한다. 하나님은 결코 그분의 아내와 이혼하고 재혼하지 않으셨다. 분리와 많은 고통이 있었다. 그러나 하나님께 등을 돌린 것은 언제나 그분의 백성이었다.

호세아 선지자는 방탕한 아내를 향한 하나님의 철저한 사랑을 보여 주는 증인이다. 하나님은 결코 그분의 아내를 버리지 않으신다. 그리고 하나님이 아내의 음란한 우상 숭배 때문에 아내를 내보내셔야 할 때도 때가 되면 다시 아내를 찾으신다. 결혼이 그리려는 것은 그분의 언약 백성, 곧 그분의 아내를 향한 하나님의 변함없고 은혜로운 헌신이다.

이처럼 결혼은 하나님을 영화롭게 해야 한다. 예레미야 13장 11절에서 하나님은 이렇게 말씀하신다. "띠가 사람의 허리에 속함 같이 내가 이스라엘 온 집과 유다 온 집으로 내게 속하게 하여 그들로 내 백성이 되게 하며 내 이름과 명예와 영광이 되게 하려 하였으나."

이스라엘이 하나님의 영광을 나타내도록 이스라엘을 자유롭게 선택하시고 이스라엘과 결혼하셨다. 그러므로 결혼은 하나님의 창조의 작품이며, 그분의 언약적 사랑의 묘사이며, 그분의 영광의 표현이다.

모세는 왜 이혼을 허용했는가?

모세는 이혼을 허용했기에 바리새인은 예수님이 결혼에 충실할 것을 명령했을 때 놀랐다. 바리새인들은 예수님이 이렇게 높은 기준을 제시하리라고는 생각지도 못했다. 그들은 예수님을 찾아와 물었다. "사람이 어떤 이유가 있으면 그 아내를 버리는 것이 옳으니이까?"(마 19:3).

예수님은 이들에게 대답하시면서 모세의 율법이 아닌 모세의 창조 기사를 언급하신다. 예수님은 율법이 죄를 감안하여 결혼을 유지하는 방식이 아니라, 결혼의 본래 계획을 토대로 결혼의 의미를 찾으려 하신 것이다.

"사람을 지으신 이가 본래 그들을 남자와 여자로 지으시고 말씀하시기를 그러므로 사람이 그 부모를 떠나서 아내에게 합하여 그 둘이 한 몸이 될지니라 하신 것을 읽지 못하였느냐? 그런즉 이제 둘이 아니요 한 몸이니 그러므로 하나님이 짝 지어 주신 것을 사람이 나누지 못할지니라"(마 19:4-6).

그러므로 바리새인들의 질문에 대한 답은 이것이다. 하나님은 결혼을 지속적인 것으로 계획하셨으니 결혼을 깰 수 있는 것으로 취급하지 말라.

이제 바리새인들은 자신들이 예수님을 함정에 빠뜨렸다고 생각한다. 예수님은 방금 모세 율법과 모순되는 주장을 하신 것이다. 그래서 바리새인들은 묻는다. "그러면 어찌하여 모세는 이혼 증서를 주어서 버리라 명하였나이까?"(19:7).

그들은 예수님의 답변에서 그 누구도 결혼 언약을 절대로 깨면 안 된다는 암시를 정확히 간파한다. 그러나 이것은 이들이 이해하는 모세 율법과 맞지 않는다. 그래서 묻는다. 당신은 결혼 언약을 깨면 안 된다고 말하는데 그렇다면 왜 모세는 이혼에 대한 조항을 두었는가?

예수님은 이렇게 답하신다. "모세가 너희 마음의 완악함 때문에 아내 버림을 허락하였거니와 본래는 그렇지 아니하니라"(마 19:8).

그러므로 예수님은 창조 기사에서 모세와 보조를 맞추시고, 태초에 결혼 언약이 깨질 수 없는 것이었듯이 그분이 이 땅에 도래시키고 계신 나라에서도 이러한 본래 의도를 재발견하고 재천명해야 한다고 말씀하신다. 바꾸어 말하자면, 예수님은 제자들의 기준을 모세가 허락한 것보다 더 높이고 계신다. "누구든지 음행한 이유 외에 아내를 버리고 다른 데 장가드는 자는 간음함이니라"(마 19:9).

이혼의 참상

예수님은 제자들에게 이혼과 재혼의 규정을 제시하시는가? 그분이 이혼과 재혼을 허락하신 적이 있는가? 오늘날 그분을 따르는 사람들 사이에도 이 질문에 대해서는 의견이 분분하다. 내가 아는, 나보다 더 경건한 사람들 가운데에도 내가 여기서 제시할 견해와는 다른 견해를 취하는 사람들이 많을 것이다. 나 역시 이 문제에 대한 최종적 결론을 보았다거나 말했다고 주장하지 않는다. 그리고 나의 의견이 수정이 전혀 필요 없다고도 주장하지 않는다.

먼저 예수님은 결혼 언약은 죽음만이 깰 수 있으며, 따라서 배우자가 살아 있는 동안에는 재혼을 금지하셨다. 이 말에 어떤 사람들은 곤혹스럽게 느낄 것이다. 또 자신들이 원하지 않았으나 이미 일어나 버린 일로 인해 받은 상처가 더 깊어질 수도 있다. 이혼은 고통스럽다. 이혼은 배우자의 죽음보다 정서적으로 더 고통스러울 때가 많다. 이혼 후 생활에 적응하고 안정을 찾기까지 오랜 시간이 걸릴 때가 많다. 삶에는 측정할 수도 없을 만큼 큰 격변이 일어난다. 실패 의식과 죄의식과 두려움이 영혼을 괴롭힐 수 있다. 시편기자처럼, 배우자는 매일 밤 울다가 잠이 든다(시 6:6). 일이 손에 잡히지 않는다. 사람들을 깊이 사귀지 못한다. 외로움에 짓눌릴 수 있다. 미래가 암담하다는 생각이 들 수 있다. 개인적인 비극에 법정 논쟁까지 추가된다.

그리고 아이들도 고통을 당할 때가 많다. 부모는 자신들의 이혼 상처 때문에 자녀들이 비틀거리거나 훗날 자녀들의 결혼에까지 영향을 주지 않길 바란다. 그러나 이것은 별로 희망이 없는 바람이다. 양육권과 양육비를 둘러싼 갈등에 상처는 더 깊어진다. 그리고 어색하고 인위적인 방문권 때문에 이혼의 비극은 수십 년씩 계속될 수 있다.

이외에 많은 요소 때문에 마음이 따뜻한 사람들은 우는 사람들과 함께 운다. 이들은 고통을 키우려 하지 않는다. 때로 이러한 보살핌을 타협이라고 생각하기도 한다. 사람들은 사랑의 보살핌이 대면지적과 양립할 수 없다고 생각한다. 다시 말해, 예수님의 부드러움과 그분의 거친 요구 둘 모두가 사랑일 수는 없다고 생각한다. 그러나 이것은 결코 옳은 생각이 아니다.

성경적으로 사랑하라

예수님은 특별히 세심하게 보살피는 분이다. 이혼과 재혼에 관한 가르침도 확실하다. "하나님이 짝 지어 주신 것을 사람이 나누지 못할지니라." 예수님의 명령을 가지고 확실하고 사랑이 가득한 대면을 하는 것이 보살핌의 한 형태다. 왜냐하면 죄악 된 결정은 당사자에게 정서적 고통만큼이나 해가 되기 때문이다. 이것은 개인뿐 아니라 교회와 사회에도 적용된다. 결혼의 신성함에 대한 동정적인 타협은 도리어 결혼 언약의 견고함을 약화시킨다. 따라서 이러한 타협은 단기적으로는 사랑의 보살핌으로 보일지 모르지만 장기적으로는 황폐한 결과를 초래한다. 높은 기준을 갖고 결혼 언약의 틀을 유지하는 것이 단기적으로는 힘들게 느껴지겠지만, 장기적으로는 후세들이 당연히 받아들이는 천 배의 축복을 낳을 것이다.

예수님의 제자들이 이혼과 재혼 앞에서 직면하는 큰 도전은 성경적으로 사랑하라는 것이다. 즉 동정의 눈물과 순종의 거친 사랑을 혼합하라는 것이다. 이것만이 그리스도를 높이며, 예수님이 세우신 결혼과 교회의 영적 건강과 능력을 유지시켜 줄 것이다.

마태복음 19장 3-9절과 마가복음 10장 2-12절에서, 예수님은 바리새인들이 신명기 24장을 근거로 이혼을 정당화하는 것을 인정하지 않으셨다. 아울러 하나님이 짝 지어 주신 것을 인간이 결코 나눌 수 없다는 창조 때의 하나님의 목적을 재천명하셨다. 예수님은 모세가 이혼을 허용한 것은 인간의 마음이 완악하기 때문이라고 말씀하셨으며, 자신이 여기에 대해 무엇인가를 하러 오셨다는 암시를 주셨다. 예수님의 목적은 그분을 따르는 사람들의 기준이 모세가 허락한 것보다 높아지는 것이다.

얼마나 높아져야 하는가? 이 문제는 다음 장에서 살펴볼 것이다.

What
JESUS
DEMANDS
from the
WORLD

Demand . 41

하나님이 짝지어 주신 것을 사람이 나누지 못할지니라

| 누구든지 그 아내를 버리고 다른 데에 장가드는 자는 본처에게 간음을 행함이요 또 아내가 남편을 버리고 다른 데로 시집가면 간음을 행함이니라(막 10:11-12).

| 무릇 자기 아내를 버리고 다른 데 장가드는 자도 간음함이요 무릇 버림당한 여자에게 장가드는 자도 간음함이니라(눅 16:18).

| 또 일렀으되 누구든지 아내를 버리려거든 이혼 증서를 줄 것이라 하였으나 나는 너희에게 이르노니 누구든지 음행한 이유 없이 아내를 버리면 이는 그로 간음하게 함이요 또 누구든지 버림받은 여자에게 장가드는 자도 간음함이니라(마 5:31-32).

| 내가 너희에게 말하노니 누구든지 음행한 이유 외에 아내를 버리고 다른 데 장가드는 자는 간음함이니라(마 19:9).

예수님은 충실한 결혼 관계에 대해 모세와 당시 유대 지도자들보다 더 높은 기준을 제시하셨다. 신명기 24장에서 보이는 이혼 허용을 인정하지 않으셨던 것이다. 그분은 모세가 신명기에서 이혼을 허용한 것은 인간의

마음이 완악하기 때문이며(마 19:8), 자신은 이러한 규정을 바꾸러 오셨다는 암시를 주셨다.

본 장에서는 충실한 결혼 관계에 대한 예수님의 기준이 얼마나 높은지 살펴볼 것이다.

이혼이 하나님의 연합을 깨지 못한다

예수님은 창세기 2장 24절의 창조기사뿐 아니라, 신명기 24장 1-4절이 암시하는 결혼에 대한 더 높은 기준을 보셨다. 신명기 24장은 결혼으로 맺어진 한 몸 관계가 이혼이나 심지어 재혼으로 완전히 무효화되는 게 아님을 보여 준다. 모세가 쓴 것을 살펴보자.

"사람이 아내를 맞이하여 데려온 후에 그에게 수치되는 일이 있음을 발견하고 그를 기뻐하지 아니하면 이혼 증서를 써서 그의 손에 주고 그를 자기 집에서 내보낼 것이요, 그 여자는 그의 집에서 나가서 다른 사람의 아내가 되려니와 그의 둘째 남편도 그를 미워하여 이혼 증서를 써서 그의 손에 주고 그를 자기 집에서 내보냈거나 또는 그를 아내로 맞이한 둘째 남편이 죽었다 하자 그 여자는 이미 몸을 더럽혔은즉 그를 내보낸 전남편이 그를 다시 아내로 맞이하지 말지니, 이 일은 여호와 앞에 가증한 것이라. 너는 네 하나님 여호와께서 네게 기업으로 주시는 땅을 범죄하게 하지 말지니라"(신 24:1-4).

위 말씀에서 주목할 만한 것은 이혼을 당연하게 여기면서도 이혼한 여자가 재혼하면 그 여자는 '더럽혀진다'는 것이다(4절). 그러므로 바리새인들이 예수님에게 이혼이 적법하냐고 물었을 때 예수님은 창세기 1장 27절과 2장 24절에 나타난 하나님의 본래 의도뿐 아니라 신명기 24장 4절의 암시를 자신의 부정적 대답의 근거로 삼으셨을 것이다. 즉 이혼 후의 재혼이 허용은 되지만 당사자를 더럽힌다는 것이다.

모세의 글에는 이혼 허용은 인간의 완악한 마음 때문이며, 이혼과 재혼이 하나님을 가장 높이는 방법이 아님을 보여 주는 단서들이 있다. 모세는 이혼하고 재혼한 아내는 둘째 남편이 죽은 후에도 첫 남편에게로 돌아갈 수 없다고 했다. '가증한 것'이기 때문이다(4절). 오늘날 첫 번째 결혼을 회복하기 위해 두 번째 결혼이나 세 번째 결혼을 깨서는 안 된다는 것을 암시한다. 이 문제는 나중에 살펴볼 것이다. 지금으로서는 불순종의 결과인 두 번째나 세 번째 결혼이라도 깨져서는 안 되며, 이것이 이상적이지는 않더라도 하나님의 자비로 인정된 것임을 고백해야 한다고 말해야겠다. 하나님이 보시기에 두 번째나 세 번째 결혼을 유지하는 것이 더 많은 언약을 깨는 것보다 낫다.

어떤 예외도 있을 수 없다

복음서에서 예수님은 이혼 금지에는 예외가 없다고 두 번 말씀하신다. "무릇 자기 아내를 버리고 다른 데 장가드는 자도 간음함이요 무릇 버림당한 여자에게 장가드는 자도 간음함이니라"(눅 16:18).

예수님은 이혼 후의 재혼을 간음으로 보시는 것 같다. 첫 번째 결혼이 여전히 유효하기 때문이다. 그러므로 예수님은 모든 이혼에는 재혼의 권리가 따른다고 보았던 당시 유대 문화와 반대되는 입장을 취하신다.[1]

누가복음 16장 18절은 또 다른 암시를 준다. 이 구절의 후반부는 이혼한 남자가 재혼하면 간음하는 것일 뿐 아니라 누구든지 이혼한 여자와 결혼하는 남자도 간음하는 것임을 보여 준다. 더욱 눈여겨보아야 할 것은 여기 나오는 여인이 이혼 과정에서 무죄한 쪽으로 보이기 때문이다. 왜냐하면 예수님은 남편이 아내와 이혼하고 다른 여자와 결혼하는 것이 간음이라고 말씀하시기 때문이다. 이런 경우 남자는 아내와 이혼할 권리가 전혀 없었다. 다시 말해, 이 여인은 남편에게 이혼당할 짓을 전혀 하지 않았다. 그런데도 어떤 남자는 버림받은 이 여인과 결혼한다면, 예수님은 그도 '간음하는' 것이라고 말씀하신다.

남편에게 버림받은 여인, 즉 남편이 자신을 버리고 다른 여자와 결혼한 여인에게 다른 남자와 결혼하지 않음으로써 자신이 했던 결혼 서약의 거룩성과 결혼 언약의 본질을 보여 주라고 명령하신다. 이 구절은 예외 조항을 전혀 언급하지 않으며, 예수님은 이혼이 재혼의 권리를 포함한다는 당시 문화의 일반적 개념을 분명히 거부하고 계신다. 그러므로 예수님이 이혼을 허용하는 당시 문화 속에서 사셨다는 사실로 미뤄 볼 때, 누가복음의 첫 독자들이 예외 조항들을 보았다면 당혹해했을 것이다.

예수님이 이혼 후의 재혼을 무조건 거부하신 또 다른 경우가 마가복음 10장 11-12절에 나온다. "누구든지 그 아내를 버리고 다른 데에 장가드는 자는 본처에게 간음을 행함이요 또 아내가 남편을 버리고 다른 데로 시집가면 간음을 행함이니라."

이 두 절은 누가복음 16장 18절의 전반부를 반복하지만, 여기서 더 나아가 이혼한 남자뿐 아니라 이혼하고 재혼하는 여자도 간음을 행하는 것이라고 말한다. 그리고 누가복음 16장 18절에서처럼 여기에도 예외 조항이 전혀 없다.

지금까지 살펴본 바에 따르면, 누가복음 16장 18절과 마가복음 10장 11-12절은 이혼 후의 재혼을 절대 금지한다. 왜냐하면 예수님은 이혼 과정에서 무죄한 쪽의 경우라도 재혼을 간음으로 보시기 때문이다. 그리고 마태복음 19장 6절과 마가복음 10장 9절은 하나님이 한 남자와 한 여자를 부부로 짝 지어 주셨으므로 인간이 나눌 수 없다고 강하게 말한다.

마태복음 5장 32절은 이혼을 허용한다?

마태복음 5장 32절에서 예수님은 이렇게 말씀하신다. "누구든지 음행한 이유 없이 아내를 버리면 이는 그로 간음하게 함이요 또 누구든지 버림받은 여자에게 장가드는 자도 간음함이니라."

마태복음 19장 9절에서는 이렇게 말씀하신다. "누구든지 음행한 이유 외에 아내를 버리고 다른 데 장가드는 자는 간음함이니라."

두 구절 모두 일반적으로 예수님이 배우자 가운데 한쪽에게 '음행'이 있을 경우 이혼과 재혼을 허용하셨다는 뜻으로 해석된다. 이것이 '예외 조항'일까?

"그로 간음하게 함이요"라는 마태복음 5장 32절의 어법에 따르면, 예수님은 당시 문화에서 대부분의 경우 남편에게 버림받은 아내는 재혼을 한다고 추정하신다. 이혼한 여자가 이처럼 재혼의 압력을 받는데도 불구하고, 예수님은 여전히 재혼을 금하신다. 남편에게 버림당한 무죄한 여인이라도 재혼은 간음이라는 것을 암시한다. "누구든지 음행한 이유 없이 아내를 음행하지 않은 무죄한 아내를 버리면 이는 그로 간음하게 함이요."

이혼 과정에서 한쪽이 유죄할 때뿐 아니라 한쪽이 무죄할 때도 재혼은 잘못이라는 의미일 것이다. 재혼에 대한 예수님의 반대는 이혼의 상황에 근거한 게 아니라 결혼 관계가 결코 깨질 수 없다는 데 근거한 것으로 보인다. 그러므로 마태복음 5장 32절은 재혼이 어떤 경우에는 합법적이라고 가르치지 않는다. 오히려 이 구절은 이혼 후의 재혼은 설령 이혼당한 쪽이 무죄한 경우라도 간음이며, 아내와 이혼하는 남자는 아내로 하여금 재혼하여 간음하게 하는 것이며, 남편에게 버림받은 아내와 결혼하는 남자는 설령 모르고 했더라도 간음하는 것임을 재확인해 준다. 따라서 이 구절의 마지막 부분은 이렇게 되어 있다. "또 누구든지 버림받은 여자에게 장가드는 자도 간음함이니라." 예외 조항의 의미를 살펴보기 전에 이와 비슷한 마태복음 19장 9절을 먼저 살펴보자.

이혼 예외 조항이 있다?

예수님이 이혼과 재혼 금지에 대한 '예외 조항'을 제시하시는 것처럼 보이는 곳이 또 하나 있다. 마태복음 19장 9절이다. "내가 너희에게 말하노니 누구든지 음행한 이유 외에 아내를 버리고 다른 데 장가드는 자는 간음함이니라."

기혼자가 이혼 후에 자유롭게 재혼해도 괜찮은 상황이 있다는 뜻인가? 대부분의 주석가들이 그렇다고 보며, 예수님을 따르는 대부분의 사람들이 그렇게 생각한다. 하지만 나는 예외 조항이 이런 의미라고 생각지 않는다. 내가 예외 조항을 달리 이해하게 된 데는 사연이 있다.

성인이 된 후, 나는 늘 간음과 처자식을 버리는 행위를 이혼과 재혼을 뒷받침하는 두 가지 합법적 근거로 생각했다. 이것이 내가 숨 쉬는 공기였고, 나는 마태복음 19장 9절에서 이러한 예외 조항을 확인했다. 지금 내가 알듯이, 비록 신약성경의 나머지 모든 부분이 거꾸로 말한다고 하더라도 말이다.[2] 그러나 어느 순간부터 이러한 생각이 무너지기 시작했다.

내가 처음 고민했던 것은 마가복음 10장 11-12절과 누가복음 16장 18절은 예수님이 이혼과 재혼을 절대로 금하신다고 말하지만, 마태복음의 예외 규정이 이혼과 재혼을 허용하는 것이라면 마태복음은 이와 같은 절대적 형태로 표현하지 않는다는 것이다. 너무나 많은 저자들의 추정, 즉 마태는 예수님의 청중이나 마가복음 10장과 누가복음 16장의 독자들이 암묵적으로 이해했을 것을 분명하게 표현하고 있을 뿐이라는 추정이 나를 괴롭혔다.1번 주석 내용을 보라.

정말로 이들은 절대적 진술들이 예외를 포함한다고 생각했을까? 나는 심각한 의심을 품기 시작했다. 그래서 마태의 예외 조항이 마가와 누가의 절대 금지 규정에 맞는지 묻기 시작했다.

나를 당혹스럽게 하기 시작한 두 번째 것은 이러한 물음이었다. 왜 마태는 간음을 뜻하는 모이케이아πορνεία라는 단어 대신 포르네이아μοιχεία, '음행'이라는 단어를 사용하는가? 부부 관계에서 음행은 당연히 간음일 것이다. 그러나 마태가 예수님이 하신 말씀의 의미를 표현하기 위해 사용하는 포르네이아라는 단어는 대개 사통(미혼자의 성적 범죄를 말한다-역주)이나 결혼에 대한 불성실과는 무관한 성적 부도덕을 의미한다. 거의 모든 주석가들이 이 문맥에서 포르네이아가 간음을 가리킨다고 추정하는 것 같다. 사실 이것이 예수님이 의미하신 것이라면 마태는 왜 간음을 나타내는 단어모이케이아를 사용하지 않는가? 바로 이 문제가 나를 괴롭혔다.

그때 매우 흥미로운 사실을 발견했다. 마태복음에서 5장 32절과 19장 9절 외에 포르네이아라는 단어가 사용된 곳은 15장 19절뿐인데, 여기서 이 단어는 모이케이아와 나란히 사용된다. 그러므로 문맥상의 증거에 비춰볼 때, 마태는 포르네이아가 어떤 의미에서 간음과는 다르다고 생각한 듯싶다. 그렇다면 이것은 예수님의 가르침에 대한 마태의 기록에서, 마태가 포르네이아를 결혼 생활에 대한 불성실을 의미하지 않는 사통이나 근친상간이나 매춘이라는 보다 일반적인 것을 의미한다고 생각했다는 뜻일 수 있는가?[3]

여기에 대한 설명을 찾으면서 발견한 또 다른 단서는 포르네이아라는 단어가 요한복음 8장 41절에서도 사용되는데, 여기서 유대 지도자들이 예수님이 포르네이아를 통해 태어나셨다면서 그분을 간접적으로 비난한다는 사실이다. 이들은 동정녀 탄생을 받아들이지 않는다. 따라서 예수님의 어머니 마리아가 사통을 범했으며, 예수님이 그 결과로 태어나셨다고 생각한다. 이러한 단서를 토대로, 마태복음 1장 18-20절에 나오는 예수님의 탄생 기록을 연구했다.

예외 조항은 요셉과 마리아의 약혼에 어떻게 적용되는가?

마태복음 1장 18-20절에서 요셉과 마리아를 남편$_{ἀνήρ}$과 아내$_{γυνή}$로 언급한다. 그러나 이들은 서로 정혼한$_{개역개정판은\ '약혼'}$ 사이로 기술될 뿐이다. 이것은 헬라어에서 남편과 아내를 가리키는 단어가 남자와 여자일 뿐이기 때문이다. 그리고 당시 정혼이 오늘날의 약혼보다 더 의미 있는 약속이기 때문이기도 하다. 마태복음 1장 19절에서, 요셉과 마리아는 정혼한 사이일 뿐 아직 결혼을 하지 않았는데도 요셉은 마리아와의 '이혼'$_{개역개정판은\ '끊고자'}$을 결심한다. 이혼으로 번역된 단어$_{ἀπολῦσαι}$는 마태복음 5장 32절과 19장 9절에 사용된 것과 같다. 그러나 가장 중요한 것은 마태는 추측컨대 마리아의 포르네이아, 즉 사통 때문에 요셉이 그녀와의 이혼을 결정한 것은 '의롭다'고 말한다는 것이다. 마태에 따르면 이러한 '이혼'은 허용되었던 것이다.

마태만이 요셉이 어떤 위기에 직면했는지 이야기를 들려준다. 요셉이 아는 한 마리아는 사통$_{πορνεία}$을 범했다. 그렇다면 요셉이 마리아와 결혼해야 하는가? 마태는 이러한 위기를 다루면서 마리아와 '이혼'하려는 요셉을 가리켜 '의롭다'고 말한다. 이것은 마태가 예수님의 제자로서 이러한 종류의 '이혼'이 잘못이라고 생각지 않았음을 의미한다. 요셉이$_{또는\ 마리아가}$ 다른 사람과 결혼하는 것 또한 금지되지 않았을 것이다.

마태만이 이 이야기를 하고 이러한 문제를 제기했다. 그러므로 복음서 기자 가운데는 유일하게 마태만이 예수님이 재혼으로 이어지는 이혼을 절대적으로 금하신 것에는 요셉과 마리아와 같은 상황이 포함되지 않음을 분명히 할 필요를 느꼈을 것이다. 나는 마태가 예외 조항을 통해 바로 이런 일을 하고 있다고 생각한다. 그는 예수님이 이렇게 말씀하셨다고 기록한다. "누구든지 아내를 버리고─물론 정혼한 커플 사이에 사통πορνεία이 있는 경우는 포함하지 않고─다른 데 장가드는 자는 간음함이니라."⁴

이러한 해석에 대한 일반적인 반대는, 마태복음 19장 3-9절과 마태복음 5장 31-32절에서 예수님은 정혼이 아니라 결혼에 대해 답하고 계신다는 것이다. 핵심은 "음행한 이유 외에"는 결혼의 문맥과 무관하다는 것이다. 내 대답은 이러한 무관함이 바로 예외 조항의 핵심이라는 것이다. 이것을 어떻게 듣느냐에 따라 문맥과 무관하게 들릴 수도 있다. 만약 이것을 내가 제시한 대로 듣거나 마태복음 5장 32절이 다음과 같다면 이것이 무의미하게 들리지 않을 것이다. "내가 너희에게 말하노니 누구든지─물론 정혼 기간에 사통πορνεία이 있는 경우는 제외하고─아내를 버리고 다른 데 장가드는 자는 간음함이니라."

이런 방식으로 예수님은 자신의 지상 아버지가 거의 취할 뻔했던 행동─포르네이아πορνεία 때문에 마리아와 '이혼하는' 것─이 불의하지 않았으리라는 것을 분명히 하신다. 이러한 행동은 분명 옳았을 것이다. 이것이 바로 예외 조항이 예외로 하려는 상황이다.⁵

예외 조항에 대해 이렇게 해석하면 몇 가지 이점이 있다.

- 마태복음의 의미가 마가복음과 누가복음의 분명하고 절대적으로 보이는 의미와 다를 필요가 없다.
- 마태복음의 예외 조항에서 모이케이아라는 단어 대신 포르네이아라

는 단어를 사용한 이유를 설명할 수 있다.

- 마태가 15장9절에서 모이케이아라는 단어를 사용하고, 여기서는 포르네이아라는 단어를 사용한 문제를 해결할 수 있다.
- 요셉이 마리아와의 '이혼'을 생각하는 것에 관한 마태의 보다 넓은 문맥에(마 1:19) 적합하다.

결혼에 대한 이러한 높은 기준이 암시하는 것은 무엇인가? 여기에 대해서는 다음 장에서 살펴볼 것이다.

What
JESUS
DEMANDS
from the
WORLD
Demand. 42

죽을 때까지
은혜로 함께 살라

> 제자들이 이르되 만일 사람이 아내에게 이같이 할진대 장가들지 않는 것이 좋겠나이다. 예수께서 이르시되 사람마다 이 말을 받지 못하고 오직 타고난 자라야 할지니라. 어머니의 태로부터 된 고자도 있고 사람이 만든 고자도 있고 천국을 위하여 스스로 된 고자도 있도다. 이 말을 받을 만한 자는 받을지어다(마 19:10-12).

그렇다면 결혼하지 않는 게 더 낫지 않은가?

예수님이 마태복음 19장 3-9절에서 결혼과 이혼에 관한 가르침을 마치셨을 때, 제자들은 예수님의 기준이 너무 엄격해 당혹스러워했다. 그래서 이들은 "만일 사람이 아내에게 이같이 할진대 장가들지 않는 것이 좋겠나이다"라고 말했다(마 19:10). 제자들은 예수님의 기준이 너무 높으므로 차라리 결혼을 안 하는 게 낫다고 생각한다. 결혼에 뒷문이 없다면 앞문으로 걸어 들어가지 않는 게 낫다는 것이다. 만약 예수님이 방금 뒷문을 부정不貞만큼 넓게 규정하셨다면 이러한 반응은 그다지 이치에 맞지 않을 것이다.

예수님은 제자들의 반응을 보시고 결혼이 덜 위험하도록 기준을 낮추지 않으신다. 오히려 예수님은 필요하다면 독신으로 사는 능력과 필요하다면 힘들게 결혼 생활을 유지하는 능력 둘 모두 하나님의 선물이라고 말씀하신다. 독신으로 번성하는 것과 결혼 생활 속에서 번성하는 것 모두 하나님의 은혜라는 것이다. "사람마다 이 말결혼은 항구적이라는 것을 받지 못하고 오직 타고난 자라야 할지니라"(마 19:11).

핵심은 어떤 제자들은 이런 은혜를 받았고 어떤 제자들은 받지 못했다는 것이다. 핵심은 이러한 은혜가 제자의 표시라는 것이다. '타고난 자'가 예수님의 제자다.[1] 하나님은 그분이 명령하시는 것을 하는 데 필요한 은혜를 주신다.

하나님 나라를 위한 '고자'

예수님은 이러한 은혜가 다양한 이유에서 결혼을 허락받지 못한 사람들에게 실제로 주어졌다고 설명하신다. "어머니의 태로부터 된 고자도 있고 사람이 만든 고자도 있고 천국을 위하여 스스로 된 고자도 있도다. 이 말을 받을 만한 자는 받을지어다"(마 19:12).

결혼을 하지 않았거나 이혼을 했기 때문에 독신으로 살아야 한다면, 우리는 혼자가 아니라 독신으로 살 수밖에 없는 사람들이나 하나님 나라를 위해 스스로 독신을 선택한 사람들에 속한다는 것이다. 어느 경우든 하나님이 은혜를 주신다.

"이 말을 받을 만한 자는 받을지어다"라는 말씀은 "귀 있는 자는 들으라"는 말씀과 같다(마 13:9, 43, 11:15). 다시 말해 우리에게 들을 귀가 있느냐, 또는 결혼에 대해 이러한 급진적 시각을 수용할 은혜가 있느냐는 게 예수님의 제자임을 보여 주는 표시다. "내 양은 내 음성을 들으며 나는 그들을 알며 그들은 나를 따르느니라"(요 10:27).

동성애는 어리석은 짓이다

결혼은 하나님의 큰 일이요, 세상에게 주시는 선물이다. 결혼은 사실 이렇게 짧게 다룰 게 아니라 여러 책과 여러 노래와 생명과 희생을 바칠 만한 가치가 있다. 예수님은 결혼이 요즘처럼 가볍게 여겨지는 것을 보시고 무척 슬퍼하실 것이다. 또한 남자끼리 또는 여자끼리의 동성애적 결합을 결혼이라고 말하는 것을 보시고 얼마나 놀라실까? 예수님은 이것을 결혼이라 부르지 않으실 것이다. 그분은 성적 파괴를 안타까워하시는 만큼이나 동성애를 죄라고 부르시며, 결혼이라는 단어로 이것을 정당화하려는 시도를 어리석은 짓으로 보실 것이다.

그분은 바리새인들이 모세의 가르침을 토대로 이혼을 정당화하는 데 반응하신 것처럼 이러한 어리석은 짓에 반응하실 것이다. 그분은 태초로 돌아가실 것이다. 이번만은 남자와 여자라는 단어를 강조하실 것이다. "사람을 지으신 이가 본래 그들을 남자와 여자로 지으시고 말씀하시기를 그러므로 사람이 그 부모를 떠나서 아내에게 합하여 그 둘이 한 몸이 될지니라 하신 것을 읽지 못하였느냐?"(마 19:4-5).

예수님은 이성 간의 결혼의 뿌리를 남자와 여자의 창조와 남자와 여자가 한 몸이 되는 최초의 연합에 두실 것이다. 그분은 결혼의 영광과 결혼이 상징하는 모든 것이 너무나 퇴색하여 결혼이 동성애라는 죄를 숨기는 도구로 전락한 것을 보시면 크게 슬퍼하실 것이다.

이혼과 재혼은 용서 받지 못할 죄인가?

결혼이 정말 큰 것이기는 하지만 이혼과 재혼이 용서 받지 못할 죄는 아니다. 나는 예수님의 말씀을 이해하면서 이혼은 용서 받지 못할 죄라고 생각하지 않느냐는 질문을 받곤 한다. 예수님은 자신의 피가 모든 죄 용서의 기초가 되리라고 말씀하셨다(마 26:28). 그러므로 그분은 이렇게 말씀하실 수 있었다. "내가 진실로 너희에게 이르노니 사람의 모든 죄와 모든 모독하는 일은 사하심을 얻되 누구든지 성령을 모독하는 자는 영원히 사하심을 얻지 못하고 영원한 죄가 되느니라"(막 3:28-29).

죄 용서가 가능한 것은 예수님이 흘리신 피 때문이다. 모든 죄는 예외 없이 다 용서 받을 수 있다. 우리 죄를 용서하시는 예수님을 믿음으로써 값 없이 용서 받는다. 용서 받지 못할 유일한 죄는 죄를 고백하고 버리기를 거부하는 것이다. 더 이상 죄를 죄로 고백하고, 거기서 돌이킬 수 없을 만큼 죄에 들러붙어 있을 때, 우리는 용서 받을 수 없는 죄를 짓는 것이다. 예수님이 "성령을 모독한 것"(마 12:31-32)과 "영원한 죄"(막 3:29)라고 부르시는 것은 무엇인가? 성령께서 죄인을 회개할 수 없는 강퍅한 마음 그대로 버려 두시고 그를 떠나실 만큼 그가 죄를 깨닫게 하시는 성령의 역사에 저항하는 것이다.

이혼이나 재혼 자체는 살인이나 도적질이나 거짓말이나 탐심이나 간음이나 동성애와 마찬가지로 용서 받을 수 없는 죄가 아니다. "사람의 모든 죄와 모든 모독하는 일은 사하심을 얻되"(막 3:28).

하나님은 성실하시며 공의롭게 용서하신다. 하나님은 그분의 아들이 자신의 죄를 고백하고 예수님의 구원 사역에 소망을 두는 모든 사람들을 위해 치르신 희생의 가치를 존중하실 것이다.

결혼과 관련된 죄도 거짓말, 살인, 도적질 등과 같은 범주에 속한다. 누군가가 살인을 했거나 도적질을 했거나 배우자를 버렸다면, 문제는 이들이 용서 받을 수 있느냐가 아니다. 문제는 이들이 자신이 한 짓이 죄라는 것을 인정하느냐는 것이다. 이들은 이러한 죄를 버리는가? 그리고 잘못을 바로잡기 위해 최선을 다하는가?

대개 갈등을 일으키는 문제는 이혼과 재혼이 용서 받을 수 없는 죄냐는 게 아니라, 이혼과 재혼이 죄냐는 것이다. 다시 말해 이혼과 재혼이 고백하고 피해야 하는 죄냐는 것이다. 어떤 사람이 과거에 도적질을 했고 그가 자신의 죄를 고백하고 자신이 피해를 입혔던 사람들과의 관계를 바르게 회복하는 일을 시작해야 한다고 주장한다면, 그 누구도 우리가 도적질을 용서 받지 못할 죄로 취급한다고 말하지 않을 것이다. 어떤 죄든 용서 받기 위해서는 반드시 죄를 고백하고 다시는 같은 죄를 짓지 않기로 결심하며, 그 결과 바르게 회복되어야 한다.

이혼이나 재혼도 마찬가지다. 예수님의 제자들은 과거에 강도로 살았던 사람들을 멀리하지 말아야 하듯이 이혼자들이나 재혼자들을 멀리해서는 안 된다. 그러나 과거의 다른 모든 죄와 마찬가지로, 지은 죄를 진정으로 고백하고 그 죄를 버리고 옳은 게 무엇인지 확인하는 과정이 있어야 한다.

이혼하고 이미 재혼한 제자는 어떻게 해야 하는가?

그분은 우리가 재혼을 선택하고 실행에 옮긴 행위가 죄라는 사실을 인정하고 죄로 고백하며 용서를 구하길 기대하신다. 예수님은 또한 우리가 현재의 배우자와 헤어지지 않길 기대하신다. 나는 적어도 다섯 가지 사실에 근거해서 이렇게 말한다.

첫째, 예수님은 다중혼을 옳지는 않지만 현실이라고 보셨던 것 같다. 예수님은 요한복음 4장 18절에서 우물가의 여인에게 "너에게 남편 다섯이 있었고 지금 있는 자도 네 남편이 아니니"라고 말씀하셨다. 여인은 지금

한 남자와 살지만 둘은 결혼한 사이가 아니었다. 둘 사이에는 언약 맺기가 없었다. 예수님은 나머지 남자들을 '남편'이라고 부르시지만 여인이 지금 함께 사는 남자는 남편이 아니라고 말씀하신다.

둘째, 예수님은 신명기 24장 4절이 재혼 후 첫 남편에게 돌아가는 것을 금한다는 것을 알고 계셨다. 이러한 규정을 인정하는 것은 그분의 뜻에서 벗어나는 게 아니었다.

셋째, 앞 장에서 보았듯이 예수님에게는 언약을 유지하는 것이 중요하다. 그러므로 현재의 언약이 부정하게 이루어졌더라도 지켜져야 한다. 언약이 죄 가운데서 시작되었다고 해서 그 언약이 계속해서 죄악일 뿐 정결하게 될 희망이 없는 것은 아니다.

넷째, 하나님은 불순종의 행위를 취하여 그 결과를 그분의 계획에 부합되게 하신다는 것을 보여 주는 예가 있다. 그 가운데 하나는 이스라엘이 열방처럼 왕을 구한 것은 죄였다는 것이다(삼상 12:19-22). 그럼에도 불구하고 하나님은 죄악 가운데 세워진 이스라엘의 왕정을 메시야와 예수님의 왕권의 기원으로 바꾸셨다.

또 다른 예로, 다윗과 밧세바의 죄악된 결혼을 들 수 있다. 다윗은 밧세바와 간음했고, 그녀의 남편을 죽였으며, 따라서 이들의 결혼은 "여호와 보시기에 악하였더라"(삼하 11:27). 그래서 하나님은 둘 사이에서 태어난 첫 아이의 생명을 취하셨다(삼하 12:15, 18). 그러나 둘째 아들 솔로몬의 경우에는 "여호와께서 그를 사랑하사" 그분의 백성의 통치자로 선택하셨다(삼하 12:24).

다섯째, 그리스도의 피에 근거한 회개와 용서를 통해, 그리고 약속된 성령의 성화 사역을 통해, 죄악 가운데 출발한 결혼이라도 하나님께 성별되고, 죄로부터 정결하게 되며, 은혜의 통로가 될 수 있다. 이러한 결혼은 여전히 이상적인 것은 아니지만 저주는 아니다. 이러한 결혼도 큰 축복이 될 수 있다.

결혼, 크고 귀하지만 궁극적이거나 영원한 것은 아니다

　결혼에 충실하라는 예수님의 명령이 우리 시대 문화에서 보면 급진적인 게 분명하다. 그분이 우리 삶의 주인인지 알아보는 테스트가 있다. 그분의 기준은 높다. 그분의 기준은 이 세상을 우리의 최종 목적지로 생각하지 않는다. 그분은 결혼이란 이생만을 위한 의식임을 아주 분명히 하신다. "부활 때에는 장가도 아니 가고 시집도 아니 가고 하늘에 있는 천사들과 같으니라"(마 22:30).

　그러므로 결혼은 짧은 축복이다. 큰 축복이지만 궁극적인 축복은 아니다. 귀한 축복이지만 영원한 축복은 아니다.

　결혼을 안 하는 것은 비극이 아니다. 그렇지 않다면 예수님의 삶은 비극이다. 완벽한 결혼을 지나치게 갈망한 나머지 결국 결혼이 우리의 신이 되어 버리는 게 비극이다. 예수님의 기준이 높은 것은 결혼이 우리의 모든 필요를 채워 주지 않으며, 그래서도 안 되기 때문이다. 결혼이 우상이어서는 안 된다. 결혼이 예수님을 대신해서는 안 되며 대신할 수도 없다. 결혼은 잠시를 위한 것일 뿐이다. 예수님은 영원을 위한 것이다. 우리가 결혼 생활이나 독신 생활을 어떻게 하느냐를 보면 예수님이 우리의 가장 소중한 보화이신지 알 수 있을 것이다.

What
JESUS
DEMANDS
from the
WORLD

Demand. 43

하나님의 것은
하나님께 바치라

| 이에 바리새인들이 가서 어떻게 하면 예수를 말의 올무에 걸리게 할까 상의하고 자기 제자들을 헤롯 당원들과 함께 예수께 보내어 말하되, 선생님이여 우리가 아노니 당신은 참되시고 진리로 하나님의 도를 가르치시며 아무도 꺼리는 일이 없으시니 이는 사람을 외모로 보지 아니하심이니이다. 그러면 당신의 생각에는 어떠한지 우리에게 이르소서. 가이사에게 세금을 바치는 것이 옳으니이까 옳지 아니하니이까 하니, 예수께서 그들의 악함을 아시고 이르시되 외식하는 자들아 어찌하여 나를 시험하느냐? 세금 낼 돈을 내게 보이라 하시니, 데나리온 하나를 가져왔거늘, 예수께서 말씀하시되 이 형상과 이 글이 누구의 것이냐? 이르되 가이사의 것이니이다 이에 이르시되 그런즉 가이사의 것은 가이사에게, 하나님의 것은 하나님께 바치라 하시니(마 22:15-21).

예수님은 유대인이셨다. 자신들의 땅에서 로마의 전체주의 통치를 받고 사는 백성 가운데 한 분이셨다. 로마 황제 가이사는 절대적인 존재였으며 자신이 신이라고 주장했다. 가이사 아구스도Caesar Augustus는 예수님이 태어나실 때 로마 황제였으며(눅 2:1), 그의 아들 디베료 가이사Tiberius Caesar는 A.D. 13-37년까지, 그러니까 예수님의 나머지 생애 내내 로마 황제 자

리에 있었다(눅 3:1). 그러므로 예수님이 바리새인들에게 가이사의 모습이 그려진 동전을 명령하셨을 때, 거기에는 디베료의 형상이 있었을 가능성이 아주 높다.[1]

예수님을 시험하다

바리새인들이 가이사에게 세금을 바치는 게 옳으냐고 예수님께 물은 것은 그분을 정치적 딜레마에 빠뜨리기 위해서였다. 유대인들은 억압당하고 있었으며, 자신들이 살아가는 약속의 땅이 로마인이라는 이교도의 지배를 받는 현실에 분개했다. 이들에게 로마에 세금을 바치는 것은 종교적 모욕이었다. 그러나 로마에 세금을 바치지 않는 것은 자살 행위였다. 바리새인들은 예수님을 덫에 빠뜨리려 하는 게 분명했다. "예수님이 로마에 세금을 바치는 것을 지지한다면 그분의 인기와 메시야적 지지도가 추락할 것이며, 그분이 로마에 세금을 바치는 데 반대한다면 …… 헤롯당원들이 그분을 반역 혐의로 고소할 수 있었다. 그렇게 되면 그분은 처형을, 그것도 곧바로 당하셔야 했다."[2]

그래서 바리새인들이 예수님께 물었다. "우리에게 이르소서. 가이사에게 세금을 바치는 것이 옳으니이까 옳지 아니하니이까?"

예수님은 이들의 위선을 폭로하시고, 제자들이 그분의 나라와 이 세상 나라의 이중 국적자로서 어떻게 살아야 하는지 보여 주는 의미 깊은 대답을 하신다. "외식하는 자들아 어찌하여 나를 시험하느냐? 세금 낼 돈을 내게 보이라."

그러자 바리새인들이 데나리온 하나를 그분에게 건네주었다. 예수님이 바리새인들에게 말씀하셨다. "이 형상과 이 글이 누구의 것이냐?"

바리새인들이 "가이사의 것이니이다"라고 대답했다.

그러자 예수님이 바리새인들에게 말씀하셨다. "그런즉 가이사의 것은 가이사에게, 하나님의 것은 하나님께 바치라"(마 22:17-21).

예수님은 질문을 회피하신 것이 아니다. 다만 예수님은 우리에게 생각을 촉구하는 방식으로 질문에 답하셨다. 결국 그분의 대답은 만물을 다스리시는 하나님의 최고 권위에 대한 철저한 충성을 요구하신다. "가이사의 것은 가이사에게 바치라"는 첫째 명령의 의미는 "하나님의 것은 하나님께 바치라"는 둘째 명령에서 나온다. 이러한 두 명령의 병치(倂置)는 첫째 명령에 적절한 범위를 정해 준다.

예상치 못한 예리한 대답

예수님이 "가이사의 것은 가이사에게"라고 말씀하실 때 청중들이 긴장하면서 숨을 죽이는 모습을 상상할 수 있을 것이다. 아마도 예수님의 대적들은 음흉한 미소를 띠었을 것이다. 예수님의 말씀은 로마의 권세에 항복하는 것처럼 들린다. 나는 예수님이 첫째 명령을 하신 후 둘째 명령을 하실 때까지 어느 정도 간격을 두셨는지 궁금하다. 아마도 첫째 명령의 의미가 청중의 마음에 전달될 수 있을 만큼 시간을 끄셨을 것이다. "가이사도 어느 정도의 소유권과 권세가 있다. 그러니 거기에 순응하라."

이러한 생각이 들기 시작할 때, 예수님은 짧지만 엄청난 명령을 덧붙이신다. "하나님의 것은 하나님께 바치라."

대적들의 얼굴에 번졌던 미소가 사라진다. 그들이 기대했던 게 아니기 때문이다. 예수님은 두 방향 모두에서 충성을 명령하셨다. 하나는 가이사의 소유권과 권세에 준하여 가이사에게 충성하라는 것이며, 다른 하나는 하나님의 소유권과 권세에 준하여 그분에게 충성하라는 것이다.

예수님은 지혜롭게도 두 개의 소유권과 권세의 범위에 대해서는 청중들이 스스로 답하게 하셨다. 이것이 로마에 대한 굴복인지는 각자가 가이사의 소유권과 권세의 범위와 연관해서 하나님의 소유권과 권세의 범위와 성격을 어떻게 이해하느냐에 따라 결정될 것이다. 이것이 예수님이 우리에게 생각하라고 촉구하시는 것이다.

생각의 출발점은 "하나님의 것은 하나님에게 바치라"는 둘째 명령이 명확하게 추정하는 게 무엇인지 생각하는 것이다. 둘째 명령은 이렇게 추정한다. 모든 게 하나님의 것이다. 어떤 사람이 예수님의 명령에서 이것을 파악하지 못한다면 예수님은 "귀가 있어도 듣지 못하느냐?"고 말씀하실 것이다. 바꾸어 말하자면, 가장 중요한 사실은 언급되지 않았으나 분명한 것을 들으려는 모든 사람들에게는 분명한 사실이다. 이 사실은 언급되지 않았으며, 그럼으로써 단지 예수님을 덫에서 건져 내는 데 그치지 않고 예수님의 대적들이 물었던 것보다 훨씬 더 깊고 광범위한 질문에 답한다.

만물이 하나님의 것이다

모든 것이 하나님 소유이며, 우주 만물에 대한 권세는 하나님께 있다. 이런 사실 때문에 첫째 명령은 둘째 명령 아래 있다. 다시 말해, "가이사의 것은 가이사에게"라는 명령은 "하나님의 것은 하나님께 바치라"는 명령의 하위 범주에 속한다. 만물이 하나님의 것이다. 그러므로 가이사의 것도 하나님의 것이다. 그러므로 가이사의 것을 가이사에게 바치는 것은 하나님의 것을 하나님에게 바치는 행위의 한 표현인 것이다. 이것은 우리가 어떻게 주님이신 예수님께 전적으로 헌신하면서도 세상에서 가이사와 더불어 살 수 있느냐를 이해하는 데 매우 중요하다.

예수님의 십자가 죽음 뒤에는 가이사의 권세가 있었다. 그렇더라도 예수님이 가이사 위에 계신 최고의 주님이다. 예수님은 이것을 아신다. 예수님은 지상 생애 중에는 대적들을 복종시키려고 자신의 권세와 능력을 사용하길 의식적으로 피하신다. 그분은 자신의 목숨을 버리기로 선택하신다. "내가 내 목숨을 버리는 것은 그것을 내가 다시 얻기 위함이니 이로 말미암아 아버지께서 나를 사랑하시느니라"(요 10:17-18).

그러므로 예수님은 죽은 자 가운데서 부활하신 후 "하늘과 땅의 모든 권세를 내게 주셨으니"라고 말씀하셨다(마 28:18). 이것은 예수님이 가이사의 모든 권세 위에 계신다는 뜻이다. 그러므로 "가이사의 것은 가이사"에게라는 말은 "너희는 가이사에게 바칠 때마다 가이사 위에 있는 예수님의 절대적인 권세를 온전히 존중하라"는 뜻이다.

예수님이 지상 사역을 하시는 동안 자신의 우주적 소유권과 권세에 과도한 관심을 유도하지 않으신 것은 적절했다. 그분이 이 땅에 오신 것은 고난을 받고 죽기 위해서였다. 그분은 자신이 공개적으로 열방을 다스릴 날이 오리라는 것을 알고 계셨다. "인자가 자기 영광으로 모든 천사와 함께 올 때에 자기 영광의 보좌에 앉으리니 모든 민족을 그 앞에 모으고"라고 말씀하신 것도 이 때문이다(마 25:31-32). 그러나 예수님은 지상 사역을 하시는 동안 이러한 능력을 행사하지 않으셨다. 그러므로 예수님은 제자들이 가이사와 어떤 관계를 유지해야 하는지 말씀하셔야 할 때가 되었을 때, 자신이 아닌 하나님께로 관심을 유도하셨다. "가이사의 것은 가이사에게 나의 것은 나에게 바치라"고 말씀하지 않으셨다.

그러나 예수님의 말씀 속에는 그 내용이 담겨 있다. 그분과 아버지는 하나다(요 10:30). "아버지께서 아무도 심판하지 아니하시고 심판을 다 아들에게 맡기셨으니, 이는 모든 사람으로 아버지를 공경하는 것같이 아들을 공경하게 하려 하심이라"(마 5:22-23).

예수님이 가장 약하실 때, 대제사장은 그분이 찬송받을 하나님의 아들 메시야인지 물었다. 예수님은 대답하셨다. "내가 그니라. 인자가 권능자의 우편에 앉은 것과 하늘 구름을 타고 오는 것을 너희가 보리라"(막 14:62).

바꾸어 말하자면 이렇게 대답하셨다. "비록 내가 지금은 약하고 당신에게 멸시당하지만, 잠시 후면 당신과 빌라도와 헤롯과 가이사 위에 있는 절대적 권세의 자리에 앉을 것이다."

그러므로 "하나님의 것은 하나님께 바치라"는 말씀은 가이사의 모든 것을 포함해서 모든 것에 대한 절대적인 소유권과 권세를 가지신 분에게 합당한 존귀를 예수님에게 돌리라는 뜻이기도 하다.

모든 권세는 하나님께서 주신다

예수님은 자신과 자신의 소유권과 권세에 대해 절대적으로 충성하라고 명령하신다. 다른 모든 충성은 이러한 첫 번째 충성에 의해 보장되고, 제한되며, 빚어진다.

다른 모든 충성이 보장되는 것은 가이사처럼 세상의 모든 종속적 권세가 하나님의 권세에서 비롯되기 때문이다. 예수님은 재판정에서 자신을 해할 권세가 있는 것같이 말하는 빌라도에게 "위에서 주지 아니하셨더라면 나를 해할 권한이 없었으리니"라고 말씀하셨다(요 19:11). 빌라도에게 권세가 있는 것은 하나님이 그에게 권세를 주셨기 때문이다. 그러므로 이러한 인간의 권세가 보증되는 것은 인간의 권세가 간접적으로는 하나님의 권세이기 때문이다.

예수님이 "하나님의 것은 하나님께 바치라"고 말씀하셨을 때, '하나님의 것'에는 빌라도의 권세도 포함된다. 왜냐하면 빌라도의 권세는 간접적으로 하나님의 권세이기 때문이다. 하나님이 빌라도에게 권세를 주셨다. 하나님이 아니라면 빌라도는 권세가 없을 것이다. 그러므로 예수님은 인간 권세의 합법성을 인정하신다. 인간의 권세는 합법하지만 절대적이지는 않다. 인간의 권세는 하나님으로부터 나오지만 인간의 권세가 하나님은 아니다.

예수님이 "가이사의 것은 가이사에게"라고 하신 말씀은 위험하다. 가이사의 명령에 대한 복종에 높은 점수를 주는 말씀이기 때문이다. 이 말씀이 위험한 이유 가운데 하나는 우리 안에 있는 거역하려는 마음이 우리 밖에 있는 가이사의 요구보다 더 위험하기 때문이다. 예수님은 불의한 세속 정부가 우리의 영혼에 미치는 위험은 복종을 거부하는 교만이 우리 영혼에 미치는 위험에 비하면 아무것도 아님을 우리가 알길 원하신다. 가이사나 불의한 로마법의 그 어떤 학대도 지금까지 그 누구도 지옥에 보내지 못했다. 그러나 교만과 거역이야말로 구원자가 없는 모든 사람을 지옥에 보낸다. 그러므로 이 세상의 종속적인 권세들은 두 가지 의미에서 하나님의 뜻에 의해 보장된다.

한편으로, 우리가 이러한 권세들이 실제로 종속적이라는 것을 깨닫고 유일한 최고의 주권자이신 그분을 영화롭게 하는 것이 하나님의 뜻이다. 다른 한편으로, 우리가 이러한 권세들을 하나님이 세우신 것으로 인정하고, 교만하여 그분이 세우신 권세를 거역하지 않는 게 하나님의 뜻이다.

우리가 이 세상에서 하는 모든 충성은 하나님의 최고 권세에 의해 보장될 뿐 아니라, 그 권세에 의해 제한되고 빚어진다. 하나님의 권세의 역할은 다음 장에서 살펴볼 것이다.

What JESUS DEMANDS from the WORLD

Demand . 44

가이사의 것은 가이사에게 바치라

> 이에 바리새인들이 가서 어떻게 하면 예수를 말의 올무에 걸리게 할까 상의하고 자기 제자들을 헤롯당원들과 함께 예수께 보내어 말하되, 선생님이여 우리가 아노니 당신은 참되시고 진리로 하나님의 도를 가르치시며 아무도 꺼리는 일이 없으시니 이는 사람을 외모로 보지 아니하심이니이다. 그러면 당신의 생각에는 어떠한지 우리에게 이르소서. 가이사에게 세금을 바치는 것이 옳으니이까 옳지 아니하니이까 하니, 예수께서 그들의 악함을 아시고 이르시되 외식하는 자들아 어찌하여 나를 시험하느냐? 세금 낼 돈을 내게 보이라 하시니, 데나리온 하나를 가져왔거늘, 예수께서 말씀하시되 이 형상과 이 글이 누구의 것이냐? 이르되 가이사의 것이니이다. 이에 이르시되 그런즉 가이사의 것은 가이사에게, 하나님의 것은 하나님께 바치라 하시니(마 22:15-21).

앞 장에서 살펴본 바와 같이 예수님은 자신과 자신의 소유권과 권세에 절대적으로 충성하라고 명령하셨다. 다른 모든 충성은 만왕의 왕이신 예수님에 대한 최고의 충성에 의해 보장되고, 제한되고, 만들어진다. 그럼 이것들이 어떻게 제한되고 빚어지는지 살펴보자.

가이사가 하나님이 금하시는 것을 요구할 때

우리가 땅에서 하는 모든 충성은 예수님을 통해 성취된 하나님의 최고 권세에 의해 제한을 받는다요 5:27과 마 28:18을 보라. 가이사의 말대로 해야 하는 까닭은 그가 하나님의 계획에 따라 권세를 가졌기 때문이다. 그러나 우리는 가이사가 말하는 대로 다 해서는 안 된다.

만약 가이사가 "가이사가 주Lord다"라고 말한다면 그를 따라서는 안 된다. 그가 우리에게 자신의 주권 앞에 절하라고 명할 때도 그의 명령에 따라서는 안 된다. 오직 예수님이 주Lord다. 그분의 제자들은 최고이신 그분에게만 절할 뿐 다른 누구에게도 절하지 않는다. 인간 권세가 궁극적으로 하나님에게서 나온다 하더라도 하나님의 말씀에 따라 행하는 것은 아니다. 그러므로 인간 권세는 때로 하나님이 금하시는 것을 명령하기도 한다.

예수님이 갈등이 임박했음을 경고하시는 것도 이 때문이다. 예수님은 제자들에게 그분에게 충성할 것인지, 아니면 가이사의 국가에 충성할 것인지 선택해야 하리라고 말씀하신다. 이 때문에 어떤 제자들은 목숨을 잃을 것이다.

"이 모든 일 전에 내 이름으로 말미암아 너희에게 손을 대어 박해하며 회당과 옥에 넘겨주며 임금들과 집권자들 앞에 끌어가려니와 …… 너희 중의 몇을 죽이게 하겠다"(눅 21:12, 16).

이러한 경고는 예수님이 우리에게 가이사가 가이사의 것이라고 생각하는 모든 것을 다 가이사에게 바치지는 말라고 말씀하셔야만 의미가 있다. 가이사의 것을 가이사에게 바치는 것에는 하나님께 최고의 충성을 바치지 말라는 가이사의 명령에 순종하는 것은 포함되지 않는다. 하나님의 최고 권세가 가시아의 권세와 우리가 그에게 해야 하는 충성을 제한한다.

최고 주권에 복종하라

우리가 땅에서 하는 모든 충성은 하나님의 최고 주권에 의해 보장되고 제한될 뿐 아니라 그 권세에 의해 형성된다. 바꾸어 말하자면, 가이사에게 올바르게 행해야 하는 의무조차도 가이사가 절대적이지 않기 때문에 근본적으로는 다르게 행해진다. 가이사에게 복종하는 것은 그가 주Lord이기 때문이 아니라, 우리 주 예수님이 그렇게 하라고 명하시기 때문이다. 즉, 가이사에게 하는 모든 복종은 예수님의 주권을 표현함으로써 가이사를 폐위시킨다. 나아가 가이사에 대한 모든 섬김은 그의 소유자이자 주이신 예수님에 대한 섬김인 것이다.

가이사에 대한 예배란 없다. 가이사는 자신의 법에 복종하며, 바로 이런 행위가 자신이 신이라는 그의 주장을 논박한다. 그러므로 우리의 복종마저도 스스로 신이라고 주장하는 통치자들에 대한 항거다.

예수님은 마태복음 17장 24-27절에서 이러한 복종이 하나님의 최고 주권에 의해 만들어지는 것을 다음과 같이 설명하신다.

> "가버나움에 이르니 반 세겔 받는 자들이 베드로에게 나아와 이르되, 너의 선생은 반 세겔을 내지 아니하느냐? 이르되 내신다 하고 집에 들어가니 예수께서 먼저 이르시되, 시몬아 네 생각은 어떠하냐? 세상 임금들이 누구에게 관세와 국세를 받느냐 자기 아들에게냐 타인에게냐? 베드로가 이르되, 타인에게니이다. 예수께서 이르시되, 그렇다면 아들들은 세를 면하리라. 그러나 우리가 그들이 실족하지 않게 하기 위하여 네가 바다에 가서 낚시를 던져 먼저 오르는 고기를 가져 입을 열면 돈 한 세겔을 얻을 것이니 가져다가 나와 너를 위하여 주라 하시니라."

'반 세겔'은 유대인들이 매년 성전 유지비로 냈던 성전세를 가리킨다. 이것이 정확히 무엇이냐는 것은 이 단락의 핵심에서 그리 중요하지 않다. 문제는 예수님과 그분의 제자들이 이것을 낼 것인가인데, 그 대답은 '예'다. 이때 중요한 것은 예수님이 납부를 규정하시는 방식이다.

예수님은 납부를 세속의 왕이 자신의 제국에 세금을 물리는 것에 비유하신다. 그가 자신의 자녀들에게 세금을 명령하는가? 아니다. 자녀들은 세금을 면제 받는다. 예수님은 이렇게 말씀하신다. "나와 내 제자들도 마찬가지다. 우리는 모든 권세와 만물의 주인이신 하나님의 자녀들이며, 따라서 성전세를 내지 않아도 된다. 그러나 우리가 낼 것인가? 낼 것이다. 왜? 사람들이 실족하지 않게 하기 위해."

원리는 이렇다. 때로는 권세의 고유한 권리 때문이 아니라 자유의 원리와 어떻게 하는 게 더 좋을까라는 판단에서 권세에 복종해야 할 경우가 있다. 그러므로 이것을 가이사에 적용하면, 원리는 이렇게 될 것이다.

하나님이 가이사의 주인이다. 하나님은 가이사에 대한 절대적인 권세를 갖고 계신다. 이러한 모든 권세의 하나님이 바로 우리 아버지다. 우리는 그분의 자녀다. 그러므로 자신의 정부에 돈을 대라는 가이사의 명령은 우리에게 절대적인 구속력을 발휘하지 못한다. 우리 아버지께서 그 정부의 주인이시므로 우리는 자유다. 사실, 온 땅이 우리 아버지의 상속자인 우리 것이며, 따라서 우리는 어느 날 그 땅을 완전히 상속할 것이다(마 5:5).

이러한 자유 가운데 있는데도 가이사에게 세금을 내야 하는가? 내야 한다. 이렇게 하는 게 현재에 가장 유익하기 때문이며, 우리 아버지께서 우리에게 "가이사의 것은 가이사에게" 바치라고 명령하시기 때문이다. 같은 방식으로, 만물에 대한 하나님의 최고 소유권이 우리가 땅에서 충성하는 방식을 어떻게 보장하고 제한하는지 알 수 있다.

예수님의 권세가 가이사에 대한 불복종에 미치는 영향

예수님의 최고 권세는 가이사에게 불복하는 방식에까지 영향을 미친다. 다시 말해, 가이사에게 반드시 복종해야 할 때 복종하지 않는다 하더라도 이것은 가이사의 합당한 권세를 무시한다는 뜻이 아니다. 우리의 불복종까지도 가이사의 비뚤어진 권세에 대한 예수님의 주권과 승인에 의해 결정될 것이다. 앞에서 보았듯이 예수님의 권세는 가이사의 권세를 제한한다. 예수님을 부인하라는 가이사의 명령에 복종하느니 죽으라는 예수님의 명령을 보면 알 수 있다. 예수님도 헤롯의 요구나(눅 23:9) 빌라도의 요구나(막 15:4) 대제사장의 명령에 응하지 않으셨다(마 26:62-63). 예수님은 시민 불복종의 본을 보이셨고 명령하셨다. 이러한 불복종은 다름 아닌 그분의 삶과 죽음과 권세다.

섬김과 명령 17 원수 사랑과 명령 28, 29, 32, 33, 34 이웃에 대한 보살핌에 관한 예수님의 명령에 대해서는 이미 자세히 살펴보았다 명령 21. 이러한 요구들과 그 밖의 요구들이 예수님의 제자들이 시민 불복종에 참여하는 방식을 결정할 것이다. 여기서는 이러한 요구들을 이 상황에 다시 적용하고 나아갈 바를 제시함으로써 도움을 주고자 한다.

예수님의 명령과 시민 불복종

마태복음 5장 38-48절은 원수에 대한 무저항과 적극적 사랑에 관한 강력한 말씀을 담고 있다 '명령 30'을 보라. 우리가 보았고 지금 다시 보는 것은 무저항과 적극적 사랑이 항상 같은 게 아니라는 것이다. 예수님은 무저항에 대해 이렇게 말씀하셨다.

"또 눈은 눈으로, 이는 이로 갚으라 하였다는 것을 너희가 들었으나 나는 너희에게 이르노니, 악한 자를 대적하지 말라. 누구든지 네 오른편 뺨을 치거든 왼편도 돌려 대며, 또 너를 고발하여 속옷을 가지고자 하는 자에게 겉옷까지도 가지게 하며, 또 누구든지 너로 억지로 오 리를 가게 하거든 그 사람과 십 리를 동행하고, 네게 구하는 자에게 주며 네게 꾸고자 하는 자에게 거절하지 말라" (마 5:38-42).

이 모든 명령은 당신을 학대하거나 당신에게 무엇인가를 구하는 사람에게 순응할 것을 명령한다. 마치 저항의 반대인 것 같다. 그러나 예수님의 설교에서 무저항이 아니라 적극적 사랑이 43-48절에 나타난다.

"또 네 이웃을 사랑하고 네 원수를 미워하라 하였다는 것을 너희가 들었으나 나는 너희에게 이르노니 너희 원수를 사랑하며 너희를 박해하는 자를 위하여 기도하라. 이같이 한즉 하늘에 계신 너희 아버지의 아들이 되리니, 이는 하나님이 그 해를 악인과 선인에게 비추시며 비를 의로운 자와 불의한 자에게 내려 주심이라. …… 그러므로 하늘에 계신 너희 아버지의 온전하심과 같이 너희도 온전하라."

분위기가 다르다. 예수님은 원수의 유익을 구하는 것을 강조하신다. 네 원수를 사랑하라. 네 원수를 위해 기도하라. 그가 구원을 얻고 예수님에게서 소망과 생명을 발견하도록 기도하라. 하나님이 비와 해를 네 원수들에게도 동일하게 내리시듯이 그들에게 선을 행하라. 그러므로 38-42절에서 순응의 분위기가 지배적이었다. 그러나 43-48절에서, 예수님은 원수들이 복을 받길 바라며 그들에게 선을 베푸는 적극적인 분위기를 조성하신다. 이제 언제나 38-42절의 무저항과 순응이 43-48절이 규정하는 것처럼 다른 사람들을 사랑하고 그들에게 선을 행하는 가장 좋은 방법인가라는 문제가 생긴다. 전자는 수동적인 자세에 초점을 맞춘다. 보복하지 말고, 부당한 고난을 기꺼이 감수하라. 후자는 적극적인 자세에 초점을 맞춘다. 네 원수에게 선을 행하려고 노력하라. 언제나 수동적인 자세가 선을 행하는 가장 좋은 방법인가?

사랑이 저항을 선택하는 순간

불의하고 박해 받는 상황에서 상처 입는 사람은 우리만이 아니다. 예를 들어, 한 사람이 범죄자이고 다른 사람은 희생자라면, 한 사람이 상처를 주고 있는 사람이고 다른 사람은 상처를 받고 있는 사람이라면, 두 사람을 어떻게 사랑하겠는가? 당신이 뺨을 맞을 뿐만 아니라 다른 사람이 뺨을 맞을 때, 그것도 반복해서 맞을 때 사랑은 수동적인 것인가?

구하는 자에게 주라는 명령은 어떤가? 당신의 코트로 아이를 질식사시키려는 사람에게 그것을 주는 게 사랑인가? 사람을 해치고 피 흘리는 일을 함께하게 하려는 사람과 오 리를 더 가는 것은 어떤가? 자신의 악을 당신에게 퍼뜨리려는 사람과 오 리를 더 가겠는가?

이러한 구절들에서 예수님이 말씀하시고자 하는 핵심은, 이기심과 두려움을 이기는 사랑이다. 이기심과 두려움 때문에 주지 못하고 오 리를 더 가지 못한다면, 이 말씀에 깨져야 한다. 그러나 예수님은 불의한 상황에서 수동적으로 순응하는 것이 사랑의 유일한 형태라고 말씀하지 않으신다. 이것은 비겁함의 한 형태일 수 있다. 사랑이 관련된 모든 사람들 가운데서 정의와 자비의 주장에 무게를 둘 때 비로소 사랑이 수동적이며 순응적인 무저항을 넘어서며 성전에서 환전상들을 쫓아내는 순간이 올 수 있다(막 11:15).

가장 큰 싸움은 저항할 때 자신을 살피고 낮추는 것이다

예수님의 제자들이 어떻게 시민 불복종을 실행에 옮겨야 하느냐에 대한 지침은 무엇인가? 예수님의 말씀은 단지 개인적인 안전만 좇는 모든 보복과 행동을 금하라고 하신다. 또한 소유 및 편안을 구하지 말라고 하신다. 이것이 마태복음 5장 38-42절의 핵심이다. 단순히 개인적인 유익과 의복과 편의와 소유와 안전만을 위해 행동하지 말라.

대신 예수님을 신뢰함으로써 이러한 것으로부터 완전히 자유하며, 억압 받는 사람들과 억압하는 사람들, 박해 받는 사람들과 박해하는 사람들, 죽어 가는 아이들과 낙태자들, 인종차별주의자들과 여러 인종들을 위해 사는 사람이 돼라. 이러한 시민 불복종의 분위기와 품행은 눈에 거슬리고, 호전적이고, 돌을 던지고, 소리를 지르고, 구호를 외치고, 폭력적인 시위와는 반대일 것이다.

우리는 십자가의 사람들이다. 우리 주님은 자신의 원수들을 구원하려고 십자가에 죽기까지 복종하셨다. 우리는 그분에게 영생을 빚졌다. 우리는 용서 받은 죄인들이다. 그러므로 우리는 자랑할 수 없다. 그러므로 우리는 오만할 수 없다. 그리고 만약 다른 모든 방법이 실패한 후 마지막으로 사랑과 공의를 위해 불복해야만 한다면, 먼저 자기 눈에서 들보를 빼내야 할 것이다. 이렇게 하면 너무나 아프고 눈물도 많이 나서 우리의 분노가 겸손하고 조용하지만 흔들릴 수 없는 '아니오'로 바뀔 것이기 때문이다. 우리가 직면한 가장 큰 싸움은 불의한 법을 이기는 게 아니라, 이러한 사람이 되는 것이다.

"가이사의 것은 가이사에게 하나님의 것은 하나님께 바치라."

이러한 요구 때문에 하나님과 그분의 아들이 세상의 모든 권세보다 높임을 받으시게 하라. 이러한 요구 때문에 우리 마음이 예수님의 왕권에 절대적으로 충성하게 하라. 이러한 요구 때문에 '가이사'에 대한 우리의 충성이 보장되고 제한되며 다듬어지게 하라. 그리고 이러한 요구 때문에 다른 나라의 시민으로서 이 세상에서 자유하며 살아라. 세상을 회피하거나 세상에 순응하는 게 아니라 왕이신 예수님이 우리와 국가의 관계를 포함해 모든 관계에서 일으키시는 철저한 변화를 실천하며 살아라.

예수님의 교회가 되게 하라

| (예수께서) 이르시되 너희는 나를 누구라 하느냐? 시몬 베드로가 대답하여 이르되 주는 그리스도시요 살아 계신 하나님의 아들이시니이다. 예수께서 대답하여 이르시되, 바요나 시몬아 네가 복이 있도다. 이를 네게 알게 한 이는 혈육이 아니요 하늘에 계신 내 아버지시니라. 또 내가 네게 이르노니 너는 베드로라 내가 이 반석 위에 내 교회를 세우리니 음부의 권세가 이기지 못하리라(마 16:15-18).

| 그러므로 너희는 가서 모든 민족을 제자로 삼아 아버지와 아들과 성령의 이름으로 세례를 베풀고(마 28:19).

| 볼지어다, 내가 내 아버지께서 약속하신 것을 너희에게 보내리니, 너희는 위로부터 능력으로 입혀질 때까지 이 성에 머물라(눅 24:49).

예수님은 누가복음 22장 19절에서 주의 만찬을 제정하시면서 "이를 행하여 나를 기념하라"고 명령하셨다. 이 명령 뒤에는 예수님이 떠나신 후 그분을 예배하는 교회가 생기리라는 가정이 있다. 그렇다면 예수님이 교회를 계획하시고 미리 준비하셨는가? 이것이 본 장에서 다룰 내용이다. 이번 장은 다음 장의 기초가 될 것이다.

"내가 내 교회를 세우리니"

예수님은 그분의 교회를 세우겠다고 약속하셨다. 여기서 '교회'는 건물이 아니다. 헬라어에서 교회ἐκκλησία는 건물을 의미하지 않는다. 예수님의 말씀은 곧 한 백성을 세우시겠다는 것이다. 예수님은 그분을 자신들의 주Lord로 믿고(요 13:13, 20:28) 구주로 믿으며(요 3:17, 10:9) 서로 사랑하며(요 13:34-35) 원수를 사랑하는(마 5:44) 한 백성을 모으실 것이다.

예수님은 자신을 가리켜 자기 양을 모아 우리에 들이는 '선한 목자'라고 말씀하신다. "나는 선한 목자라. 나는 내 양을 알고 양도 나를 아는 것이 아버지께서 나를 아시고 내가 아버지를 아는 것 같으니 나는 양을 위하여 목숨을 버리노라. 또 이 우리에 들지 아니한 다른 양들이 내게 있어 내가 인도하여야 할 터이니 그들도 내 음성을 듣고 한 무리가 되어 한 목자에게 있으리라"(요 10:14-16).

"내가 그들을 인도하여야 할 터이니"와 "그들도 내 음성을 듣고"라는 말씀은 "내가 …… 내 교회를 세우리니"라는 말씀과(마 16:18) 동일한 권위를 갖는다.

이것이 하나님 나라의 능력이 하는 일이다. 예수님은 하나님 나라를 인간의 바다에 던져 "각종 물고기를 모는 그물"에 비유하신다(마 13:47). 예수님이 말씀하시듯이, 하나님 나라는 하나의 영역이나 하나의 백성이 아니라 하나의 통치요 다스림이다. 그러므로 하나님 나라는 하나의 그물이 물고기를 몰 듯이 하나의 백성을 만들어 낸다.

어떤 회의주의자들은 하나님 나라에 대한 예수님의 메시지와 뒤이은 교회의 등장 사이에서 모순을 찾으려 했다. 그러나 둘 사이에는 전혀 모순이 없다. 하나님 나라가 교회를 만들어 낸다. 또는 달리 표현하자면, 왕이신 예수님이 그분의 교회를 세우신다.

예수님은 자신의 초림과 재림 사이에 시간적 간격이 있으리라는 것을 아셨고, 그렇게 가르치셨다. 예수님이 하신 악한 농부들의 비유는 그분의 재림과 초림 사이에 일어날 일에 관한 것이다. 이 비유는 "한 사람이 포도원을 만들어 농부들에게 세로 주고 타국에 가서 오래 있다가"라는 말로 시작한다 (눅 20:9). 예수님이 자신의 재림 때까지 상당한 시간이 흐를 거라 예상하셨음을 가장 분명하게 암시하는 구절 가운데 하나다. 예수님은 자신이 자기 '양떼'에게서 떠나리라는 것을 알고 계셨으며, 따라서 자신이 없는 때를 대비해 이들을 위한 준비를 하셨다.

예수님은 성령을 통해 교회를 돌보신다

이러한 준비에는 성령을 보내고, 그분의 사도들 및 이들과 가까운 사람들의 글을 통해 영감된 진리를 보존하며, 양떼 가운데서 죄를 어떻게 다뤄야 하는가에 대한 지침을 제시하고, 세례와 주의 만찬 제도를 세우는 것도 포함된다.

예수님은 자신의 '적은 무리'를(눅 12:32) 적대적인 세상에 남겨 두고 아버지께 돌아가는 게 무슨 뜻인지 잘 알고 계셨다. 예수님이 몸소 곁에 계시지 않은데 그들은 어떻게 살아야 하는가? 예수님은 3년 동안 말 그대로 이들의 삶의 중심이셨는데, 이제 떠나려 하신다. 이제 누가 그들을 가르칠 것인가? 이제 누가 그들을 인도하고 보호할 것인가? 그분이 계시지 않으면 그들은 어떻게 살 것인가? 예수님이 떠나시면 이 외에도 많은 문제가 생길 것이다. 그러므로 예수님은 이들에게 확실히 약속하신다. "내가 너희를 고아와 같이 버려 두지 아니하고 너희에게로 오리라"(요 14:18).

예수님이 이 약속에서 의미하신 것은 성령을 보내실 것이며 하나님의 성령께서 자신을 대신하여 그들 가운데 계시리라는 것이었다. "내가 아버지께 구하겠으니 그가 또 다른 보혜사를 너희에게 주사 영원토록 너희와 함께 있게 하리니, 그는 진리의 영이라. 세상은 능히 그를 받지 못하나니 이는 그를 보지도 못하고 알지도 못함이라. 그러나 너희는 그를 아나니, 그는 너희와 함께 거하심이요 또 너희 속에 계시겠음이라"(요 14:16-17).

"그는 너희와 함께 거하심이요 또 너희 속에 계시겠음이라." 예수님은 지금은 자신이 직접 제자들과 함께 있으며 성령께서 오시면 자신이 그들 속에 있을 것이라고 말씀하신다. 예수님은 그분이 자신을 대신해 보내실 성령을 통해 자신이 친히 교회 안에 있으리라는 진리로 제자들을 위로하신다.[1]

"너희는 마음에 근심하지도 말고"

예수님이 이런 약속을 주시는 것은 떠나실 때 자신을 따르는 자들에게 용기를 주기 위해서다. "평안을 너희에게 끼치노니 곧 나의 평안을 너희에게 주노라. 내가 너희에게 주는 것은 세상이 주는 것과 같지 아니하니라. 너희는 마음에 근심하지도 말고 두려워하지도 말라"(요 14:27).

그러므로 교회는 불신앙의 적대적인 세상에서 어려움에 처할 수밖에 없다 하더라도(요 15:20) 담대함을 잃지 말아야 한다. 왜냐하면 예수님은 앞으로 도우실 것이며, 예수님께서 성령을 보내겠다고 약속하시기 때문이다.

예수님은 지상 생애 마지막에 "볼지어다, 내가 세상 끝날까지 너희와 항상 함께 있으리라"고 약속하셨다(마 28:20). 이후에도 친히 그들과 함께하시겠다고 약속하신 것이다. 이것이 참일 수 있는 것은 예수님의 영이기도 하신 성령 때문이다. 그러므로 예수님이 과거에 십자가에서 이루신 일 때문에(마 20:28), 그분이 지금 성령으로 하시는 일 때문에(요 10:16, 12-32), 그리고 그분이 영광 중에 다시 오실 때 하실 미래의 일 때문에(마 16:27), 그분의 교회는 적대적인 세상 가운데서 확신을 가질 수 있다. 예수님은 이렇게 말씀하신다.

"이것을 너희에게 이르는 것은 너희로 내 안에서 평안을 누리게 하려 함이라. 세상에서는 너희가 환난을 당하나 담대하라. 내가 세상을 이기었노라"(요 16:33).

"내가 이 반석 위에 내 교회를 세우리니 음부의 권세가 이기지 못하리라"(마 16:18).

그러므로 예수님은 자신이 없을 때 성령께서 하실 이러한 결정적 역할을 내다보면서 제자들에게 성령을 기다리며, 성령을 선물로 받지 않은 채 성급히 사역에 뛰어드는 실수를 하지 말라고 명령하신다. 예수님은 승천하시기 전에 말씀하셨다. "볼지어다, 내가 내 아버지께서 약속하신 것을 너희에게 보내리니 너희는 위로부터 능력으로 입혀질 때까지 이 성에 머물라"(눅 24:49).

뒤이은 모든 세대에서 예수님을 따르는 자들은 이러한 성령을 받으며 이렇게 부활하신 왕의 능력과 임재를 누릴 것이다.

예수님은 그분의 교회를 위해 새 언약을 주신다

예수님은 자기 양떼에게 성령을 보내실 뿐 아니라, 영감된 진리를 자신의 사도들의 글을 통해 보존할 준비를 하심으로써 자신이 양떼를 떠나신 이후를 준비하신다. 예수님은 사도들의 글을 언급하시지 않지만 사도들과 성령 양쪽 모두를 교회의 기초를 위한 자신의 가르침을 확인시켜 주는 증인으로 세우신다.

지상 사역의 중요한 시점에서, 예수님은 자신을 따르는 모든 제자들 가운데 열두 사도를 택하셨다. 이를 위해 밤을 새워 기도하셨다. "이때에 예수께서 기도하시러 산으로 가사 밤이 새도록 하나님께 기도하시고 밝으매 그 제자들을 부르사 그 중에서 열둘을 택하여 사도라 칭하셨으니"(눅 6:12-13).

'사도'라는 단어는 "'보냄을 받았으며' ἀποστέλλειν 보내는 사람의 대리자로서 그의 권위를 공유하는 사람"이라는 뜻이다.[2] 예수님이 보내신 모든 사람이 다 사도로 지명된 것은 아니었다. 예를 들면, 예수님은 일흔둘(한글성경은 '칠십 인' – 역주)을 자신보다 앞서 보내시면서 이들에게 이렇게 말씀하셨다. "내가 너희를 보냄이 어린 양을 이리 가운데로 보냄과 같도다 …… 병자들을 고치고 또 말하기를 하나님의 나라가 너희에게 가까이 왔다 하라"(눅 10:3, 9).

그러나 이들은 사도라 불리지 않았다.

예수님에게는 열두 사도가 있었고, 사도라는 단어는 그분을 대신하는 특별한 권위를 암시한다. 즉 사도들이 참이스라엘, 곧 교회의 기초가 되는 게 예수님의 의도였던 것이다. 예수님은 적어도 일시적으로 대신하는 옛 이스라엘에 관해 말씀하셨다. "내가 너희에게 이르노니, 하나님의 나라를 너희이스라엘는 빼앗기고 그 나라의 열매 맺는 백성예수님을 따르는 자들, 곧 교회이 받으리라"(마 21:43) '명령 28'도 보라.

이러한 새 '이스라엘'은 열두 사도를 기초로 할 것이다. 사도들은 이러한 새 백성을 위한 기초를 놓을 때 예수님의 권세를 대신할 것이다.

예수님은 열두 사도의 가르침이 미래에도 진실된 것으로 남을 수 있도록 성령을 보내어 자신의 가르침을 보존하며 자신이 아직 주지 않은 중요한 진리 가운데로 사도들을 인도하게 하겠다고 약속하셨다. 예수님은 십자가에 달리시기 전날 밤 유다가 떠난 후 열한 사도에게 말씀하셨다.

"내가 아직도 너희에게 이를 것이 많으나 지금은 너희가 감당하지 못하리라. 그러나 진리의 성령이 오시면 그가 너희를 모든 진리 가운데로 인도하시리니, 그가 스스로 말하지 않고 오직 들은 것을 말하며 장래 일을 너희에게 알리시리라. 그가 내 영광을 나타내리니 내 것을 가지고 너희에게 알리시겠음이라"(요 16:12-14).

"보혜사 곧 아버지께서 내 이름으로 보내실 성령 그가 너희에게 모든 것을 가르치고 내가 너희에게 말한 모든 것을 생각나게 하리라"(요 14:26).

이와 같은 방법으로 떠나신 후 예수님은 자기 양떼를 돌보신다. 권위 있는 대표단을 준비하시고, 이들이 가르칠 때 하나님이 도우심으로 모든 삶과 경건에 필요한 진리를 교회에 공급하게 하시리라는 확신을 이들에게 심어 주신다. 이러한 권위 있는 대변인들의 가르침을 후대에까지 보존하려 하신다.

우리가 이것을 아는 것은 예수님이 지상 생애 마지막에 아버지께 하신 기도 때문이다. "내가 비옵는 것은 이 사람들열둘만 위함이 아니요 또 그들의 말로 말미암아 나를 믿는 사람들도 위함이니……그들도 다 하나가 되어"(요 17:20-21).

뒤이은 모든 세대의 교회는 "그들의 말로 말미암아" 예수님을 믿게 될 것이다. 이것이 우리가 신약이라고 부르는 것의 기원이다. 오늘날 교회의 기초는 성령의 인도를 받았으며, 신약에서 우리를 위해 보존된 사도들의 가르침이다.[3]

성령과 말씀은 분리될 수 없다

예수님은 이런 방법으로 자신의 교회에 성령과 말씀을 주셨다. 예수님의 성령과 그분의 가르침은 분리될 수 없다. 예수님은 말씀과 성령을 분리하려는 자라면 누구라도 비판하실 것이다. 예수님의 객관적 가르침, 즉 성령께서 기억나게 하시고 후세대들을 위해 기록된 가르침이 교회의 기준이다. 객관적이며 역사적이며 단번에 주신 이러한 가르침을 버리거나 왜곡하려는 모든 시도는 예수님이 명령하시고 가르치시고 약속하신 것에서 벗어날 것이다.

그러나 성령이 없다면 그 누구도 이러한 역사적 가르침을 받아들이거나 적절히 파악할 수 없는 것도 사실이다. 본질적으로 우리는 영적 생명이 없다. 영적 생명이 없이는 예수님이 가르치신 것을 진정으로 볼 수 있는 눈 또한 없다. 이러한 어둠과 영적 죽음을 해결하는 방법은 성령으로 거듭나는 것이다. "사람이 거듭나지 아니하면 하나님의 나라를 볼 수 없느니라"(요 3:3).

새로 태어나는 것은 성령의 사역이다. "육으로 난 것은 육이요 영으로 난 것은 영이니"(요 3:6).

예수님이 진정으로 가르치신 것을 볼 수 있는 영적 생명과 눈을 가지려면 반드시 성령으로 나야 한다.성령의 사역에 대해 보다 자세히 알고 싶다면 '명령 1'을 보라.

What
JESUS
DEMANDS
from the
WORLD

Demand . 46

제자들에게 세례를 주고 주의 만찬을 먹어라

| 네 형제가 죄를 범하거든 가서 너와 그 사람과만 상대하여 권고하라. 만일 들으면 네가 네 형제를 얻은 것이요, 만일 듣지 않거든 한두 사람을 데리고 가서 두세 증인의 입으로 말마다 확증하게 하라. 만일 그들의 말도 듣지 않거든 교회에 말하고 교회의 말도 듣지 않거든 이방인과 세리와 같이 여기라(마 18:15-17).

| [예수께서] 이르시되 내가 고난을 받기 전에 너희와 함께 이 유월절 먹기를 원하고 원하였노라. 내가 너희에게 이르노니, 이 유월절이 하나님의 나라에서 이루기까지 다시 먹지 아니하리라 하시고, 이에 잔을 받으사 감사기도 하시고 이르시되 이것을 갖다가 너희끼리 나누라. 내가 너희에게 이르노니, 내가 이제부터 하나님의 나라가 임할 때까지 포도나무에서 난 것을 다시 마시지 아니하리라 하시고, 또 떡을 가져 감사기도 하시고 떼어 그들에게 주시며 이르시되, 이것은 너희를 위하여 주는 내 몸이라. 너희가 이를 행하여 나를 기념하라 하시고, 저녁 먹은 후에 잔도 그와 같이 하여 이르시되 이 잔은 내 피로 세우는 새 언약이니 곧 너희를 위하여 붓는 것이라(눅 22:15-20).

교회는 죄를 어떻게 다루어야 하는가?

예수님은 그분의 교회에게 양무리 가운데서 죄를 어떻게 다뤄야 하는가에 관한 지침도 주셨다. 어떤 의미에서 보면, 그분의 모든 가르침에는 이런 지침이 들어 있다. 예수님의 가르침은 그분의 제자들이 교회와 세상에서 어떻게 살아야 하는지 보여 주는 강령이다. 그러나 그분은 마태복음 18장 5-7절에서 후에 교회 권징이라 불리는 보다 구체적인 지침들을 주셨다.

> "네 형제가 죄를 범하거든 가서 너와 그 사람과만 상대하여 권고하라. 만일 들으면 네가 네 형제를 얻은 것이요, 만일 듣지 않거든 한두 사람을 데리고 가서 두세 증인의 입으로 말마다 확증하게 하라. 만일 그들의 말도 듣지 않거든 교회에 말하고 교회의 말도 듣지 않거든 이방인과 세리와 같이 여기라."

'교회'라는 단어는 예수님이 없을 때 자신의 제자들이 지속적으로 교제할 수 있도록 준비하고 계심을 의미한다. 죄를 회개하지 않고 반복해서 짓는다면, 예수님의 제자가 아니다. 예수님은 교회에는 항상 거짓 신자들이 있으리라는 것을 아셨다(마 13:30, 38). 그런데도 회개를 끈질기게 거부하는 것을 용납하지 않는 주의 깊고 사랑이 가득하며 인내하는 권징을 교회에 주셨다.

회개하지 않는 '형제'를 '이방인과 세리'처럼 여긴다는 것은 그를 적대적으로 대한다는 뜻이 아니다. 예수님은 이런 사람들을 사랑하라고 분명히 말씀하셨다. "또 너희가 너희 형제에게만 문안하면 남보다 더하는 것이 무엇이냐? 이방인들도 이같이 아니하느냐?"(마 5:47).

"이방인과 세리와 같이 여기라"는 게 무슨 뜻인가? 예수님과의 특별한 교제를 더 이상 그에게 허락하지 말라는 뜻이다. 교제에 아무런 장벽이 없는 것처럼 그를 대하지 말라는 말인 것이다. 예를 들어 주의 만찬을 그와 나누지 않는 것이다.

가서 제자로 삼아 세례를 주라

이제 예수님이 세상을 떠나시기 전에 그분의 교회를 위해 준비하신 의식, 즉 세례와 주의 만찬을 살펴볼 차례다. 예수님은 승천하시기 직전에 우리를 향해 "가서 모든 민족을 제자로 삼아 아버지와 아들과 성령의 이름으로 세례를 베풀라"고 명하셨다(마 28:19). 예수님의 제자가 되기 위해서는 세례를 받아야 한다. 세례는 한 사람이 용서 받은 죄인으로서 예수님을 주님으로 모실 때 내면에서 일어나는 변화의 외적 표현이다.

세례 요한은 메시야의 도래를 준비하는 과정에서 사람들에게 회개를 명령하는 방법의 하나로 세례를 베풀었다(막 1:4). 이것은 어떤 의미에서 놀라웠다. 그는 유대인들에게 메시야의 백성이라는 표시로 회개라는 특별한 표시를 받으라고 명령하고 있었다. 그러나 몇몇 지도자들은 이에 분개했으며, 자신들은 이미 메시야의 백성이라고 항변했다. 이들은 아브라함의 후손이었다. 그러자 요한은 이렇게 답했다. "속으로 아브라함이 우리 조상이라고 생각하지 말라. 내가 너희에게 이르노니, 하나님이 능히 이 돌들로도 아브라함의 자손이 되게 하시리라"(마 3:9).

다음과 같이 바꿔 말할 수 있다. "내가 명령하는 세례는 진정한 이스라엘 백성이 만들어지고 있다는 표시다. 진정한 이스라엘 백성은 아브라함의 육체적 후손과 같은 게 아니다. 이 백성은 회개하며 이제 곧 메시야, 즉 예수님을 만나며 그분을 믿을 사람들로 이루어진다. 그러므로 너희가 불신앙 때문에 거부당한다면 하나님이 그분의 언약의 약속들을 이루실 수 없을 것이라고 생각하지 말라. 그분은 돌들에게서라도 그분의 약속의 수혜자들을 일으키실 수 있다."

그러므로 이미 요한의 세례에서, 세례가 신자들의 후손에 불과한 사람들과 진정한 신자들을 어떻게 구별하는지 본다. 예수님은 세례라는 상징을,

자신이 없을 때 자신의 제자들의 표시로써 선택하신다. 예수님의 제자들은 불신앙에서 신앙으로 회심할 때 세례를 받아야 한다. 세례를 받으라는 명령에 순종함으로써 참으로 그분의 제자임을 보여 주어야 한다.[1]

여기서 내가 말하려는 간단한 요점은, 오늘날 거의 모든 교회가 시행하는 이러한 의식은 교회가 만들어 낸 게 아니라는 것이다. 예수님이 세상을 떠나시기 전에 이 의식을 제정하시고 우리에게 명령하셨다. 그러므로 예수님의 제자라면 예수님이 말씀하셨듯이 아버지와 아들과 성령의 이름으로 침례를 받아야 한다. 이것이 그분의 제자가 되고 교회의 일원이 되는 과정의 일부다.

주의 만찬

예수님이 그분의 교회에게 주신 또 다른 의식은 주의 만찬이다. 세례와 주의 만찬을 의식이라 부르는 것은 예수님이 이것들을 제정하셨다는 것을 나타내기 위해서다. 예수님이 이러한 의식을 어떻게 시행해야 하는지 정하셨다. 그리고 이러한 패턴이 세례에 적용된다. 왜냐하면 예수님은 세례를 아버지와 아들과 성령의 이름으로 행하는 공식적인 행위로 명하셨기 때문이다.

이 패턴은 주의 만찬에도 적용된다. 왜냐하면 예수님은 떡과 잔에 대해 선언하시는 매우 엄숙한 문맥에서 "이를 행하라"고 명령하시기 때문이다. "이것은 너희를 위하여 주는 내 몸이라. 너희가 이를 행하여 나를 기념하라 하시고, 저녁 먹은 후에 잔도 그와 같이 하여 이르시되 이 잔은 내 피로 세우는 새 언약이니 곧 너희를 위하여 붓는 것이라"(눅 22:19-20).

예수님은 이 의식에 이름을 붙이지 않으셨다. 마지막 밤에 제자들과 함께 나누신 식사 전체를 가리켜 유월절이라고 부르셨으며, 자신의 희생과 연결해서 묘사하셨다. "내가 고난을 받기 전에 너희와 함께 이 유월절 먹기를 원하고 원하였노라"(눅 22:15).

유월절은 그 옛날 애굽에서 유대인들이 자기 집 문설주와 인방에 희생양의 피를 바름으로써 하나님이 그들의 장자를 죽음의 천사에게서 보호하신 사건을 기념하는 절기다(출 12:13). 하나님이 예수님의 마지막 밤과 이어지는 재판과 십자가 죽음에 관한 모든 것을 계획하셨고, 예수님이 이 계획에 순종하셨다. 그러므로 예수님의 마지막 만찬이 유월절 식사였던 것은 우연의 일치일 뿐이라는 생각은 어리석다. "인자는 자기에 대하여 기록된 대로 가거니와"(마 26:24).

그러므로 이 의식을 언급하는 가장 이른 시기의 기독교 문헌은 이것을 가리켜 '주의 만찬' κυριακὸν δεῖπνον (고전 11:20)이라 부를 뿐 아니라 예수님을 '우리의 유월절 양' τὸ πάσχα ἡμῶν (고전 5:7)이라 부른다. 예수님이 말씀하려 하셨던 것은 바로 이것이다. "나는 내가 없을 때의 내 백성을 위해 주의 만찬을 제정하고 있으며, 저희는 주의 만찬에서 내가 내일 아침 저희의 죄를 위해 죽을 때 치를 유월절 희생의 거룩한 상징을 보아야 한다."

잔과 떡이 어떻게 예수님의 피와 몸인가?

물론 마지막 문장에서 상징이라는 단어를 사용한 것은 논쟁의 여지가 있다. 예수님이 떡을 떼어 주신 후 "이것은 너희를 위하여 주는 내 몸이라"라고 하신 말씀에서(눅 22:19), 그리고 잔을 건네신 후 "이것은 죄 사함을 얻게 하려고 많은 사람을 위하여 흘리는 바 나의 피 곧 언약의 피니라"고 하신 말씀에서(마 26:28) 의미하신 게 무엇이냐에 대해서는 해석이 다양하다. 그분은 잔과 떡이 자신의 피와 몸의 상징이라고 말씀하셨는가? 아니면 이것들이 실제로 자신의 몸과 피로 변한다고 말씀하셨는가?

그때도 그렇지만 지금도 어떤 것에 대한 상징을 가리켜 그 상징이 그것이라고 말하는 게 자연스럽다. 예를 들면, 나는 우리 집 사진을 들고 "이건 우리 집이야"라고 말한다. 그 누구도 내 말에 따라 그 사진이 내 집으로 변했다는 뜻으로 생각하지 않을 것이다. 예수님이 걸음을 멈추고 모래 위에 낙타 한 마리를 그리시고 "이것은 낙타다"라고 말씀하시더라도 그 그림이 실제로 낙타가 되지는 않는다. 그 그림은 낙타를 상징할 뿐이다.

예수님은 언어를 이런 식으로 사용하셨다. 씨 뿌리는 비유에서도 네 종류의 사람들의 이미지를 이런 말로 해석하셨다. "돌밭에 뿌려졌다는 것은 말씀을 듣고 즉시 기쁨으로 받되 …… 넘어지는 자요"(마 13:20-21). 예수님의 말씀은 돌밭이 한 종류의 사람을 상징한다는 뜻이다. 이러한 사고방식은 현대적일 것도 없고 이상할 것도 없다. 그리고 이것이 예수님의 말씀을 이해하는 가장 자연스러운 방법이다. 잔과 떡은 그분의 피와 몸을 상징한다.

더욱이 우리가 "이것은 내 몸이라"와 "이것은 내 피니라"라는 말씀이 예수님의 육체적인 몸과 피를 가리키는 게 틀림없다고 고집한다면, "이 산은 내 피로 세우는 새 언약이니"라는 말씀은 어떻게 되는가?(눅 22:20) 잔이 피인 것과 같은 방식으로 잔이 새 언약이라고 말해야 하는가? "이 잔은 …… 새 언약이니"라는 말씀은 "이 잔은 내일 아침 내가 흘리는 피로 사고 개시될 새 언약을 상징한다"는 뜻인 게 분명하다. 그러므로 "이것은 내 몸이라"와 "이것은 내 피니라"라는 말씀을 다음과 같이 이해하는 게 지혜로운 것 같다. "이 잔과 떡은 너희의 죄를 위한 희생으로서 죽음을 통해 너희에게 주는 나의 육체적인 몸과 피를 상징한다."

"내가 너희에게 이른 말은 영이요 생명이라"

때로 예수님의 다른 말씀을 잔과 떡이 문자 그대로 예수님의 피와 몸으로 변한다는 주장의 근거로 이용한다. 요한복음 6장 53-54절에서 예수님은 이렇게 말씀하셨다. "내가 진실로 진실로 너희에게 이르노니, 인자의 살을 먹지 아니하고 인자의 피를 마시지 아니하면 너희 속에 생명이 없느니라. 내 살을 먹고 내 피를 마시는 자는 영생을 가졌고 마지막 날에 내가 그를 다시 살리리니."

그러나 예수님은 우리가 이것을 육체적으로 먹는 게 아니라 영적으로 먹는 것에 대한 생생한 표현으로 보길 원하신다. 53-54절에 약속된 생명은 육을 통해서가 아니라 성령을 통해 주어지는 것이다. 63절 말씀을 보자. "살리는 것은 영이니 육은 무익하니라. 내가 너희에게 이른 말은 영이요 생명이라."

이 구절은 "이것은 내 몸이라"는 말씀과 "이것은 내 피니라"는 말씀을 육체적으로 먹고 마시는 것을 통해 영원한 생명이 주어진다는 방식으로 이해해서는 안 된다는 경고다.

그러므로 예수님은 제자들에게 주의 만찬을 지키면서 그분의 죽음을 기념하고 그분이 영광 중에 재림할 때를 고대하라고 명하신다(눅 22:18). 이 잔과 떡이 역사상 가장 놀라운 사랑의 행위를 상징하며 새 언약, 즉 용서와 새 마음(렘 31:31-34)의 성취라는 것을 알면 주의 만찬은 부활하신 예수님과 나누는 더할 나위 없는 교제가 된다. 우리가 그분을 기뻐하도록, 예수님은 특별히 주의 만찬이라는 엄숙한 의식 가운데서 자신의 성령과 말씀을 통해 우리에게 가까이 오시고 자신을 우리에게 알리신다.

교회가 되라

교회는 하나님 나라의 도래에 관한 예수님의 말씀이 이루어지지 않아서 제자들이 생각해 낸 방편이 아니라는 것이다. 교회는 하나님 나라를 대신

하지 못한다. 교회는 하나님 나라에 의해 세워지고 유지될 뿐이다. 교회는 예수님이 계획하셨고, 예수님이 모든 방법으로 교회의 필요를 채우셨다.

"내가 …… 내 교회를 세우리니"라는 말씀은 오늘날 예수님의 제자들이 모이는 곳에 나부끼는 깃발이다. 예수님은 그분의 백성을 세우고 계신다. 예수님은 그분의 양떼를 모으고 계신다. 예수님은 세상 끝날까지 교회와 함께하겠다는 약속을 성취하고 계신다. 예수님은 자신의 성령과 말씀을 통해 교회를 가르치고 계신다. 예수님은 세례라는 상징을 통해, 그리고 사람들이 주의 만찬에서 자신을 기념하고 알고 누리게 하심으로써 교회를 세상으로부터 구별해 내고 계신다. "이를 행하라"는 것은 우리에게 단지 개인적인 제자가 되는 데 그치는 게 아니라 무리, 모임, 공동체, 교회가 되라는 주님의 명령이다.

What JESUS DEMANDS from the WORLD

Demand. 47

너희 빛을 세상에 비추라

| 너희는 세상의 소금이니 소금이 만일 그 맛을 잃으면 무엇으로 짜게 하리요? 후에는 아무 쓸데 없어 다만 밖에 버려져 사람에게 밟힐 뿐이니라. 너희는 세상의 빛이라. 산 위에 있는 동네가 숨겨지지 못할 것이요, 사람이 등불을 켜서 말 아래에 두지 아니하고 등경 위에 두나니, 이러므로 집 안 모든 사람에게 비치느니라. 이같이 너희 빛이 사람 앞에 비치게 하여 그들로 너희 착한 행실을 보고 하늘에 계신 너희 아버지께 영광을 돌리게 하라(마 5:13-16).

| 소금은 좋은 것이로되 만일 소금이 그 맛을 잃으면 무엇으로 이를 짜게 하리요? 너희 속에 소금을 두고 서로 화목하라(막 9:50).

우리의 빛을 세상에 비추라는 명령에는 목적이 있다. 사람들이 하늘에 계신 아버지께 영광을 돌리게 하는 것이다. 그러므로 이 명령은 궁극적으로, 우리의 빛을 세상에 비춤으로써 하나님을 영화롭게 하라는 것이다. 따라서 이번 장에서는 하나님을 영화롭게 하는 것이 얼마나 중요한지 생각해 보고자 한다. 우리의 빛을 세상에 비춘다는 것의 의미는 다음 장에서 살펴볼 것이다.

예수님의 첫 번째 열정과 최고의 가치

가장 먼저 예수님은 아버지의 이름이 거룩히 여김을 받도록 기도하라고 명령하신다. "그러므로 너희는 이렇게 기도하라. 하늘에 계신 우리 아버지여 이름이 거룩히 여김을 받으시오며"(마 6:9).

여기서 예수님은 그분의 첫 번째 열정이 하나님의 거룩을 드러내는 것이며, 우리의 첫 번째 열정도 동일해야 한다는 것을 보여 주신다. 내가 '하나님의 거룩을 드러내는' 이라고 표현한 데는 세 가지 이유가 있다.

첫째, "거룩히 여김을 받으시오며" 뒤에 있는 헬라어 단어 ἁγιασθήτω의 어근은 '거룩한' ἅγιος이다. 둘째, '거룩한' 이라는 단어를 동사로 바꾸면, '자신을 거룩하게 보여 주다' 라는 뜻이 되며, 따라서 '거룩을 나타내다' 라는 개념이 된다. 셋째, 하나님의 거룩을 나타내는 또 다른 방법은 그분의 거룩을 말하는 것이다.[1]

하나님이 이름을 거룩히 여기는 것과 하나님의 영광 간의 관계를 바르게 이해해야 한다. 왜냐하면 예수님의 수많은 말씀이 그분 아버지의 영광과 그분 자신의 영광이 가장 중요하다는 것을 보여 주기 때문이다.

온 우주에서 하나님의 영광보다 귀중한 것은 없다. 예수님의 첫 번째 열정으로서 하나님의 이름을 거룩히 여기는 것과 우주에서 최고의 가치를 갖는 하나님의 영광 간의 관계를 이해한다는 것은 둘 사이에 아무런 갈등도 없음을 안다는 뜻이다. 하나님의 이름을 거룩히 여기는 것과 하나님을 영화롭게 하는 것은 크게 보면 같다.

하나님의 영광이란 무엇인가?

하나님의 영광은 그분의 다양한 완전성이 나타나는 것이다. 하나님의 완전함을 말로 표현하기에는 부족하다. 그렇더라도 그분의 완전함을 표현하기 위해 노력해야 한다. 하나님의 영광은 하나님의 무한한 가치가 빛을 발하는 것이다. 이것은 그분의 도덕적인 아름다움이다. 영광스럽게 창조된 세상이, 눈에 보이지 않지만 더 영광스러운 자신의 창조자를 나타낼 때만 육체가 하나님의 영광을 볼 수 있다.

"들의 백합화가 어떻게 자라는가 생각하여 보라. …… 솔로몬의 모든 영광으로도 입은 것이 이 꽃 하나만 같지 못하였느니라. …… 들풀도 하나님이 이렇게 입히시거든"(마 6:28-30).

백합화의 영광은 하나님의 솜씨다. 백합화의 목적은 우리의 주의를 끌고, 우리가 자신의 영광으로는 도저히 견줄 수 없는 그저 비슷한 것일 뿐인 영광에 눈을 뜨게 하는 것이다.

우리는 영광을 보길 좋아하고, 영광을 보는 것을 기뻐하도록 지음 받았다. 예수님이 세상에 오신 것도 이 때문이다. 그분이 세상에 오신 것은 자연이 그때까지 드러낸 것보다 더 완전하게 하나님의 영광을 계시하기 위해서이며(요 1:14), 우리가 하나님의 은혜의 영광을 영원히 기뻐할 수 있도록 하나님의 진노에서 구원받게 하려고 우리 대신 죽으시기 위해서이며(요 3:14-15, 36, 17:24), 우리가 죄의 영광과 눈 먼 사랑에 빠져 멸망하지 않도록 우리 안에 하나님의 영광을 향한 갈망을 일깨우기 위해서다(요 3:19).

예수님은 의식적으로 하나님의 영광을 드러내려 하셨다. 그분의 행동과 말씀은 "흑암에 앉은 백성이 큰 빛을 보았고 사망의 땅과 그늘에 앉은 자들에게 빛이 비치었도다"와 같은 예언을 이루기 위한 것이었다(마 4:16). 그분은 "내가 세상에 있는 동안에는 세상의 빛이로라"고 말씀하셨다(요 9:5, 참조. 8:12). 그분은 하나님의 영광의 밝은 빛을 이전 어느 때와도 다르게 계시하셨고, 이 빛을 통해 모든 것이 본 모습 그대로 드러나게 하셨다.

예수님은 어떻게 하나님을 영화롭게 하셨는가?

예수님은 하나님이 자신에게 하라고 하신 것을 성취함으로써 하나님의 영광을 나타내셨다. 따라서 그분은 세상을 떠나시기 직전에 아버지께 이렇게 기도하셨다. "아버지께서 내게 하라고 주신 일을 내가 이루어 아버지를 이 세상에서 영화롭게 하였사오니"(요 17:4).

이러한 일에는 그분이 세상에 사는 동안 행하신 많은 기적과 죽으시고 부활하셨을 때 행하신 위대하고 최종적인 구속 사역이 포함된다. 예를 들면, 예수님은 물로 포도주를 만드심으로 공적인 이적을 처음 행하셨을 때, 요한은 그분이 "그의 영광을 나타내시매"라고 말한다. 예수님이 중풍병자를 고치시고 그의 죄를 사하셨을 때 "무리가 보고 두려워하며 이런 권능을 사람에게 주신 하나님께 영광을 돌리니라"(마 9:8). 사람들이 "말 못하는 사람이 말하고 장애인이 온전하게 되고 다리 저는 사람이 걸으며 맹인이 보는 것을 무리가 보고 놀랍게 여겨 이스라엘의 하나님께 영광을 돌리니라"(마 15:31). 열 명의 나환자가 깨끗하게 되었을 때, 감사하는 한 사람만 "큰 소리로 하나님께 영광을 돌리며 돌아왔다"(눅 17:15). 18년간 꼬부라진 상태로 살던 한 여인이 예수님이 만져 주셨을 때 꼬부라졌던 것이 다 펴지자 "하나님께 영광을 돌리는지라"(눅 13:13). 예수님은 나사로를 죽은 자 가운데서 일으키려 하셨을 때 그의 누이에게 "내 말이 네가 믿으면 하나님의 영광을 보리라 하지 아니하였느냐?"라고 말씀하셨다(요 11:40).

예수님이 하신 모든 것은 하나님을 영화롭게 하는 것과 관련이 있다. 예수님의 일은 하나님의 완전함의 위대성과 아름다움을 온전히 나타내는 것이었다.

그러나 가장 큰 기적은 우리가 죄의 책임과 권세로부터 구속받고(막 10:45) 용서 받으며(마 26:28) 영생을 얻도록(요 3:14-15) 예수님이 죽으시고 부활하신 것이다. 죄 없는 자가 죄 있는 자를 대신하는 위대한 대속의 행위에서, 예수님은 하나님의 진노의 영광과 하나님의 사랑의 영광을 나타내셨다. 하나님의 진노는 영광스러운 진노다(눅 21:23; 요 3:36). 하나님에게 다른 진노란 있을 수 없다. 하나님의 사랑은 영광스러운 사랑이다. 예수님은 죽으러 오셨을 때 이것이 가장 큰 슬픔과 가장 큰 영광의 순간이라는 것을 아셨다.

마지막 순간에 예수님은 이렇게 말씀하셨다. "인자가 영광을 얻을 때가 왔도다. 내가 진실로 진실로 너희에게 이르노니 한 알의 밀이 땅에 떨어져 죽지 아니하면 한 알 그대로 있고 죽으면 많은 열매를 맺느니라"(요 12:23-24). 예수님의 영광은 고난과 뒤이은 승리의 부활에서 나타났다. 예수님은 "그리스도가 이런 고난을 받고 자기의 영광에 들어가야 할 것이 아니냐?" 고 말씀하셨다(눅 24:26). 고난은 영광에 이르는 길이다.

아버지와 아들이 서로를 영화롭게 하신다

그러나 고난은 길에 불과한 게 아니었다. 고난은 예수님의 영광에서 본질적인 부분이었다. "지금 고난의 시간에 인자가 영광을 받았고 하나님도 인자로 말미암아 영광을 받으셨도다. 만일 하나님이 그로 말미암아 영광을 받으셨으면 하나님도 자기로 말미암아 그에게 영광을 주시리니 곧 주시리라"(요 13:31-32).

하나님이 죄인들에게 의롭게 내리는 진노를 제거하시도록 예수님이 기꺼이 죽으신 사건에서 하나님은 한없이 영광스럽고 귀한 분으로 나타난다. 그리고 아버지께서는 이렇게 자신이 아들에게서 영화롭게 되실 때, 부활에서 아들을 강력히 인정하심으로써 아들 또한 영화롭게 하신다. 아버지와 아들이 구원의 행위 가운데서 서로를 영화롭게 하시는 것이다.

아들이 아버지를 영화롭게 하시는 것과 아버지께서 아들을 영화롭게 하심으로써 이에 화답하신다면 그 반대의 경우도 참이다. 예수님은 "아버지여 때가 이르렀사오니 아들을 영화롭게 하사 아들로 아버지를 영화롭게 하게 하옵소서"라고 말씀하신다(요 17:1, 12:27-28). 예수님이 자신의 죽음에서 아버지를 영화롭게 하실 때, 아버지께서도 아들을 영화롭게 하신다. 그리고 아버지께서 아들의 부활과 높아지심에서 아들을 영화롭게 하실 때, 아들 또한 아버지를 영화롭게 하신다. 이처럼 아버지의 일과 아들의 일에서 아버지와 아들이 서로를 영화롭게 하는 것은 두 분이 가장 바라시는 일이다.

더 큰 사랑은 없다

하나님이 우리를 위해 예수님에게서 자신을 영화롭게 하는 것보다 더 큰 사랑은 없다. 또한 이것이 우리를 향한 아버지와 아들의 사랑의 본질이다. 아버지와 아들은 우리처럼 영적으로 주린 피조물들이 영광을 누리며, 영광 가운데 궁극적인 만족을 얻게 하려고 자신들의 영광을 나타내고 계신다. 뿐만 아니라 하나님의 영광을 귀하게 여기지 못한 데 대한 심판을 면할 수단으로 그 영광을 나타내고 계신다(요 5:29).

자신과 아들을 영화롭게 하려는 하나님의 열정은 사랑의 행위이다. 그리고 이것은 그분이 이것을 소중하게 여기시며 이를 위해 지불하시는 값 때문이다. 그분은 우리에게 자신의 영광을 주시며, 이를 위해 자신의 아들의 생명을 지불하신다. 하나님의 모든 영광에서 하나님 자신보다 더 큰 선물은 없다. 하나님의 아들의 죽음보다 더 큰 값은 없다. 그러므로 하나님이 예수님의 죽음과 부활에서 자신을 영화롭게 하시는 것보다 더 큰 사랑은 없다.[2]

구속의 큰 사역이 십자가 죽음과 부활에서 이루어졌을 때, 예수님은 자신을 영화롭게 하고 믿음 안에서 사람들을 자신에게로 이끄는 사역을 중점적으로 하실 성령을 보내심으로써 자신을 위해 사람들을 모으려 하셨다. 그분은 이렇게 약속하셨다. "진리의 성령이 오시면 그가 너희를 모든 진리 가운데로 인도하시리니 …… 그가 내 영광을 나타내리니 내 것을 가지고 너희에게 알리시겠음이라"(요 16:13-14).

성령의 중심 사역은 아버지와 아들을 영화롭게 하는 큰 일을 계속하는 것이다. 성령께서는 우리의 눈을 열어 예수님의 진리와 아름다움을 보며 그분이 삶과 죽음과 부활에서 이미 하신 일의 진리와 아름다움을 볼 수 있게 함으로써 아버지와 아들을 영화롭게 하신다(요 3:3, 8; 마 16:17). 그분이 누구신지 알 때, 그분을 영접하고 신뢰하고 예배하며 그분께 복종하게 된다.

What
JESUS
DEMANDS
from the
WORLD

Demand . 48

너희 착한 행실로 하나님께 영광을 돌리게 하라

> 나로 말미암아 너희를 욕하고 박해하고 거짓으로 너희를 거슬러 모든 악한 말을 할 때에는 너희에게 복이 있나니, 기뻐하고 즐거워하라. 하늘에서 너희의 상이 큼이라. 너희 전에 있던 선지자들도 이같이 박해하였느니라. 너희는 세상의 소금이니 소금이 만일 그 맛을 잃으면 무엇으로 짜게 하리요? 후에는 아무 쓸 데 없어 다만 밖에 버려져 사람에게 밟힐 뿐이니라. 너희는 세상의 빛이라. 산 위에 있는 동네가 숨겨지지 못할 것이요, 사람이 등불을 켜서 말 아래에 두지 아니하고 등경 위에 두나니. 이러므로 집 안 모든 사람에게 비치느니라. 이같이 너희 빛이 사람 앞에 비치게 하여 그들로 너희 착한 행실을 보고 하늘에 계신 너희 아버지께 영광을 돌리게 하라 (마 18:15-17).

"이같이 너희 빛이 사람 앞에 비치게 하여……"(마 5:16).

사람들이 당신 삶을 보고 당신의 하나님을 귀하게 여기도록 살아라. 이것이 바로 예수님이 우리에게 내리신 명령이다.

당신이 빛이니 빛을 발하라

우리가 발해야 하는 빛은 우리 자신이다. 예수님은 "너희는 세상의 빛이라"고 말씀하셨다(마 5:14). 사람들이 볼 수 있는 것은 우리의 '착한 행실'이다. 그러나 이것이 곧 우리는 아니다. 착한 행실은 안에 있는 빛의 근원에서 나온다. 착한 행실을 통해 비치는 빛이 무엇인지 알려면 착한 행실의 목적이 무엇인지 반드시 알아야 한다.

착한 행실의 목적은 사람들이 이것을 보고 하나님께 영광을 돌리는 것이다. 왜 우리의 착한 행실이 우리에게 영광을 돌리는 게 아니라 하나님께 영광을 돌리는가? 이때 비치는 빛은 하나님의 빛, 또는 하나님의 영광의 계시인 예수님의 빛이기 때문이다.

빛의 실체는 무엇인가?

어떻게 우리가 세상의 빛이 되는가? 또 어떻게 우리에게서 하나님을 영화롭게 보이게 하는 선한 행실이 나오는가?

예수님의 말씀이 위치한 문맥을 잘 살펴보자. 예수님은 방금 팔복을 말씀하셨다. 심령이 가난한 자는 복이 있으며, 애통하는 자는 복이 있으며, 온유한 자는 복이 있으며, 의에 주리고 목마른 자는 복이 있으며, 긍휼히 여기는 자는 복이 있으며, 마음이 청결한 자는 복이 있으며, 화평케하는 자는 복이 있으며, 의를 위하여 핍박을 받는 자는 복이 있다(마 5:3-10). 여기 세상에서 매우 특별한 정체성이 있다. 이것은 모든 게 무미건조할 때 맛을 내는 소금과 같으며,[1] 사람들이 어둠 속에서 비틀거릴 때 희망으로 가득한 빛과 같다.

그러나 팔복 가운데 우리의 빛을 비추라는 명령과 가장 가까운 것은 욕을 먹을 때 복이 있다는 것이다. "나로 말미암아 너희를 욕하고 박해하고 거짓으로 너희를 거슬러 모든 악한 말을 할 때에는 너희에게 복이 있나니, 기뻐하고 즐거워하라. 하늘에서 너희의 상이 큼이라. 너희 전에 있던 선지자들도 이같이 박해하였느니라"(마 5:11-12).

박해 가운데 기뻐하라는 명령 뒤에 곧바로 "너희는 세상의 소금이니 …… 너희는 세상의 빛이라"라는 말씀이 나온다(마 5:13-14). 그러므로 이처럼 무미건조하고 어두운 세상에서 가장 밝은 것은 예수님의 제자들이 박해와 어려움 가운데서 누리는 이해할 수 없는 기쁨이다.

이것은 온유하고, 긍휼하며, 깨끗하고, 화평하게 하는 기쁨이지만, 이러한 것들만으로는 사람들에게 하나님의 영광을 일깨워 주지 못한다. 하나님을 우리의 착한 행실의 이유로 생각하도록 사람들을 일깨우기 위해서는 그들이라면 분노하거나 절망하게 하는 게 보통이지만 우리는 그러지 않는 고난의 장애물이 있어야 한다.

우리는 오히려 고난 가운데서 기뻐한다. 어떤 고난도 우리를 자기중심적이고 자기 연민적이며 치사하게 만들지 못한다. 사람들은 이런 모습을 보면서 어떻게 그럴 수 있느냐고 놀라워한다. 바로 천국에서 우리에게 큰 상이 있기 때문이다(마 5:12).

예수님은 우리의 보화, 즉 세상이 주는 것보다 더 귀한 보화가 되셨다. 그러므로 박해와 재난이 자연스러운 즐거움을 앗아 갈 때라도 우리에게는 여전히 예수님이 계시며, 따라서 여전히 기쁨이 있다.

이제 우리의 착한 행실이 이러한 소금에서 맛을 얻고 이러한 빛과 더불어 자랄 때, 세상은 깨어나 전에 맛보지 못하고 전에 보지 못했던 것을, 다시 말해, 예수님 안에 있는 하나님의 영광을 맛보고 또 볼 것이다. 우리가 예수님의 진리와 아름다움을 증거하면,[2] 그리고 성령께서 우리의 삶에서 이러한 아름다움의 증거를 보는 사람들의 마음에 긍휼의 바람을 일으키시면, 사람들은 "하늘에 계신 너희우리 아버지께 영광을 돌릴" 것이다(마 5:16).

하나님의 영광이 사랑의 '숨은 동기'인가?

예수님이 마태복음 5장 16절에서 하시는 명령은, 하나님의 영광이 최고로 가치 있다는 사실을 보여 준다. "이같이 너희 빛이 사람 앞에 비치게 하여 그들로 너희 착한 행실을 보고 하늘에 계신 너희 아버지께 영광을 돌리게 하라." 우리가 다른 사람들에게 선을 행하는 것은, 그들이 하나님께 영광을 돌리게 하기 위해서다. 많은 사람들이 사랑을 말하지만, 예수님처럼 하나님 중심적이지 않는 사람들은 이렇게 말한다. "사람들이 당신의 하나님께 영광을 돌리게 하려고 그들에게 선을 행한다면 당신은 그들을 사랑하는 게 아니다. 왜냐하면 당신에게는 숨은 동기가 있기 때문이다."

하나님의 영광을 상상할 수 있는 가장 큰 선물과 가장 고상한 기쁨으로 경험하지 못했기 때문에 이런 비판을 하는 것이다. 누군가를 위해 생명을 버리는 것이, 특히 하나님의 영광으로 그들을 영원히 만족시키려 하면서 당신의 생명을 버리는 게 어떻게 사랑이 아닐 수 있는가? 이러한 동기는 숨겨진 게 아니다. 공개적이며 전면적이고 중심적인 동기다. 예수님의 제자들은 사랑하는 사람들을 위한 영원한 목적이 전혀 없이 선을 행하는 사람들이 아니다. 이것이 사랑의 본질이다. 이들은 가장 크고, 가장 고상하고, 가장 기쁜 선이 무엇인지 정확히 안다. 예수님 안에서 하나님을 영원히 보고 또 맛보는 것이다. 이것이 이들의 목적이며, 이들은 이것을 부끄러워하지 않는다. 이들은 이에 미치지 못하는 모든 목적은 사랑의 실패라고 생각한다.

예수님은 목숨을 바쳐 우리를 사랑하셨다

예수님은 가장 어두울 때에, '선한 행실로' 자신의 빛을 가장 밝게 비추셨다. 그분이 역사상 가장 큰 '선한 행실'을 하셨을 때, 크게 외치셨다.

"지금 내 마음이 괴로우니 무슨 말을 하리요? 아버지여, 나를 구원하여 이 때를 면하게 하여 주옵소서."

아버지는 안 된다고 대답하셨다. 예수님은 자신이 이러한 죽음의 시간을 맞는 궁극적인 이유를 말씀하셨다. "내가 이를 위하여 이때에 왔나이다. 아버지여, 아버지의 이름을 영광스럽게 하옵소서"(요 12:27-28).

D. A. 카슨은 이것을 가리켜 "다름 아닌 그분의 삶과 사역을 지배한 원칙을 명시한 것"이라고 정확히 말한다(요 7:18; 8:29, 50).[3] 처음부터(요 2:11) 끝까지(요 12:28), 예수님은 하나님의 영광을 입증하고 나타내기 위해 자신의 빛을 발하셨다. 선한 행실을 보이셨다.

예수님이 하나님의 영광을 입증하고 나타내는 것이 가장 큰 사랑의 행위라고 생각하셨다. 그러므로 그분은 이를 위해 자신의 목숨을 버리셨을 뿐 아니라(요 15:13), 이러한 사랑의 행위를 통해 죄인들에게 가장 큰 선물을 주셨다. 요한복음 17장 24절에서 이것을 위해 기도하셨다. "아버지여, 내게 주신 자도 나 있는 곳에 나와 함께 있어 아버지께서 창세 전부터 나를 사랑하시므로 내게 주신 나의 영광을 그들로 보게 하시기를 원하옵나이다."

이것이 예수님이 십자가에서 하신 '착한 행실' 가운데서 주신 최종적이며, 가장 크고, 가장 만족스러운 선물이다. 다른 어떤 선물보다도 하나님의 영광을 더 귀하게 보고, 맛보지 못하는 사람은 전혀 이해할 수 없을 것이다. 그러나 이 세상이 주는 모든 것을 포기하고(눅 14:33) 하늘의 '큰 상', 즉 예수님의 영광을 누리는 것에 마음을 고정한 사람들에게는 예수님이 목숨을 주고 사신 이 상급이 가장 위대한 사랑의 행위일 것이다.

예수님처럼 죽음을 통해 우리의 빛이 비치게 하라

우리는 그분이 하러 오신 일에 동참해야 한다. 예수님이 죽음을 통해 아버지를 영화롭게 하셨듯이 우리도 그렇게 하길 기대하신다. 그러므로 베드로에게 이렇게 말씀하셨다. "내가 진실로 진실로 네게 이르노니, 네가 젊어서는 스스로 띠 띠고 원하는 곳으로 다녔거니와 늙어서는 네 팔을 벌리리니 남이 네게 띠 띠우고 원하지 아니하는 곳으로 데려가리라. 이 말씀을 하심은 베드로가 어떠한 죽음으로 하나님께 영광을 돌릴 것을 가리키심이러라"(요 21:18).

예수님은 그분의 제자들이 죽음을 통해 하나님께 영광을 돌리는 것은 당연하다고 여기신다.

그렇다면 어떻게 죽을 것인가? 예수님이 다음 말씀에서 분명히 하시듯이, 이러한 결정은 하나님의 손에 달렸다. "참새 두 마리가 한 앗사리온에 팔리지 않느냐? 그러나 너희 아버지께서 허락하지 아니하시면 그 하나도 땅에 떨어지지 아니하리라. 너희에게는 머리털까지 다 세신 바 되었나니, 두려워하지 말라. 너희는 많은 참새보다 귀하니라"(마 10:29-31). 하나님이 새들이 어떻게 죽느냐를 결정하시는데, 하물며 당신의 죽음이랴!

그분의 빛과 우리의 빛

예수님의 빛이, 그리고 우리의 빛이 역사에서 최종적으로 크게 비치는 것은 예수님이 재림하실 때다. 예수님은 그분의 재림이 자신과 우리에게 어떠할지 말씀하신다. 자신에 대해서는 이렇게 말씀하신다. "인자가 아버지의 영광으로 그 천사들과 함께 오리니 …… 그때에 땅의 모든 족속들이 통곡하며 그들이 인자가 구름을 타고 능력과 큰 영광으로 오는 것을 보리라 …… 인자가 자기 영광으로 모든 천사와 함께 올 때에 자기 영광의 보좌에 앉으리니"(마 16:27, 24:30, 25:31).

처음 그분이 오신 것은 아버지의 영광을 나타내기 위해서였다. 그리고 재림하시는 것은 이러한 계시를 완성하고 "모든 넘어지게 하는 것과 또 불법을 행하는 자들을 거두어 내기" 위해서다(마 13:41).

그분의 재림이 우리에게는 무엇을 의미하는가? 우리의 빛을 발하는 것이 우리의 영원하고 지속적인 소명일 것이다. 다른 사람들이 하나님의 영광을 더 많이 보게 하고, 더 많이 맛보게 하고, 더 많이 보여 주게 하는 사랑의 행위 가운데 그분의 무한한 가치를 나타낼 만큼 예수님 안에 있는 하나님의 영광에 크게 만족하는 것, 이것이 바로 우리를 창조하신 이유다. 마태복음 13장 43절에 보면 우리는 영원히 빛을 발한다. 예수님이 제자들이 그분의 재림 때 어떻게 되는지 묘사하신 말씀이다. "그때에 의인들은 자기 아버지 나라에서 해와 같이 빛나리라."

이것이 우리의 최종 운명이다. 우리는 예수님의 영광을 보면서(요 17:24) 그분의 아름다움과 사랑으로 빛을 발할 것이다. 예수님이 세우겠다고 약속하신 교회는(마 16:18) '명령 45'를 보라. 예수님의 영광을 서로에게 비추는 데서 자신의 최종 운명을 발견할 것이다. 그 결과 빛을 발하는 교인 가운데 그분의 영광이 다양하게 나타날 것이며, 따라서 우리는 그분을 더욱 더 크게 즐거워할 것이다.

세상을 향한 예수님의 명령은 모든 인류가 그분 안에서 완전히 만족하면서 영광을 찾으라는 것이다. 우리는 이를 위해 창조되었기 때문이다. 그 다음으로 예수님은 우리에게 다른 것을 의지하지 말고 그분 안에 있는 영원한 기쁨이라는 큰 상급에 소망을 두라고 명령하신다. 그 다음으로, 소망과 기쁨 가운데서 희생적인 사랑의 착한 행실을 통해 빛을 발하여 사람들이 하나님의 영광을 보고 맛보며 퍼트리게 하라고 명령하신다.

What JESUS DEMANDS from the WORLD
Demand . 49

모든 민족을 제자로 삼으라

l 하늘과 땅의 모든 권세를 내게 주셨으니, 그러므로 너희는 가서 모든 민족을 제자로 삼아, 아버지와 아들과 성령의 이름으로 침례/세례를 베풀고, 내가 너희에게 분부한 모든 것을 가르쳐 지키게 하라. 볼지어다, 내가 세상 끝날까지 너희와 항상 함께 있으리라(마 28:18-20).

l 추수할 것은 많되 일꾼이 적으니, 그러므로 추수하는 주인에게 청하여 추수할 일꾼들을 보내 주소서 하라(마 9:37-38).

l 주인이 종에게 이르되 길과 산울타리 가로 나가서 사람을 강권하여 데려다가 내 집을 채우라(눅 14:23).

l 내가 너희에게 이르노니 이와 같이 죄인 한 사람이 회개하면 하늘에서는 회개할 것 없는 의인 아흔아홉으로 말미암아 기뻐하는 것보다 더하리라(눅 15:7).

l 아버지께서 나를 보내신 것 같이 나도 너희를 보내노라(요 20:21).

예수님은 자신을 따르는 자들에게 '가서 모든 민족을 제자로 삼으라'고 명령하시기에 앞서 이 사명이 정당하다는 것을 보여 주셨다. 그분은 "하늘과 땅의 모든 권세를 내게 주셨으니"라고 말씀하셨다(마 28:18). 오늘날 예수님의 제자라면 다른 주±를 따르는 사람에게 회개하고 돌이켜 예수님을 따르라고 말할 수 있는 것은 예수님에게 우주의 모든 권세가 있기 때문이다.

권세란 무엇인가?

권세란 특정 관계를 지배하는 권리와 힘을 말한다. 그러므로 아버지는 자녀들에 대해서는 권세가 있지만, 이웃에 대해서는 권세가 없다. 육군 소위는 소대원들에게는 권세가 있지만, 중대장에 대해서는 권세가 없다. 교사는 학생들에게는 권세가 있지만 학부모들에게는 권세가 없다. 과장은 아래 직원들에게는 권세가 있지만 최고경영자에게는 권세가 없다.

예수님과 로마 백부장이 만나는 이야기에서도 권세의 의미를 엿볼 수 있다. 백부장은 예수님이 자신의 종을 고쳐 주시길 원했지만 자신은 그분을 집에 들일 자격이 없다고 느꼈다. 그래서 그는 예수님께 이렇게 말했다. "주여, 내 집에 들어오심을 나는 감당하지 못하겠사오니 다만 말씀으로만 하옵소서. 그러면 내 하인이 낫겠사옵나이다. 나도 남의 수하에 있는 사람이요 내 아래에도 군사가 있으니, 이더러 가라 하면 가고 저더러 오라 하면 오고, 내 종더러 이것을 하라 하면 하나이다"(마 8:8-9).

권세는 아랫사람들에게 우리가 원하는 대로 무언가를 시킬 수 있는 권리와 힘을 말한다. 예수님이 모두와 모든 것에 대해 다음과 같은 권세가 있으시다. "하늘과 땅의 모든 권세를 내게 주셨으니." '하늘과 땅'이라는 말은 모든 것을 다 포함한다는 뜻이다. 그러므로 모두와 모든 것이 예수님의 권세 아래 있다. 모든 인간이, 모든 천사가, 모든 사탄이 그분의 권세 아래 있다. 마귀도 그분의 권세 아래 있다. 모든 자연 세계와 그 가운데서 일어나는 모든 것도 그분의 권세 아래 있다.

예수님의 완전한 권세

예수님이 지상 사역을 하셨던 기간 중에도 이러한 예가 있다. 그분에게는 죄를 사하는 권세가 있었는데, 당시 죄를 사하는 일은 하나님만이 하실 수 있었다. 그래서 그분은 신성 모독죄를 범했다고 비난받으셨다(막 2:7-12). "뭇 사람이 그의 교훈에 놀라니 이는 그가 가르치시는 것이 권위 있는 자와 같고 서기관들과 같지 아니함일러라"(막 1:22; 마 5:17-18).

예수님의 권세는 마귀를 꾸짖고(마 4:10) 더러운 영들에게 명령하는 방식에서도 나타난다. "더러운 귀신들에게 명한즉 순종하는도다"(막 1:27).

또한 모든 종류의 질병을 고치시고(마 4:23) 물로 포도주를 만드시며(요 2:9, 4:46) 폭풍을 잔잔하게 하심으로써 자연의 힘에게 명령하시는 방식에서도 볼 수 있다. "예수께서 깨어 바람을 꾸짖으시며 바다더러 이르시되 잠잠하라 고요하라 하시니, 바람이 그치고 아주 잔잔하여지더라"(막 4:39).

예수님 자신은 물론, 다른 사람의 삶과 죽음의 문제에서 그분의 권세가 나타난다. 그분은 사람들을 죽은 자 가운데서 일으키셨고(막 5:41-42; 눅 7:14-15; 요 11:43-44), 자신의 죽음과 부활을 다스리셨다. "이 내 생명을 내게서 빼앗는 자가 있는 것이 아니라 내가 스스로 버리노라. 나는 버릴 권세도 있고 다시 얻을 권세도 있으니"(요 10:18).

그리고 그분은 최후의 심판을 완전히 주도하신다. 그분은 하나님 아버지께서 "인자 됨으로 말미암아 심판하는 권한을 주셨느니라"고 말씀하신다(요 5:27). 그리고 하나님은 "아들에게 주신 모든 사람에게 영생을 주게 하시려고 만민을 다스리는 권세를 아들에게 주셨음이로소이다"(요 17:2).

예수님은 세상에 대한 권리를 어떻게 주장하시는가?

예수님의 권세 밖에 있는 것은 하나도 없다. 그분은 존재하는 모든 영에게 충성을 명령할 권리와 힘이 있다. 우주의 주님으로서 예수님은 모든 민족, 모든 종교의 모든 사람들에게 그분의 제자가 되라고 명령하신다.

예수님은 하늘과 땅의 모든 권세가 자신에게 있다고 말씀하신 후 "그러므로……"라고 말씀하신다. 이 단어는 그분의 우주적 권세야말로 그분이 모든 사람에게 자신의 우주적 권리를 명령하시는 기초라는 것을 보여 준다. 나아가 그분이 다음 절에서 이들에 대한 자신의 권리를 주장하시는 방식이라는 것도 보여 준다.

다음 절에서 예수님은 자신의 제자들에게 가서 사람들을 제자로 삼으라고 명하신다. "너희는 가서 모든 민족을 제자로 삼아"(마 28:19).

예수님은 자신이 천국에서 한 사람에 대한 권리를 직접 주장하는 데 그치지 않으신다. 사람들에 대한 자신의 권리를 제자들을 통해 주장하신다. 예수님은 이 땅에 계시는 동안 이러한 원칙을 세우셨다. "내가 진실로 진실로 너희에게 이르노니 내가 보낸 자를 영접하는 자는 나를 영접하는 것이요 나를 영접하는 자는 나를 보내신 이를 영접하는 것이니라"(요 13:20; 마 10:40).

그분이 "내가 …… 내 교회를 세우리니"라고 말씀하셨고(마 16:18), "우리에 들지 아니한 다른 양들이 내게 있어 내가 인도하여야 할 터이니 그들도 내 음성을 듣고 한 무리가 되어 한 목자에게 있으리라"고 말씀하신 것은 사실이다(요 10:16). 그분은 이것을 친히 하고 계신다. 단, 사자使者를 통하지 않고 자신이 하늘에서 직접 이 일을 하시겠다는 뜻이 아니었다. 우리가 이것을 아는 것은 그분이 요한복음 17장 20절에서 미래 교회를 위해 기도하실 때 미래 교회를 "그들의 말로 말미암아 나를 믿는 사람들"이라고 표현하셨기 때문이다.

사명은 계속된다

예수님은 교회를 세우시고 자신이 보내는 사람들의 말을 통하여 세상 모든 민족에서 양떼를 모으신다. 그러므로 예수님의 우주적 권세는 역사가 계속되는 한 계속되며, 인간이 사는 곳이면 어디까지라도 확장되는 사명 속에서 발휘된다. "그러므로 너희는 가서 모든 민족을 제자로 삼아 …… 볼지어다, 내가 세상 끝날까지 너희와 항상 함께 있으리라"(마 28:19-20).

'세상 끝날까지'라는 말씀은 예수님이 다시 오실 때까지 이 사명이 지속되어야 한다는 뜻이다. 이 명령은 제1세대 제자들에게만 해당되는 게 아니다. 이 명령은 사명을 떠받치는 약속이 계속되는 한 지속된다. 그 약속이란, 모든 권세를 가지신 예수님이 '세상 끝날까지' 우리와 함께하시리라는 것이다. 시간이 계속되는 한, 전해야 할 민족이 있는 한, 가서 제자를 삼으라는 예수님의 명령은 유효하다.

예수님의 제자들은 그분을 대신해서 말한다

이것은 여러 가지를 암시한다. 첫째, 예수님의 배타적 주장을 단지 예수님뿐 아니라 그분의 제자들도 제기하리라는 것이다. 예수님은 자신이 우주의 유일한 주이며, 모든 민족과 모든 종교의 모든 사람이나 종교가 없는 사람들이라도 누구든지 제자가 되어야 한다고 주장하셨다. 이제 그분의 사자들이 같은 주장을 하는데, 세상 모든 민족과 모든 종교의 사람들을 제자로 삼기 위해서다. 예수님이 제자들을 보내는 것은 종교가 무엇이든 간에 모든 민족을 제자로 삼게 하기 위해서다. 예수님이 자신의 우주적 권세로 제자들을 후원하시면서 그들을 보내시는 것은 가서 모든 민족, 모든 종교의 모든 사람들에게 돌이켜 예수님의 제자가 되라고 외치게 하기 위해서다.

이것은 사람들이 우리 시대처럼 객관적이며 변하지 않는 진리를 소중히 여기지 않는 상대주의 시대에 예수님의 제자들이 오만하다고 비난받으리라는 뜻이다. 예수님의 제자들은 모든 권세가 그분에게 있으며, 모두가 회개하고 그분을 믿고 그분의 제자가 되어야 한다고 외칠 것이다. 또한 모두에게 예수님을 자신의 죽음을 통해 죄인을 구속하러 이 땅에 오셨고 우주의 주로서 부활하신 하나님의 영원한 아들로 영접하길 거부하는 것은 영생을 포기하는 것이라고 경고할 것이다. 예수님은 이렇게 말씀하셨다. "아들을 믿는 자에게는 영생이 있고 아들에게 순종하지 아니하는 자는 영생을 보지 못하고 도리어 하나님의 진노가 그 위에 머물러 있느니라. …… 아들을 공경하지 아니하는 자는 그를 보내신 아버지도 공경하지 아니하느니라"(요 3:36, 5:23; 참조. 15:23).

예수님의 사자들을 뒷받침해 주는 권한과 약속은 바로 이어지는 말씀이다. "너희 말을 듣는 자는 곧 내 말을 듣는 것이요, 너희를 저버리는 자는 곧 나를 저버리는 것이요, 나를 저버리는 자는 나 보내신 이를 저버리는 것이라"(눅 10:16).

예수님의 제자들은 모든 권세가 예수님께 속했으며, 모두가 그분의 제자가 되거나 그렇지 않으면 영생을 포기해야 한다고 말함으로써 갖은 비난을 받을 것이다. 예수님은 이런 일이 일어나리라는 것을 알고 계셨다. "세상이 너희를 미워하면 너희보다 먼저 나를 미워한 줄을 알라"(요 15:18).

예수님이 모든 권세가 실제로 그분의 것이며 그분이 세상 끝날까지 자신의 사자들과 함께하시리라는 이중의 확신 사이에 이러한 급진적 명령을 두신 것도 이 때문이다.

모든 인종에게 찾아가라

예수님은 모든 인종에게 관심이 있으시며, 모든 '민족'으로 제자를 삼으려 하신다. 그분이 "그러므로 너희는 가서 모든 민족을 제자로 삼아"라고 말씀하실 때, '민족'이라는 단어는 정치적 의미의 국가를 말하는 게 아니다. 성경에서 '민족'이나 '백성들'(눅 2:32; 시 117:1)은 정치적 의미의 국가를 가리키는 게 아니라, 한 나라 안에 있는 인종적, 언어적, 문화적 집단들을 가리킨다. 예를 들면, 중국이라는 정치적 국가 안에는 두룽족, 리족, 리수족, 사라족, 야오족 등 수십 개의 '민족'이 있다. 그리고 예수님이 아셨던 유대 성경에서는 "여부스 족속과 아모리 족속과 기르가스 족속과 히위 족속과 알가 족속과 신 족속과 아르왓 족속과 스말 족속과 하맛 족속" 등이 나온다(창 10:16-18).

그러므로 우리 시대에 모든 민족을 제자로 삼으라는 예수님의 명령은 예를 들면 파키스탄의 발루치족, 기니아의 마닝카어족, 인도네시아의 부기스족, 중국의 와족, 미니에폴리스의 소말리족과 다코타족 가운데서 제자를 삼으라는 뜻일 것이다. 이들은 예수님이 "그러므로 너희는 가서 모든 민족을 제자로 삼아"라고 말씀하실 때 언급하고 계셨던 그룹들이다. 어떤 인종 그룹이든 예수님의 제자가 없는 곳이라면,[1] 예수님의 명령은 너무나 분명하다. "나의 사자들이여, 나의 권세와 나의 말과 나의 사랑과 나의 힘을 가지고 그곳에 가서 제자를 삼아라."

예수님은 이러한 사명에 관해 전혀 치우침이 없으시다. 그분은 서양인도 아니며 동양인도 아니다. 그분은 최고의 주권이 자신에게 있다는 진리 가운데서 인종적 다양성과 통일성을 추구하는 일에 전념하셨다. 사실, 우리가 '인종적'이라는 단어를 끌어낸 근원이 되는 단어는 마태복음 28장 19절에서 '민족' $\acute{e}\theta\nu o\varsigma$을 가리키는 단어다.

하나님이 항상 모든 민족을 향하시는 것처럼 보인 것은 아니었다. 때로 그분은 자신의 백성 이스라엘에게 전념하실 뿐 다른 민족들에게는 관심이

없는 것처럼 보이기도 했다. 그분의 방법은 간접적이고 때로는 불가사의
하기 때문이다. 모든 민족의 예배자들로 이루어진 하나의 세계적인 교회
를 향한 이같은 간접적인 방법을 어떻게 이해해야 하는가? 다음 장에서 여
기에 관해 살펴보기로 하겠다.

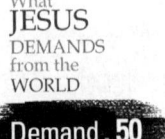

세상 끝까지, 때가 찰 때까지 증거하라

| 또 너희에게 이르노니 동서로부터 많은 사람이 이르러 아브라함과 이삭과 야곱과 함께 천국에 앉으려니와 그 나라의 본 자손들은 바깥 어두운 데 쫓겨나 거기서 울며 이를 갈게 되리라 (마 8:11-12).

| 이 모든 일 전에 내 이름으로 말미암아 너희에게 손을 대어 박해하며 회당과 옥에 넘겨주며 임금들과 집권자들 앞에 끌어가려니와 이 일이 도리어 너희에게 증거가 되리라(눅 21:12-13).

| 그들이 칼날에 죽임을 당하며 모든 이방에 사로잡혀 가겠고 예루살렘은 이방인의 때가 차기까지 이방인들에게 밟히리라(눅 21:24).

모든 민족들에게 역사하시는 하나님의 간접적인 방법

아들의 영광을 위해 민족들을 추구하시는 하나님의 이상한 방법에 걸려 넘어져서는 안 된다. 예수님이 하나님은 민족들 대신에 이스라엘 백성과 특별한 방법으로 함께 일하기로 선택하셨다고 가르치신 것은 사실이다. 예수님은 당시 유대인들을 가리켜 "그 나라의 본 자손들"이라고 하셨다(마

8:12). 다시 말해 그들은 애굽에서의 해방과 홍해 사건, 광야에서의 기적적인 공급, 약속의 땅이라는 선물, 많은 전투에서의 승리처럼 이러한 축복들을 열거한 것에 대해서는 시편 105편을 보라 역사 속에서 이뤄지는 하나님의 구원 행위들에서 초점이 되는 특별한 최고의 특권을 받은 자손들인 것이다.

그리고 예수님이 오셨을 때, 이스라엘이 오랫동안 고대했던, 원수들을 물리치고 승리하는 나라가 도래했음을 선포하는 유대 메시야로 오신 것도 사실이다. 그러나 그분은 하나님 나라를 유대인들이 생각하는 방식으로 도래시키려 하지 않으셨다. 그분의 계획은 자신이 유대인의 왕으로 등극하기 전에 그들의 죄를 위해 고난 받고 죽는 것이었다. 이것이 그들이 영생을 얻을 수 있는 유일한 희망이었다.

예수님은 유대인들에 대한 자신의 사명에 초점을 맞추셨으며, 유대인들에게 자신을 알고 자신을 믿을 기회를 충분히 주셨다. 그분은 자신이 살아 계실 때 열두 사도를 보내면서 이렇게까지 말씀하셨다.

"이방인의 길로도 가지 말고 사마리아인의 고을에도 들어가지 말고 오히려 이스라엘 집의 잃어버린 양에게로 가라"(마 10:5-6).

"나는 이스라엘 집의 잃어버린 양 외에는 다른 데로 보내심을 받지 아니하였노라"(마 15:24).

왜 이런 우회적인 방법으로 민족들에게 다가가셨을까? 그러나 하나님이 이렇게 하신 데는 이유가 있다.

모든 민족들에게로 방향을 돌리신 예수님

이스라엘이 하나님을 신뢰하고 고난당하는 메시야를 받아들이는 데 실패한 사실을 통해 민족들이 반드시 배워야 할 몇 가지 교훈이 있다. 예수님이 이 땅에 계실 때, 대부분의 유대인들은 그분을 메시야로 믿지 않았다

(마 21:39; 막 15:11-13, 6:36, 8:45, 12:37). 유대인들이 고대한 것은 고난당하는 종이 아니었다. 예수님은 이러한 유대인들의 실패를 질책하셨다. "미련하고 선지자들이 말한 모든 것을 마음에 더디 믿는 자들이여, 그리스도가 이런 고난을 받고 자기의 영광에 들어가야 할 것이 아니냐?"(눅 24:25-26).

하나님은 그분의 아들 메시야가 영광에 들어가기 전에 고난당하게 하셨다. 뿐만 아니라 하나님은 모든 과정에서 이것을 구원의 문을 민족들에게 여는 방법이 되게 하려 하셨다. 예수님이 아셨고 사랑하셨던 유대 성경이 예언하는 바는 분명했다. 하나님의 아들이 언젠가 민족들을 유업으로 받으리라는 것이었다. 시편 2편에서, 하나님은 예루살렘에 자신의 아들을 왕으로 세우시리라고 말씀하셨는데, 그 아들이 이렇게 말씀하신다. "내가 여호와의 명령을 전하노라. 여호와께서 내게 이르시되, 너는 내 아들이라. 오늘 내가 너를 낳았도다. 내게 구하라. 내가 이방 나라를 네 유업으로 주리니 네 소유가 땅 끝까지 이르리로다"(시 2:7-8).

성경에는 어느 날 모든 민족이 참하나님 앞에 경배하고 그분을 예배할 것이며, 그분의 종(아들)께서 민족들의 빛이 되시리라는 약속이 계속 나타난다. "땅의 모든 끝이 여호와를 기억하고 돌아오며 모든 나라의 모든 족속이 주의 앞에 예배하리니 …… 내가 또 너를 이방의 빛으로 삼아 나의 구원을 베풀어서 땅 끝까지 이르게 하리라"(시 22:27; 사 49:6; 참조. 창 49:10; 신 32:43; 시 66:4, 67:3-4, 68:32, 72:8, 56:9, 97:1, 138:4-5; 사 11:10, 42:10-12, 35:22, 49:12; 렘 16:19; 단 7:14; 미 4:1-4).

예수님은 세상의 빛으로 오셨을 때 이스라엘에 초점을 맞추셨다. 하지만 그분은 고난을 통해 자신이 도래시킬 나라는 모든 민족들에게 복이 되며, 이스라엘은 어떤 이유에서 옆으로 밀려나리라는 것을 분명히 하기 시작하셨다. 예를 들면, 예수님은 이방인 백부장은 그분을 믿은 반면에 유대 지도자들은 믿지 않을 때 이렇게 말씀하셨다. "또 너희에게 이르노니, 동서로부터 많은 사람이 이르러 아브라함과 이삭과 야곱과 함께 천국에 앉으려니와 그 나라의 본 자손들은 바깥 어두운 데 쫓겨나 거기서 울며 이를 갈게 되리라"(마 8:11-12).

이 말씀의 의미는 분명하다. 그 나라의 본 상속자들 이스라엘은 불신앙 때문에 그 나라의 축복을 상속하지 못하겠으나 이방인들, 즉 동서에서 온 사람들은 그 나라에 들어갈 것이다. 이방인들, 즉 민족들이 이스라엘의 축복을 상속할 것이다. 예수님은 나사렛 고향에서 하셨던 첫 설교에서 이것을 상징적으로 말씀하셨다. "엘리야 시대에 하늘이 삼 년 육 개월 간 닫히어 온 땅에 큰 흉년이 들었을 때에 이스라엘에 많은 과부가 있었으되 엘리야가 그 중 한 사람에게도 보내심을 받지 않고 오직 시돈 땅에 있는 사렙다의 한 과부에게 뿐이었으며, 또 선지자 엘리사 때에 이스라엘에 많은 나병환자가 있었으되 그 중의 한 사람도 깨끗함을 얻지 못하고 오직 수리아 사람 나아만뿐이었느니라"(눅 4:25-27).

예수님의 고향 마을에 사는 유대인들의 반응은 어떠했는가? "회당에 있는 자들이 이것을 듣고 다 크게 화가 나서"(눅 4:28).

이방인의 때

들을 귀가 있는 자들에게는 예수님이 유대인뿐 아니라 모든 민족을 구원하러 오셨다는 게 점점 더 분명해졌다. 예를 들면, 예수님은 제자들에게 이렇게 말씀하셨다. "또 너희가 나로 말미암아 총독들과 임금들 앞에 끌려가리니 이는 그들과 이방인들 즉, 민족들에게 증거가 되게 하려 하심이라"(마 10:18).

예수님은 성전에서 환전상들을 쫓아내시면서 이렇게 말씀하셨다. "기록된 바, 내 집은 만민이 기도하는 집이라 칭함을 받으리라고 하지 아니하였느냐?"(막 11:17).

예수님은 마지막 심판 때 자신이 "모든 민족을 그 앞에 모으고 각각 구분하기를 목자가 양과 염소를 구분하는 것같이 하실" 것이며(마 25:32), 유대인이냐 아니냐가 아니라, 사람들이 그분의 사자들이 하는 사역 가운데서 그분과 어떤 관계에 있었느냐가 심판의 기준이 되리라고 말씀하셨다. 하나님의 심판이 예루살렘에 임할 것이며 "예루살렘은 이방인의 때가 차기까지 이방인들에게 밟히리라"고 말씀하셨다(눅 21:24).

이스라엘을 건너뛰어 이방인들에게 복음이 전파되는 때가 있을 것이며, 그 후에 이스라엘이 "찬송하리로다 주의 이름으로 오시는 이여"라고 고백할 때가 올 것이다(마 23:39).

이 기간, 즉 이방인의 때에 예수님의 주권적 약속이 굳게 선다. "이 천국 복음이 모든 민족에게 증언되기 위하여 온 세상에 전파되리니 그제야 끝이 오리라"(마 24:14).

여기에 아마도와 같은 말은 없다. 예수님이 제자들에게 주시는 사명, 가서 모든 민족을 제자로 삼으라는 사명이 이루어질 것이다.

"내가 …… 내 교회를 세우리니"(마 16:18).

"이 우리에 들지 아니한 다른 양들이 내게 있어 내가 인도하여야 할 터이니 그들도 내 음성을 듣고 한 무리가 되어 한 목자에게 있으리라"(요 10:16).

"이같이 그리스도가 고난을 받고 제삼일에 죽은 자 가운데서 살아날 것과 또 그의 이름으로 죄 사함을 받게 하는 회개가 예루살렘에서 시작하여 모든 족속에게 전파될 것이 기록되었으니 따라서 파기될 수 없으니"(눅 24:46).

모든 민족을 제자로 삼는 사명은 완수될 것이다.

아브라함의 축복은 민족들을 위한 것이다

하나님이 구속 사역의 초점을 오랫동안 이스라엘에게 맞추셨다 하더라도, 그 모든 것은 민족들을 향한 전 세계적 사명을 위한 준비였다. 아브라함에게 주신 첫 번째 약속에 이런 내용이 담겨 있다. "여호와께서 아브람에게 이르시되, 너는 너의 고향과 친척과 아버지의 집을 떠나 내가 네게 보여 줄 땅으로 가라. …… 너를 축복하는 자에게는 내가 복을 내리고 너를 저주하는 자에게는 내가 저주하리니 땅의 모든 족속이 너로 말미암아 복을 얻을 것이라 하신지라"(창 12:1-3).

이 약속은 "너희는 가서 모든 민족을 제자로 삼으라"는 예수님의 명령에서 실현되고 있다. 민족들이 예수님의 제자가 될 때, 이들은 이스라엘의 메시야를 받아들인다. 그리고 이들이 이스라엘의 메시야를 받아들일 때, 아브라함의 하나님을 받아들인다. 이들이 아브라함의 하나님을 받아들일 때, 하나님이 이스라엘에게 주신 모든 약속의 상속자가 된다. 이것이 예수님이 마태복음 21장 43절에서 "그러므로 내가 너희에게 이르노니 하나님의 나라를 너희이스라엘는 빼앗기고 그 나라의 열매 맺는 백성이 받으리라"고 하셨을 때 의미하신 것이다. 이러한 새로운 '백성'은 모든 민족들로부터 모이는 교회다.

나를 대신해서 세계를 향해 명령하라

예수님의 마지막 명령이다. 예수님은 전 세계 모든 인종을 향해 권리를 주장하신다. 그분은 어느 한 부족의 신이 아니다. 그분은 우주의 주Lord다. 어느 날 모든 무릎이 자의든 타의든 간에 그분 앞에 꿇을 것이다(마 25:31-32). 모든 심판권이 그분에게 주어진다(요 5:22). 그분이 제자들에게 명령하시는 것은 "내가 너희에게 분부한 모든 것"을 가지고 민족들에게로 나아가라는 것이다. "그러므로 너희는 가서 모든 민족을 제자로 삼아¹ …… 내가 너희에게 분부한 모든 것을 가르쳐 지키게 하라"(마 28:19-20).

그분의 명령은 내가 이 책에서 제시하려 했던 모든 것을 민족들에게 전하라는 것이다. 제자를 삼는다는 것은 단지 사람들이 신앙을 고백하는 게 아니라, 그들이 "내가 너희에게 분부한 모든 것을 지키게" 한다는 뜻이다.

기도와 말씀과 고난으로

성공은 확실히 보장된다(마 24:14). 예수님께서 이 일이 이뤄지는 것을 눈여겨보신다. 우리 손으로 이 일을 하는 게 아니다. 고난 속에서도 기도와 말씀으로 다른 사람들을 위해 이 일을 한다. 예수님은 "추수할 것은 많되 일꾼이 적으니 그러므로 추수하는 주인에게 청하여 추수할 일꾼들을 보내 주소서 하라"고 말씀하셨다(눅 10:2). 우리는 하나님이 그분이 하시겠다고 약속하신 것을 하시도록 열심히 기도해야 한다. 약속이 있다고 기도가 필요 없는 것은 아니다. 약속은 응답을 보장한다. 그런 다음에는 입을 열어 예수님의 진리를 모든 민족에게 전해야 한다.

"내가 너희에게 어두운 데서 이르는 것을 광명한 데서 말하며 너희가 귓속말로 듣는 것을 집 위에서 전파하라"(마 10:27).

"길과 산울타리 가로 나가서 사람을 강권하여 데려다가 내 집을 채우라"(눅 14:23).

"내가 너희에게 이르노니, 이와 같이 죄인 한 사람이 회개하면 하늘에서는 회개할 것 없는 의인 아흔아홉으로 말미암아 기뻐하는 것보다 더하리라"(눅 15:7).

예수님은 부끄러워하지 말라고 하시면서 그 이유를 이렇게 말씀하셨다. "누구든지 사람 앞에서 나를 시인하면 나도 하늘에 계신 내 아버지 앞에서 그를 시인할 것이요, 누구든지 사람 앞에서 나를 부인하면 나도 하늘에 계신 내 아버지 앞에서 그를 부인하리라"(눅 10:32-33).

마지막으로, 기도하고 전할 때마다 고난 받을 준비가 되어 있어야 한다. "아버지께서 나를 보내신 것같이 나도 너희를 보내노라"(요 20:21).

예수님은 고난 받기 위해 보냄을 받으셨다. 희생적인 사랑으로 자기 십자가를 지고 갈보리 언덕 길을 오르면서 예수님을 따르지 않고는 모든 민족을 제자로 삼을 수 없을 것이다(막 8:34). 이것이 세상이 가장 분명하게 볼 수 있는 예수님의 빛이기 때문이다명령 48.

그분은 그럴 가치가 있다

예수님은 우리를 편한 삶이나 쉬운 사명으로 부르지 않으신다. "이 모든 일 전에 내 이름으로 말미암아 너희에게 손을 대어 박해하며 회당과 옥에 넘겨주며 임금들과 집권자들 앞에 끌어가려니와 이 일이 도리어 너희에게 증거가 되리라"(눅 21:12-13).

헛된 고난이란 없다. 단기적으로는 예수님의 실체를 말하고 보여 주는 기회가 될 것이다. 장기적으로는 우리를 영생으로 인도할 것이다. "누구든지 자기 목숨을 구원하고자 하면 잃을 것이요 누구든지 나와 복음을 위하여 자기 목숨을 잃으면 구원하리라"(막 8:35).

예수님의 사명이 나날이 진전되도록 고난을 받을 때마다 상급 또한 커진다. "나로 말미암아 너희를 욕하고 박해하고 거짓으로 너희를 거슬러 모든 악한 말을 할 때에는 너희에게 복이 있나니 기뻐하고 즐거워하라. 하늘에서 너희의 상이 큼이라. 너희 전에 있던 선지자들도 이같이 박해하였느니라"(마 5:11-12).

이 상급은 무한히 영광스러운 예수님을 영원히 즐거워하는 것이다.

부록   What JESUS DEMANDS from the WORLD

: 성경학자들에게
(그리고 자신이 뭘 하고 있는지 궁금한 사람들에게)

대부분의 신약 학자들은 이렇게들 말할 것이다. "세상에, 파이퍼 목사는 역사적 예수에 대한 200년간의 비평적 연구를 깡그리 무시한다며!"

당연한 반응이다. 다만 옳은 반응은 아니라고 말해 두고 싶다. '무시'라는 단어가 적절하지 않기 때문이다. 파이퍼 목사는 이러한 연구가 맺은 대부분의 열매가 예수님이 세상에서 이루시려 하는 것을 이루는 데 있어 믿을 수도 없고, 쓸모도 없다고 평가한다고 말하는 게 더 정확할 것이다.

역사적 예수 연구의 열매는 무엇인가?

이 부분에 대해서는 1931년 에드윈 호스킨스Edwyn Hoskyns와 노엘 데비 Noel Davey가 "신약 비평의 '확실한 결과'가 전혀 없다"[1]고 쓴 뒤 거의 변한 게 없다. 역사적 예수 연구와 관련시켜 볼 때, 이것은 예수님에 대해 확실히 말할 수 있는 내용이 전혀 없다는 뜻이 아니라 4복음서의 배후를 캐려는 노력은 예수님에 관한 믿을 만한 묘사라 할 수 있는 섬이라고는 없는 사색의 바다에 뛰어드는 짓이라는 뜻이다.²

학자들은 역사적 예수 연구에는 세 가지가 있다고 말한다. 첫 번째 연구는 스피노자Benedict Spinoza, 1632-1677까지 거슬러 올라가며, 헤르만 라이마루스Hrmann Reimarus, 1694-1768, 다비드 프리드리히 스트라우스David Friedrich Strauss, 1808-1874, 빌리암 브레데William Wrede, 1859-1906, 그리고 그 외에 여러 사람을 통해 이뤄졌다.

두 번째 연구는 1935년 루돌프 불트만Rudolf Bultmann의 제자 에른스트 캐제만Ernst Kasemann에게서 시작되었다. 두 사람은 독일 신학계의 거장으로, 귄터 보른캄Gunther Bornkamm과 함께 세 사람은 비평사critical history의 수호자들이었다.

결국 독일에서는 복음서가 제시하는 예수님에 관한 통일된 묘사 배후의 역사적 예수를 재구성하려는 역사적 노력에 대한 환멸이 커져 갔다. 나는 학문적으로 부정직해 보이는 것을 꽤 많이 찾아냈다. 학문적 논문들이 시작 부분에서는 '어쩌면'perhaps, '아마도' probably, '혹은' possibly 또는 이와 비슷한 부사를 적절하게 사용하곤 했지만, 끝부분에서는 믿을 만하고 유용한 것을 찾아냈다는 확신을 표현했다.내가 보기에는 이런 확신이 어디선지도 모르게 불쑥 나타난 것 같았다. 거대한 지성들이 대단한 학문적 기교를 동원해 카드로 집을 짓는 것이나 다름없었다. 그리고 카드로 만든 집은 세월과 함께 계속해서 무너져 내리고 있다.

아돌프 슈래터Adolf Schlatter는 자신이 생각하는 이상적 학문die Wissenschaft을 이렇게 정의했다.

가능한 한 추측conjectures으로부터 자유하려 한다. 따라서 추측을 뒤집을 생각 또한 없다. 내게 추측은 결실이 풍성한 비즈니스가 아니다. 왜냐하면 추측은 더 많은 추측에 의해 뒤집어지는 게 아니기 때문이다. 관찰observation이 추측보다 더 많은 결실을 준다는 것을 알 때 추측이 사라진다. …… 비센샤프트 Wissenschaft, 학문는 보이지 않는 것을 상상하려는 시도가 아니라, 존재하는 것das Vorhadenen에 대한 관찰이다. 어떤 사람은 여기에 반대하면서 관찰이 어렵고 힘든 일일 때 추측은 자극과 즐거움을 준다고 말할 것이다. 맞는 말이다. 놀이가 일보다 쉽다. 그러나 복음을 장난감으로 삼는다면 복음을 오해하게 된다.[3]

역사적 예수에 대한 세 번째 연구는 "1980년대 초에 시작되었으며, 몇몇 새로운 고고학 자료와 사본 자료, 정교해진 몇몇 새로운 방법론, 역사적 연구가 막다른 골목에 이를 필요가 없다는 새로운 열정을 통해 촉진되었다."[4] 이 연구는 지금도 진행 중인데, 지금 어떻게 진행되고 있는지 개략적으로 알 수 있는 자료가 있다.[5]

벤 위더링턴Ben Witherington은 이렇게 말한다. "우리가 여기서 살펴본 거의 모든 연구역사적 예수에 대한 세 번째 연구에서 두드러지는 특징은 바로 뭔가 새롭고 신선한 것을 말하고 싶어 한다는 것이다. 또한 그 바람은 때로 개연적인 것보다 새로운 것을 선호할 만큼 극단적이다."[6] 나는 지금 일어나는 현상을 이렇게 평가한다. 역사적 예수에 대한 현재의 재구성은 복음서의 묘사에서 멀어지는 그만큼 지난날 여러 연구가 그랬듯이 모두 잊힐 것이다.

여기에는 몇 가지 이유가 있다.

첫째, 4복음서에 나타나는 묘사의 배후를 캐려는 시도를 통해 재구성된 예수님에 대한 묘사 가운데 믿을 만하거나 일관된 것이 전혀 없다. 이런 상황은 절대 바뀌지 않을 것이다. 추측을 위해 가까이 있는 것 das Vorhandenen을 포기한다면, 학문scholarship을 학술 게임academic game으로 바꾸는 것이나 마찬가지다. 이 게임에 생명을 주는 데 필요한 것은 장난감이다. 그리고 시장市場이나 학술계에서는 세대마다 새로운 장난감을 요구한다는 것은 누구나 알고 있다. 장난감은 항구적일 수 없다. 비극은 이것들이 복음서에 뿌리를 두지 않는 사람들에게-그리고 환갑의 유익을 누리지 못한 사람들에게-큰 해를 끼친다는 것이다.

둘째, 4복음서가 제시하는 예수님에 대한 묘사는 학문에 의해 전복된 게 아니다. 전복이 일어난 것은 신약이 묘사하는 부분들을 제거해 버리는 공인되지 않은 진정성의 판단 기준이 만들어졌기 때문이다. 그러나 감사하게도, 하나님은 급진적 비평학자들에게 겁먹지 않으며 4복음서의 역사적 신빙성을 세우는 일을 끈기 있게 해 나가는 주의 깊고 충성스러운 학자들을 여러 세대에 걸쳐 세우셨다. 이들은 연구를 통해 복음서가 제시하는 예수님에 관한 묘사의 역사적 정당성을 겨냥한 공격이 설득력이 없음을 보여 준다.[7]

셋째, 복음서 배후의 예수에 대한 믿을 만하고 설득력 있는 묘사를 재구성하려는 시도는 망상일 뿐이다. 왜냐하면 이를 위해 사용한 방법은 문맥과는 무관하게 단편들을 제공하기 때문이다. 떠도는 말과 사건도 임의로 연결한다. 예수님의 실체가 아니라 학자의 머리가 재구성을 주도하기 때문이다.

넷째, 신약의 복음서가 제시하는 예수님에 대한 묘사는 교회와 세상을 장기적으로 빚어내는 유일한 묘사다. 왜냐하면 복음서의 묘사가 사람들이 볼 수 있는 유일한 묘사이기 때문이다. 학자들의 연구 논문은 10년이 못 되어 잊히지만, 반면에 복음서는 결코 사람들의 손에서 떠나지 않을 것이다. 이것이 하나님의 뜻이다.

나의 접근법

예수님의 명령 가운데 어느 것을 다룰 것인지 선택하는 과정이 매우 복잡했다. 복음서를 읽으면서 모든 명령을 다 찾아 일일이 기록했다. 암시적인 명령도 빼놓지 않았다예를 들면, "긍휼히 여기는 자는 복이 있나니"는 '긍휼히 여기라'는 것을 암시한다. 복음서에서 찾아낸 예수님의 명령은 여러 번 언급된 것까지 포함하면 5백 개가 넘었다. 그래서 다음 단계에서 신앙과 삶에 지속적으로 의미 있는 명령을 가려냈다. 예를 들어 "일어나 네 상을 가지고 집으로 가라"(막 2:11)와 같은 명령은 제외시켰다.

마지막은 분류 과정이었다. 여러 차례 분류 과정을 거친 후, 마침내 명령을 30개 가량의 범주로 나눌 수 있었다. 이렇게 분류된 그룹이 이 책의 뼈대를 형성했다. 어떤 장은 늘어나기도 했고, 어떤 장들은 둘이나 셋으로 나뉘기도 했다. 그리고 모든 명령을 다 다룬 것은 아니다. 다만 바라기는, 내가 다루지 않는 명령들까지 이해하는 데도 도움이 될 만큼 충분한 범주와 구체적인 명령이 다뤄졌으면 하는 것이다.

복음서의 예수님이 가장 급진적이다

복음서 배후를 파고들어가 역사적 예수를 재구성하려는 시도가 지속되지 못할 뿐 아니라 교회를 장기적으로 빚지 못하는 마지막 이유는, 가장 급진적인 예수님은 복음서가 그려 내는 예수님이기 때문이다. 그러므로 그토록 많은 성경학자들이 복음서 배후의 예수를 거듭 재구성하는 이유는, 예수를 예측할 수 있고 타협적인 방식들로 이 세상에 끼어 맞추려는 교회의 고착화된 전통들에서 그를 해방하고 싶은 마음에서다. 의도는 좋다. 그러나 이러한 접근은 의도와는 정반대 결과를 초래한다. 교회가 복음서의 예수를 불신하고 인간이 만들어 낸 새로운 그리스도를 늘 찾도록 훈련받는 만큼, 진정한 예수의 모습은 희미해지고 자신을 묶는 비성경적 전통에서 자신을 자유하게 하는 그분의 능력은 무디어진다.

　루크 존슨Luke Timothy Johnson은 이에 관한 핵심을 잘 짚어 표현했다. 교회와 세상이 정말 필요로 하는 것은 복음서의 '진정한 예수'다. 존슨의 말은 "성경학자들에게"라는 본 장의 결론과도 매우 적합하며, 「예수님의 지상명령」을 위한 도약대다.

교회는 의기양양하게 행동하는가 아니면 거만하게 자기 사람들을 다루는가? 교회는 인간의 필요와 열망을 억압하는 기관인가? 교회는 조급함과 편협함을 조장하는가? 교회는 성공의 복음을 선포하고 예수를 더 나은 비즈니스 파트너로 제시하는가? 교회는 세상의 선을 무시하면서 번영의 정신을 독려하거나 세상의 필요를 무시하면서 개인주의적 영성을 독려하는가? 교회 지도자들이 타락하고 고압적이지는 않는가? 이러한 기독교의 왜곡을 가장 거칠게 비판하고 가장 철저히 배격하는 것은 신약이 보여 주는 예수, 다른 사람들을 위해 자신을 비우셨고 제자들에게도 그렇게 하라고 명하신 바로 그 예수다.
아시시의 성 프란시스Saint Francis of Assisi가 힘 있고 움켜쥐는 교회가 아니라 가난하고 나눠 주는 교회가 되어야 한다고 외치면서 호소했던 예수는, 역사적 예수가 아니라 복음서의 예수였다. 왜 이러한 예수가 종교적 진리와 신학적 통일성과 정직한 역사를 선포하는 자들에게도 '진정한 예수'가 아닌지 의아하지 않을 수 없다.[8]

각주   What JESUS DEMANDS from the WORLD

서문

1) 특히 '명령 47'을 보라.
2) 복음서에 나타난 예수님의 칭호에 대한 유익한 개괄을 원한다면 Craig L. Blomberg가 쓴 *Jesus and the Gospel* (Nashville: Broadman & Holman, 1997), 401-412를 보라.
3) 예수님의 사역에 나타난 하나님의 나라에 대해 자세히 다룬 저서를 읽고 싶다면 George Ladd의 *The Presence of the Future* (Grand Rapids, Mich.: Eerdmans, 1974)를 보라.
4) 이 책의 마지막 두 장에서는 이 구절이 세상에 대해 갖는 의미를 살펴보고 '모든 민족'이라는 말의 의미를 설명하도록 하겠다.
5) 내가 예수님의 명령들을 어떤 기준으로 선택해서 이 책에 포함시켰는지 434쪽을 보라.
6) Augustine, *Confession*, trans. R. s. Pine-Coffin (New York: Penguin, 1961), 40(X,xxix).

명령 2

1) 예를 들면, meta는 *metabainō*(한 곳에서 다른 곳으로 옮기거나 바꾸다), *metaballō*(사고방식을 바꾸다), *metagō*(한 곳으로 다른 곳으로 인도하거나 이동하다), *metatatithēmi*(

한 곳에서 다른 곳으로 나르다, 다른 곳에 두다, 옮기다), *metamorphoō*(다른 사람들에게 보이는 방식으로 바꾸다, 변형되다), *metastrephō*(상태나 여건을 바꾸다, 변경하다), *metaschematizō*(어떤 것의 형태를 바꾸다, 변형하다) 등에서처럼 접두어로 사용된다.

명령 5

1) 신약에 나타난 감정(emotions)에 대한 가장 자세한 연구서로는 Matthew Elliott의 *Faithful feelings: Emotion in the New Testament*(Leicester, England: Inter-Varsity Press, 2005)가 있다. 그는 이렇게 썼다. "그리스도인의 본질 가운데 한 부분은 스스로 어떻게 느끼느냐는 것이다. 조나단 에드워드(Jonathan Edwards), 칼빈(Calvin), 어거스틴(Augustine, 아우구스티누스) 등이 강조한 신자의 삶에서 감정이 하는 역할에 대해 내놓은 통찰을 살펴보아야 한다. 조금만 노력하면 하나님 나라 구성원들의 감정적 특징들을 분명히 알 수 있다. 이들은 하나님과 서로를 사랑하며, 예수님이 과거에 하신 일과 미래에 하실 일을 기뻐한다. 또한 하나님이 승리하시리라는 안전한 소망이 있다. 죄와 불의에 분노하며 하나님을 갈망한다. 고통당하는 자들의 슬픔을 자신의 슬픔으로 받아들이며 죄에 대해 마음 아파한다. 그러나 감정을 진정한 신앙의 표시로 강조하지 않는 우리의 신학은 이러한 감정 생활에 거의 주목하지 않는다. 그리스도인들은 하나님 나라의 윤리에 따라 살아야 할 뿐 아니라 하나님 나라의 태도와 감정도 느껴야 한다. 이것이 신약에 매우 분명하게 나타나는 그림의 일부다. 이러한 감정들은 좋은 신학의 결과며 믿음의 필수 요소다"(263-264).

명령 7

1) 다음 책에서 이것을 설명하고 이것이 실제 생활에서 어떻게 작용하는지 실제적인 예를 많이 제시했다. *The Purifying Power of Living by Faith in FUTURE GRACE*(Sisters, Ore.: Multnomah, 1995)

2) 몇몇 성경 주석들은 예수님이 그분의 백성을 자신 안에 확실히 거하게 하심으로써 그들을 지키신다는 데 동의하지 않는다. 이들은 요한복음 15장 1-2, 6절을 제시하는데, 충분히 이해할 수 있는 일이다. "나는 참포도나무요 내 아버지는 농부라. 무릇 내게 붙어 있어 열매를 맺지 아니하는 가지는 아버지께서 그것을 제거해 버리시고 무릇 열매를 맺는 가지는 더 열매를 맺게 하려 하여 그것을 깨끗하게 하시느니라. …… 사람이 내 안에 거하지 아니하면 가지처럼 밖에 버려져 마르나니 사람들이 그것을 모아다가 불에 던져 사르느니라." 우리가 생명을 주는 포도나무에 진정으로

붙어 있지만 나중에 '떨어져'(taken away) '불에 던져질' 수 있다는 뜻인가? 그렇지 않다. 앞에서 제시한 세 가지 이유 때문이다. 예수님이 의미하시는 것은, 참으로 포도나무에 붙어 있는 것처럼 보이지만 사실은 그렇지 않은 자들이 있다는 것이다. 붙어 있기는 하지만, 생명을 주는 그런 접붙임은 아니다. 예수님의 사역에 나타나는 유다가 가장 분명한 예다. 그는 예수님에게 3년 동안 '붙어 있었다.' 예수님으로부터 영향을 받았으며 또한 복도 많이 받았다. 그러나 그는 생명을 주는 방식으로 붙어 있지는 않았다. 결국 그는 '떨어졌다.' 한동안 진짜 같아 보였으나 사실은 그게 아니었던 인위적인 접붙임에서 떨어진 것이다.

명령 8

1) 세속의 일터에서 예수님께 순종하는 게 어떻게 보이는가에 관해 좀 더 알고 싶다면 John Piper의 *Don't Waste Your Life*(Wheaton, Ill.: Crossway Books, 2003), 13-154에서 "Making Much of Christian from 8 to 5"라는 장을 보라. 「삶을 낭비하지 말라」, 전광규 옮김(성서유니온, 2004)

명령 9

1) '마음'(heart)과 '뜻'(mind)에 관해서는 4복음서에서 '뜻'(διάνοια)이 "뜻을 다하여"(with all your mind, ἐνόλη τῇ διανοίᾳ σου) 하나님을 사랑하라는 명령 외에 사용된 곳은 누가복음 1장 51절뿐이라는 것을 고려하라. 이 단어는 '생각'(thoughts)으로 번역되며, 우연하게도 '마음'(heart)에 자리한다. "그의 팔로 힘을 보이사 마음의 생각(διάνοια)이 교만한 자들을 흩으셨고." 그러므로 '뜻'(mind)과 '마음'(heart)이 언제나 구분되는 것은 아니다. '마음'(heart)과 '목숨'(soul)에 관해서는 예수님이 "몸은 죽여도 영혼(soul)은 능히 죽이지 못하는 자들을 두려워하지 말고 오직 몸과 영혼을 능히 지옥에 멸하실 수 있는 이를 두려워하라"고 하셨다는 것을 고려하라(마 10:28). 이것은 '목숨'(soul, 또는 영혼)이 생명의 충만이거나 몸과는 구분되는 인성(personhood)이라는 것을 암시한다. 그러므로 '목숨'(soul)은 '마음'(heart) 그 이상이지만 마음을 포함할 것이다.

2) "네 마음을 다하고, 목숨을 다하고, 뜻을 다하고, 힘을 다하여"(with all your heart and with all your soul and with all your mind and with all your strength) 하나님을 사랑하라는 명령에서 영어에서 'with'로 번역한 헬라어 전치사들은 복음서에서 이 명령이 사용될 때마다 다르다. 세 복음서 모두 신명기 6장 5절을 인용하고 있는데,

신명기에서 사용되는 전치사는 בְּ(베)이다(בְּכָל־לְבָבְךָ וּבְכָל־נַפְשְׁךָ וּבְכָל־מְאֹדֶךָ). 그러나 마태복음 22장 37절은 각각의 전치사 ἐν을 넣어 번역한다(ἀγαπήσεις κύριον τὸν θεόν σου ἐν ὅλῃ τῇ καρδίᾳ σου καὶ ἐν ὅλῃ τῇ ψυχῇ σου καὶ ἐν ὅλῃ τῇ διανοίᾳ σου). 마가복음 12장 30절은 각각의 전치사 ἐξ를 넣어 번역한다(ἀγαπήσεις κύριόν τὸν θεόν σου ἐξ ὅλης τῆς καρδίας σου καὶ ἐξ ὅλης τῇ ψυχῇ σου καὶ ἐξ ὅλης τῆς διανοίας σου καὶ ἐξ ὅλης τῆς ἰσχύος σου). 이 때문에 나는 ἐν(엔)과 ἐξ(엑스)를 히브리어 בְּ(베)와 동일한 도구적 의미를 표현하는 두 개의 방식으로 보고 싶다. 바꾸어 말하자면, 둘 다 다소간 'by'(~에 의해)를 의미한다. 마음(heart)과 목숨(soul)과 뜻(mind)과 힘(strength)은 이것에 의해(by) 우리가 하나님을 향한 사랑을 표현하는 도구다. 이러한 해석과는 조금 다른 해석이 제시되기도 하는데, 이것은 누가가 신명기 6장 5절을 해석하는 특별한 방식 때문이다. 그는 '마음'(heart)에 대해서는 ἐξ(엑스)라는 전치사를 사용하지만 '목숨'(soul)과 '힘'(strength)과 '뜻'(mind)에 대해서는 ἐν(엔)이라는 전치사를 사용한다(ἀγαπήσεὶ κύριον τὸν θεόν σου ἐξ ὅλης (τῆς) καρδίας σου καὶ ἐν ὅλῃ τῇ ψυχῇ σου καὶ ἐν ὅλῃ τῇ ἰσχύϊ σου καὶ ἐν ὅλῃ τῇ διανοίᾳ σου, καὶ τὸν πλησίον σου ὡς σεαυτόν, 눅 10:27). 어떤 사람은 누가가 마음이 '근원'(source)인 반면에(그래서 ἐξ를 썼다) 목숨과 뜻과 힘은 이러한 사랑이 나타나는 영역들이라고 말하려 했다고 생각한다(그래서 ἐν을 썼다). 이것은 내가 강조하고 있는 것, 즉 하나님을 향한 사랑이 감정들의 가장 본질적인 문제이며, 정신적, 육체적으로 노력하는 삶의 행동에서 이차적으로 나타난다는 것과 일치한다.

3) 히브리어는 기쁨이나 즐거움을 두 단어로 나타낸다(שִׂמְחַת גִּילִי).
4) Saint Augustine, Confession, Book 10, Chapter XXIX.

명령 10

1) 나는 사람들이 이 부분에 관심을 갖게 하려고 「나의 기쁨 하나님의 영광」(The Dangerous Duty of Delight, 유정희 옮김, 생명의 말씀사)이라는 작은 책과 좀 더 깊이가 있고 좀 더 두꺼운 「여호와를 기뻐하라 : 한 기독교 희락주의자의 명상」(Desiring God : Meditations of a Christian Hedonist) 김기찬 옮김(생명의 말씀사)을 썼다.
2) C. S. Lewis, *The Weight of Glory and Others Addresses* (Grand Rapids, Mich.: Eerdmans, 1965), 2.
3) 같은 책, 1.

4) Jonathan Edwards, "The Pleasantness of Religion," in *The Sermons of Jonathan Edwards: A Reader*, ed. Wilson H. Kimnach, Kenneth, P. Minkeman, and Douglas A. Sweeney (New Heaven, Conn: Yale University Press, 1999), 23-24.

5) 같은 책, 같은 페이지. 앞 단락과 뒤 단락은 다음 책에 실린 나의 글 "A God-Entranced Vision of All Things: Why We Need Jonathan Edward 300 Years Later"에서 발췌한 것이다. *A God-Entranced Vision of All Things: The Legacy of Jonathan Edwards*, ed. John Piper and Justin Taylor(Wheaton, Ill.: Crossway Books, 2004), 29.

6) '충만하였노라' (complete, 헬. πεπλήρωται)라는 단어는 요한복음 15:11(πληρόω), 16:24(πληρωθη), 17:13(πεπληρωμένη)에 사용된 동일한 헬라어 단어 (πεπληρωμένην)를 번역한 것이다. 요한복음 3:29과 16:24은 이 기쁨을 예수님의 현존(presence, 예수님과 함께 있는 것-역주)에 두기 때문에 우리는 나머지 둘도 동일한 것을 가리킬 가능성이 매우 높다고 생각할 수 있을 것이다.

7) "Sacrament Sermon on Canticle 5:1"이라는 제목의 출판되지 않은 설교(1729년경)에서 인용했다. edited version by Kenneth Minkema in association with *The Works of Jonathan Edwards*, Yale University.

8) Jonathan Edwards, "The Spiritual Blessings of the Gospel Represented by a Feast," in Sermon and Discourses, 1723-1729, ed. Kenneth Minkema, in *The Works of Jonathan Edwards*, Vol. 14 (New Heaven, Conn.: Yale University Press, 1997), 286. 앞의 두 단락은 "A God-Entranced Vision of All Things," 27-28에서 발췌한 것이다.

명령 12

1) 이 단락은 John Piper의 *Desiring God: Meditations of a Christian Hedonist*, 개정 증보판(Sisters, Ore.: Multnomah, 2003), 82에서 발췌한 것이다. 「여호와를 기뻐하라 : 한 기독교 희락주의자의 명상」, 김기찬 옮김(생명의 말씀사, 1998).

2) 이러한 말에 대한 보다 자세한 변호와 이것이 우리의 감정이 안정적이지 못하며 때로는 고조되고 때로는 저하된다는 사실과 어떻게 일치하는지에 대해서는 *Desiring God*의 3장 "Worship: The Feast of Christian Hedonism"을 보라. 「여호와를 기뻐하라」, 김기찬 옮김(생명의 말씀사, 1998).

3) 마태복음 6장 24절에서 '섬기다'로 번역된 단어(δουλεύω)와 마태복음 4장 10절에서 '섬기다'로 번역한 단어(λατρεύω)는 같은 게 아니다. 후자는 대개 성전에서 이뤄지는 종교 행위를 가리킨다. 전자는 대개 종이 주인을 위해 하는 일을 가리킨다. 나의 요점은 다름 아닌 예수님의 새로운 상황이 '종'의 섬김도 새로운 방식의 예배임을 분명히 한다는 것이다.

명령 13

1) 기도는 단지 구하는 것(asking)일 뿐 감사하고 찬양하고 고백하는 것이 아니다. 그러나 본 장에서는 간구로서의 기도에 초점을 맞출 것이다. 예수님은 기도를 말씀하실 때 무엇보다 간구를 강조하시기 때문이다.

2) "무엇이든지 기도하고 구하는 것은 받은 줄로 믿으라. 그리하면 너희에게 그대로 되리라"는 마가복음 11장 24절에도 약속에 대한 암시적인 조건이 있다. 바로 다음 절은 이렇게 말한다. "서서 기도할 때에 아무에게나 혐의가 있거든 용서하라. 그리하여야 하늘에 계신 너희 아버지께서도 너희 허물을 사하여 주시리라"(막 11:25). 우리가 용서를 구하고 용서를 받았다고 믿는다 하더라도, 우리에게 죄지은 자를 용서하지 않으면 우리는 용서 받은 게 아니다. 이 약속은 언뜻 들리는 것처럼 무제한적이지 않다. 도덕적인 제한이 있는 것이다. 우리가 생각하는 대로 하나님을 조종할 수는 없다. "내 말이 너희 안에 거하면 무엇이든지 원하는 대로 구하라. 그리하면 이루리라"는(요 15:7) 예수님이 말씀하시는 조건이다. 예수님의 말씀이 우리 기도의 태도와 내용을 결정한다.

명령 14

1) 예수님은 자신이 왕이라고 주장하시지만 사람들이 생각하는 그런 왕은 아니셨다. "내 나라는 이 세상에 속한 것이 아니니라. 만일 내 나라가 이 세상에 속한 것이었더라면 내 종들이 싸워 나로 유대인들에게 넘겨지지 않게 하였으리라. 이제 내 나라는 여기에 속한 것이 아니니라"(요 18:36). 마태복음 25장 31, 34절과 요한복음 12장 14-15절도 보라.

2) Karolina Wilhelmina Sandell-Berg, *Day by Day*.

명령 15

1) 어떤 영어 번역들에서는 이 중요한 단어가 빠져 있다. 빼는 것이 사고의 흐름에 도움

이 된다고 생각하기 때문이다. 예를 들면, NIV는 'for' (γάρ)라는 중요한 단어를 뺐다. 그러나 헬라어 원문에는 있으며, 중요하다.

2) *Journal and Letters of Henry Martyn* (New York: Protestant Episcopal Society for the Promotion of Evangelical Knowledge, 1851), 460. 영어 원판은 1837년 런던에서 출판되었으며, 브리스톤의 교구목사인 S. Wilberforce가 편집했다.

명령 16

1) 이 단락은 John Piper의 *Desiring God: Meditations of a Christian Hedonist* (Sisters, Ore.: Multnomah, 2003), 302를 인용한 것이다. 「여호와를 기뻐하라」, 김기찬 옮김(생명의 말씀사, 1998).

명령 17

1) *Theological Dictionary of the New Testament,* ed. Gerhard Friedrich, Vol. VIII(Grand Rapids, Mich.: Eerdmans, 1972), 4-9의 ταπεινός(tapeinos)라는 항목을 보라. "(헬라와 히브리 세계에서) 사람들은 다른 사람들을 '착취하고'(exploit), '억압하고'(oppress), …… '낮추고'(humble), '짓누르고'(put down), …… '그들의 기를 꺾음으로써(breaking their spirit) 그들에게 굴욕을 준다(humiliate)' …… 자신을 낮춘다(humble)는 행위는 거부해야 한다."(4)

2) Ulrich Luz, *Matthew 8-20: A Commentary,* trans. James E. Crouch, ed. Helmut Koester, Hermenia (Minneapolis: Augsburg Fortress, 2001), 428.

3) Alexander McClaren, *The Gospel According to Matthew: Chapter XVII to XXVII* (London: Hodder and Stoughton, n.d.), 3.

4) G. K. Chesterton, Orthodoxy (Garden City, N.Y.: Doubleday and Co., 1957), 31-32. 「오소독시」, 윤미연 옮김(이끌리오, 2003).

5) 기독교 희락주의가 무엇을 가리키는지 더 자세히 알고 싶다면 John Piper의 *Desiring God: Meditations of a Christian Hedonist*(Sisters, Ore.: Multnomah, 2003)를 보라. 기독교 희락주의를 한마디로 말하자면 이렇다. 하나님 안에서 가장 만족할 때 하나님은 우리 안에서 가장 큰 영광을 받으신다. 그러므로 기독교 희락주의자는 예수 그리스도를 기뻐하는 것을 삶에서 가장 중요하게 추구하는 사람이다. 왜냐하면 그는 이러한 추구가 예수님이 우주에서 가장 영광스러운 실체임을 보여 주는 최선의 방법이라고 믿기 때문이다.

명령 18

1) 자기 의지로 하는 행위는 우리의 분노에 아무런 영향을 미치지 않는다는 뜻이 아니다. 화나게 하는 일을 스스로 붙잡고 있으면서 계속해서 화를 낼 수 있다. 반면에 우리를 향한 그리스도의 자비를 생각하며 분노를 누그러뜨리기로 마음먹을 수도 있다. 무엇이 옳은지 안다. 하지만 실제로 분노의 순간에 맞닥뜨리면 자기 의지를 통제하기가 그리 쉽지 않다는 것이다.

2) Jonathan Edwards, *Memoirs of Jonathan Edwards, A.M., in The Works of Jonathan Edwards*, ed. Edward Hickman, 2 vols. (Edinburgh: Banner of Truth, 1974), I:xxi.

3) 예를 들면, 예수님은 하나님이 세상의 모든 새를 먹이시고 모든 백합화를 입히시며(마 6:26-30), 그분의 뜻이 아니면 새 한 마리도 땅에 떨어지지 않으며(마 10:29), 그분은 우리의 머리털 하나도 다 세시며(마 10:30), 삶의 모든 적대 행위 가운데서도 우리의 머리털 하나도 상하지 않을 거라고 가르치셨다(눅 21:18). 바꾸어 말하자면, 하나님은 세상에서 일어나는 가장 작은 부분 하나까지도 완전히 알고 계시며, 그분의 진노와(요 3:36) 기쁨은(눅 15:7) 그분이 보는 것에 완벽히 비례하여 나타난다. 항상 불신앙과 회개가 동시에 일어나기 때문에, 하나님은 항상 동시에 서로 다른 감정으로 반응하실 수 있다.

명령 19

1) Walter Grundman, *Das Evangelium Nach Matth?us* (Berlin: Evangelische Verlagsansalts, 1968), 423.

2) 예수님의 비유의 핵심은 우리가 진정으로 하나님의 용서를 경험한 후 그 용서를 잃어버릴 수 있느냐라는 보다 큰 문제를 다루는 게 아니다. '명령 7'에서 보았듯이 예수님은 그분의 진정한 제자 가운데 어느 하나도 떨어지도록 놔두지 않으실 것이라고 가르치신다. 이 비유의 핵심은 하나님이 주시는 용서가 우리의 삶을 변화시켜 사람들을 용서하게 만들지 못한다면, 아무리 용서 받았다 한들 우리도 구원까지 이르지 못한다는 것이다.

3) 이것이 예수님이 시몬 베드로에게 다음과 같이 말씀하실 때 의미하신 것이다. "시몬아 네 생각은 어떠하냐? 세상 임금들이 누구에게 관세와 국세를 받느냐? 자기 아들에게냐 타인에게냐? 베드로가 이르되 타인에게니이다. 예수께서 이르시되 그렇다면 아들들은 세를 면하리라"(마 17:25, 26). 그런 후, 자유로운 아들들이(제자들이) 종이기

도 하다는 것을 보여 주기 위해 베드로에게 어쨌든 세를 내라고 말씀하셨다(마 17:27).

4) Martin Luther, "The Freedom of a Christian," *in Three Treatises*(Philadelphia: Fortress, 1960), 277.

명령 20

1) 누가가 바리새인과 세리의 비유를(눅 18:9-14) 하나님 나라를 어린아이처럼 받아들여야 한다는 것에 관한 이야기(눅 18:15-17), 그리고 자신의 순종을 완전하게 해 줄 한 가지, 즉 예수님이 부족한 부자 관원 이야기와(눅 18:18-23) 연결하는 것은 의미가 있다. 마치 경건치 못한 자들이 믿음으로 의롭다 함을 받는다는 진리를 이어지는 이야기에서 설명하고 있는 것 같다.

명령 21

1) 혼란스러울 수도 있겠지만, 선행의 열매가 심판 날에 어떤 역할을 하는지 묘사하기 위해 '의롭다고 하다'(justify)라는 단어를 사용할 수 있다. 열매는 우리가 신자이며, 예수님께 속했으며, 그분 안에서 하나님과 바른 관계에 있음을 증명한다는 의미에서 우리를 '의롭게 할'(justify) 수 있다. 나는 "네 말로 의롭다 함을 받고(justified) 네 말로 정죄함을 받으리라"는 마태복음 12장 37절을 이렇게 이해한다. 마치 재판관이 이렇게 말씀하시는 것 같다. "증거는 분명하다. 네 말이, 네가 내 아들을 믿는 진정한 신자이며, 네가 자신의 사건을 나의 아들에게 의탁했으며, 이 법정에서 네 송사가 받아들여지도록 나의 아들의 의를 의지했다는 판결이 옳다는 것을 보여 준다." 또는 "네 말이, 네가 이 법정에서 의롭다함을 받기 위해 예수 그리스도의 의를 의지했다는 결론이 옳다는 것을 증명한다(확인해 준다, 보증한다)."

2) George Ladd, *The Presence of the Future*(Grand Rapids, Mich.: Eerdmans, 1974), 285.

명령 22

1) 예수님이 부자에게 화를 선언하시고(눅 6:24) 가난한 자들에게 복을 선언하신다 하더라도(눅 6:20), 그분의 말씀은 단순히 재력이 있고 없음에 따라 복과 화를 결정한다는 뜻이 아니다. 우리가 이것을 아는 것은 그분이 무엇보다도 "화 있을진저 너희 지금 웃는 자여"(눅 6:25)라고 말씀하시고 "지금 우는 자는 복이 있나니"라고도 말씀하셨

기 때문이다. 바로 이 문맥에서 제자들이 기뻐해야 한다(눅 6:23). 그러므로 예수님은 우리가 여기서 절대적으로 보이는 그분의 진술에 조건을 붙일 거라고 생각하신다. 복이 있는 부자들과 가난한 자들은 예수님을 최고의 보화로 여기며, 따라서 예수님의 가치를 재물과 재물로 살 수 있는 것보다 더 높이는 데 자신의 부나 가난을 사용하려는 사람들이다. 또한 예수님은 단순히 경제적인 상태에 대해 화나 복을 선언하지 않으셨다. 왜냐하면 그분은 젊은 부자 관원에게 그의 모든 소유를 팔라고 명하셨지만(막 10:21), 자기 소유의 절반으로 구제한 삭개오를 칭찬하셨기 때문이다(눅 19:8-9). 그러나 이 모든 것에도 불구하고, 예수님이 부는 너무나 위험하고 가난은 너무나 복되다고 생각하신다는 게 중요하다. 그분은 단순히 전자에 화를, 후자에 복을 선언하신다.

명령 23

1) Martin Luther, "A Mighty Fortress Is Our God" (내 주는 강한 성이요, 찬송가 384장 2절).

명령 24

1) "하나님 나라의 신비는 그 나라가 종말론적으로 나타나기 이전에 역사 속으로 들어온다는 것이다. 간단히 말해 '완성만 남은 성취'(fulfillment without consummation)다. …… 이제 예수님의 존재(person)와 사역이라는 계시를 통해 주어진 새 진리는 다니엘서에서 미리 보여 주었듯이 종말론적 능력으로 최종적으로 도래할 그 나라가 사실은 사람들 속에서 은밀하게 일하기 위해 숨겨진 형태로 미리 세상 가운데 들어왔다는 것이다." George Ladd, *The Presence of the Future* (Grand Rapids, Mich.: Eerdmans, 1974), 222.

2) Martin Luther, "A Mighty Fortress Is Our God" (내 주는 강한 성이요).

3) '버리다'(fall away)라는 말은 회개와 회복에 따르는 두려움 때문에 그리스도에게서 잠시 떠나는 것을 가리킬 수 있다. 예를 들면, 마태복음 26장 31절에서 예수님은 제자들에게 "오늘 밤에 너희가 다 나를 버리리라(fall away) 기록된 바 내가 목자를 치리니 양의 떼가 흩어지리라 하였느니라"고 말씀하셨기 때문이다. 그러나 나는 여기서 이 용어를 보다 절대적인 의미로 사용하고 있다. 예수님의 참제자들은 궁극적으로 버리지 않을 것이다.

명령 25

1) Maimnides(1135-1204년)는 스페인 태생의 유대인 철학자이자 물리학자로, 가장 뛰어난 중세 유대 학자였을 것이다. 그는 오경(성경의 첫 다섯 권)의 율법 목록을 확실하게 제시했다. 오경의 계명이 613개라고 했는데, 이는 전통적인 숫자보다 두 개가 많은 것이었다. 왜냐하면 그는 "나는 …… 네 하나님 여호와니라"(출 20:2)와 "이스라엘아 들으라 우리 하나님 여호와는 오직 유일한 여호와이시니"와 같은 것을(신 6:4) 긍정적인 계명에 계산해 넣었기 때문이다. "그가 이렇게 계산한 것은 인간의 몸에는 248개의 지체가 있으므로 하나님의 긍정적인 명령을 '자신의 전체'를 통해 기억해야하기 때문이었으며, 일 년은 365일이므로 하나님의 명령을 불순종하지 말아야 한다는 것을 일 년 내내 기억해야 하기 때문이었다. Maimonides 시대 이후, 613이라는 숫자를 율법의 개수를 가리키는 전통적인 숫자로 받아들이고 있다. John Sailhamer, *The Pentateuch as Narrative* (Grand Rapids, Mich.: Zondervan, 1992), 481. 613개의 계명 모두가 Sailhamer의 책 481-516에 실려 있다. 「서술로서의 모세 오경」(상 · 하), 김동진 · 김진섭 옮김(새순출판사).

2) John R. W. Stott, *The Message of the Sermon on the Mount* (Leicester, England: Inter-Varsity, 1978), 75. 「예수님의 산상설교」, 김광택 옮김(생명의 말씀사). 하나님이 중심(마음)을 보신다는 말씀은 사무엘상 16장 7절을 인용한 것이다. 누가복음 16장 15절도 보라.

3) 이것은 바리새인들이 구원 받았다는 뜻이 아니다. 예수님은 이들이 회개하지 않으면 하나님 나라에서 쫓겨나리라고 예상하신다. 예수님은 마태복음 8장 11-12절에서 이렇게 말씀하신다. "또 너희에게 이르노니, 동서로부터 많은 사람이 이르러 아브라함과 이삭과 야곱과 함께 천국에 앉으려니와 그 나라의 본 자손들은 바깥 어두운 데 쫓겨나 거기서 울며 이를 갈게 되리라."

예수님이 의미하시는 것은 그분의 친족인 유대 민족이(이들의 지도자인 바리새인들과 큰아들로 대표되는) 특권을 누리고 있다는 것이다. 하나님은 이들에게 율법과 언약과 약속을 주셨으며, 친히 유대 메시야로서 이 땅에 오셨다. 말하자면 하나님 나라는 자연적인 유업으로서 유대 민족의 것이었다. 그러나 예수님의 사역은 이스라엘 가운데 많은 수가 이스라엘의 하나님을 사랑하지 않았으며, 자신들이 그 유업을 받을 자격이 없음을 입증하고 있었다.

큰아들은 기뻐하는 아들이 아니라 화난 종이기를 고집하는 한, 집 안에서 일어나고 있는 복을 받을 수 없을 것이다. 이것이 예수님이 마태복음 21장 43절에서 하신

불길한 말씀의 의미다. "그러므로 내가 너희에게 이르노니 하나님의 나라를 너희는 (예수님을 반대하는 유대 지도자들은) 빼앗기고 그 나라의 열매 맺는 백성이(예수님을 믿고 사랑의 갈보리 길에서 그분을 따르는 유대인들과 이방인들이) 받으리라."

4) 요한복음 5장은 바리새인들을 명확하게 언급하지는 않는다. 그러나 요한복음 5장 10, 15, 16, 18절에 언급된 '유대인들'은 사람들의 대변인, 즉 서기관과 바리새인들일 것이다. 이들의 역할은 바리새인들이 다른 곳에서 한 역할과 일치한다.

명령 26

1) 박하(mind)와 회향(dill)과 근채(cumin)는 향료이며, 이들의 극한 내적 타락과 대비되는 섬세한 외적 순종을 상징한다.
2) 명령 7, 21, 23, 24를 보라.
3) 사무엘상 16장 7절과 누가복음 16장 15절을 참조하라.
4) 예수님은 마태복음 5장 17-18절과 다른 곳에서 모세 율법을 너무나 강력하게 인정하시기 때문에 마태복음 5장 21-48절에 나오는 그분의 명령들을 율법 자체의 진정한 의미에 대한 안티테제로 이해해야 한다고 보기 어렵다. "내가 율법이나 선지자를 폐하러 온 줄로 생각하지 말라. 폐하러 온 것이 아니요 완전하게 하려 함이라. 진실로 너희에게 이르노니 천지가 없어지기 전에는 율법의 일점일획도 결코 없어지지 아니하고 다 이루리라"(마 5:17-18). 내가 예수님이 그분의 명령을 바리새인들이 구약 율법으로 만들고 있었던 것의 안티테제로 두신다고 말하는 것도 이 때문이다. 이들은 율법을 좁게, 주로 외적으로 다루고 있었다. 예수님은 율법을 훨씬 더 깊게, 훨씬 더 넓게 다뤄야 한다는 것을 보여 주신다. 내 말은 예수님이 모세 율법에 있는 몇몇 기준을 제시하지 않으셨다는 뜻이 아니다. 율법에는 인간의 마음이 완악하기 때문에 이에 맞춰 일시적으로 수정된 부분이 있다. 예를 들면, 예수님은 이렇게 말씀하셨다. "모세가 너희 마음의 완악함 때문에 아내 버림을 허락하였거니와 본래는 그렇지 아니하니라"(마 19:8). 메시야의 등장과 하나님 나라 권세의 도래와 새언약의 개시와 ('명령 23'을 보라) 성령 부음에 맞춰, 예수님은 그분의 제자들에게 모세가 인간의 마음이 완악하기 때문에 이런 저런 행동을 허용하면서 제시한 것보다 더 높은 기준을 추구하라고 명령하셨다.
5) 이혼과 재혼에 관한 예수님의 시각을 좀 더 알고 싶다면 명령 40, 41, 42를 보라.
6) 원수의 파멸에 대한 뜻을 표현하는 저주 시편에 대해서는 '명령 29'의 "악인을 미워하는 것에 대해"를 보라.

명령 27

1) Søren Kierkeggard, *Purity of Heart Is to Will One Things* (San Francisco: Harper Perennial, 1956).

2) George Ladd, *The Presence of the Future* (Grand Rapids, Mich.: Eerdmans, 1974), 163-164를 보라.

3) 이신칭의와 의의 전가에 대한 예수님의 이해에 대해서는 '명령 20' 을 보라.

명령 28

1) 예수님은 제자들에게 말씀하시면서, 거침없이 그들을 '악한 자' (마 7:11), "믿음이 작은 자들"(마 6:30, 8:26, 14:31, 16:8, 17:20), "믿음 없고 패역한 세대"(마 17:17)라고 부르시며, 돌아가 장례를 치르길 원하는 제자 후보생에게 죽은 자로 죽은 자를 장사하게 하라고 말씀하신다(눅 9:60). 예수님은 자신을 식사에 초대한 주인에게도 거침이 없으시다. "너는 내게 입 맞추지 아니하였으되 그는 내가 들어올 때로부터 내 발에 입 맞추기를 그치지 아니하였으며 너는 내 머리에 감람유도 붓지 아니하였으되 그는 향유를 내 발에 부었느니라"(눅 7:45-46). "또 자기를 청한 자에게 이르시되, 네가 점심이나 저녁이나 베풀거든 벗이나 형제나 친척이나 부한 이웃을 청하지 말라. 두렵건대 그 사람들이 너를 도로 청하여 네게 갚음이 될까 하노라. 잔치를 베풀거든 차라리 가난한 자들과 몸 불편한 자들과 저는 자들과 맹인들을 청하라"(눅 14:12-13).

예수님은 하나님이 진리를 "지혜롭고 슬기 있는 자들에게" 숨기셔서 기쁘다고 말씀하신다. "천지의 주재이신 아버지여, 이것을 지혜롭고 슬기 있는 자들에게는 숨기시고 어린 아이들에게는 나타내심을 감사하나이다"(마 11:25). 예수님은 무리와 말장난을 하는 사람들에게 대답하려 하지 않으신다(마 21:23-27). 그분은 헤롯을 '여우' 라고 부르시며(눅 13:32) 바리새인들을 '독사의 새끼들' (마 23:33), '회칠한 무덤' (마 23:27), '눈 먼 인도자' (마 23:16), '외식하는 자들' (마 23:13), '어리석은 자들' 이라고 욕하신다.

현대를 사는 사람들은 이 모든 것과 그 밖의 많은 것 때문에 예수님이 참을성과는 거리가 멀며 그분의 행동이 사랑으로 느껴지지 않는다고 생각할지 모른다. 그러나 이 모든 것은 사랑의 기준이 사랑받은 사람의 주관적인 반응에 있지 않음을 보여 준다.

2) "그분의 아버지께서 심으신 나무들은 아버지로부터 예수님에 관한 계시 - 그분이 '지혜롭고 슬기 있는 자들에게' 감추신 계시 - 를 받은 사람들이다(11:25-27, 13:11-17, 16:16-17; 참조. 14:33)." Craig S. Keener, *A Commentary on the Gospel of Ma-*

tthew (Grand Rapids, Mich.: Eerdmans, 1999), 413. 이 말씀은 요한복음 10장 26절 ("너희가 내 양이 아니므로 믿지 아니하는도다")이나 요한복음 18장 37절("무릇 진리에 속한 자는 내 음성을 듣느니라"), 또는 요한복음 8장 47절("하나님께 속한 자는 하나님의 말씀을 듣나니 너희가 듣지 아니함은 하나님께 속하지 아니하였음이로다")과 평행을 이룬다.

명령 29

1) Craig Keener, *A Commentary on the Gospel of Matthew* (Grand Rapids, Mich.: Eerdmans, 1999), p.413.

명령 30

1) 경제 질서 외에 가정, 교육, 정부 등 사회 질서의 또 다른 세 부분에 대해서도 동일한 질문을 던질 수 있다. 가정에서, 예수님이 아버지를 때리는 자녀에게 다른 쪽 뺨을 돌려 대라고 명령하시겠는가? 예수님은 교사가 학생이 요구하는 대로 성적을 주는 교육을 지지하시겠는가? 예수님이 경찰에게 다른 쪽 뺨을 돌려 대라고 말씀하시거나 국가가 범죄자들을 진압하는 데 경찰력을 사용하는 것을 반대하시겠는가? 여기에는 이런 원리가 작용하는 것 같다. 예수님은 이러한 사회적 영역들에서 보응 원리(law of recompense)를 사용할 수 있다고 인정하신다.

우리가 살펴보는 급진적인 명령들이 사랑이 일하는 유일한 방식은 아닌 것이다. 오히려 신자들이 일반적으로 지지하는 경제 질서 내에서 철저한 사랑이 빈번하게 표현되는 한 방식으로, 세상의 질서가 절대적이거나 궁극적이지 않다(예수님이 절대적이며 궁극적이다)는 진리를 뒷받침하는 하나의 증거로서 타당할 것이다.

2) 우리의 사랑을 놓고 경쟁하는 사람들에 관한 이러한 핵심은 왜 예수님을 따르는 사람들이 때로는 다른 사람들에게 해를 입히고 있거나 입히려는 사람들을 아주 거칠게 다루는 것을 지지할 수 있는 근거의 일부다. 경찰과 군대가 사용하는 무력이 정당성을 인정받는 것도 부분적으로는 이러한 근거에서다.

한 사람이나 한 무리의 사람들에게 무력을 사용하지 않는다면, 이들은 사람들을 해치거나 죽이거나 노예로 만들어 버릴 것이다. 그러므로 무력 사용이 '왼편도 돌려 대는' 것으로(마 5:39, 눅 6:29) 보이지 않을지라도, 이것은 사실 공격적인 사람들이 한 사람이나 그룹을 덮치도록 가만히 두는 것보다 그들을 더 잘 사랑하려는 노력이다.

이러한 상황에서 예수님은 아주 지혜로우라고 명령하신다. "보라 내가 너희를 보냄이 양을 이리 가운데로 보냄과 같도다. 그러므로 너희는 뱀 같이 지혜롭고 비둘기

같이 순결하라"(마 10:16; 참조. 눅 12:42). 또한 그분이 지혜를 명령하시는 것은 우리가 세상의 부와 안전과 명예에 대한 필요로부터 완전히 자유하게 하기 위해서다. 더 자세한 것은 아래를 보라.

3) Craig Keener는 *Commentary on the Gospel of Matthew*에서 마태복음 5장 38-48절에 나오는 이러한 명령들 대부분을 지혜롭고 정연하게 주석한다. 예를 들면, 그는 마태복음 5장 40절("또 너를 고발하여 속옷을 가지고자 하는 자에게 겉옷까지도 가지게 하며")을 "문자 그대로 따른다면 대부분의 제자들이 알몸만 남게 될 것이다. …… 예수님이 여기서 알몸과(다른 자료들이 분명하게 요구하는 유대 문화에 위배된다) 거리의 삶을 인정하셨다는 것을 부정하는 것은—다시 말해, 예수님이 수사학적 과장법을 사용하고 계심을 인정하는 것은(5:18-19, 29-32, 6:3)—그분의 명령을 덜 진지하게 만드는 게 아니다. 예수님이 과장법을 사용하신 것은 자신의 청중들에게 도전을 주며, 그들에게 자신들이 가치 있게 여기는 게 무엇인지 생각해 보게 하기 위해서였다. 이 경우 예수님의 말씀은 인간의 이기심의 정곡을 찌르며, 그분의 제자들에게 구체적이며 지속적인 방법으로 자신보다 다른 사람들을 가치 있게 여기라고 명령한다"(195).

명령 31

1) 마태복음 5장 41절은 이렇게 말한다. "또 누구든지 너로 억지로 오 리를 가게 하거든 그 사람과 십 리를 동행하고." "세금 수입으로는 로마 군대의 모든 필요를 다 충당할 수 없었기 때문에, 군인들은 자신들이 필요한 것을 징발할 수 있었으며 …… 법적으로 지역 주민들에게 강제로 일을 시킬 수 있었다"(마 27:32). Craig S. Keener, *Commentary on the Gospel of Matthew* (Grand Rapids, Mich.: Eerdmans, 1999), 199.

명령 32

1) 마태복음 22장 40절은 이렇게 말한다. "이 두 계명이 온 율법과 선지자의 강령이니라."

명령 33

1) 다음 장에서 예수님이 이웃이라는 단어의 범위를 어떻게 규정하시는지 살펴볼 것이다. 그러나 여기서는 이웃을 인종이나 가족이나 관계로 축소하려는 모든 시도는 예수님의 의도와 상충된다고 말하는 것으로 충분하다. 함께 길을 가는데 당신의 도움

이 필요하며 당신이 도와줄 수 있는 사람이 당신의 이웃이다.
2) 나는 여기서 '자기 사랑'(self-love)을 '긍정적인 자기 이미지'(positive self-image)로 보려 하고, 우리가 다른 사람들을 사랑할 수 있도록 이러한 긍정적인 이미지를 추구해야 한다는 명령을 보려는 현대의 노력은 잘못이라고 생각한다. John Piper, "Is Self-Love Biblical?" *Christianity Today 21*(August 12, 1977): 6-9를 보라.
3) 프랑스 수학자요 철학자인 파스칼(Pascal)은 이렇게 썼다. "모든 인간은 행복을 추구한다. 여기에는 예외가 없다. 어떤 방법을 사용하든 간에, 모든 인간은 행복이라는 목적을 추구한다. 어떤 사람들은 전쟁에 나가고 어떤 사람들은 전쟁을 피하고 둘의 바람은 동일하며 다만 다른 시각으로 나타날 뿐이다. 인간의 의지는 이러한 목적에서 한 발짝도 벗어나지 못한다. 이것이 모든 인간이 취하는 모든 행동의 동기이며, 스스로 목을 매는 사람들의 동기이기도 하다." *Pensées* (New York: E. P. Dutton, 19-58), 113. Thought #425.

명령 34

1) 이것이 이신칭의에 대한 예수님의 이해와 어떻게 연결되는지에 대한 고찰을 원한다면 '명령 20'을 보라.
2) 레위인들은 레위의 이름을 딴 이스라엘 지파의 후손이다(출 6:25; 레 25:32; 민 35:2). 그러나 레위인이라는 말은 레위 지파 가운데 일반적으로 성전 봉사에서 제사장들을 돕는 사람들을 가리키는 데 사용된다(왕상 8:4; 스 2:70).
3) 예수님의 죽음이 사는(purchase) 변화와 그분의 죽음이 사는 위치나 칭의 사이의 관계에 대해서는 명령 20, 21, 27을 보라. 여기서 핵심은 예수님은 우리가 하나님의 은혜 안에서 차지하는 새로운 '위치'의 기초이신데, 우리의 새로운 위치는 우리의 변화된 마음과 삶을 통해 하나님의 은혜를 입증하는 기초가 된다는 것이다.

명령 35

1) Randy Alcorn, *The Treasure Principle* (Sisters, Ore.: Multinomah, 2001), 8. 사람들이 돈에 관한 예수님의 철저한 명령을 따라 살도록 돕는 방법으로 이 작은 책을 적극 추천한다.

명령 36

1) 요점은 가난해서 천국에 들어갔다는 게 아니다. 거지의 영적 상태가 비유의 초점이

아니다. 이것에 대한 언급은 없다. 그가 진정한 신자가 아니었다고 생각할 이유가 없다. 초점은 멸망한 부자에게 맞춰진다. 이 비유는 부의 위험에 대한 경고다.
2) 므나는 돈을 나타내는 단위이며, 한 므나는 노동자 한 사람의 3개월치 급여에 해당한다.
3) R. C. H. Lenski, *The Interpretation of St. Luke's Gospel* (Minneapolis: Augsburg, 1946), 374-375.

명령 37

1) 동일한 논리가 예수님의 가르침에서 수없이 발견된다. 예를 들면, 예수님은 이렇게 말씀하신다. "잔치를 베풀거든 차라리 가난한 자들과 몸 불편한 자들과 저는 자들과 맹인들을 청하라. 그리하면(for) 그들이 갚을 것이 없으므로 네게 복이 되리니 이는 의인들의 부활 시에 네가 갚음을 받겠음이라"(눅 14:13-14). "너희가 악한 자라도 좋은 것으로 자식에게 줄 줄 알거든 하물며 하늘에 계신 너희 아버지께서 구하는 자에게 좋은 것으로 주시지 않겠느냐? 그러므로 무엇이든지 남에게 대접을 받고자 하는 대로 너희도 남을 대접하라"(마 7:11-12). "그러므로 염려하여 이르기를 무엇을 먹을까 무엇을 마실까 무엇을 입을까 하지 말라. 이는 다 이방인들이 구하는 것이라. [왜냐하면/for] 너희 하늘 아버지께서 이 모든 것이 너희에게 있어야 할 줄을 아시느니라"(마 6:31-32).
2) Mary Drewery, *William Carey: A Bibliography* (Grand Rapids, Mich.: Zndervan, 1984), 91.

명령 38

1) 또는 보다 문자적으로 해석하면 "너희 말은 예(yes)는 예(yes)가 되고 아니오(no)는 아니오(no)가 되게 하라. 여기서 지나는 것은 악에서 나온다(또는 악한 것이다)."

명령 39

1) 이러한 이미지를 Adolf Schlatter의 *Erläuterungen zum Neuen Testament, Das Evangelium nach Matthäus, Erster Band* (Stuttgart: Calwer Vereinsbuchzhandlung, 1928), 76에서 빌려 왔다. "이러한 죄의 홍수에 맞서, 우리는 맹세가 댐을 세우길 바란다. 그러나 맹세는 그 목적에 이르지 못한다. 왜냐하면 맹세는 거짓말의 힘을 키워 줄 뿐이기 때문이다"(번역은 내가 했다).

2) D. A. Carson, *The Gospel According to John* (Grand Rapids, Mich.: Eerdmans, 1991), 162.

명령 41

1) 나를 당혹스럽게 하는 것은 너무나 많은 주석가들이 이와는 반대 입장을 취한다는 것이다. 이들은 이혼이 재혼의 문을 연다는 것을 "유대인 독자라면 누구라도 당연하게 여겼을 것"이기 때문에 예수님은 이러한 생각에 동의하시며 마가복음 10장 11-12절과 누가복음 16장 18절에서 이것을 말씀하실 필요가 없다고 주장한다. 그러므로 예를 들면 Andreas Köstenberger는 이렇게 썼다. "예수님이 성적으로 완성된 그 어떤 결혼에 대해서도 이혼을 허락지 않으셨다고 결론내리기보다는 당시의 일반적 시각에 대해 어떤 부분에서 동의하시는지 구체적으로 말씀하지 않으셨다고 보는 게 훨씬 더 나을 것이다." *God, Marriage, and Family: Rebuilding the Biblical Foundation*(Wheaton, Ill.: Crossway Books, 2004), 242.

나는 예수님이 마가복음 10장과 누가복음 16장에서 재혼을 분명히, 무조건 거부하신 것은 당시의 문화적 관습을 인간의 완악한 마음으로 인한 타협으로 보시고 직접적으로 거부하셨다는 뜻이라고 말하고 싶다. 예수님이 이혼 후의 재혼의 합법성에 대한 당시의 문화적 관습을 어떻게 이보다 더 분명하게 나투고 거부하실 수 있었겠는가? David Instone-Brewer는 (1)누가복음 16장 18절에 나오는 보다 짧은 형태의 예수님의 말씀은 헤롯 안디바(Heroth Antipas)와 그의 처제와의 결혼을 언급하는 것이며, (2)예외 조항이 빠진 것은 랍비의 생략법 때문이며, (3)"음행(porneia)한 이유 없이"라는 예외 조항은 신명기 24장 1절의 "수치스러운 일"(some indecency)이라는 어구를 가리키며 보다 보수적인 랍비 샤마이(Shammai)의 입장을 표현하는 것으로 "수치스러운 일 없이"라는 뜻으로 보아야 한다고 주장한다. 그러나 이러한 그의 주장은 전혀 맞지 않는 것 같다. David Instone-Brewer, *Divorce and Remarriage in the Bible: The Social and Literary Context* (Grand Rapids, Mich.: Eerdmans, 2002). 예수님은 일반적으로 수용되는 견해를 공유하셨기 때문에 배우자가 죽은 후의 재혼을 인정하지 않으셨다거나 금지하셨다고 말하는 사람이 있다면, 나는 이렇게 답할 것이다. (1)새혼에 관한 예수님의 논의 가운데 배우자가 죽은 후에 무엇이 합법적이냐에 대한 질문에 답하는 게 목적인 것은 하나도 없다. 모두가 배우자의 이혼에서 합법적인 게 무엇이냐는 질문에 답하기 위한 것이다. (2)예수님은 배우자의 죽음에 관한 한(일곱 번이나 과부가 된 어느 여인에 관한 사두개인들의 질문에서, 마 22:23-32) 여인이 배우자가 죽은 후에 재혼한 것을 전혀 문제 삼지 않으신다.
2) 나머지 신약성경에 대한 나의 이해를 좀 더 자세히 알고 싶다면 'Desiring God' 라는 웹사이트에 "Divorce and Remarriage"라는 제목 밑에 실린 글을 보라. 특히 http://www.desiringgod.org/ResourceLibrary/Articles/ByDate/1986/1488 을 보라. 세 견해에 관한 개괄을 원한다면 *Remarriage After Divorce in Today's Church*, ed. Mark L. Strauss (Grand Rapids, Mich.: Zondervan, 2006)를 보라. 여기서 Gordon Wenham은 이혼 후 결혼 금지라는 견해를 대표하며, William A. Heth는(그는 Wenham과 함께 쓴 *Jesus and Divorce*, updated ed [Carlisle, U.K.: Paternoster, 1997; orig. ed. 1984에서 제시한 자신의 견해를 더 이상 견지하지 않는다) 두 가지 경우에 이혼과 재혼이 허용된다는 견해를 대표하며, Craig S. Keener는 이 외에도 이혼과 재혼이 가능한 다양한 경우가 있다는 견해를 대표한다. 이외에도 재혼 후에는 이혼하지 말아야 한다는 주장에 대해서는 Craig S. Kener의 And Marries Another: Divorce and *Remarriage in the Teaching of the New Testament* (Peabody, Mass. Hendrickson, 1991)와 Carl Laney의 *The Divorce Myth: A Biblical Examination of Divorce and Remarriage*(Minneapolis: Bethany, 1981)를 보라. David Instone-Brewer는 *Divorce and Remarriage in the Bible: The Social and Literary Context*(Grand Rapids, Mich.: Eerdmans, 2002)와 *Divorce and Remarriage in he Church*(Carlisle, U.K.: Paternoster, 2003)에서 학대와 방치를 비롯해 이혼과 재혼을 허용하는 몇 가지 경우를 논한다. Geoffrey W. Bromiley의 *God and Marriage*(Grand Rapids, Mich.: Eerdmans, 1980)와 Andreas K?stenberger와 David W. Jones의 *God, Marriage, and Family: Rebuilding the Biblical Foundation*(Wheaton, Ill.: Crossway Books, 2004)은 결혼에 대한 성경적 시각을 자세히 제시하며 이혼과 재혼에 대해 제한적인 입장을 지지한다.
3) Abel Isaksson은 πορνεία에 대한 이러한 시각에 동의하며 자신의 연구를 아래와 같이 요약한다.

따라서 우리는 포르네이아(porneia)로 여겨져야 하는 것과 모이케이아(moicheia)로 여겨져야 하는 것이 기독교 이전의 유대문학에서 매우 엄격하게 구분되었으며, 물론 신약에서 포르네이아는 다른 형태의 금지된 성적 관계들을 암시할 수 있으나 이 단어가 아내의 간음을 가리키는 데 사용되었다는 분명한 예를 찾을 수 없다는 사실을 부인할 수는 없다. 기술적인 과장일 수 있는 Isakksson의 말을 그에게 유리하게 해석한다면, 그의 말은 이런 뜻일 것이다. 아내가 창녀가 된다면 – 예레미야 3장 6

절과 호세아 2장 2절은 이스라엘이 이렇게 했다고 말한다 - 그녀의 행동은 포르네이아라고도 할 수 있고 모이케이아라고도 할 수 있을 것이다. 그러나 동일한 행위를 이와 같이 두 방식으로 묘사했다고 해서 이 두 단어를 서로 바꾸어 쓸 수 있다는 뜻은 아니다.

모이케이아는 여전히 결혼 생활에 대한 불성실로 인한 언약 파괴를 의미하는 반면에, 포르네이아는 결혼 생활에 대한 불성실을 암시하지 않지만 결혼한 사람들을 포함할 수 있는 불법적인 성적 부도덕(음행)을 의미한다. 이러한 환경에서, 우리는 마태의 조건에 나타나는 이 단어가 간음(adultery)을 의미한다고 생각하기 어렵다. 이혼에 관한 어록은 율법의 한 단락으로 제시되며 교회 구성원들의 순종을 요구한다. 이와 같은 환경에서, 이러한 성격의 본문에서 저자가 부정(不貞)과 간음에 대한 분명한 구분을 견지하지 않았다는 것은 생각할 수 없다. 그는 아내의 간음을 묘사하기 위해 포르네이아가 아니라 모이케이아라는 단어를 사용한다. 언어학적 관점에서 보면, 따라서 이 조항을 아내가 간음한 경우 이혼을 허용하는 것으로 보는 해석은 매우 강하게 논박된다(Abel Isaksson, *Marriage and Ministry in the New Temple*, trans, Neil Tomkinson and Jean Gray [Lund, Sweden: Gleerup, 1965], 134-135).

4) 예수님이 당시에 이러한 금지를 표현하기 위해 사용하신 단어를 모두 알 수는 없다. 그러므로 마태가 이러한 예외 조항을 만들어 예수님의 입에 넣었다고 말하고 싶지는 않다. 예수님은 아람어로 가르치셨을 것이며, 따라서 어떤 의미에서 헬라어로 기록하고 있었던 마태를 비롯한 복음서 기자들은 복음서에서 정확히 어떤 단어들을 사용할 것인지 스스로 선택했을 것이다. 이들 복음서 기자들이 성령의 감동을 받았으며 이들이 헬라어로 기록한 것은 예수님이 가르친 것을 정확히 표현했다고 확신한다.

5) Andreas Köstenberger는 God, *Marriage, and Family: Rebuilding the Biblical Foundation* pp.241-243에서 이러한 견해를 반박하는 일곱 가지 논증을 제시한다. 이러한 논증들이 설득력이 있다고 생각하지 않지만, 나의 생각과 결론에 이것들을 고려하려고 노력했다.

명령 42

1) 마태복음 19장 11절과 13장 11절 사이의 평행 어법과, 마태복음 19장 12절과 13장 9, 43절, 11장 15절 그리고 마태복음 19장 11-26절 사이의 평행을 비교해 보라.

명령 43

1) 디베료(Tiberius)의 머리 형상이 새겨져 있으며 특히 리용에서 주조된 그의 은 데나리온이 이 시대에 유통되었다. 더 이전의 주화일 수도 있지만 이 황제의 주화일 가능성이 가장 높다. …… 주화는 로마 종교와 동양의 황제 숭배와 직접 관련이 있었다. 황제의 두상 옆에는 "TI CAESAR DIVI AVG.F.AVGVSTVS" 즉 "디베료 가이사, 신이신 아구스도의 아들"이라고 새겨져 있었다. 뒤쪽에는 여자 형상이 새겨져 있었고(아마도 로마의 여신으로 체현된 Livia 황후일 것이다. Empress Livia는 아구스도의 부인이며 디베료 가이사의 어머니다-역주) 로마 종교의 대제사장을 가리키는 "PONTIF. MAXIM"이라고 새겨져 있었다. 황제는 황제 숭배를 조장하기 위해 이러한 주화를 적극적으로 사용했다. Craig S. Keener, A Commentary on Matthew (Grand Rapids, Mich.: Eerdmans, 1999), 525.
2) 같은 책, 524.

명령 45

1) 여기서 분명히 해야 할 게 있다. 성령의 오심을 이런 방법으로 묘사하는 것은 성령과 성자가 뚜렷이 구분되는 분이 아님을 암시하려는 게 아니다. 두 분은 뚜렷이 구분된다. 성령께서 성자를 나타내실 수 있고 성자의 임재 경험을 중재하실 수 있다는 것은 두 분의 신비스러운 연합의 한 부분이지 두 분이 구분된다는 것과 모순되지 않는다.
2) Donald Hangner, Matthew 1-13, Word Biblical Commentary, Vol. 33a(Dallas: Word, 1993), 265. Norval Geldenhuys는 사도를 "보내는 사람의 완전한 권위를 가진 대리자로서 특별한 사명을 띠고 선택되어 보냄을 받은 사람"이라고 정의한다. Geldenhuys, Supreme Authority: The Authority of the Lord, His Apostles and the New Testament (Grand Rapids, Mich.: Eerdmans, 1953), 53-54.
3) 교회의 기초와 관련해서 베드로의 위치에 관한 예수님의 가르침 가운데는 논쟁의 대상이 되는 단락이 있다. 예수님은 제자들에게 "너희는 나를 누구라 하느냐?"고 물으셨다. 시몬 베드로가 "주는 그리스도시요 살아 계신 하나님의 아들이시니이다"라고 대답했다. 그러자 예수님은 이렇게 말씀하셨다. "바요나 시몬아 네가 복이 있도다. 이를 네게 알게 한 이는 혈육이 아니요 하늘에 계신 내 아버지시니라. 또 내가 네게 이르노니, 너는 베드로라. 내가 이 반석 위에 내 교회를 세우리니 음부의 권세가 이기지 못하리라. 내가 천국 열쇠를 네게 주리니 네가 땅에서 무엇이든지 매면 하늘에

서도 매일 것이요 네가 땅에서 무엇이든지 풀면 하늘에서도 풀리리라"(마 16:15-19).

어떤 사람들은 이 단락을 근거로 베드로와 그의 계승자들이(로마 주교와 교황 같은 사람들이) 역사 내내 교회에서 특별한 권위와 관리자의 역할을 갖는다고 가르친다. '천국 열쇠'가 이들의 손에 있을 것인데, 이것은 교회가 무엇을 믿고 무엇을 할 것인가를 결정하는 특별한 역할을 가리킬 것이다. 나는 다음과 같은 George Ladd의 해석을 토대로 이 단락을 이해한다.

또 다른 해석이 더 가깝다. 예수님이 서기관들과 바리새인들을 꾸짖으신 것은 이들이 지식의 열쇠를 취하고, 스스로 하나님 나라에 들어가지 않거나 다른 사람들이 못 들어가게 하기 때문이었다(눅 11:52). 첫 번째 복음서에도 비슷한 사상이 나타난다. "화 있을진저 외식하는 서기관들과 바리새인들이여, 너희는 천국 문을 사람들 앞에서 닫고 너희도 들어가지 않고 들어가려 하는 자도 들어가지 못하게 하는도다"(마 23:13). 성경적 용어로 지식(knowledge)은 지적인 인식 그 이상을 의미한다. 이것은 '계시로 인한 영적 소유'다. 베드로에게 맡겨진 권세는 계시, 그가 열둘과 공유한 영적 지식에 근거한다. 그러므로 천국 열쇠는 "베드로가 다른 사람들을 자신이 이미 통과한 계시의 문으로 인도할 수 있게 해 줄 영적 통찰력"이다(Anthony Flew, Jesus and His Church, 1943, p.95). 매고 푸는 권세는 사람들을 하나님 나라의 영역에 들이거나 들이길 거부하는 것을 포함한다. 그리스도께서 베드로 위에, 그리고 예수님이 메시야라는 하나님의 계시를 공유하는 사람들 위에 그분의 에클레시아[즉, 교회]를 세우실 것이다. 이들에게는 또한 동일한 계시를 통해 사람들이 하나님 나라의 축복의 영역으로 들어오도록 허락하거나 거부하는 수단이 주어진다. (George Ladd, *The Presence of the Future*[Grand Rapids, Mich.: Eerdmans, 1974], 274-275).

나는 바로 이런 시각을 갖고 사도들의 가르침에서 교회의 기초를 제공하시는 예수님에 관해 말했다. 베드로는 여기서 두드러진 역할을 했으나 교회의 기초와 관련된 그의 권세는 다른 사람들도 공유하는 것이었으며, 따라서 오늘날 그의 권세를 교황의 직무가 아니라 신약에서 찾는다.

명령 46

1) 여기서 유아세례(infant baptism) 대 신자의 세례(believer's baptism)를 둘러싼 논쟁을 다룰 생각은 없다. Paul K. Jewett의 Infant Baptism and the Cove-nant of Grace: An Appraisal of the Argument That as Infants Were Once

Circumcised, So They Should Now Be Baptized(Grand Rapids, Mich.: Eerdmans, 1978)를 추천하고 싶다. 이 책은 신자의 세례를 지지한다. 이 문제를 보다 넓게 다룬 내용은 http://www.desiringgod.org/ResourceLibrary/TopicIndex/23/을 참고하라.

명령 47

1) 하나님의 거룩을 그분의 영광과 연결해서 생각하는 방법 가운데 하나는 그분의 거룩은 그분의 고유한 완전함과 정결함이 갖는 무한한 가치이며, 그분의 영광은 이러한 가치가 표현되고 빛나는 것으로 보는 것이다. 이러한 관계를 보여 주는 본문 가운데 하나가 레위기 10장 1-3절이다. "아론의 아들 나답과 아비후가 각기 향로를 가져다가 여호와께서 명령하시지 아니하신 다른 불을 담아 여호와 앞에 분향하였더니, 불이 여호와 앞에서 나와 그들을 삼키매 그들이 여호와 앞에서 죽은지라. 모세가 아론에게 이르되 이는 여호와의 말씀이라 이르시기를 나는 나를 가까이 하는 자 중에서 내 거룩함을 나타내겠고(άγιασθήσομαι) 온 백성 앞에서 내 영광을 나타내리라(δοξασθήσομαι) 하셨느니라." 제사장들은 제사를 드릴 때 하나님을 거룩하게 대해야 했으며, 그 결과 하나님이 백성에게 거룩하게 비춰질 것이다. 다시 말해, 영화롭게 되실 것이다.

2) 이 부분을 보다 많은 본문과 더불어 좀 더 자세하게 다룬 것을 보고 싶다면 다음을 보라. John Piper, God Is the Gospel: Meditations on God's Love as the Gift of Himself (Wheaton, Ill.: Crossway Books, 2005). 「하나님이 복음이다」, 전의우 옮김(IVP, 2006).

명령 48

1) W. D. Davies와 Dale Allison은 "너희는 세상의 소금이니"(마 5:13)라는 구절이 가질 수 있는 열한 가지 의미를 제시한 후 '소금의 다양한 활용'이 핵심일 거라는 결론을 내린다. *A Critical and Exegetical Commentary on the Gospel According to Saint Matthew, International Critical Commentary,* Vol. 1 (Edinburgh: T & T Clark, 1988), 472-473. 그러나 나는 소금의 맛을 가리킨다는 게 가장 자연스럽다고 생각하는 사람들을 따른다. 과도한 피상적인 감흥으로 어지러운 세상에서 귀하고 놀라운 맛을 내는 팔복의 약속에 근거한 급진적인 삶이 있다.

2) 우리가 그분의 말씀을, 그분이 누구시며 그분이 우리를 위해 무엇을 하셨고, 우리에

게 무엇을 약속하셨는가를 말로 증거하지 않은 채 우리의 행동만으로 하나님의 영광의 구원적 측면을 전할 수 있다는 뜻으로 받아들인다면, 예수님은 큰 실수로 여기실 것이다. 예수님이 제자들을 보내 전파하고 선을 행하라고 하신 것도 이 때문이다(마 10:7-8; 눅 9:2, 10:9). 이것이냐 저것이냐를 선택해야 하는 게 아니라 둘 다 해야 한다. 예수님의 제자들이 해야 하는 큰 구원의 사역은 소금과 같고 빛과 같은 사랑의 삶을 살면서 아울러 복음을 전하는 것이다. "이 천국 복음이 모든 민족에게 증언되기 위하여 온 세상에 전파되리니 그제야 끝이 오리라"(마 24:14).

3) D. A. Carson, *The Gospel According to John* (Grand Rapids, Mich: Eerdmans, 1991), 440.

명령 49

1) 성경적, 선교적 측면에서 '모든 민족'(all nations)이 무엇을 의미하는가에 대한 보다 완전한 변론과 설명을 알고 싶다면 다음을 보라. John Piper, *Let the Nations Be Gl-ad: The Supremacy of God in Missions*, 개정 증보판 (Grand Rapids, Mich.: Ba-ker, 2003), 155-200. 「열방을 향해 가라」, 김대영 옮김(좋은씨앗, 2003).

명령 50

1) 내가 여기서 세례를 베풀라는 명령을("그러므로 너희는 가서 모든 민족을 제자로 삼아 아버지와 아들과 성령의 이름으로 세례를 베풀고") 뺀 것은, 예수님의 제자가 되는 데 중요하지 않기 때문이 아니라, '명령 47'에서 이미 다루었기 때문이다.

부록 : 성경학자들에게

1) Sir Edwyn Hoskyns and Noel Davey, *The Riddle of the New Testament* (London: Faber and Faber Limited, 1931), 259.
2) Ben Witherington III는 역사적 예수에 대한 첫 번째와 두 번째 연구를 이렇게 평가한다. "처음 두 연구의 결말은, 다른 어느 것과 마찬가지로 고대 어느 인물에 대한 역사적 연구도 극복하기 힘든 한계들을 드러냈다. …… 역사적 예수에 관한 연구를 포함해 최근 신약 학계에서 나타나는 많은 흐름만큼 무상한 것은 없다. 우리는 다른 것들과 함께 실존주의자 예수를 제시하는 역사적 예수에 대한 두 번째 연구의 흐름과 영향을 살펴봄으로써 이것을 쉽게 확인할 수 있다. 역사적 예수와 역사비평적 방법으로 재구성할 수 있는 예수는 같지 않다. 보다 명확히 말하자면, 역사비평적 방법

을 특수하게 사용하여 재구성하거나 초점을 몇몇 구절에 제한시켜 재구성한 예수는 진정한 예수와 거의 무관하다." *The Jesus Quest: The Third Search for the Jew of Nazareth* (Downers Grove, Ill.: InterVarsity Press, 1995), 247. 고맙게도 이들과 그 밖의 저자들이 쓴 관련 자료를 한 권으로 엮었다. *The Histori-cal Jesus Quest: Landmarks in the Search for the Jesus of History*, ed. Gregory W. Dawes (Louisville: Westminster John Knox, 1999). 역사적 예수 연구에 관한 역사적 논문을 모아놓은 유익한 책이 더 있다. *The Historical Jesus in Recent Research*, ed. James D. G. Dunn. Scot McKnight. *Sources for Biblical Theological Study*, Vol. 10 (Winona Lake, Ind: Eisenbrauns, 2005).

3) Adolf Schlatter, *Der Evangelist Matthaus*, 6th ed. (Stuttgart: Calver Verlag, 1963), xi. 번역은 내가 했다.

4) Witherington, *The Jesus Quest*, 12-13.

5) 앞의 주석에서 인용된 Witherington의 개괄 외에 다음을 보라. Larry Hurtato, "A Taxonomy of Recent Historical-Jesus Work," in *Whose historical Jesus?* ed. William E. Arnal and Michel Desjardins (Waterloo, Ontario: Wilfrid Laurier University Press, 1997), 272-295; Jonathan Knight, Jesus: *An Historical and Theological Investigation* (London: T&T Clark International, 2004), 15-16; *The Historical Jesus in Recent Research*, ed. Dunn and McKnight.

6) Witherington, *The Jesus Quest*, 247.

7) 이러한 연결에서, 다음과 같은 책들은 역사적 예수에 대한 세 번째 연구와 연구 전반에 대한 반론을 제기한다. Craig L. Blomberg, *The Historical Reliability of the Gospels*(Downers Grove, Ill.: InterVarsity Press, 1987), 「복음서의 역사적 신빙성」, 안재형 옮김(솔로몬, 2005); Craig L. Blomberg, *Jesus and the Gospels* (Nashville: Broadman & Holman, 1997); Craig L. Blomberg, The Historical Reliability of John's Gospel (Downers Grove, Ill.: InterVarsity Press, 1998); D. A. Carson, *The Gospel According to John* (Grand Rapids, Mich.: Eerdmans, 1991), 40-68; *Jesus Under Fire*, ed. Michael J. Wilkins and J. P. Moreland (Grand Rapids, Mich.: Zondervan, 1995); Paul Barnett, *The Truth About Jesus: The Challenge of the Evidence* (Sydney: Aquila Press, 1994); Luke Timothy Johnson, *The Real Jesus: The Misguided Quest for the Historical Jesus and the Truth of the Traditional Gospels* (San Francisco: HarperSan Francisco, 1996), 「누가 예수를 부인하는가? : 역사적 예수에 대한 잘못된 탐구와 복음서 전승의 진리」, 손혜숙 옮김

(CLC, 2003) ; Gregory Boyd, *Cynic, Sage or Son of God? Recovering the Real Jesus in an Age of Revisionist Replies* (Grand Rapids, Mich.: Baker, 1995); Gary Habermas, *The Historical Jesus: Ancient Evidence for the Life of Christ* (Joplin, Mo.: College Press, 1995); Lee Strobel, *The Case for Christ: A Journalist's Personal Investigation of the Evidence for Jesus* (Grand Rapids, Mich.: Zondervan, 1998), 「예수는 역사다」, 윤관희, 박중렬 옮김(두란노, 2002).

8) Johnson, *The Real Jesus*, 177.

사명선언문

너희가 흠이 없고 순전하여……세상에서 그들 가운데 빛들로
나타내며 생명의 말씀을 밝혀 _ 빌 2:15-16

1. 생명을 담겠습니다
만드는 책에 주님 주신 생명을 담겠습니다.
그 책으로 복음을 선포하겠습니다.

2. 말씀을 밝히겠습니다
생명의 근본은 말씀입니다.
말씀을 밝혀 성도와 교회의 성장을 돕겠습니다.

3. 빛이 되겠습니다
시대와 영혼의 어두움을 밝혀 주님 앞으로 이끄는
빛이 되는 책을 만들겠습니다.

4. 순전히 행하겠습니다
책을 만들고 전하는 일과 경영하는 일에 부끄러움이 없는
정직함으로 행하겠습니다.

5. 끝까지 전파하겠습니다
모든 사람에게, 땅 끝까지, 주님 오시는 그날까지
복음을 전하는 사명을 다하겠습니다.

서점 안내

광화문점 서울시 종로구 새문안로 69 구세군회관 1층
02)737-2288 / 02)737-4623(F)

강남점 서울시 서초구 신반포로 177 반포쇼핑타운 3동 2층
02)595-1211 / 02)595-3549(F)

구로점 서울시 동작구 시흥대로 602, 3층 302호
02)858-8744 / 02)838-0653(F)

노원점 서울시 노원구 동일로 1366 삼봉빌딩 지하 1층
02)938-7979 / 02)3391-6169(F)

분당점 경기도 성남시 분당구 황새울로 315 대현빌딩 3층
031)707-5566 / 031)707-4999(F)

일산점 경기도 고양시 일산서구 중앙로 1391 레이크타운 지하 1층
031)916-8787 / 031)916-8788(F)

의정부점 경기도 의정부시 청사로47번길 12 성산타워 3층
031)845-0600 / 031) 852-6930(F)

인터넷서점 www.lifebook.co.kr